住房城乡建设部土建类学科专业“十三五”规划教材

工程建设法规

（修订版）

华　均　李　娟　主编

胡兴福　主审

科学出版社

北　京

内 容 简 介

本书是高等院校土建类专业核心课程，是建设类职业资格考试的重要科目。本书是以土木工程建筑施工管理全过程为主线，依据我国建筑业最新颁布实施的法律、法规及规章，根据高职院校土建大类专业学生岗位能力要求并结合建筑工程技术专业二级建造师“工程建设法规及相关知识”考试大纲要求编写，引入大量案例，突出操作性。使工程建设法规的学习与职业资格标准对接，提升学生可持续发展的能力。本书全面而系统地介绍了建设法规概述；施工许可法律制度；建设工程发承包法律制度；合同法律制度；建设工程质量管理法律制度；建设工程安全生产法律制度；环境保护与节约能源法律制度、建设工程相关法规；建设工程纠纷处理法律制度等内容。

本书可作为高职高专工程造价、工程管理、建筑工程技术等专业工程建设法规课程教材，也可作为工程管理各岗位法律法规培训教材。

图书在版编目（CIP）数据

工程建设法规（修订版）/华均，李娟主编. —北京：科学出版社，2016.
（住房城乡建设部土建类学科专业“十三五”规划教材）

ISBN 978-7-03-046814-7

Ⅰ.①工…　Ⅱ.①华…②李…　Ⅲ.①建筑法-中国-高等职业教育-教材
Ⅳ.①D922.297

中国版本图书馆 CIP 数据核字（2016）第 001538 号

责任编辑：万瑞达 / 责任校对：王万红
责任印制：吕春珉 / 封面设计：曹　来

科学出版社出版
北京东黄城根北街 16 号
邮政编码：100717
http://www.sciencep.com

新科印刷有限公司 印刷

科学出版社发行　各地新华书店经销

*

2016 年 2 月第　一　版　开本：787×1092　1/16
2018 年 2 月修　订　版　印张：20 1/2
2020 年 9 月第七次印刷　字数：480 000

定价：46.00 元

（如有印装质量问题，我社负责调换〈新科〉）
销售部电话 010-62136230　编辑部电话 010-62135120-2001（VA03）

教材编写指导委员会

修订版前言

“工程建设法规”是土建类专业的一门专业必修课，编者通过最新的工程建设法律法规，让学生掌握工程建设法律法规与相关制度的基本知识，培养学生在实际工作中解决工程建设中相关法律问题的能力。

本书按照高职高专人才培养目标以及专业教学改革的需要，依据最新的政策法规、标准规范进行编写。本次修订与第一版相比，内容更加精简，并补充完善了最新提法，剔除了一些错误。本次修订的主要依据有：《中华人民共和国民法总则》中关于民事法律关系的规定；《关于修改〈招标投标法〉〈招标投标法实施条例〉的决定》（征求意见稿）；2015 年修订的《建筑业企业资质管理规定》；2017 版《建设工程施工合同（示范文本）》；2017 年修订的《建设工程质量保证金管理办法》；《注册建造师管理规定》（征求意见稿）以及《国务院关于修改〈建设项目环境保护管理条例〉的决定》，其删减了有关《中华人民共和国城乡规划法》等的部分内容。

本书由湖北城市建设职业技术学院工程管理专业教学团队编写，由华均、李娟担任主编，由四川建筑职业技术学院胡兴福主审。参与本次修订工作的还有郭晓松、刘洋、刘欣。

由于编写时间及编者水平有限，不足之处在所难免，恳请读者批评指正。

编　者

2018 年 1 月

第一版前言

随着我国建筑行业迅猛发展，建设工程领域的立法工作也不断加快，建设法律体系也在不断完善和成熟，特别是近几年，国家修订和颁布了一大批与工程建设相关的法律法规，急需将新修订的法律法规内容带进课堂。“工程建设法规”是高等职业院校土建类专业的一门专业必修课程。其任务是培养学生的工程建设法律意识，使学生掌握建设法律法规的基本知识，具备运用所学法律法规基本知识，解决工程建设中相关法律问题的基本能力。为今后的就业、创业、立业创造更大的空间，以增强学生对社会的适应能力和在市场经济条件下的竞争能力。

本书是体现教学内容和教学方法的知识载体，是进行教学的具体工具，也是深化教育改革、全面推进素质教育、培养创新人才的重要保证。本书依据国家最新修订颁布的工程建设相关法律法规编写，如《中华人民共和国环境保护法》《中华人民共和国安全生产法》《中华人民共和国招标投标法实施条例》等。本书与时俱进，重点章节的编写都采用了最新部门规章和标准，如《建筑业企业资质管理规定》《建筑工程五方责任主体项目负责人质量终身责任追究暂行办法》等。本书在内容上涵盖了工程建设领域涉及的主要法律法规，主要包括施工许可法律制度、建设工程承发包法律制度、合同法律制度、质量法律制度、安全生产法律制度、施工环境保护与节约能源法律制度、建设工程相关法规及工程纠纷处理法律制度等。全面反映了我国建设工程领域最新的法规体系。本书突显施工管理岗位特点，力争打造“十三五”规划高职高专示范教材。本书具有三个显著特点：

1）教学内容与岗位标准对接。本书内容体系与学生将要参加的二级建造师考试大纲紧密衔接，以便学生毕业后考取二级建造师执业资格。

2）理论与工程实践相结合。本书每章节以实践案例导入为首，重难点理论后由案例分析、案例讨论等层层剖析。每个案例后都附有相应的法律条款的解释，帮助学生系统地学习理解和记忆。

3）课堂教学与课外练习相结合。每小节后都给学生准备了思考题及详细习题解析，每章后都附有本章小结和复习思考，开发学生的主动学习能力。

本书由湖北城市建设职业技术学院工程管理专业教学团队编写，由华均、李娟担任主编，由四川建筑职业技术学院胡兴福主审。具体分工如下：第一章由刘欣编写；第二章、第三章和第八章由李娟编写；第四章由刘洋编写；第五～第七章由华均编写；第九章由徐永昕编写，全书由华均统稿。在本书的编写过程中得到了湖北建设职业教育集团会员单位的鼎力支持，在此表示衷心感谢。

由于编写时间及编者水平有限，不足之处在所难免，恳请读者批评指正。

编 者

2015 年 11 月

目　　录

第一章

建设法规概述

学习导航 建设法规是工程建设项目合法建设的依据，它通过规范工程建设活动，以确保建筑产品的质量和生产安全，维护建筑市场的正常秩序。本章主要介绍建设法规的基础知识和基本制度，以及建设法规在建设活动中的重要作用。

学习目标

1. 掌握建设法规体系的构成及效力等级。
2. 掌握建设工程基本法律制度：法人、代理、债权、担保、保险、法律责任。

知识链接 《中华人民共和国宪法》《中华人民共和国立法法》《中华人民共和国建筑法》《中华人民共和国民法总则》（以下统称《民法总则》）《中华人民共和国合同法》《中华人民共和国担保法》《中华人民共和国保险法》《建设工程安全生产管理条例》等。

第一节　建设法规的概念和体系

建筑业在国民经济中占有重要的地位，它与整个国家经济的发展、人民生活的改善有着密切的关系，只有依法规范工程建设活动，才能确保建筑产品的质量和安全。

我国建设法规的立法起步阶段是在 1949～1979 年，这一时期是我国高度集中的计划经济体制时期，建设项目主要采用行政手段组织管理。1979～1990 年，随着改革开放和国家经济政策的调整，建设行政法规和部门规章大量出台，法制建设发展迅速，但法规之间存在着不协调、交叉重复，甚至矛盾等现象，建设法规体系仍不够完善。从 1990 年至今，国家经济体制的转型和发展，对建设立法提出了更新更高的要求。1990 年我国建设领域第一部由全国人民代表大会制定的《中华人民共和国城市规划法》颁布实施，标志着我国建设法制开始进入成熟发展阶段。1997 年 11 月《中华人民共和国建筑法》（以下统称《建筑法》）颁布，确立了我国建筑活动的基本法律制度，为建筑业发展提供了重要的法律依据，它标志着我国的建筑活动开始纳入依法管理的轨道。此后出台的大量法律、行政法规、部门规章及地方性法规，较前阶段的规定更深入、细致、专业化。涉及综合、工程招投标、工程承包、发包、分包、勘察设计、工程施工、工程监理、安全生产、节能、环保、抗灾、执法监督十三个方面的内容，现已初步形成了一个较为完整的建设法规体系框架。

通过对建设法规知识的学习，加深对建设法律规定的理解，培养法律意识，并能运用建设法规的规范和要求，正确分析和处理工程建设活动中常见的法律问题，具有运用法律手段依法办事的能力。

一、建设法规的概念

建设法规是由国家权力机关或其授权的行政机关制定的，旨在调整国家及其有关机构、企事业单位、社会团体、公民之间，在建设活动中或建设行政管理活动中发生的各种社会关系的法律、法规的统称。

建设活动是指土木工程、建筑工程、线路管道、设备安装工程的新建、扩建、改建活动及建筑装修装饰等活动。在建设活动中，一般以合同的形式，确定平等自愿、互利互助的横向协作关系。建设工程合同要求参与主体应具有一定的资格或条件。

建设行政管理活动是指国家建设行政主管部门依据法律、法规及其法定职权，代表国家对建设活动进行的监督和管理行为。具体表现为在国家建设行政主管部门、建设活动主体（建设单位、勘察设计单位、施工单位）有关中介服务机构（招投标代理机构、监理单位）之间发生的管理与被管理的关系。包括规范、指导、协调与服务，检查、监督、控制与调节等方面。

建设法规通过规定在建设活动和建设行政管理活动中主体的一系列法定的权力、权利和义务，来影响和指引人们的行为，从而调整社会关系。《建筑法》规定：从事建筑

活动的建筑施工企业、勘察单位、设计单位和工程监理单位，按照其拥有的注册资本、专业技术人员、技术装备和已完成的建筑工程业绩等资质条件，划分为不同的资质等级，经资质审查合格，取得相应等级的资质证书后，方可在其资质等级许可的范围内从事建筑活动。《建设工程质量管理条例》规定：县级以上人民政府建设行政主管部门和其他有关部门应当加强对建设工程质量的监督管理。

二、建设法规体系

法律体系是指由一个国家现行的各个部门法构成的有机联系的统一整体。部门法是根据一定标准、原则所制定的同类法律规范的总称。

建设法规体系是指把已经制定的和需要制定的建设工程方面的法律、行政法规、部门规章和地方法规、地方规章有机地结合起来，形成的一个相互联系、相互补充、相互协调的完整统一的体系。

1. 构成

我国建设法规体系采用梯形结构，即不设基本法，而以若干并列的专项法律共同组成体系框架的顶层，再配以相应的行政法规和部门规章，形成若干相互联系又相对独立的体系。以建设法律为龙头，建设行政法规为主干，建设部门规章、地方性建设法规、地方性建设规章为枝干构成。

（1）建设法律

建设法律由全国人民代表大会及其常务委员会制定颁行，名称使用“法”。它们是建设法规体系的核心和基础。目前已颁发的建设法律有《建筑法》《城乡规划法》《城市房地产管理法》。相关法律有《招标投标法》《测绘法》《土地管理法》《合同法》等。

（2）建设行政法规

建设行政法规由国务院制定颁行，名称使用“条例”“规定”“办法”。

1）条例是对某一方面行政工作做比较全面系统的规定，如《建设工程质量管理条例》《招标投标法实施条例》等。

2）规定是对某一方面的行政工作做部分规定，如《工程建设项目招标范围和规模标准规定》《国务院关于特大安全事故行政责任追究的规定》等。

3）办法是对某一项行政工作做比较具体的规定，如《报国务院批准的建设用地审查办法》《国家重大建设项目稽察办法》等。

（3）建设部门规章

建设部门规章由建设部单独制定或其与国务院其他相关部门联合制定颁行，在其管理权限内适用；名称使用“规定”“办法”“实施细则”，不能使用“条例”。它是对“法”和“条例”的具体补充或具体规定，如《建设工程勘察设计资质管理规定》《住宅室内装饰装修管理办法》《注册建筑师条例实施细则》等。

（4）地方性建设法规

地方性建设法规由省、自治区、直辖市人民代表大会及其常务委员会制定颁行，在其管辖区内适用，名称使用“条例”，如《湖北省建筑市场管理条例》《湖北省城乡规划条例》《湖北省燃气管理条例》等。

（5）地方性建设规章

地方性建设规章由省、自治区、直辖市人民政府制定颁行，在其管辖范围内适用，名称使用“规定”“办法”“实施细则”，不能使用“条例”。如《湖北省防治工程建设领域商业贿赂行为暂行办法》《湖北省古树名木保护管理办法》《湖北省民用建筑能效测评标识管理实施细则》等。

2. 效力等级的基本原则

我国建设法规体系中的各种法律规定，由于制定的主体、程序、时间、适用范围等的不同，具有不同的效力，为解决其法律效力的竞争与冲突问题，必须形成效力等级体系。确定效力等级的基本原则是上位法优于下位法、特别法优于一般法、新法优于旧法。

（1）上位法优于下位法

当上位法与下位法发生冲突时，优先适用上位法，保证法律内部的和谐。《立法法》规定，法律的效力高于行政法规、地方性法规、规章。行政法规的效力高于地方性法规、规章，如《建筑法》效力高于《建设工程质量管理条例》。

（2）特别法优于一般法

当法律文件中的一般规定与特别规定不一致时，优先适用特别规定，以解决竞争的法律处于同一位阶的问题。《立法法》规定，同一机关制定的法律、行政法规、地方性法规、自治条例和单行条例、规章，特别规定与一般规定不一致的，适用特别规定，如通过招标发包订立合同时，《招标投标法》优先于《合同法》。

（3）新法优于旧法

新法、旧法对同一事项有不同规定时，新法的效力优于旧法，以解决冲突的法律处于同一位阶的问题。《立法法》规定，同一机关制定的法律、行政法规、地方性法规、自治条例和单行条例、规章，新的规定与旧的规定不一致的，适用新的规定，如《城乡规划法》取代《城市规划法》。

我国建设法规体系的效力等级是建设法律效力最高，越往下法律效力越低，下位法是对上位法的补充、具体和深化。效力低的法律规定不得与比其效力高的法律规定相抵触，否则将视为无效。建设法律、建设行政法规、建设部门规章在全国范围内适用，地方性建设法规和地方性建设规章只在地方适用。

法院在审理案件时，当上位法的规定过于抽象、没有可操作性时，就要适用相关下位法中的规定，下位法是对上位法的补充、具体、深入，具有可操作性。另外，最高人民法院做出的司法解释是司法机关在适用法律时，结合客观实际作出的解释，它是对法律填补漏洞，它的效力低于法律。

习题讲评

1. 下列规范性文件中，效力最高的是（　　）。

A. 行政法规　　B. 司法解释　　C. 地方性法规　　D. 部门规章

【参考答案】A。法律文件的效力高低取决于它的制定机关的法律地位，行政法规是国务院制定的，效力最高。

2. 上位法优于下位法原则体现在（　　）。

A. 宪法 > 法律 > 行政法规 > 地方性法规和部门规章

B. 同级别地方法规 > 同级别或下级地方政府规章

C. 上级地方规章 > 下级地方规章

D. 部门规章之间、部门规章与地方政府规章之间具有同等效力，在各自权限范围内施行

【参考答案】ABCD。上位法的制定机关法律地位高于下位法。

【案例讨论】如何选择适用的法律

某建筑公司通过招投标承包了开发商的高档商品房工程施工，签订的备案合同约定工程价款 5000 多万元。其后，开发商称其是中外合资企业，要与国际惯例接轨，采用 FIDIC 条款，与承包人又签订了一份承包合同，约定工程价款是 4000 多万元。工程竣工后，双方产生了结算纠纷。本案中应以哪一份合同作为结算依据？法院判决的法律依据是什么？

讨论：在法律纠纷当中，如何选择适用的法律。

第二节 建设工程基本法律制度

某承包合同在实际履行中没有书面授权是否形成代理关系

地处 A 市的某设计院承担了坐落在 B 市的某项“设计—采购—施工”承包任务。该设计院将工程的施工任务分包给 B 市的某施工单位。设计院在施工现场派驻了包括甲在内的项目管理班子，施工单位则以乙为项目经理组成了项目经理部。施工任务完成后，施工单位以设计院尚欠工程款为由向仲裁委员会申请仲裁，主要依据是有甲签字确认的所增加的工程量。设计院认为甲并不是该项目的设计院方的项目经理，不承认甲签字的效力。经查实，甲既不是合同中约定的设计院的授权负责人，也没有设计院的授权委托书。但合同中约定的授权负责人基本没有去过该项目现场。事实上，该项目一直由甲实际负责，且该设计院曾经认可甲签字付款的情形。问题：设计院是否应当承担付款责任，为什么？

案例分析：根据《民法通则》规定：公民、法人可以通过代理人实施民事法律行为。代理人在代理权限内，以被代理人的名义实施民事法律行为，被代理人对代理人

的代理行为，承担民事责任。甲虽没有设计院的授权委托书，也不是合同中约定的设计院负责人，但该项目一直由甲实际负责，且该设计院曾经有认可甲签字付款的情形，所以双方实际已形成表见代理的关系。

另《民法通则》规定：企业法人对它的法定代表人和其他工作人员的经营活动，承担民事责任。设计院与甲之间已形成表见代理关系，且甲不具备法人资格，甲的现场项目管理班子也不具备法人资格，所以甲签字的法律后果应由企业法人承担责任，设计院应当承担付款责任。

一、法人制度

法人是与自然人相对应的概念，是法律赋予社会组织具有法律人格的一项制度。《民法总则》规定：法人是具有民事权利能力和民事行为能力，依法独立享有民事权利和承担民事义务的组织。在法人制度产生以前，只有自然人才具有民事权利能力和民事行为能力。随着社会生产活动的扩大和专业化水平的提高，许多社会活动必须由自然人合作完成。因此，法人是出于需要，由法律将其拟制为自然人以确定团体利益的归属，即所谓“拟制人”。法人是社会组织在法律上的人格化，是法律意义上的“人”，而不是实实在在的生命体。

1. 法人的成立

根据《民法总则》的规定：法人应当依法成立。法人应当有自己的名称、组织机构、住所、财产或者经费。法人成立的具体条件和程序，须经有关机关批准。法人的民事权利能力和民事行为能力，从法人成立时产生，到法人终止时消灭。法人以其全部财产独立承担民事责任。

依照法律或者法人章程的规定，代表法人从事民事活动的负责人，为法人的法定代表人。法定代表人以法人名义从事的民事活动，其法律后果由法人承受。法人以其主要办事机构所在地为住所。依法需要办理法人登记的，应当将主要办事机构所在地登记为住所。

法定代表人因执行职务造成他人损害的，由法人承担民事责任。法人承担民事责任后，依照法律或者法人章程的规定，可以向有过错的法定代表人追偿。

2. 法人的分类

法人分为营利法人、非营利法人和特别法人。

（1）营利法人

以取得利润并分配给股东等出资人为目的成立的法人，为营利法人。营利法人包括有限责任公司、股份有限公司和其他企业法人等。

（2）非营利法人

为公益目的或者其他非营利目的成立，不向出资人、设立人或者会员分配所取得利润的法人，为非营利法人。非营利法人包括事业单位、社会团体、基金会、社会服务机构等。

（3）特别法人

农村集体经济组织法人、城镇农村的合作经济组织法人、基层群众性自治组织法人，为特别法人。

非法人组织是不具有法人资格，但是能够依法以自己的名义从事民事活动的组织。非法人组织包括个人独资企业、合伙企业、不具有法人资格的专业服务机构等。设立非法人组织，法律、行政法规规定须经有关机关批准的，依照其规定。非法人组织的财产不足以清偿债务的，其出资人或者设立人承担无限责任。

3. 法人在建设工程中的地位

法人是建设工程的基本主体，依法独立享有民事权利、承担民事义务和民事责任。施工单位、勘察设计单位、监理单位通常是具有法人资格的组织。建设单位一般也应当具有法人资格，但有时候建设单位也可能是没有法人资格的其他组织。

项目经理部是施工企业为了完成某项建设工程施工任务而设立的组织。项目经理部是由一个项目经理与技术、生产、材料、成本等管理人员组成的项目管理班子，是一次性的具有弹性的现场生产组织机构。项目经理部不具备法人资格，而是施工企业根据建设工程施工项目而组建的非常设的下属机构，所以它无法独立承担民事责任，项目经理部行为的法律后果将由企业法人承担。例如，项目经理部没有按照合同约定完成施工任务，则应由施工企业承担违约责任；项目经理签字的材料款，如果不按时支付，材料供应商应当以施工企业为被告提起诉讼。

项目经理是企业法人授权在建设工程施工项目上的管理者。由于施工企业同时会有数个、数十个甚至更多的建设工程施工项目在组织实施，导致企业法定代表人不可能成为所有施工项目的直接负责人。因此，在每个施工项目上必须有一个经企业法人授权的项目经理。施工企业的项目经理，是受企业法人的委派，对建设工程施工项目全面负责的项目管理者，是一种施工企业内部的岗位职务。

二、代理制度

代理是指代理人在被授予的代理权限范围内，以被代理人的名义与第三人实施法律行为，而行为后果由该被代理人承担的法律制度。代理所涉及的三方当事人是被代理人、代理人和代理关系所涉及的第三人。

《民法总则》规定：民事主体可以通过代理人实施民事法律行为。依照法律规定、当事人约定或者民事法律行为的性质，应当由本人亲自实施的民事法律行为，不得代理。代理人在代理权限内，以被代理人名义实施的民事法律行为，对被代理人发生效力。

1. 代理的法律特征

（1）代理人必须在代理权限范围内实施代理行为

代理人实施代理活动的直接依据是代理权。因此，代理人必须在代理权限范围内与第三人或相对人实施代理行为。

代理人实施代理行为时有独立进行意思表示的权利。代理制度的存在，正是为了弥补一些民事主体没有资格、精力和能力去处理有关事务的缺陷。如果仅是代为传达当事人的意思表示或接受意思表示，而没有任何独立决定意思表示的权利，则不是代理，只能视为传达意思表示的使者。

（2）代理人应该以被代理人的名义实施代理行为

代理人如果以自己的名义实施代理行为，则该代理行为产生的法律后果只能由代理人自行承担。那么，这种行为是自己的行为而非代理行为。

（3）代理行为必须是具有法律意义的行为

代理人为被代理人实施的是能够产生法律上的权利义务关系，产生法律后果的行为。如果是代理人请朋友吃饭、聚会等，不能产生权利义务关系，就不是代理行为。

（4）代理行为的法律后果归属于被代理人

代理人在代理权限内，以被代理人的名义同第三人进行的具有法律意义的行为，在法律上产生与被代理人自己的行为同样的后果。因而，被代理人的代理行为承担民事责任。

（5）代理人应履行职责

代理人不履行或者不完全履行职责，造成被代理人损害的，应当承担民事责任。代理人和相对人恶意串通，损害被代理人合法权益的，代理人和相对人应当承担连带责任。

2. 代理的主要种类

《民法总则》规定：代理包括委托代理和法定代理。

（1）委托代理

委托代理人按照被代理人的委托行使代理权。

委托代理授权采用书面形式的，授权委托书应当载明代理人的姓名或者名称、代理事项、权限和期间，并由被代理人签名或者盖章。

（2）法定代理

法定代理人依照法律的规定行使代理权。

十八周岁以上的自然人为成年人，不满十八周岁的自然人为未成年人。成年人为完全民事行为能力人，可以独立实施民事法律行为。十六周岁以上的未成年人，以自己的劳动收入为主要生活来源的，视为完全民事行为能力人。

八周岁以上的未成年人为限制民事行为能力人，实施民事法律行为由其法定代理人代理或者经其法定代理人同意、追认，但是可以独立实施纯获利益的民事法律行为或者与其年龄、智力相适应的民事法律行为。

《民法总则》规定：无民事行为能力人、限制民事行为能力人的监护人是其法定代理人。其中，不满八周岁的未成年人或者不能辨认自己行为的成年人为无民事行为能力人，由其法定代理人代理实施民事法律行为。

3. 无权代理与表见代理

（1）无权代理

无权代理是指行为人不具有代理权，但以他人的名义与第三人进行法律行为。

《民法总则》规定：行为人没有代理权、超越代理权或者代理权终止后，仍然实施代理行为，未经被代理人追认的，对被代理人不发生效力。相对人可以催告被代理人自收到通知之日起一个月内予以追认。被代理人未作表示的，视为拒绝追认。相对人知道或者应当知道行为人无权代理的，相对人和行为人按照各自的过错承担责任。

无权代理的结果有两种：一是经被代理人追认，可转化为有权代理；二是被代理人不追认，则无权代理人自行承担一切不良后果。

（2）表见代理

表见代理是指行为人虽无权代理，但由于行为人的某些行为，造成了足以使善意第三人相信其有代理权的表象，而与善意第三人进行的、由本人承担法律果的代理行为。《合同法》规定：行为人没有代理权、超越代理权或者代理权终止后以被代理人名义订立合同，相对人有理由相信行为人有代理权的，该代理行为有效。

表见代理的构成要件：一是存在足以相对人相信行为人具有代理权的事实或理由。这是构成表见代理的客观要求。如行为人持有本人发出的委任状、已加盖公章的空白合同书或者有显示本人向行为人授予代理权的通知函告等证明类文件。二是本人存在过失。其过失表现为本人表达了足以使第三人相信有授权意思的表示，或者实施了足以使第三人相信有授权意义的行为，发生了外表授权的事实。三是相对人为善意。这是构成表见代理的主观要件。如果相对人明知行为人无代理权而仍与之实施民事行为，则相对人为主观恶意，不构成表见代理。

表见代理对本人产生有权代理的效力，即在相对人与本人之间产生民事法律关系。本人受表见代理人与相对人之间实施的法律行为的约束，享有该行为设定的权利和履行该行为约定的义务。本人不能以无权代理为抗辩。本人在承担表见代理行为所产生的责任后，可以向无权代理人追偿因代理行为而遭受的损失。

4. 建设工程中的代理

建设工程活动不同于一般的经济活动，其代理行为不仅要依法实施，有些还要受到法律的限制。

（1）不得委托代理的建设工程活动

建设工程的承包活动不得委托代理。《建筑法》规定：禁止承包单位将其承包的全部建筑工程转包给他人，禁止承包单位将其承包的全部建筑工程肢解以后以分包的名义分别承包给他人。施工总承包的，建筑工程主体结构的施工必须由总承包单位自行完成。

（2）须取得法定资格方可从事的建设工程代理行为

《招标投标法》规定：招标代理机构是依法设立、从事招标代理业务并提供相关服务的社会中介组织。招标代理机构应当具备下列条件：一有从事招标代理业务的营业场所和相应资金；二有能够编制招标文件和组织评标的相应专业力量；三有符合本法规定条件，可以作为评标委员会成员人选的技术、经济等方面的专家库。《招标投标法》规定：从事工程建设项目招标代理业务的招标代理机构，其资格由国务院或者省、自治区、直辖市人民政府的建设行政主管部门认定。

三、债权制度

《民法总则》规定：民事主体依法享有债权。债权是因合同、侵权行为、无因管理、不当得利以及法律的其他规定，权利人请求特定义务人为或者不为一定行为的权利。

债是特定当事人之间的法律关系。债权人只能向特定的人主张自己的权利，债务人也只需向享有该权利的特定人履行义务，即债的相对性。

1. 债的内容

债的内容是指债的主体双方间的权利与义务，即债权人享有的权利和债务人负担的义务，即债权与债务。债权为请求特定人为特定行为作为或不作为的权利。

债权是相对权。包含以下三个方面：①债权主体的相对性；②债权内容的相对性；③债权责任的相对性。债务是根据当事人的约定或者法律规定，债务人所负担的应为特定行为的义务。

2. 建设工程债的产生

建设工程债的产生是指特定当事人之间债权债务关系的产生。引起债产生的一定的法律事实，就是债产生的根据。建设工程债产生的根据有合同、侵权、无因管理和不当得利。

（1）合同之债

任何合同关系的设立，都会在当事人之间发生债权债务的关系。合同引起债的关系，是债发生的最主要、最普通的依据。

建设工程债的产生，最主要的也是合同。如施工合同的订立，使施工单位与建设单位之间产生债；材料设备买卖合同的订立，会在施工单位与材料设备供应商之间产生债的关系。

（2）侵权之债

侵权是指公民或法人没有法律依据而侵害他人的财产权利或人身权利的行为。侵权行为一经发生，即在侵权行为人和被侵权人之间形成债的关系。

《侵权责任法》规定：建筑物、构筑物或者其他设施及其搁置物、悬挂物发生脱落、坠落造成他人损害，所有人、管理人或者使用人不能证明自己没有过错的，应当承认侵权责任。所有人、管理人或者使用人赔偿后，有其他责任人的，有权向其他责任人追偿。

《侵权责任法》规定：建筑物、构筑物或者其他设施倒塌造成他人损害的，由建设

单位与施工单位承担连带责任。建设单位、施工单位赔偿后，有其他责任人的，有权向其他责任人追偿。因其他责任人的原因，建筑物、构筑物或者其他设施倒塌造成他人损害的，由其他责任人承担侵权责任。

《侵权责任法》规定：从建筑物中投掷物品或者从建筑物上坠落的物品造成他人损害，难以确定具体侵权人的，除能够证明自己不是侵权人的外，由可能加害的建筑物使用人给予赔偿。

（3）无因管理之债

无因管理是指管理人员和服务人员没有法律上的特定义务，也没有受到他人委托，自觉为他人管理事物或提供服务。无因管理在管理人员或服务人员与受益人之间形成了债的关系。

（4）不当得利之债

不当得利是指没有法律上或者合同上的依据，有损于他人利益而自身取得利益的行为。由于不当得利造成他人利益的损害，因此在得利者与受害者之间形成债的关系。得利者应当将所得的不当利益返还给受损害的人。

【案例讲评】无因管理之债

王某承包村里的鱼塘，经过精心饲养，收成看好。就在鱼出塘上市之际，王某不幸溺水而死，而其两个儿子都在外地工作，无力照管鱼塘。王某的同村好友李某便主动担负起照管鱼塘的任务，并组织人员将鱼打捞上市出卖，获得收益 4 万元，其中，应向村里上缴 1 万元，李某组织人员打捞出卖鱼所花费劳务费及其他必要费用共计 2000 元。现李某要求王某的继承人支付 2000 元费用，并要求平分所剩 2.8 万元款项。

讲评：在本案中，在王某死后其鱼塘无人照管的情况下，李某为了王某的利益，主动为其管理，应认定为无因管理。《民法通则》规定：没有法定或约定的义务，为避免他人利益受损失进行管理或者服务的，有权要求受益人偿付由此而支付的必要费用，2000 元费用属于无因管理必要费用，应得到偿付。而李某要求平分 2.8 万元余款的要求无法律依据，不予支持。

3. 建设工程债的种类

（1）建设工程合同之债

建设工程合同是承包人进行工程建设，发包人支付价款的合同，包括工程勘察、设计、施工合同。

（2）买卖合同之债

在建设工程活动中，会产生大量的买卖合同，主要是材料设备买卖合同。材料设备的买方有可能是建设单位，也可能是施工单位。他们会与材料设备供应商产生债。

（3）侵权之债

最常见的是施工单位的施工活动所产生的侵权。如施工噪声或者废水、废气、废渣的排放等扰民行为，可能对工地附近的居民构成侵权。此时，居民是债权人，施工单位或建设单位是债务人。

四、担保制度

担保是指当事人根据法律规定或者双方约定，为促使债务人履行债务实现债权人的权利的法律制度。

《担保法》规定：在借贷、买卖、货物运输、加工承揽等经济活动中，债权人需要以担保方式保障其债权实现的，可以依照本法规定设定担保。担保方式为保证、抵押、质押、留置和定金。

担保合同是主合同的从合同，主合同无效，担保合同无效。担保合同另有约定的，按照约定。担保合同被确认无效后，债务人、担保人、债权人有过错的，应当根据其过错各自承担相应的民事责任。

在建设工程活动中，常用的担保方式有保证、抵押、留置和定金。

1. 保证

保证是指保证人和债权人约定，当债务人不履行债务时，保证人按照约定履行债务或者承担责任的行为。具有代为清偿债务能力的法人、其他组织或者公民，可以做保证人。但在建设工程活动中，由于担保的标的额较大，保证人往往是银行，也有信用比较高的其他担保人，如担保公司。银行出具的保证通常称为保函，其他保证人出具的书面保证一般称为保证书。

（1）保证人资格

《担保法》规定：具有代为偿清债务能力的法人、其他组织或者公民，可以作为保证人。但是，以下组织不能作为保证人：

1）国家机关不得为保证人，但经国务院批准为使用外国政府或者国际经济组织贷款进行转贷的除外。

2）学校、幼儿园、医院等以公益为目的的事业单位、社会团体不得为保证人。

3）企业法人的分支机构、职能部门不得为保证人。企业法人的分支机构有法人书面授权的，可以在授权范围内提供保证。

任何单位和个人不得强令银行等金融机构或者企业为他人提供保证；银行等金融机构或者企业对强令其为他人提供保证的保证行为，有权拒绝。

（2）保证合同

《担保法》规定：保证人与债权人应当以书面形式订立保证合同。保证人与债权人可以就单个主合同分别订立保证合同，也可以协议在最高债权额限度内就一定期间连续发生的借款合同或者某项商品交易合同订立一个保证合同。

保证合同内容包括：一是被保证的主债权种类、数额；二是债务人履行债务的期限；三是保证的方式；四是保证担保的范围；五是保证的期间；六是双方认为需要约定的其他事项。保证合同不完全具备以上规定内容的，可以补正。

（3）保证方式

《担保法》规定：保证的方式有一般保证和连带责任保证。

1）一般保证是当事人在保证合同中约定，债务人不能履行债务时，由保证人承担保证责任。

2）连带责任保证是当事人在保证合同中约定保证人与债务人对债务承担连带责任。连带责任保证的债务人在主合同规定的债务履行期届满没有履行债务的，债权人可以要求债务人履行债务，也可以要求保证人在其保证范围内承担保证责任。当事人对保证方式没有约定或者约定不明确的，按照连带责任承担保证责任。

（4）保证责任

保证合同生效后，保证人就应当在合同约定的保证范围和保证期间承担保证责任。

《担保法》规定：保证担保的范围包括主债权及利息、违约金、损害赔偿金和实现债权的费用。保证合同另有约定的，按照约定。当事人对保证担保的范围没有约定或者约定不明确的，保证人应当对全部债务承担责任。

保证期间，债权人依法将主债权转让给第三人的，保证人在原保证担保的范围内继续承担保证责任。保证合同另有约定的，按照约定。保证期间，债权人许可债务人转让债务的，应当取得保证人书面同意，保证人对未经其同意转让的债务，不再承担保证责任。债权人与债务人协议变更主合同的，应当取得保证人书面同意，未经保证人书面同意的，保证人不再承担保证责任。保证合同另有约定的，按照约定。

一般保证的保证人未约定保证期间的，保证期间为主债务履行期届满之日起6个月。连带责任保证的保证人与债权人未约定保证期间的，债权人有权自主债务履行期届满之日起 6 个月内要求保证人承担保证责任。

（5）建设工程施工常用的担保种类

1）施工投标保证金。《招标投标法实施条例》规定：投标保证金是指投标人按照招标文件的要求向招标人出具的，以一定金额表示的投标责任担保。其实质是为了避免因投标人在投标有效期内随意撤销投标或中标后不能提交履约保证金和签署合同等行为而给招标人造成损失。投标保证金除现金外，可以是银行出具的银行保函、保兑支票、银行汇票或现金支票。

2）施工合同履约保证金。《招标投标法》规定：招标文件要求中标人提交履约保证金的，中标人应当提交。施工合同履约保证金，是为了保证施工合同的顺利履行而要求承包人提供的担保。施工合同履约保证金多为提供第三人的信用担保(保证），一般是由银行或者担保公司向招标人出具履约保函或者保证书。

3）工程款支付担保。《工程建设项目施工招标投标办法》规定：招标人要求中标人提供履约保证金或其他形式履约担保的，招标人应当同时向中标人提供工程款支付担保。

工程款支付担保，是发包人向承包人提交的、保证按照合同约定支付工程款的担保，通常采用由银行出具保函的方式。

4）预付款担保。预付款担保是指承包人向发包人提供的用于实现承包人按合同规定进行施工，偿还发包人已支付的全部预付金额的担保。如果承包人违约，使发包人不能在规定期限内从应付工程款中扣除全部预付款，则发包人有权行使预付款担保权利作为补偿。

2. 抵押

抵押是指债务人或者第三人不转移对财产的占有，将该财产作为债权的担保。债务人不履行债务时，债权人有权依照法律规定以该财产折价或者以拍卖、变卖该财产的价款优先受偿。其中，债务人或者第三人称为抵押人，债权人称为抵押权人，提供担保的财产为抵押物。

（1）可以抵押的财产

《担保法》规定：建筑物和其他土地附着物；建设用地使用权；以招标、拍卖、公开协商等方式取得的荒地等土地承包经营权；生产设备、原材料、半成品、产品；正在建设的建筑物、船舶、航空器；交通运输工具；法律、行政法规未禁止抵押的其他财产。

（2）不得抵押的财产

《担保法》规定，下列财产不得抵押：土地所有权；耕地、宅基地、自留地、自留山等集体所有的土地使用权；学校、幼儿园、医院等以公益为目的的事业单位、社会团体的教育设施、医疗卫生设施和其他社会公益设施；所有权、使用权不明或者有争议的财产；依法被查封、扣押、监管的财产；依法不得抵押的其他财产。

（3）应当办理抵押登记的财产

当事人以下列财产抵押的，应当办理抵押登记，抵押权自登记时设立：建筑物和其他土地附着物；建设用地使用权；以招标、拍卖、公开协商等方式取得的荒地等土地承包经营权；正在建造的建筑物。

当事人以下列财产抵押的，抵押权自抵押合同生效时成立，未经登记，不得对抗善意的第三人：生产设备、原材料、半成品、产品；交通运输工具；正在建造的船舶、航空器。

办理抵押物登记，应当向登记部门提供主合同、抵押合同、抵押物的所有权或者使用权证书。

（4）抵押的效力

《担保法》规定：抵押担保的范围包括主债权及利息、违约金损害赔偿金和实现抵押权的费用。当事人也可以在抵押合同中约定抵押担保的范围。

抵押人有义务妥善保管抵押物并保证其价值。抵押期间，抵押人转让已办理登记的抵押物，应当通知抵押权人并告知受让人转让物已经抵押的情况；否则，该转让行为无效。抵押人转让抵押物的价款，应当向抵押权人提前清偿所担保的债权或者向与抵押权人约定的第三人提存。超过债权的部分归抵押人所有，不足部分由债务人清偿。转让抵押物的价款不得明显低于其价值。抵押人的行为足以使抵押物价值减少的，抵押权人有权要求抵押人停止其行为。

抵押权与其担保的债权同时存在。抵押权不得与债权分离而单独转让或者作为其他债权的担保。

（5）抵押权的实现

《担保法》规定：债务履行期届满抵押权人未受清偿的，可以与抵押人协议以抵押物折价或者以拍卖、变卖该抵押物所得的价款受偿；协议不成的，抵押权人可以向人民法院提起诉讼。抵押物折价或者拍卖、变卖后，其价款超过债权数额的部分归抵押人所有，不足部分由债务人清偿。

同一财产向两个以上的债权人抵押时，拍卖、变卖抵押物所得的价款按照以下规定清偿：①抵押合同已登记生效的，按抵押物登记的先后顺序清偿；顺序相同的，按照债权比例清偿。②抵押合同自签订之日起生效的，如果抵押物未登记的，按照合同生效的先后顺序清偿；顺序相同的，按照债权比例清偿。抵押物已登记的先于未登记的受偿。

3. 留置

《担保法》规定：留置是指债权人按照合同约定占有债务人的动产，债务人不按照合同约定的期限履行债务的，债权人有权依照法律规定留置该动产，以该财产折价或者以拍卖、变卖该财产的价款优先受偿。留置担保的范围包括主债权及利息、违约金、损害赔偿金、留置物保管费用和实现留置权的费用。

《担保法》规定：因保管合同、运输合同、加工承揽合同发生的债权，债务人不履行债务的，债权人有留置权。法律规定可以留置的其他合同，适用以上规定。当事人可以在合同中规定不得留置的物。

《担保法》规定：留置权人负有妥善保管留置物的义务。因保管不善致使留置物灭失或者毁损的，留置权人应当承担民事责任。

《合同法》规定：发包人未按照约定支付价款的，承包人可以催告发包人在合理期限内支付价款。发包人逾期不支付的，除按照建设工程的性质不宜折价、拍卖的以外，承包人可以与发包人协议将该工程折价，也可以申请人民法院将该工程依法拍卖。建设工程的价款就该工程折价或者拍卖的价款优先受偿。其明确赋予了施工承包人有留置权。

4. 定金

《担保法》规定：当事人可以约定一方向对方给付定金作为债权的担保。债务人履行债务后，定金应当抵作价款或者收回。给付定金的一方不履行约定的债务的，无权要求返还定金；收受定金的一方不履行约定的债务的，应当双倍返还定金。

定金应当以书面形式约定。当事人在定金合同中应当约定交付定金的期限。定金合同从实际交付定金之日起生效。定金的数额由当事人约定，但不得超过主合同标的额的20%。如在订立勘察合同、设计合同时，要求建设单位交付定金。

【案例讲评】合作组建的有限责任公司借款债务谁承担

A房地产开发公司与B公司共同出资设立了注册资本为80万元人民币的C有限责任公司。A的协议出资额为70万元，但未到位；B的出资额为10万元人民币，已经到位。C公司成立后与D银行订立了一个借款合同，借款额为100万元人民币，期限为1年，利息5万元。该借款合同由E公司作为担保人，E公司将其一处评估价为80万元的土地使用权抵押给了D银行。C公司在经营中亏损，借款到期后无力还款。

问题：D银行能否要求A公司承担还款责任？D银行能否要求B公司承担还款责任？D银行能否要求C公司承担还款责任？D银行能否要求E公司承担还款责任，为什么？

讲评：按照《公司法》规定：有限责任公司的股东以其认缴的出资额为限对公司承担责任。A公司的注册资金没有到位，应当在认缴出资额的范围内对C公司的债务承担连带责任。B公司认缴的出资已经到位，B公司以其认缴的出资额为限对C公司的债务承担责任。根据《民法通则》规定：债权人有权要求债务人按照合同的约定或者依照法律的规定履行义务，可以要求C公司承担还款责任。《担保法》规定：债务人不履行债务时，债权人有权依照本法规定以该财产折价或者以拍卖、变卖该财产的价款优先受偿。抵押物折价或者拍卖、变卖后，其价款超过债权数额的部分归抵押人所有，不足部分由债务人清偿。当抵押物价款低于担保的数额时，债权人只能向债务人主张债权。E公司作为抵押人而不是债务人，D银行只能要求处分抵押物，无权要求E公司承担还款责任。

五、保险制度

1. 保险的概念

《保险法》规定：保险是指担保人根据合同约定，向保险人支付保险费，保险人对于合同约定的可能发生的事故因其发生所造成的财产损失承担赔偿保险金责任，或者当被保险人死亡、伤残、疾病或者达到合同约定的年龄、期限时承担给付保险金责任的商业保险行为。

保险是一种受法律保护的分散危险、消化损失的法律制度。因此，危险的存在是保险产生的前提。但保险制度上的危险具有损失发生的不确定性，包括发生与否的不确定性、发生时间的不确定性和发生后果的不确定性。

保险合同是投保人与保险人约定保险权利义务关系的协议。投保人是指与保险人订立保险合同，并按照合同约定负有支付保险费义务的人。保险人是指与投保人订立保险合同，并按照合同约定承担赔偿或者给付保险金责任的保险公司。保险合同一般是以保险单的形式订立的。保险合同分为财产保险合同、人身保险合同。

2. 建设工程保险

建设工程活动涉及的险种较多，主要包括建筑工程一切险（及第三者责任险）、安装工程一切险（及第三者责任险）等。

（1）建筑工程一切险（及第三者责任险）

建筑工程一切险是承保各类民用、工业和公用事业建筑工程项目，包括道路、桥梁、水坝、港口等，在建造过程中因自然灾害或意外事故而引起的一切损失的险种。因在建工程抗灾能力差，危险程度高，一旦发生损失，不仅会对工程本身造成巨大的物质财富损失，甚至可能殃及邻近人员与财物。因此，随着各种新建、扩建、改建的建设工程项目日渐增多，许多保险公司已经开设这一险种。

建筑工程一切险往往还加保第三者责任险。第三者责任险是指在保险有效期内因在施工工地上发生意外事故造成在施工工地及邻近地区的第三者人身伤亡或财产损失，依法应由被保险人承担的经济赔偿责任。

1）投保人与被保险人。《建设工程施工合同（2017 示范文本）》中规定，除专用合同条款另有约定外，发包人应投保建筑工程一切险或安装工程一切险；发包人委托承包人投保的，因投保产生的保险费和其他相关费用由发包人承担。

建筑工程一切险的被保险人范围较宽，所有在工程进行期间，对该项工程承担一定风险的有关各方（即具有可保利益的各方），均可作为被保险人。被保险人具体包括：业主或工程所有人；承包商或者分包商；技术顾问，包括业主聘用的建筑师、工程师及其他专业顾问。如果被保险人不止一家，则各家接受赔偿的权利以不超过其对保险标的的可保利益为限。

2）保险责任范围。保险人对下列原因造成的损失和费用，负责赔偿：一是自然事件，指地震、海啸、雷电、飓风、台风、龙卷风、风暴、暴雨、洪水、水灾、冻灾、冰雹、地崩、山崩、雪崩、火山爆发、地面下陷下沉及其他人力不可抗拒的破坏力强大的自然现象；二是意外事故，指不可预料的及被保险人无法控制并造成物质损失或人身伤亡的突变性事件，包括火灾和爆炸。

3）第三者责任险。建筑工程一切险如果加保第三者责任险，保险人对下列原因造成的损失和费用，负责赔偿：一是在保险期限内，因发生与所保工程直接相关的意外事故引起工地内及邻近区域的第三者人身伤亡、疾病或财产损失；二是被保险人因上述原因支付的诉讼费用以及事先经保险人书面同意而支付的其他费用。

4）赔偿金额。保险人对每次事故引起的赔偿金额以法院或政府有关部门根据现行法律裁定的应由被保险人偿付的金额为准，但在任何情况下，均不得超过保险单明细表中对应列明的每次事故赔偿限额。在保险限期内，保险人经济赔偿的最高赔偿责任不得超过本保险单明细表中列明的累计赔偿限额。

5）保险限期。建筑工程一切险的保险责任自保险工程在工地动工或用于保险工程的材料、设备运抵工地之时起始，至工程所有人对部分或全部工程签发完工验收证书或验收合格，或工程所有人实际占用或使用或接收该部分或全部工程之时终止，以先发生者为准。但在任何情况下，保险期限的起始或终止不得超出保险单明细表中列明的保险生效日或终止日。

（2）安装工程一切险（及第三者责任险）

安装工程一切险是承保安装机器、设备、储油罐、钢结构工程、起重机、吊车以及包含机械工程因素的各种安装工程的险种。由于科学技术日益进步，现代工业的机器设备已进入电子计算机操控的时代，工艺精密、构造复杂，技术高度密集，价格十分昂贵。在安装、调试机器设备的过程中遇到自然灾害和意外事故的发生都会造成巨大的经济损失。安装工程一切险可以保障机器设备在安装、调试过程中，被保险人可能遭受的损失能够得到经济补偿。

安装工程一切险往往还加保第三者责任险。安装工程一切险的第三者责任险，负责被保险人在保险限期内，因发生意外事故，造成在工地及邻近地区的第三者人身伤亡、疾病或财产损失，依法应由被保险人赔偿的经济损失，以及因此而支付的诉讼费用和经保险人书面同意支付的其他费用。

1）保险责任范围。保险人对因自然灾害、意外事故（具体内容与建筑工程一切险基本相同）造成的损失和费用，负责赔偿。

2）保险期限。安装工程一切险的保险责任自保险工程在工地动工或用于保险工程的材料、设备运抵工地之时起始，至工程所有人对部分或全部工程签发完工验收证书或验收合格，或工程所有人实际占有或使用接收该部分或全部工程之时终止，以先发生者为准。但在任何情况下，安装期保险期限的起始或终止不得超出保险单明细表中列明的安装期保险生效日或终止日。

安装工程一切险的保险期内，一般应包括一个试车考核期。试车考核期的长短一般根据安装工程合同中的约定进行确定，但不得超出安装工程保险单明细表中列明的试车和考核期限。安装工程一切险对考核期的保险责任一般不超过 3 个月，若超过 3 个月，应另行加收保险费。安装工程一切险对于旧机器设备不负考核期的保险责任，也不承担其维修期的保险责任。

六、建设工程法律责任制度

法律责任是指行为人由于违法行为、违约行为或者由于法律规定而应承受的某种不利的法律后果。法律责任不同于其他社会责任，法律责任的范围、性质、大小、期限等均在法律上有明确规定。

法律责任的特征有：①法律责任是因违反法律上的义务（包括违约等）而形成的法律后果，以法律义务的存在为前提；②法律责任即承担不利的后果；③法律责任的认定和追究，由国家专门机关依照法定程序进行；④法律责任的实现由国家强制力保障。

1. 建设工程民事责任

民事责任是指民事主体在民事活动中，因实施了民事违法行为，根据民法所应承担的对其不利的民事法律后果或者基于法律特别规定而应承担的民事法律后果。民事责任的功能主要是一种民事法律救济手段，使受害人被侵犯的权益得以恢复。

民事责任有违约责任和侵权责任两类。违约责任是指合同当事人违反法律规定或合同约定的义务而应承担的责任。侵权责任是指行为人因过错侵害他人财产、人身而依法应当承担的责任，以及虽没有过错，但在造成损害以后，依法应当承担的责任。

《民法总则》规定：承担民事责任的方式主要有：停止侵害，排除妨碍，消除危险，返还财产，恢复原状，修理、重作、更换，继续履行，赔偿损失，支付违约金，消除影响、恢复名誉，赔礼道歉。以上承担民事责任的方式，可以单独适用，也可以合并适用。

（1）返还财产

当建设工程施工合同无效、被撤销后，应当返还财产。执行返还财产的方式是折价返还，即承包人已经施工完成的工程，发包人按照“折价返还”的规则支付工程价款。主要是两种方式：一是参照无效合同中的约定价款；二是按当地市场价、定额量据实结算。

（2）修理

施工合同的承包人对施工中出现质量问题的建设工程或者竣工验收不合格的建设工程，应当负责返修。《合同法》规定：因施工人的原因致使建设工程质量不符合约定的，发包人有权要求施工人在合理期限内无偿修理或者返工、改建。经过修理或者返工、改建后，造成逾期交付的，施工人应当承担违约责任。

（3）赔偿损失

合同当事人由于不履行合同义务或者履行合同义务不符合约定，给对方造成财产上的损失时，由违约方依法或依照合同约定应承担的损害赔偿责任。《合同法》规定：因发包人的原因致使工程中途停建、缓建的，发包人应当采取措施弥补或者减少损失，赔偿承包人因此造成的停工、窝工、倒运、机械设备调迁、材料和构件积压等损失和实际费用。

（4）支付违约金

违约金是指按照当事人的约定或者法律规定，一方当事人违约的，应向另一方支付的金钱。《合同法》规定：当事人可以约定一方违约时应当根据违约情况向对方支付一定数额的违约金，也可以约定因违约产生的损失赔偿额的计算方法。约定的违约金低于造成的损失的，当事人可以请求人民法院或者仲裁机构予以增加；约定的违约金过分高于造成的损失的，当事人可以请求人民法院或者仲裁机构予以适当减少。当事人就迟延履行约定违约金的，违约方支付违约金后，还应当履行债务。

2. 建设工程行政责任

行政责任是指违反有关行政管理的法律法规规定，但尚未构成犯罪的行为，依法应承担的行政法律后果，包括行政处罚和行政处分。

（1）行政处罚

《行政处罚法》规定，行政处罚的种类有：警告；罚款；没收违法所得，没收非法财物；责令停产停业；暂扣或者吊销许可证，暂扣或者吊销执照；行政拘留；法律、行政法规规定的其他行政处罚。

在建设工程领域，法律、行政法规所设定的行政处罚主要有：警告、罚款、没收违法所得、责令限期改正、责令停业整顿、取消一定期限内参加依法必须进行招标的项目的投标资格、责令停止施工、降低资质等级、吊销资产证书（同时吊销营业执照）、责令停止执业、吊销执业资格证书或其他许可证等。

如《建设工程质量管理条例》规定：勘察、设计、施工、工程监理单位超越本单位资质等级承揽工程的，责令停止违法行为，对勘察、设计单位或者工程监理单位处合同约定的勘察费、设计费或者监理酬金1倍以上2倍以下的罚款；对施工单位处工程合同价款2%以上4%以下的罚款，可以责令停业整顿，降低资质等级；情节严重的，吊销资质证书；有违法所得的，予以没收。

（2）行政处分

行政处分是指国家机关、企事业单位对所属的国家工作人员违法失职行为尚不构成犯罪，依据法律、法规所规定的权限而给予的一种惩戒。行政处分种类有：警告、记过、记大过、降级、撤职、开除。如《建设工程质量管理条例》规定：国家机关工作人员在建设工程质量监督管理工作中玩忽职守、滥用职权、徇私舞弊，构成犯罪的，依法追究刑事责任；尚不构成犯罪的，依法给予行政处分。

3. 建设工程刑事责任

刑事责任是指犯罪主体因违反刑法，实施了犯罪行为所应承担的法律责任。刑事责任是法律责任中最强烈的一种，其承担方式主要是刑罚，也包括一些非刑罚的处罚方法。

《刑法》规定，刑罚分为主刑和附加刑。主刑包括：管制、拘役、有期徒刑、无期徒刑、死刑。附加刑包括：罚金、剥夺政治权利、没收财产。

在建设工程领域，常见的刑事法律责任如下：

（1）工程重大安全事故罪

《刑法》规定，建设单位、设计单位、施工单位、工程监理单位违反国家规定，降低工程质量标准，造成重大安全事故的，对直接责任人员处5年以下有期徒刑或者拘役，并处罚金；造成后果严重的，处5年以上10年以下有期徒刑，并处罚金。

（2）重大责任事故罪

《刑法修正案（六）》规定，在生产、作业中违反有关安全管理的规定，因而发生重大伤亡事故或者造成其他严重后果的，处3年以下有期徒刑或者拘役；情节特别恶劣的，处3年以上7年以下有期徒刑。强令他人违章冒险作业，因而发生重大伤亡事故或者造成其他严重后果的，处5年以下有期徒刑或者拘役；情节特别恶劣的，处5年以上有期徒刑。

（3）重大劳动安全事故罪

《刑法修正案（六）》规定，安全生产设施或者安全生产条件不符合国家规定，因而发生重大伤亡事故或者造成其他严重后果的，对直接负责的主管人员和其他直接责任人员，处3年以下有期徒刑或者拘役；情节特别恶劣的，处3年以上7年以下有期徒刑。

（4）串通投标罪

《刑法》规定，投标人相互串通投标报价，损害招标人或者其他投标人利益，情节严重的，处 3 年以下有期徒刑或者拘役，并处或者单处罚金。投标人与招标人串通投标，损害国家、集体、公民的合法利益的，依照以上规定处罚。

习题讲评

1. 甲施工企业委托乙为其购买强度等级为 32.5MPa 的水泥，乙没有买到该强度等级的水泥，但是根据自己的判断购买了强度等级为 42.5MPa 的水泥。关于这一行为后果的说法，正确的是（　　）。

A. 甲应当买下水泥

B. 甲有权拒绝收下水泥，并索回预付给乙的水泥款项

C. 甲与乙共同拥有水泥的所有权

D. 甲与乙共同分摊购买水泥的费用

【参考答案】B。没有代理权、超越代理权或者代理权终止后的行为，只有经过被代理人的追认，被代理人才承担民事责任。未经追认的行为，由行为人承担民事责任。

2. 某施工企业进行爆破施工时，不慎将临近一住宅墙体震裂，该施工企业与住宅居民因（　　）产生了债权债务关系。

A. 合同　　B. 侵权行为　　C. 不当得利　　D. 无因管理

【参考答案】B。施工爆破导致居民住宅受损属侵权行为。

3. 甲乙双方签订买卖合同，丙为乙的债务提供保证，但担保合同未约定担保方式及保证期间。关于该保证合同的说法，正确的有（　　）。

A. 丙的保证方式为一般保证

B. 保证期间为主债务履行期届满之日起 6 个月内

C. 甲在保证期内未经丙书面同意将主债权转让给丁，丙不再承担保证责任

D. 甲在保证期间未要求丙承担保证责任，则丙免除保证责任

【参考答案】B。当事人对保证方式没有约定或约定不明确，视为连带责任保证。

4. 施工企业以自有的房产做抵押，向银行借款 100 万元，后来施工企业无力还贷，经诉讼后其抵押房产被拍卖，拍得的价款为 150 万元，贷款的利息及违约金为 20 万元，实现抵押权的费用为 10 万元，则拍卖后应返还施工企业的款项为（　　）万元。

A. 10　　B. 20　　C. 30　　D. 50

【参考答案】B。抵押担保的范围包括主债权及利息、违约金、损害赔偿金和实现抵押权的费用。

5. 施工企业购买材料设备后交付承运人运输，未按约定给付承运费用时，承运人有权扣留足以清偿其所欠运费的货物，承运人行使的是（　　）。

A. 抵押权　　B. 质权　　C. 留置权　　D. 所有权

【参考答案】C。留置权是一种优先受偿权。

6. 关于建设工程保险的说法，正确的有（　　）。
   A. 工程开工前，承包商应为建设工程办理保险，支付保险费用
   B. 建筑工程一切险的被保险人可以是业主，也可以是承包商或者分包商
   C. 工程开工前，业主应为施工现场从事危险作业的施工人员办理意外伤害保险
   D. 建筑工程一切险的保险期限可以超过保险单明细表中列明的保险生效日和终止日 15 天
   E. 安装工程一切险的保险期内，一般应包括一个试车考核期

【参考答案】BE。工程开工前，发包人应当为建设工程办理保险，支付保险费用；施工单位为施工现场从事危险作业的施工人员办理意外伤害保险；建筑工程一切险的保险期限不得超过保险明细表中列明的保险生效日或终止日。

【案例讨论】合同法律关系分析

A 为修建一座综合楼，经过招投标，选定 B 为承包方，于某年 8 月 10 日订合同，约定：B 于 10 月 10 日开始施工，施工前一个月内，A 提供图纸和技术资料，解决用电、用水等前期问题，工程造价 800 万元，A 先支付 200 万前期资金，余款在验收合格后一次性付清；B 在第二年 12 月 20 日前交楼；工程保修期为 3 年。

合同签订后，A 按约定提供了图纸和技术资料，解决了用水问题，但直至 11 月 20 日工地用电问题仍未解决，导致 B 被迫停工，造成近 5 万元损失。第二年 12 月，工程主体结构基本完工。因开工前延误，为了尽早交楼，B 经 A 同意，将工程的室内装修工程转包给 C，C 又将该工程中门窗安装工程分包给了 D。A 在验收时发现，室内装修工程质量和门窗安装质量均未达标。经过返修，工程验收合格，A 以 B 违约为由，经催告后拒不付款，B 则以 A 违约向法院提起诉讼。

讨论：A、B、C、D 存在怎么样合同法律关系？双方如何履行合同？

本 章 小 结

本章主要介绍了建设法规的概念和体系，以及建设工程基本法律制度。这一部分是基础，要求学生掌握我国建设法规体系的构成。建设工程基本法律制度包括法人制度、代理制度、债权制度、担保制度、保险制度、法律责任制度，这是本章的重点内容。

本章练习题

一、单项选择题

1. 以下关于法律法规效力的说法中，不正确的是（　　）。

A. 法律的效力一定大于行政法规

B. 地方法规效力一定大于地方政府制定的规章

C. 一般情况下，同一事项的特别法，要优先于一般法

D. 法律的效力一定大于地方法规的效力

2.（　　）不具备法人资格，而是施工企业根据建设工程施工项目而组建的非常设的下属机构。

A. 施工单位　　B. 勘察设计单位　　C. 项目经理部　　D. 监理单位

3.《安全生产许可证条例》的直接上位法立法依据是（　　）。

A. 安全生产法　　B. 宪法

C. 建筑法　　D. 建设工程安全生产管理条例

4. 下列组织中，具有法人资格的组织是（　　）。

A. 项目监理部　　B. 项目经理部

C. 勘察设计单位　　D. 投标联合体

5. 项目经理强令作业人员违章冒险作业，因而发生重大伤亡事故或者造成其他严重后果的，其行为构成（　　）。

A. 重大劳动安全事故罪　　B. 重大责任事故罪

C. 工程重大安全事故罪　　D. 危害公共安全罪

二、多项选择题

1. 在某建设项目施工中形成的下列债权中，属于合同之债的有（　　）。

A. 施工单位与材料供应商订立合同

B. 施工现场的砖块坠落砸伤现场外的行人

C. 施工单位将本应汇给甲单位的材料款汇入了乙单位账号

D. 材料供应商向施工单位交付材料

E. 施工单位向材料供应商支付材料款

2. 在没有特别约定的情况下，保证责任的范围包括（　　）。

A. 主债权及利息　B. 损害赔偿金　C. 违约金　D. 实现债权的费用　E. 定金

3. 关于保险合同的表述中，正确的有（　　）。

A. 保险合同是指被保险人与保险人约定保险权利义务关系的协议

B. 投保人是指与保险人订立保险合同，并按照保险合同负有支付保险费义务的人

C. 保险人是指与投保人订立保险合同，并承担赔偿或者给付保险金责任的保险公司

D. 被保险人是指其财产或者人身受保险合同保障，享有保险金请求权的人

E. 保险合同分为财产保险合同和人身保险合同

4. 下列抵押财产中，抵押权自登记时设立的有（　　）。

A. 建筑物　　B. 建设用地使用权

C. 生产设备、原材料　　D. 在建工程

E. 在建的船舶

5.《民法通则》规定，承担民事责任的方式主要有（　　）。

A. 停止侵害　　B. 排除妨碍

C. 消除危险　　D. 支付违约金

E. 没收财产

第二章

施工许可法律制度

学习导航 施工许可是建设工程的敲门砖、引路石。本章分为三小节，包括建设工程法规中的建设工程施工许可制度、企业资质管理制度和个人执业资格制度，重点为建设工程施工许可制度。

学习目标

1. 了解建筑业从业人员资格制度的相关法律规定。
2. 熟悉建筑业企业资质等级许可制度的相关法律规定。
3. 掌握建设工程施工许可制度的相关法律及建设工程施工许可制度相应的法律效力。

知识链接 《建筑工程施工许可管理办法》《建设工程质量管理条例》《建筑业企业资质等级标准》《施工总承包企业特级资质标准》《房屋建筑和市政基础设施工程施工分包管理办法》《建造师执业资格制度暂行规定》《建造师执业资格考试实施办法》《注册建造师管理规定》。

第一节 建设工程施工许可制度

案例导入

“未报先建”的现象何时了

目前，我国建筑行业建设单位为了抢工期“未报先建”的现象普遍存在。近年来，随着我国依法治国不断深入，加大了对建设单位不办理任何开工许可手续的处罚力度。

赵某在北京市某区有房产一处，此地闹中取静，是顺义区城镇中心要地，交通便捷，基础设施齐备，临近美丽的潮白河。然而，赵某多年来“世外桃源”般的生活被一场拆迁大浪打翻了——因M15号线顺西路—府前街站D、E地块土地一级开发项目动迁，赵某家被划入拆迁范围，然而不合理的拆迁补偿安置标准却让赵某很是沮丧和恼火，迟迟没有签订拆迁补偿安置协议。在维权过程中，赵某发现房屋所属地块拆迁项目尚未发放建设工程施工许可证，换言之，已建起的和正在建设中的“钢铁巨人”实为无证施工!

为了抢工期，无证施工，这是我国各地拆迁工作中普遍存在的问题。导致处理拆迁纠纷非常棘手。由于施工许可证牵涉土地、规划等手续和建设资金落实等方面，申领手续繁杂，未取得施工许可证而施工很容易导致“豆腐渣”工程、工地安全事故、拿不到房产证等，社会危害性大。

对此，我国《建筑法》规定:“违反本法规定，未取得施工许可证或者开工报告未经批准擅自施工的，责令改正，对不符合开工条件的责令停止施工，可以处以罚款”。《建筑工程质量管理条例》规定“违反本条例规定，建设单位未取得施工许可证或者开工报告未经批准，擅自施工的，责令停止施工，限期改正，处工程合同价款百分之一以上百分之二以下的罚款”；还规定“依照本条例规定，给予单位罚款处罚的，对单位直接负责的主管人员和其他直接责任人员处单位罚款数额百分之五以上百分之十以下的罚款”。根据前述法律、行政法规的规定，严肃查处无证施工行为、对建设单位和单位负责人进行追责是建设主管部门的法定职责。

我国目前正处于社会转型期，特殊的国情造就了“中国式拆迁”。其中，部分行政机关对于违法拆建现象视而不见、听而不闻并不鲜见。要终结这种局面，还是要回到“依法执政”和“执法为民”上去。十八届四中全会将“依法治国”作为会议的主要议题，这充分表明党和政府的执政观念在转变，全党以法治思维和法治方式治国理政的认识和觉悟在提高。我国期待着一个法制环境的构建，这样才会使得拆迁改造真正成为利国利民、利于社会的好事。

施工许可制度，是指由国家授权有关建设行政主管部门，在建筑工程施工前，依建

设单位申请，对该项工程是否符合法定的开工条件进行审查，对符合条件的工程发给施工许可证，允许建设单位开工建设的制度。

《建筑法》规定："建筑工程开工前，建设单位应当按照国家有关规定向工程所在地县级以上人民政府建设行政主管部门申请领取施工许可证。"这个规定明确了我国工程建设的施工许可制度。

一、申请施工许可证的条件

依据《建筑法》，申请领取施工许可证，应当具备下列条件。

1. 办理该建筑工程用地批准手续

根据《中华人民共和国土地管理办法》的有关规定，任何单位和个人进行建设，需要使用土地的，必须依法申请使用土地。其中需要使用国有建设用地的，应当向有批准权的土地行政主管部门申请，经其审查，报本级人民政府批准。

如果没有办理用地批准手续，意味着将没有合法的土地使用权，自然无法开工，因此，不能办理施工许可证。

2. 在城乡规划区的建筑工程，依法办理规划许可证

《中华人民共和国城乡规划法》对于建设用地规划许可证做出了规定。

（1）以划拨方式提供国有土地使用权的建设项目用地规划许可证

在城市、镇规划区内以划拨方式提供国有土地使用权的建设项目，经有关部门批准、核准、备案后，建设单位应向城市、县人民政府城乡规划主管部门提出建设用地规划许可申请，由城市、县人民政府城乡规划主管部门依据控制性详细规划核定建设用地的位置、面积、允许建设的范围，核发建设用地规划许可证。建设单位在取得建设用地规划许可证后，方可向县级以上地方人民政府土地主管部门申请用地，经县级以上人民政府审批后，由土地主管部门划拨土地。

（2）以出让方式提供国有土地使用权的建设项目用地规划许可证

在城市、镇规划区内以出让方式提供国有土地使用权的，在国有土地使用权出让前，城市、县人民政府城乡规划主管部门应当依据控制性详细规划，提出出让地块的位置、使用性质、开发强度等规划条件，作为国有土地使用权出让合同的组成部分。未确定规划条件的地块，不得出让国有土地使用权。以出让方式取得国有土地使用权的建设项目，在签订国有土地使用权出让合同后，建设单位应当持建设项目的批准、核准、备案文件和国有土地使用权出让合同，向城市、县人民政府城乡规划主管部门领取建设用地规划许可证。

如果没有取得规划许可证，意味着拟建的工程属于违章建筑。在这种情况下，当然不能办理施工许可证。

3. 需要拆迁的，其拆迁进度符合施工要求

需要前期进行拆迁的建筑工程，其拆迁工作状况直接影响到整个建筑工程能否顺利

进行。在建筑工程开始施工时，拆迁的进度必须符合工程开工的要求，这是保证该建筑工程正常施工的基本条件。这里的拆迁通常指房屋拆迁。房屋拆迁是拆迁人根据《城市房屋拆迁管理条例》的有关规定，拆除或迁移建设用地范围内的房屋及其附属物，并由拆迁人对原房屋及其附属物的所有人或使用人进行补偿或安置，并取得建设用地使用权的行为。

4. 已经确定建筑施工企业

建筑工程施工必须由具有相应资质的建筑施工企业来承担。在工程开工前，建设单位必须确定承包该建筑工程的建筑施工企业。

建设单位确定建设施工企业，必须依据《建筑法》《招标投标法》及其相关规定进行。《建筑工程施工许可管理办法》进一步规定，发生以下几种情形，所确定的施工企业无效：

1）按照规定应该招标的工程没有招标。

2）应该公开招标的工程没有公开招标。

3）肢解发包工程。

4）将工程发包给不具备相应资质条件的企业。

5. 有满足施工需要的施工图纸及技术资料

施工图纸是实现建筑工程的最根本的技术文件，是施工的依据；技术资料是建筑工程施工的重要前提条件。施工图纸经过相关部门审查后，才可作为施工的依据；反之，该图纸不得作为施工的依据。

按照设计深度不同，设计文件可以分为方案设计文件、初步设计文件和施工图设计文件。根据《建设工程勘察设计管理条例》的规定，对以上几类设计文件的要求分别是：

1）编制方案设计文件，应当满足编制初步设计文件和控制概算的需要。

2）编制初步设计文件，应当满足编制招标文件、主要设备材料订货和编制施工图设计文件的需要。

3）编制施工图设计文件，应当满足设备材料采购、非标准设备制作和施工的需要，并注明建设工程合理使用年限。

《建设工程质量管理条例》规定："建设单位应当将施工图设计文件报县级以上人民政府建设行政主管部门或者其他部门审查""施工图设计文件未经审查批准的，不得使用"。

6. 有保证工程质量和安全的具体措施

《建设工程安全生产管理条例》规定"建设单位在领取施工许可证时，应当提供建设工程有关安全施工措施的资料""建设行政主管部门在审核发放施工许可证时，应当对建设工程是否有安全措施进行审查，对没有安全施工措施的，不得颁发施工许可证"。

《建筑工程施工许可管理办法》对于申请施许可证的条件又在《建筑法》的基础上

进一步延伸，规定了“按照规定应该委托监理的工程已委托监理”。这也是发给施工许可证的一个限制性条件。

7. 建设资金已经落实

建筑活动需要较多的资金投入，建设单位在建筑工程施工过程中必须拥有足够的建设资金。这是预防拖欠工程款，保证施工顺利进行的基本经济保障。对此，《建筑工程施工许可管理办法》进一步做出了具体规定。

1）建设工期不足一年的，到位资金原则上不得少于工程合同价的 50%；建设工期超过一年的，到位资金原则上不得少于工程合同价的 30%。

2）建设单位应当提供银行出具的到位资金证明，有条件的可以实行银行付款保函或者其他第三方担保。

8. 法律、行政法规规定的其他条件

根据《中华人民共和国消防法》，对于按规定需要进行消防设计的建筑工程，建设单位应当将其消防设计图纸报送公安消防机构审核；未经审核或者经审核不合格的，建设行政主管部门不得发给施工许可证，建设单位不得施工。

《建设项目环境保护管理条例》规定：国家对所有的建设项目实施环境影响评价制度，建设项目的环境影响评价文件未依法经审批部门审查或者审查后未予批准的，建设单位不得开工建设。

建筑工程申请领取施工许可证，除了应具备以上七项条件外，还应具备其他法律、行政法规规定的有关建筑工程开工的条件。这样规定是为了同其他法律、行政法规的规定相衔接。

二、未取得施工许可证擅自开工的后果

《建筑法》规定：“违反本法规定，未取得施工许可证或者开工报告未经批准擅自施工的，责令改正，对不符合开工条件的责令停止施工，可以处以罚款。”

自 2014 年 10 月 25 日起施行的《建筑工程施工许可管理办法》规定：对于未取得施工许可证或者为规避办理施工许可证将工程项目分解后擅自施工的，由有管辖权的发证机关责令停止施工，限期改正，对建设单位处工程合同价款 1%以上 2%以下罚款；对施工单位处 3 万元以下罚款。

【案例讲评】无施工许可证施工将面临怎样的处罚

河南省新乡市城乡建设执法监察支队执法人员巡查时发现某国际花园项目未取得《建筑工程施工许可证》擅自施工，经初步调查，该项目由某置业有限公司开发建设，共 6 栋住宅楼，建筑面积 60649.02 平方米，工程造价 7600 万元，由某建筑公司施工总承包、某工程监理有限责任公司对工程实施监理。该项目已办理了土地、规划和质量监督手续，依据市城乡建设行政主管部门行政事项审批科出具的未受理该项目

施工许可申请的书面材料、现场施工照片、经查该项目未取得《建筑工程施工许可证》擅自开工建设。

讲评：《建筑工程施工许可管理办法》规定在中华人民共和国境内从事各类房屋建筑及其附属设施的建造、装修装饰和与其配套的线路、管道、设备的安装，以及城镇市政基础设施工程的施工，建设单位在开工前应当依照本办法的规定，向工程所在地的县级以上地方人民政府住房城乡建设主管部门（以下简称发证机关）申请领取施工许可证。工程投资额在 30 万元以下或者建筑面积在 300 平方米以下的建筑工程，可以不申请办理施工许可证。省、自治区、直辖市人民政府住房城乡建设主管部门可以根据当地的实际情况，对限额进行调整，并报国务院住房城乡建设主管部门备案。按照国务院规定的权限和程序批准开工报告的建筑工程，不再领取施工许可证。任何单位和个人不得将应当申请领取施工许可证的工程项目分解为若干限额以下的工程项目，规避申请领取施工许可证。对于未取得施工许可证或者为规避办理施工许可证将工程项目分解后擅自施工的，由有管辖权的发证机关责令停止施工，限期改正，对建设单位处工程合同价款 1%以上 2%以下罚款；对施工单位处 3 万元以下罚款。

三、不需要申请施工许可证的工程类型

在我国有以下六类工程在开工前不需要办理施工许可证。

1. 国务院建设行政主管部门确定的限额以下的小型工程

根据《建筑工程施工许可管理办法》规定，所谓的限额以下的小型工程指的是：工程投资额在 30 万元以下或者建筑面积在 300 平方米以下的建筑工程。同时，《建筑工程施工许可管理办法》也进一步做出了说明，省、自治区、直辖市人民政府建设行政主管部门可以根据当地的实际情况，对限额进行调整，并报国务院建设行政主管部门备案。

2. 作为文物保护的建筑工程

《建筑法》规定："依法核定作为文物保护的纪念建筑物和古建筑等的修缮，依照文物保护的有关法律规定执行。"

3. 抢险救灾工程

由于此类工程的特殊性，《建筑法》明确规定此类工程开工前不需要申请施工许可证。

4. 临时性建筑

工程建设中临时建筑必不可少，例如项目部办公室、工人的宿舍和食堂等。这些临时性建筑由于其生命周期短，《建筑法》也明确规定此类工程不需要申请施工许可证。

5. 军用房屋建筑

由于此类工程涉及军事秘密，不宜过多公开信息，《建筑法》规定："军用房屋建筑工程建筑活动的具体管理办法，由国务院、中央军事委员会依据本法制定。"

6. 按照国务院规定的权限和程序批准开工报告的建筑工程

《建筑工程施工许可管理办法》第 2 条规定：按照国务院规定的权限和程序批准开工报告的建筑工程，不再领取施工许可证。

四、施工许可证的管理

1. 施工许可证废止的条件

《建筑法》规定："建设单位应当自领取施工许可证之日起 3 个月内开工。因故不能按期开工的，应当向发证机关申请延期；延期以两次为限制，每次不超过 3 个月。既不开工又不申请延期或者超过延期时限的，施工许可证自行废止。"

2. 重新核验施工许可证的条件

在建的建筑工程因故中止施工的，建设单位应当自中止之日起一个月内，向发证机关报告，并按照规定做好建筑工程的维护管理工作。

建筑工程恢复施工时，应当向发证机关报告；中止施工满一年的工程恢复施工前，建设单位应当报发证机关核验施工许可证。

3. 重新办理开工报告的条件

按照国务院规定办理开工报告的工程是施工许可制度的特殊情况。对于这类工程的管理，《建筑法》规定："按照国务院有关规定批准开工报告的建筑工程，因故不能按期开工或者中止施工的，应当及时向批准机关报告情况。因故不能按期开工超过六个月的，应当重新办理开工报告的批准手续。"

习题讲评

1. 建设单位申领建筑施工许可证后，既不开工又不申请延期，或者超过延期时限的(　　)。

A. 建筑施工许可证自行废止　　B. 由发证机关收回建筑施工许可证

C. 由建设行政主管机关处以罚款　　D. 取消该建设项目

【参考答案】A。《建筑法》规定，既不开工又不申请延期或者超过延期时限的，施工许可证自行废止。施工许可证废止后，建设单位须按规定重新申请领取施工许可证，方可施工。因此选 A。

2. 某在建工程 6 月 1 日因故中止施工，建设单位应当(　　)前，向施工许可证发证机关报告。

A. 7 月 1 日　　B. 8 月 1 日　　C. 9 月 1 日　　D. 10 月 1 日

【参考答案】A。《建筑法》规定，在建的建筑工程因故中止施工的，建设单位应当自中止施工之日起 1 个月内，向发证机关报告，并按照规定做好建筑工程的维护管理工作。6 月 1 日因故中止施工，因此应该在 7 月 1 日前向施工许可证发证机关报告。因此选 A。

3. 建设单位最迟应当自领取施工许可证之日起（　　）内申请延期。

A. 15 日　　B. 30 日　　C. 1 个月　　D. 3 个月

【参考答案】D。《建筑法》规定，建设单位应当自领取施工许可证之日起 3 个月内开工，因故不能开工应当向发证机关申请延期，每次延期不超过 3 个月。因此选 D。

4. 某建设单位于 2014 年 5 月 1 日领取了施工许可证。但是由于施工地区发生了洪水，使得该工程无法开工。2014 年 8 月 10 日始具备开工条件，则下面说法正确的是（　　）。

A. 建设单位必须在 2014 年 8 月 10 日起三个月内开工，否则施工许可证自行废止

B. 2014 年 8 月 10 日开始施工时，建设单位除获得延期批准外，还需报发证机关核验施工许可证

C. 只要建设单位在 2015 年 2 月 1 日前开工，则施工许可证自行有效

D. 如果建设单位没有申请延期，施工许可证已经于 2014 年 8 月 1 日废止

【参考答案】D。《建筑法》规定，建设单位应当自领取施工许可证之日起 3 个月内开工，因故不能开工应当向发证机关申请延期，每次延期不超过 3 个月。因此 2015 年 5 月 1 日申领了施工许可证后，2015 年 8 月 1 日前应该开工，如果不开工，必须向发证机关提出延期申请。因此选 D。

5. 申请领取施工许可证要求建设资金已经落实。建设工期不足 1 年和超过 1 年的，到位资金原则上分别不得少于工程合同价的（　　）。

A. 30%，50%　　B. 40%，60%　　C. 70%，50%　　D. 50%，30%

【参考答案】D。《建筑工程施工许可管理办法》规定，建设工期不足 1 年的，到位资金原则上不得少于工程合同价的 50%，建设工期超过 1 年的，到位资金原则上不得少于工程合同价的 30%，建设单位应当提供银行出具的到位资金证明，有条件的可以实行银行付款保函或者其他第三方担保。因此选 D。

【案例讨论】帝湖花园无证施工现象是偶然吗

8 月 20 日，郑州市建委在其官方网站发布《郑州市建设委员会关于对帝湖花园违章施工单位进行处理的通报》。六家公司承建了郑州某房地产开发有限公司帝湖花园及会所工程，在未按法定建设程序取得施工许可证的情况下，擅自开工建设，违反了《建筑法》第七条及建设部《建设工程施工许可管理办法》等法律法规规定，严重扰乱了郑州市的建筑市场秩序。

通告中指的六家公司，分别为浙江 A 建设集团有限公司、浙江 B 建设有限公司、河南 A 建设集团有限公司、河南省 B 建筑工程公司、河南 C 建设总公司、河南省 D 建设有限公司。

文件同时认定，对于房地产开发公司的违章建设行为，市行政执法局依照法定程序，依法责令其停止施工，并对施工单位的施工工具进行了暂扣，但施工企业在建设单位的授意下，置法律于不顾仍继续施工，“气焰极其嚣张”。 因此，郑州市建委决定，对前五家公司做出停止在郑州施工资格、清出郑州建筑市场的处理，并建议企业

所在地建设行政主管部门，按《建筑企业资质管理规定》对其做出降低或吊销资质的处罚。另外，对河南省D建设有限公司做出停止在郑州施工一年、建议省建设厅对其降低一级资质的处理。

讨论：为什么我国建筑行业普遍存在不依法报建或边建边报的现象？

第二节　企业资质管理制度

农建房无资质施工所酿成的悲剧

长期以来，农村盖房修屋都是由一些乡村建筑队承担，施工队不具备相关施工资质，盖房靠经验、工人靠拼凑、安全施工靠运气，存在巨大的安全隐患，亟待规范管理。

没有相关专项施工资质，某民建队帮人整体抬高房子。5月3日上午10时20分左右，河南省延津县一户民建房在整体抬升施工过程中突然倒塌，施工人员中28名被埋，导致7人死亡，21人不同程度受伤。

从事故调查组了解到，倒塌民房系一座建于1989年的2层楼房，屋主嫌房屋地势低洼，便聘请临近的某村一个施工队对房屋进行整体抬升。调查显示，这支施工队不具备任何资质，是村民冯某某临时召集本村闲散人员43名组建而成，在抬升施工过程中房屋倾斜，导致无法控制而整体坍塌。由于施工队没有资质，又没有法人可处理的财产，处理安全事故赔偿工作非常困难。

据了解，在一些农村区域，只要置办了搅拌机、脚手架和简易起吊机等设备，再招募几名懂技术的“泥瓦匠”和干力气活的“小工”，就可以组成建筑队承接项目。无施工资质、安全防护措施缺乏等安全隐患的叠加，使乡村建筑队成为施工伤亡事件发生的“重灾区”。这样的乡村建筑队活跃于农村，形成极大的安全隐患。

案例分析：无资质施工队所酿成的悲剧令人惋惜，乡村建筑队的生存和安全现状亟需引起重视。乡村建筑队没有经过专业培训就去施工，危险重重。从技术上来看，破坏整体性去抬高建筑难度非常大，光凭一个乡村建筑队是不可能实现的。政府要在满足民间建房需求的基础上加强行业监管、提高准入门槛、强化管理力度，把乡村建筑队管起来，使其朝规范化的方向发展。对于那些安全防护设施缺失，设备简陋的建筑队，要及时取缔。

专家认为，没有资质的杂牌军敢贸然实施涉及专业力学知识的房屋抬升工程，令人捏一把冷汗。从质量安全上来说，农建房确实由于制度不完善等原因存在监管空白，农村的建筑管理应该向城市学习，建立一系列程序来把关，确保每一个环节都能有效进行，保证房屋建筑的安全性。对农村建筑业而言，严格施工的准入制度和个人的从业资格制度是对农村建筑产品负责任的表现。

在我国，对从事建筑活动的建设工程企业——建筑施工企业、勘察单位、设计单位和工程监理单位，实行资质等级许可制度。《建筑法》规定，从事建筑活动的建筑施工企业、勘察单位、设计单位和工程监理单位应当具备相应条件。

《建筑法》对违反资质许可制度的行为做出了禁止建筑施工企业超越本企业资质等级许可的业务范围承揽工程；禁止以任何形式用其他建筑施工企业的名义承揽工程以及禁止建筑施工企业以任何形式允许其他单位或者个人使用本企业的资质证书、营业执照，本企业名义承揽工程的规定。

新设立的企业应到工商行政管理部门登记注册并取得法人营业执照后，方可到建设行政主管部门办理资质申请手续，并由建设行政主管部门审查，颁发资格证书。任何单位和个人不得涂改、伪造、出借、转让企业资质证书，不得非法扣押、没收资质证书。

一、企业资质的法定条件和等级

工程建设活动不同于一般的经济活动，其从业单位所具备条件的高低直接影响到建设工程质量和安全生产。因此，从事工程建设活动的单位必须符合相应的资质条件。

1. 施工企业资质的法定条件

为规范建筑市场秩序，加强建筑活动监管，保证建设工程质量安全，促进建筑业科学发展，根据 2015 年建筑业企业资质新标准，具有法人资格的企业申请建筑业企业资质应具备下列基本条件：

1）具有满足标准要求的资产。

2）有满足资质标准要求的注册建造师及其他注册人员、工程技术人员、施工现场管理人员和技术工人。

3）具有满足资质标准要求的工程业绩。

4）具有必要的技术装备。

2. 业务范围

1）施工总承包工程应由取得相应施工总承包资质的企业承担。取得施工总承包资质的企业可以对所承接的施工总承包工程内各专业工程全部自行施工，也可以将专业工程依法进行分包。对设有资质的专业工程进行分包时，应分包给具有相应专业承包资质的企业。施工总承包企业将劳务作业分包时，应分包给具有施工劳务资质的企业。

2）设有专业承包资质的专业工程单独发包时，应由取得相应专业承包资质的企业承担。取得专业承包资质的企业可以承接具有施工总承包资质的企业依法分包的专业工程或建设单位依法发包的专业工程。取得专业承包资质的企业应对所承接的专业工程全部自行组织施工，劳务作业可以分包，但应分包给具有施工劳务资质的企业。

3）取得施工劳务资质的企业可以承接具有施工总承包资质的专业承包资质的企业分包的劳务作业。

4）取得施工总承包资质的企业，可以从事资质证书许可范围内的相应工程总承包、工程项目管理等业务。

3. 施工企业资质的等级

《建筑业企业资质管理规定》规定：建筑业企业资质分为施工总承包资质、专业承包资质、施工劳务资质三个序列。施工总承包资质、专业承包资质按照工程性质和技术特点分别划分为若干资质类别，各资质类别按照规定的条件划分为若干资质等级。施工劳务资质不分类别与等级。

以施工总承包资质为例，建筑工程施工总承包资质分为特级、一级、二级、三级（表 2-1）。

表 2-1 建筑工程施工资质等级

资质等级	净资产	主要人员	工程业绩	工程范围
一级	一亿元以上	1. 建筑工程、机电工程专业一级注册建造师合计不少于 12 人，其中建筑工程一级注册建造师不少于 9 人； 2. 技术负责人具有 10 年以上从事工程施工技术管理工作经历，且具有结构专业高级职称；建筑工程相关专业中级以上职称人员不少于 30 人，且结构、给排水、暖通、电气等专业齐全； 3. 持有岗位证书的施工现场管理人员不少于 50 人，且施工员、质量员、安全员、机械员、造价员、劳务员等人员齐全； 4. 经考核或培训合格的中级以上技术工人不少于 150 人	近 5 年承担过下列 4 类中的 2 类工程的施工总承包或主体工程承包，工程质量合格。 1. 地上 25 层以上的民用建筑工程 1 项或地上 18～24 层的民用建筑工程 2 项； 2. 高度 100 米以下的构筑物 1 项或高度 80～100 米（不含）的构筑物工程 2 项； 3. 建筑面积 3 万平方米以上的单体工业、民用建筑工程 1 项或建筑面积 2 万～3 万平方米（不含）的单体工业、民用建筑工程 2 项； 4. 钢筋混凝土结构单跨 30 米以上（或钢结构单跨 36 米以上）的建筑工程 1 项或钢筋混凝土结构单跨 27～30 米(不含）或钢结构单跨 30～36 米（不含）的建筑工程 2 项	可承担单项合同额 3000 万元以上的下列建筑工程的施工： 1. 高度 200 米以下的工业、民用建筑工程； 2. 高度 240 米以下的构筑物工程
二级	净资产 4000 万元	1. 建筑工程、机电工程专业注册建造师合计不少于 12 人，其中建筑工程专业注册建造师不少于 9 人； 2. 技术负责人具有 8 年以上从事工程施工技术、管理工作经历，且具有结构专业高级职称或建筑工程专业一级注册建造师执业资格；建筑工程相关专业中级以上职称不少于 15 人，且结构、给排水、暖通、电气等专业齐全； 持有岗位证书的施工现场管理人员不少于 30 人，且施工员、质量员、安全员、机械员、造价员、劳务员等人员齐全； 经考核或培训合格的中级以上技术工人不少于 75 人	近 5 年承担过下列 4 类中的 2 类工程的施工总承包或主体工程承包，工程质量合格。 1. 地上 12 层以上的民用建筑工程 1 项或地上 8～11 层的民用建筑工程 2 项； 2. 高度 50 米以上的构筑物工程 1 项或高度 35～50 米（不含）的构筑物工程 2 项； 3. 建筑面积 1 万平方米的单体工业、民用建筑工程 1 项或建筑面积 0.6～1 万平方米（不含）的单体工业、民用建筑工程 2 项； 4. 钢筋混凝土结构单跨 21 米以上（或钢结构单跨 24 米以上）的建筑工程 1 项或钢筋混凝土结构单跨 18～21 米(不含）或钢结构单跨 21～24 米（不含）的建筑工程 2 项	可承担下列建筑工程的施工： 1. 高度 100 米以下的工业、民用建筑工程； 2. 高度 120 米以下的构筑物工程； 3. 建筑面积 4 万平方米以下的单体工业、民用建筑工程； 4. 单跨跨度 39 米以下的建筑工程

续表

资质等级	净资产	主要人员	工程业绩	工程范围
三级	净资产800万元以上	1. 建筑工程、机电工程专业注册建造师合计不少于5人，其中建筑工程专业注册建造师不少于4人； 2. 技术负责人具有5年以上从事工程施工技术管理工作经历，且具有结构专业中级以上职称或建筑工程专业注册建造师执业资格；建筑工程相关中级以上职称人员不少于6人，且结构、给排水、电气等专业齐全； 3. 持有岗位证书的施工现场管理人员不少于15人，且施工员、质量员、安全员、机械员、造价员、劳务员等人员齐全； 4. 经考核或培训合格的中级以上技术工人不少于30人； 5. 技术负责人（或注册建造师）主持完成过本类别资质二级以上标准要求的工程业绩不少于2项	暂无	可承担下列建筑工程的施工： 1. 高度50米以下的工业、民用建筑工程； 2. 高度70米以下的构筑物工程； 3. 建筑面积1.2万平方米以下的单体工业、民用建筑工程； 4. 单跨跨度27米以下的建筑工程

二、资质许可

我国对建筑业企业的资质管理，实行分级实施与有关部门相配合的管理模式。

1. 资质管理体制

《建筑业企业资质管理规定》规定：国务院住房和城乡建设主管部门负责全国建筑业企业资质的统一监督管理。国务院交通运输、水利、工业信息化等有关部门配合国务院住房和城乡建设主管部门实施相关资质类别建筑业企业资质的管理工作。

省、自治区、直辖市人民政府住房和城乡建设主管部门负责本行政区域内建筑业企业资质的统一监督管理。省、自治区、直辖市人民政府交通运输、水利、通信等有关部门配合同级住房和城乡建设主管部门实施本行政区域内相关资质类别建筑业企业资质的管理工作。

2. 资质许可权限

（1）国务院住房和城乡建设主管部门许可

1）施工总承包资质序列特级资质、一级资质及铁路工程施工总承包二级资质。

2）专业承包资质序列公路、水运、水利、铁路、民航方面的专业承包一级资质及铁路、民航方面的专业承包二级资质，涉及多个专业的专业承包一级资质。

（2）省、自治区、直辖市人民政府住房和城乡建设主管部门许可

1）施工总承包资质序列二级资质及铁路、通信工程施工总承包三级资质。

2）专业承包资质序列一级资质（不含公路、水运、水利、铁路、民航方面的专业承包一级资质及涉及多个专业的专业承包一级资质）。

3）专业承包资质序列二级资质（不含铁路、民航方面的专业承包二级资质），铁路方面专业承包三级资质，特种工程专业承包资质。

（3）企业工商注册所在地设区的市人民政府住房和城乡建设主管部门许可

1）施工总承包资质序列三级资质（不含铁路、通信工程施工总承包三级资质）。

2）专业承包资质序列三级资质（不含铁路方面专业承包资质）及预拌混凝土、模板脚手架专业承包资质。

3）施工劳务资质。

4）燃气燃烧器具安装、维修企业资质。

三、施工企业资质证书的申请、延续和变更

1. 企业资质的申请

企业可以申请一项或多项建筑业企业资质。企业首次申请或增项申请资质，应当申请最低等级资质。

企业申请建筑业企业资质，应当如实提交有关申请材料。资质许可机关收到申请材料后，应当按照《中华人民共和国行政许可法》的规定办理受理手续。

2. 企业资质证书的延续

建筑业企业资质证书分为正本和副本，由国务院住房和城乡建设主管部门统一印制，正、副本具备同等法律效力。资质证书有效期为5年。

建筑业企业资质证书有效期届满，企业继续从事建筑施工活动的，应当于资质证书有效期届满3个月前，向原资质许可机关提出延续申请。

资质许可机关应当在建筑业企业资质证书有效期届满前做出是否准予延续的决定；逾期未做出决定的，视为准予延续。

3. 企业资质证书的变更

建筑业企业在资质证书有效期内，名称、地址、注册资本、法定代表人等发生变更的应当在工商部门办理变更手续后30日内办理资质证书变更手续。

4. 不予批准企业资质升级申请和增项申请的规定

取得建筑业企业资质的企业，申请资质升级、资质增项，在申请之日起前一年内有下列情形之一的，资质许可机关不予批准企业资质升级申请和增项申请。

1）超越本企业资质等级或以其他企业的名义承揽工程，或允许其他企业或个人以本企业的名义承揽工程的。

2）与建设单位或企业之间相互串通投标，或以行贿等不正当手段谋取中标的。

3）未取得施工许可证擅自施工的。

4）将承包的工程转包或违法分包的。

5）违反国家工程建设强制性标准施工的。

6）恶意拖欠分包企业工程款或者劳务人员工资的。

7）隐瞒或谎报、拖延报告工程质量安全事故，破坏事故现场、阻碍对事故调查的。

8）按照国家法律、法规和标准规定需要持证上岗的现场管理人员和技术工种作业人员未取得证书上岗的。

9）未依法履行工程质量保修义务或拖延履行保修义务的。

10）伪造、变造、倒卖、出租、出借或者以其他形式非法转让建筑业企业资质证书的。

11）发生过较大以上质量安全事故或者发生过两起以上一般质量安全事故的。

12）其他违反法律、法规的行为。

5. 企业资质证书的撤回、撤销和注销

（1）撤回

取得建筑业企业资质证书的企业，应当保持资产、主要人员、技术装备等方面满足相应建筑业企业资质标准要求的条件。

企业不再符合相应建筑业企业资质标准要求条件的，县级以上地方人民政府住房和城乡建设主管部门、其他有关部门，应当责令其限期改正并向社会公告，整改期限最长不超过 3 个月；企业整改期间不得申请建筑业企业资质的升级、增项，不能承揽新的工程；逾期仍未达到建筑业企业资质标准要求条件的，资质许可机关可以撤回其建筑业企业资质证书。

（2）撤销

有下列情形之一的，资质许可机关应当撤销建筑业企业资质：

1）资质许可机关工作人员滥用职权、玩忽职守准予资质许可的。

2）超越法定职权准予资质许可的。

3）违反法定程序准予资质许可的。

4）对不符合资质标准条件的申请企业准予资质许可的。

5）依法可以撤销资质许可的其他情形。

以欺骗、贿赂等不正当手段取得资质许可的，应当予以撤销。

（3）注销

有下列情形之一的，资质许可机关应当依法注销建筑业企业资质，并向社会公布其建筑业企业资质证书作废，企业应当及时将建筑业企业资质证书交回资质许可机关：

1）资质证书有效期届满，未依法申请延续的。

2）企业依法终止的。

3）资质证书依法被撤回、撤销或吊销的。

4）企业提出注销申请的。

5）法律、法规规定的应当注销建筑业企业资质的其他情形。

四、禁止无资质或越级承揽工程的规定

施工单位的资质等级，是施工单位人员素质、资金数量、技术装备、管理水平、工程业绩等综合能力的体现，反映了该施工单位从事某项施工活动的资格和能力，是国家对建设市场准入管理的重要手段。为此，我国的法律规定施工单位除应具备企业法人营业执照外，还应取得相应的资质证书，并严格在其资质等级许可的经营范围内从事施工活动。

1. 禁止无资质承揽工程

《建筑法》规定：承包建筑工程的单位应当持有依法取得的资质证书，并在其资质等级许可的业务范围内承揽工程。

《建设工程质量管理条例》也规定，施工单位应当依法取得相应等级的资质证书，并在其资质等级许可的范围内承揽工程。

《建设工程安全生产管理条例》进一步规定，施工单位从事建设工程的新建、扩建、改建和拆除等活动，应当具备国家规定的注册资本、专业技术人员、技术装备和安全生产等条件，依法取得相应等级的资质证书，并在其资质等级许可的范围内承揽工程。近些年来，随着工程建设法规体系的不断完善和建设市场的整顿规范，可以讲公然以无资质的方式承揽建设工程特别是大中型建设工程的行为已极为罕见，往往是采取比较隐蔽的“挂靠”形式。但是，在专业工程分包或者劳务作业分包中仍存在着无资质承揽工程的现象。例如：无资质承揽专业分包工程，较常见的是一些设备生产或者制作厂家、运输企业或者个人，在没有专业资质证书的情况下，与施工总承包企业或者专业承包企业签订了专业工程施工分包合同，承揽土石方工程（开挖、装卸、运输）、建筑装饰装修工程、建筑防水工程、机电设备安装工程、金属门窗安装工程等。由于总承包企业或者专业承包企业拥有相应的专业工程资质，其可以自行施工，也可以进行分包，从某种角度说，这也为规避监管、违法分包留下了可钻的空子。

无资质承揽劳务分包工程，常见的是作为自然人的“包工头”，带领一部分农民工组成的施工队，与总承包企业或者专业承包企业签订劳务合同，或者是通过层层转包、层层分包获签劳务合同。2004年，原建设部发布的《房屋建筑和市政工程施工分包管理办法》明确规定，“分包工程承包人必须具有相应的资质，并在其资质等级许可的范围内承揽业务。严禁个人承揽分包下程业务”。但是，目前以“包工头”为主体签订劳务合同的现象依然存在。

需要说明的是，无资质承包主体签订的专业分包合同或者劳务分包合同都是无效合同。但是，当作为无资质的“实际施工人”的利益受到侵害时，其可以向合同相对方（即转包方或违法分包方）主张权利，甚至可以向建设工程项目的发包方主张权利。《最高人民法院关于审理建设工程施工合同纠纷案件施工法律问题的解释》第26条规定，“实际施工人以转包人、违法分包人为被告起诉的，人民法院应当依法受理。实际施工人以

被告主张权利的，人民法院可以追加转包人或者违法分包人为本案当事人，发包人只在欠款的范围内对实际施工人承担责任”。这样规定是在依法查处违法承揽工程的同时，也使实际施工人的合法权益得到保障。

2. 禁止越级承揽工程

《建筑法》和《建设工程质量管理条例》均规定，禁止施工单位超越本单位资质等级许可的业务范围承揽工程。

同无资质承揽工程一样，随着法制的不断健全和建设市场秩序的整顿规范，以及市场竞争的加剧，建设单位对施工单位的要求也在不断提高，所以在施工总承包活动中超越资质承揽工程的现象已不多见。但是，在联合共同承包和分包工程活动中依然存在着超越资质等级承揽工程的问题。

（1）联合共同承包的有关法律规定

《建筑法》规定：两个以上不同资质等级的单位实行联合共同承包的，应当按照资质等级低的单位的业务许可范围承揽工程。

联合共同承包是国际工程承包的一种通行的做法，一般适用于大型或技术复杂的建设工程项目。采用联合承包的方式，可以优势互补，增加中标机会，并可降低承包风险。但是，施工单位应当在资质等级范围内承包工程，这同样适用于联合共同承包。就是说，联合承包各方都必须具有与其承包工程相符合的资质条件，不能超越资质等级去联合承包。如果几个联合承包方的资质等级不一样，则须以低资质等级的承包方为联合承包方的业务许可范围。这样的规定，可以有效地避免在实践中以联合承包为借口进行“资质挂靠”的不规范行为。

（2）分包工程的有关法律规定

《建筑法》规定：禁止总承包单位将工程分包给不具备相应资质条件的单位。

《房屋建筑和市政基础设施工程施分包管理办法》进一步规定，分包工程承包人必须具有相应的资质，并在其资质等级许可的范围内承揽业务。

【案例讲评】劳务分包能否再分包

C 建筑公司承包了 8 栋住宅楼工程的施工任务。C 建筑公司项目经理找到了与之长期合作的包工头刘某，将 8 栋住宅楼的主体结构的劳务作业任务分包给了刘某，双方以每栋楼为一个计量单位签订了 8 份劳务分包合同，合同总额 547 万元。刘某签订合同后，又将其中编号为 1#、2#、3#楼（合同总额 235 万元）劳务合同的作业内容以 3 份《施工任务书》形式转包给了王某，但该三份《施工任务书》的劳务费总额只有 96 万元。王某获得三份《施工任务书》后，又将其分别转包给三个施工班长。改三个施工班长获得的三份《施工任务书》的劳务费总额只剩下 76 万元。

讲评：根据我国《建筑法》的规定，从事建筑活动的主体只能是依法取得相应资质等级证书的企业或者单位，我国法律是禁止以个人（自然人）名义从事建筑活动的。C 建筑公司的项目经理明知相关法律规定却仍然与刘某签订劳务分包合同的行为，以

及刘某又将劳务合同以《施工任务书》的形式层层转包，劳务费用被层层克扣的事实，才导致极有可能导致工程质量事故的发生。我国《建筑法》第二十九条第三款规定："禁止总承包单位将工程分包给不具备相应资质条件的单位。"因此，C建筑公司违反法律强制性规定与刘某签订劳务分包合同的行为，是严重违反《建筑法》关于工程发包的规定，应承担相应的法律责任。

五、禁止以他企业或他企业以本企业名义承揽工程的规定

《建筑法》规定：禁止建筑施工企业超越本企业资质等级许可的业务范围或者以任何形式用其他建筑施工企业的名义承揽工程。禁止建筑施工企业以任何形式允许其他单位或者个人使用本企业的资质证书、营业执照，以本企业的名义承揽工程。

《建设工程质量管理条例》也规定，禁止施工单位超越本单位资质等级许可的业务范围或者以其他施工单位的名义承揽工程。禁止施工单位允许其他单位或者个人以本单位的名义承揽工程。

在实践中，为在发承包竞争中争取到建设工程项目，一些施工单位因自身资质条件不符合发包工程所要求的资质条件，往往会采取一些手段骗取发包方的信任，包括借用其他施工单位的资质证书，以其他施工单位的名义承揽建设工程项目。这种做法，一方面是扰乱了建设市场的秩序；另一方面也给建设工程留下了质量隐患。因为，借用他人名义的往往是自身资质等级不高、人员素质较差、管理水平落后的小企业或"包工头"，在拿到工程后还要向出借方交纳一大笔管理费，为了赚钱就只有依靠偷工减料、以次充好等非法手段。这就势必给工程带来隐患。因此，法律明令禁止这种违法行为，不论是借用方还是出借方，都将受到法律的惩处。

此外，在分包工程中还要防止出现以他企业或他企业以本企业名义承揽工程的违法行为。《房屋建筑和市政基础设施工程施工分包管理办法》规定，分包工程发包人没有将其承包的工程进行分包，在施工现场所设项目管理机构的项目负责人、技术负责人、项目核算负责人、质量管理人员、安全管理人员不是工程承包人本单位人员的，视同允许他人以本企业名义承揽工程。

【案例讲评】劳务分包发包给个人如何处理

某工程项目由甲施工企业总承包，该企业将工程的土石方工程分包给乙分包公司，乙分包公司又与社会上的刘某签订任务书，约定由刘某组织人员负责土方开挖、装卸和运输，负责施工的项目管理、技术指导和现场安全，单独核算，自负盈亏。

讲评：本案中，分包企业允许刘某以工程任务书形式承揽土石方工程，并将现场全权交由刘某负责，该项目施工中的技术、质量、安全管理及核算人员均由刘某自行组织而非该分包公司的人员，按照《房屋建筑和市政基础设施工程施工分包管理办法》的规定，这种情况应视同允许他人以本企业名义承揽工程。

《建设工程质量管理条例》规定，"……勘察、设计施工、工程监理单位允许其他

单位或者个人以本单位名义承揽工程的，责令改正，没收违法所得……对施工单位处工程合同价款百分之二以上百分之四以下的罚款；可以责令停业整顿，降低资质等级；情节严重的，吊销资质证书”。据此，应当对该分包公司做出相应的处罚。

习题讲评

1. 建筑施工企业出借资质证书允许他人以本企业的名义承揽工程，情节严重的，其可能受到的最严重的行政处罚是（　　）。

A. 责令整改，没有违法所　　　　B. 降低资质等级

C. 吊销资质证书　　　　　　　　D. 处以罚款

【参考答案】C。依据《建筑法》，建筑施工企业转让、出借资质证书或者以其他方式允许他人以本企业的名义承揽工程的，责令整改，没有违法所得，并处以罚款，可以责令停止争端，降低资质等级；情节严重的，吊销资质证书。因此选 C。

2. 从事建筑活动的企业或单位，应当向（　　）申请设立登记，并由建设行政主管部门审查，颁发资格证书。

A. 工商行政管理部门

B. 县级以上地方人民政府建设行政主管部门

C. 省级以上人民政府建设行政主管部门

D. 所在地人民政府

【参考答案】A。新设立的企业，应到工商行政管理部门登记注册手续并取得企业法人营业执照后，方可到建设行政主管部门办理资质申请手续，并由建设行政主管部门审查，颁发资格证书。因此选 A。

3. 我国建筑业企业资质分为（　　）三个序列。

A. 工程总承包、施工总承包和专业承包

B. 工程总承包、专业分包和劳务分包

C. 施工总承包、专业分包和劳务分包

D. 施工总承包、专业承包和劳务分包

【参考答案】D。根据《建筑业企业资质管理规定》，我国建筑业企业资质分为施工总承包、专业承包和劳务分包三个序列。因此选 D。

4. 根据工程承包相关法律规定，建筑业企业（　　）承揽工程。

A. 可以超越本企业资质等级许可的业务范围

B. 可以另一个建筑施工企业的名义

C. 只能在本企业资质等级许可的业务范围内

D. 可允许其他单位或者个人使用本企业的资质证书

【参考答案】C。《建筑法》对违反资质许可制度的行为做出了如下规定：禁止建筑施工企业超越本企业资质等级许可的业务范围承揽工程；禁止以任何形式用其他建筑施工企业的名义承揽工程；禁止建筑施工企业以任何形式允许其他单位或者个人使用本企

业的资质证书、营业执照，以本企业名义承揽工程。因此选C。

5. 某建设工程的开工报告已按照相关规定获得批准，发包单位要求承包单位开始施工。下列正确的说法是（　　）。

A. 施工许可证是获准开工的唯一批准文件

B. 施工单位有权拒绝开工

C. 可以边施工边申领施工许可证

D. 施工单位应当按照指令开工

【参考答案】D。《建筑法》规定，按照国务院规定的权限和程序批准开工报告的建设工程，不再领取施工许可证。因此选D。

【案例讨论】没有相应资质的能拿到工程款吗

2014年9月，某房产商把一项施工任务委托给了不具有相应资质的某建筑公司。情景一：刘某被甲建筑公司聘为合同工，从事高空建筑作业，一次在施工中不慎从高楼坠下，当场死亡。刘某家属多次找建筑公司交涉，要求享受工亡待遇。但公司声称，双方订有劳动合同，其中明确规定，工伤及工亡由工人自己承担责任，公司概不负责，且建筑公司也没有参加工伤保险，因此，一切后果只能有刘某自己承担。情景二：初次完工后，出现部分墙皮脱落，每逢雨天有渗水现象，给业主带了很大不便。经验收建筑工程质量不合格。于是，房产商把该建筑公司叫来进行修复。经过近半个月的日夜兼程施工，建筑队完工。经再次竣工检查验收，质量达标。然而，建筑公司按照合同约定要求房产商支付500余万元工程款时，遭到房产商的拒绝。他们的理由是，该建筑公司不具备相应的资质等级，建筑工程施工合同无效，不需给建筑公司工程款。

讨论：刘某与建筑公司签订的合同中“工伤及工亡由工人自己承担责任”条款是否有效？建筑公司是否需要承担责任？没有相应资质的能拿到工程款吗？

第三节　个人执业资格制度

宋某应接受怎样的法律制裁

A市建筑行政主管部门收到甲建筑公司举报，称其正在进行施工的建筑施工图纸存在严重问题，希望对该图纸的设计单位进行查处。经调查后发现，该工程施工图纸是由宋某组织无证设计人员以乙建筑设计院的名义设计出图。据此，建设行政主管部门立即责令停止建筑活动，并对宋某做出了处以5万元罚款的行政处罚。

案例分析：宋某以已建筑设计院的名义设计出图属于违法行为；《建设工程勘察

设计资质管理规定》规定，未经注册的人员，不得以注册执业人员的名义从事建设工程勘察、设计活动。未受聘于建设工程勘察、设计单位的，不得从事建设工程的勘察、设计活动。

在本案中，乙建筑设计院业存在违法行为；《建设工程勘察设计资质管理规定》规定，不得将资质出借或转让给他人从事与资质相符的建设活动。

《招标投标法》规定，发包单位不得将工程发包给资质不符或无资质单位。本案中，开发单位在未验明设计单位资质的情况下，将工程设计发包给无证人员宋某导致工程出现质量问题。因此建设行政主管部门依法对该工程的开发单位做出来“责令改正，并处5万元罚款”等的行政处罚。

执业资格制度是指对具有一定专业学历和资历并从事特定专业技术活动的专业技术人员，通过考试和注册确定其执业的技术资格，获得相应文件签字权的一种制度。

《建筑法》规定：从事建筑活动的专业技术人员，应当依法取得相应的执业资格证书，并在执业资格证书许可的范围内从事建筑活动。从事建筑工程活动的人员要通过国家任职考试、考核，由建设行政主管部门注册并颁发资格证书。

在我国，对建筑业专业技术人员实行执业资格制度。我国目前在建筑业实行执业资格制度的专业技术人员包括注册建筑师、注册结构工程师、注册监理工程师、注册造价工程师、注册咨询工程师、注册建造师等。

一、注册建造师

根据《注册建造师管理规定》中的规定：注册建造师是指通过考核认定或考试合格取得中华人民共和国建造师资格证书（以下简称资格证书），并按照本规定注册，取得中华人民共和国建造师注册证书（以下简称注册证书），担任施工单位项目负责人、项目技术负责人及从事相关活动的专业技术人员。

未取得注册证书的，不得担任建设工程项目的施工单位技术负责人、项目负责人和项目技术负责人，不得以注册建造师的名义从事相关活动。

1. 考试管理

注册建造师考试实行全国统一考试科目、统一大纲、统一命题、统一组织的办法，原则上每年举行一次。

2. 注册管理

注册建造师实行注册执业管理制度，注册建造师分为一级注册建造师和二级注册建造师。取得资格证书的人员，经过注册方能以注册建造师的名义执业。

取得一级建造师资格证书并受聘于一个从事工程建设单位的人员，应当通过聘用单位向国务院住房和城乡建设主管部门提出注册申请；也可以向聘用单位工商注册所在地的省、自治区、直辖市人民政府住房和城乡建设主管部门提交申请材料。

省、自治区、直辖市人民政府住房和城乡建设主管部门收到申请材料后，应当在5日内将全部申请材料报国务院住房和城乡建设主管部门审批。

涉及铁路、公路、港口与航道、水利水电、通信与广电、民航专业的，国务院住房和城乡建设主管部门应当会同同级有关部门审核。符合条件的，由国务院住房和城乡建设主管部门核发中华人民共和国一级建造师注册证书。

取得二级建造师资格证书的人员申请注册，由省、自治区、直辖市人民政府住房和城乡建设主管部门负责受理和审批，具体审批程序由省、自治区、直辖市人民政府住房和城乡建设主管部门依法确定。对批准注册的，核发由国务院住房和城乡建设主管部门统一样式的中华人民共和国二级建造师注册证书，并在核发证书后30日内送国务院住房和城乡建设主管部门备案。

注册证书是注册建造师的执业凭证，由注册建造师本人保管、使用。注册证书有效期为5年。申请人与聘用企业签订聘用合同不足5年的，以聘用合同截止日为有效期截止日。

根据《注册建造师管理规定》中的规定，申请人有下列情形之一的，不予注册：

1）不具有完全民事行为能力的。

2）受聘于两个或者两个以上单位的。

3）未达到注册建造师继续教育要求的。

4）受到刑事处罚，刑事处罚尚未执行完毕的。

5）因执业活动受到刑事处罚，自刑事处罚执行完毕之日起至申请注册之日止不满5年的。

6）因前项规定以外的原因受到刑事处罚，自刑事处罚执行完毕之日起至申请注册之日止不满3年的。

7）被吊销注册证书，自处罚决定之日起至申请注册之日止不满2年的。

8）在申请注册之日前3年内担任项目负责人、项目技术负责人期间，所负责项目发生过较大以上质量和安全事故的。

9）行政许可机关依法做出决定前年龄超过65周岁的。

10）法律、法规规定不予注册的其他情形。

3. 注册建造师执业

1）注册建造师应当在其注册证书所注明的专业范围内从事建设工程施工管理活动。

2）工程施工项目负责人和技术负责人必须由本专业注册建造师担任。一级注册建造师可担任大、中、小型工程施工项目负责人，二级注册建造师可以承担中、小型工程施工项目负责人。其中，大、中型工程施工项目负责人和技术负责人不得由一名建造师兼任。

3）一级注册建造师可在全国范围内以一级注册建造师名义执业。

4）通过二级建造师资格考核认定，或参加全国统考取得二级建造师资格证书并经注册人员，可在全国范围内以二级注册建造师名义执业。

5）担任施工项目负责人的注册建造师应当按照国家法律法规、工程建设强制性标准组织施工，保证工程施工符合国家有关质量、安全、环保、节能等有关规定。注册建造师不得同时担任两个及以上建设工程施工项目负责人和项目技术负责人。

6）担任建设工程施工项目负责人和项目技术负责人的注册建造师应当在工程项目相关技术、质量、安全、管理等文件上签字，并承担相应责任。其中担任施工项目负责人的注册建造师应当对工程质量终身负责。

7）注册建造师有权拒绝在不合格或者有弄虚作假内容的建设工程施工管理文件上签字。

4. 注册建造师的继续教育管理

住房和城乡建设部《注册建造师继续教育管理暂行办法》中规定：各省级住房和城乡建设主管部门组织注册建造师参加继续教育。住房和城乡建设部统一管理全国注册建造师的继续教育工作，组织制定一级注册建造师的继续教育规划。注册建造师应当按照注册建造师继续教育规划，参加培训机构或企业自行组织的继续教育培训。

注册建造师在每一个注册有效期内应当达到继续教育要求。注册建造师应通过继续教育，掌握工程建设有关法律法规、标准规范，增强职业道德和诚信守法意识，熟悉工程建设项目管理新方法、新技术，总结工作中的经验教训，不断提高综合素质和执业能力。注册建造师按规定参加继续教育，是申请初始注册、延续注册、增项注册和重新注册的必要条件。

二、注册建筑师

注册建筑师是指依法取得注册建筑师证书并从事房屋建筑设计及相关业务的人员。我国注册建筑师分为两级，即一级注册建筑师和二级注册建筑师。

1. 注册建筑师的考试

（1）考试的级别、时间和方式

注册建筑师考试分为一级注册建筑师和二级注册建筑师考试两级。两种考试在标准、内容、参加考试的条件等方面均有所不同。

注册建筑师考试一般每年举行一次，实行全国统一考试制度。由全国注册建筑师管理委员会统一组织、统一命题，在同一时间内在全国同时进行。

（2）考试的条件

申请参加注册建筑师考试者，必须符合国家规定的教育标准和职业实践要求。

2. 注册建筑师的注册

申请注册建筑师初始注册应当具备下列条件：

1）依法取得执业资格证书或者互认资格证书。

2）只受聘于中华人民共和国境内的一个建设工程勘察、设计、施工、监理、招标

代理、造价咨询、施工图审查、城乡规划编制等单位。

3）近 3 年内在中华人民共和国境内从事建筑设计及相关业务一年以上。

4）达到继续教育要求。

注册建筑师每一注册有效期为两年，注册建筑师注册有效期满继续执业的，应在注册有效期届满 30 日前，按规定程序申请延续注册，延续注册有效期为两年。

3. 注册建筑师的执业

（1）注册建筑师的执业范围

注册建筑师的执业范围包括建筑设计、建筑设计技术咨询、建筑物调查与鉴定、对本人主持设计的项目进行施工指导和监督，以及国务院建设行政主管部门规定的其他业务。

（2）执业的机构、业务的承担及收费

注册建筑师执业业务，应当加入建筑设计单位。注册建筑师执业业务应由设计单位统一接受委托并指派。注册建筑师不得私自承接业务。注册建筑师执行业务应当由设计单位统一收费，注册建筑师不得私自收费。

（3）注册建筑师的权利与义务

注册建筑师具有专有名称权，设计文件签字权和独立设计权。作为注册建筑师必须遵守法律、法规和执业道德，维护社会公共利益；保证建筑设计的质量，并在其负责的设计图纸上签字；保守在执业中知悉的单位和个人的秘密；不得同时受聘于两个以上建筑设计单位执行业务；不能准许他人以本人名义执行业务。

（4）注册建筑师的责任

因设计质量造成的经济损失，首先由设计单位承担赔偿责任，再由设计单位对签字的注册建筑师根据其责任大小进行追偿。

三、注册结构工程师

注册结构工程师是指取得中华人民共和国注册结构工程师执业资格证书和注册证书从事房屋结构、桥梁结构及搭架结构等工程设计及相关业务的专业技术人员。注册结构工程师分为一级结构工程师和二级结构工程师。

1. 注册结构工程师考试

注册结构工程师实行全国统一大纲、统一命题、统一组织的考试制度，原则上每年举行一次。

2. 注册结构工程师注册

对准予注册的申请人，分别由全国注册结构工程师管理委员会和省、自治区、直辖市注册结构工程师管理委员会核发注册结构工程师证书。

3. 注册结构工程师的执业

（1）注册结构工程师的执业范围

注册结构工程师的执业范围包括结构工程设计；结构工程设计技术咨询；建筑物、构筑物、工程设施等调查和鉴定；对本人主持设计的项目进行施工指导和监督；住房和城乡建设部、国务院有关部门规定的其他业务。

（2）执业的机构、业务的承担及收费

注册结构工程师执行任务，应当加入一个勘察设计单位，由勘察设计单位统一接受业务并统一收费。

（3）注册结构工程师的权利和义务

注册机构工程师具有名称专有权、结构工程设计主持权和独立设计权。注册结构工程师需遵守法律、法规和执业道德，维护社会公众利益；保证工程设计的质量，并在其负责的设计图纸上签字盖章；保守在职业中知悉的单位和个人的秘密；不得同时受聘于两个以上勘察设计单位执行业务；不得准许他人以本人名义执行业务；并且要求按照规定接受必要的继续教育，定期进行业务和法规培训。

（4）注册结构工程师的责任

因结构设计质量造成的经济损失，由勘察设计单位承担赔偿责任；勘察设计单位有权向签字的注册结构工程师追偿。

四、注册监理工程师

监理工程师系岗位职务，是指经全国统一考试合格并经注册取得《监理工程师岗位证书》的工程建设监理人员。经全国统一考试合格只是成为监理工程师的一个前提条件；同时，还应在建设监理岗位上工作，才能申请注册；经过注册，取得《监理工程师岗位证书》，就成为监理工程师。不从事监理工作，就不再具有监理工程师岗位职务。

监理工程师按专业设置岗位，一般设置建筑、土建结构、工程测量、工程地质、给水排水、采暖通风、电气、通信、城市燃气、工程机械及设备安装、焊接工艺、建筑经济等岗位。目前，我国还没有设计监理工程师，国际上很多发达国家已设立了设计监理工程师。

监理工程师一经政府注册确认，即意味着具有相应于岗位责任的签字权，监理单位任命的工程项目总监理工程师具有对外签字权。

1. 监理工程师资格考试

监理工程师执业资格考试实行全国统一大纲、统一命题、统一组织的办法，每年举行一次。

2. 监理工程师注册

注册监理工程师实行注册执业管理制度。取得资格证书的人员，经过注册方能以注

册监理工程师的名义执业。注册监理工程师依据其所学专业、工作经历、工程业绩，按照《工程监理企业资质管理规定》划分的工程类别，按专业注册。每人最多可以申请两个专业注册。取得资格证书的人员申请注册，由省、自治区、直辖市人民政府建设主管部门初审，国务院建设主管部门审批。

初始注册者，可自资格证书签发之日起 3 年内提出申请。逾期未申请者，须符合继续教育的要求后方可申请初始注册。

注册监理工程师每一注册有效期为 3 年，注册有效期满继续执业的，应当在注册有效期满 30 日前，按《注册监理工程师管理规定》的程序申请延续注册。

3. 注册监理工程师执业

取得资格证书的人员，应当受聘于一个具有建设工程勘察、设计、施工、监理、招标代理、造价咨询等一项或者多项资质的单位，经注册后方可从事相应的执业活动。从事工程监理执业活动的，应当受聘并注册于一个具有工程监理资质的单位。工程监理活动中形成的监理文件由注册监理工程师按照规定签字盖章后方可生效。

4. 注册监理工程师继续教育

注册监理工程师在每一个注册有效期内应当达到国务院建设主管部门规定的继续教育要求。继续教育作为注册监理工程师逾期初始注册、延续注册和重新申请注册条件之一。

五、注册造价工程师

造价工程师是指经全国统一考试合格，取得造价工程师执业资格证书，并经注册从事工程建设造价业务活动的专业技术人员。

凡从事工程建设活动的建设、设计、施工、工程造价咨询、工程造价管理等单位和部门，必须在计价、评估、审查（核）、控制及管理等岗位配备有造价工程师执业资格的专业技术人员。

1. 造价工程师的考试

造价工程师执业资格考试实行全国统一大纲、统一命题、统一组织的办法。原则上每年举行一次。

2. 造价工程师的注册

1）注册管理机关。住房和城乡建设部及各省、自治区、直辖市建设行政主管部门和国务院有关部门为造价工程师的注册管理机构。

2）注册的条件。申请注册的人员必须同时具备下列条件：遵纪守法，恪守造价工程师职业道德；取得造价工程师执业资格证书；身体健康，能坚持在造价工程师岗位工作；所在单位考核同意。再次注册者，应经单位考核合格并有继续教育、参加业务培训的证明。

3）注册程序。考试合格人员在取得证书 3 个月内到当地省级或部级造价工程师注册管理就办理注册登记手续。注册机关经审查符合注册条件的，批准注册，由其单位所在省、自治区、直辖市或国务院有关部门造价工程师注册管理机构核发住房和城乡建设部印制的造价工程师注册证，并在执业资格证书的注册登记栏内加盖注册专用章。各注册管理机构因将注册汇总名单报建设部备案。

4）注册有效期。造价工程师注册有效期为两年，有效期满前两个月，持证者应到原注册机构重新办理注册手续。对不符合注册条件的，不予重新注册。

3. 造价工程师的权利与义务

造价工程师有独立依法执行造价工程师岗位业务并参与工程项目经济管理的权利。造价工程师有在所经办的工程造价成果文件上签字的权利；凡经造价工程师签字的工程造价文件需修改时应经本人同意。造价工程师有使用造价工程师名称的权利。造价工程师有依法申请开办工程造价咨询单位的权利。造价工程师对违反国家有关法律发挥的意见和决定有权提出劝告，拒绝执行并有向上级或有关部门报告的权利。

造价工程师必须熟悉并严格执行国家有关工程造价的法律法规和规定，恪守执业道德和行为规范，遵纪守法，秉公办事。对经办的工程造价文件质量负有经济和法律的责任。并且造价工程师应及时掌握国内外新技术、新材料、新工艺的发展应用，为工程造价管理部门制定修订工程定额提供依据。自觉接受继续教育，更新知识，积极参加职业培训，不断提高业务技术水平。严格保守职业中得知的技术和经济秘密。

习题讲评

1. 从事建筑活动的专业技术人员，应当依法取得相应的执业资格证书，并在（　　）范围内从事建筑活动。

A. 注册机关认可的　　B. 公司资质证书规定的

C. 公司营业执照规定的　　D. 执业资格证书许可的

【参考答案】 D。依据《建筑法》：从事建筑活动的建筑施工企业、勘察单位、设计单位和工程监理单位，按照其拥有的注册资本、专业技术人员、技术装备和已完成的建筑工程业绩等资质条件，划分为不同的资质等级，经资质审查合格，取得相应等级的资质证书后，方可在其资质等级许可的范围内从事建筑活动。因此选 D。

2. 注册建造师采取弄虚作假等手段取得注册建造师继续教育证书的，一经发现（　　）。

A. 立即吊销其注册建造师证书

B. 立即取消其继续教育记录，记入不良信用记录，对社会公布

C. 立即注销其建造师资格证书

D. 处以 1 万元以下罚款

【参考答案】 B。依据《注册建造师继续教育管理暂行办法》，对于采取弄虚作假等

手段取得《注册建造师继续教育证书》的，一经发现，立即取消其继续教育记录，并计入不良信用记录，对社会公布。因此选 B。

3. 下列选项中，不属于我国建造师注册类型的是（　　）。

A. 初始注册　　B. 年检注册　　C. 变更注册　　D. 增项注册

【参考答案】 B。建造师的注册分为初始注册、延续注册、变更注册和增项注册。因此选 B。

4. 下列关于建造师管理的相关制度中，正确的内容是（　　）。

A. 建造师初始注册证书有效期为 3 年，变更注册后有效期重新计算

B. 大型工程项目施工负责人可由本专业的注册建造师担任

C. 注册建造师执业印章由本人保管，注册证书由其所在企业保管

D. 信用档案中除不良行为外，还应记录业绩及良好行为

【参考答案】 D。根据《注册建造师管理规定》，注册建造师的注册证书和执业印章有效期为 3 年。在注册有效期内，注册建造师变更执业单位，应当与原聘用单位解除劳动关系，并按照规定办理变更注册手续，变更注册后仍延续原注册有效期。因此 A 不能选。B 未明确注册建造师的等级，因此 B 不能选。《注册建造师管理规定》规定，注册证书和执业印章是注册建造师执业的凭证，由注册建造师本人保管、使用。因此 C 不能选。《注册建造师管理规定》规定，注册建造师信用档案应当包括注册建造师的基本情况、业绩、良好行为、不良行为等内容。因此 D 是正确选项。

5. 关于注册建造师信用档案信息管理的说法正确的是（　　）。

A. 注册建造师信用档案不包括注册建造师业绩

B. 不良行为记入信用档案，良好行为不必记入

C. 注册建造师信用档案信息应当按照有关规定向社会公示

D. 由于信用档案信息包括个人基本情况，所以不需要公示

【参考答案】 C。根据《注册建造师管理规定》，注册建造师信用档案应当包括注册建造师的基本情况、业绩、良好行为、不良行为等内容。违法违规行为、被投诉举报处理、行政处罚等情况应当作为注册建造师的不良行为记入其信用档案。注册建造师信用档案信息按照有关规定，向社会公示。因此选 C。

【案例讨论】如何进行建造师注册

某建设集团在 2011 年二级建造师注册过程连续发生 4 人次违规行为：一是该公司李某和徐某在申请二级建造师注册时，隐瞒其已经在另一个单位注册的事实，提供虚假材料；二是该公司张某在申请二级建造师注册时，未能完成建造师继续教育内容；三是该公司王某在申请二级建造师注册时提供虚假材料，其实际年龄已经 67 周岁。

讨论： 4 名当事人的行为应如何处理？为什么我国建筑业从业人员中普遍存在违规行为？

本 章 小 结

建设工程许可是指建设行政主管部门根据建设单位和从事建筑活动的单位、个人的申请，依法准许建设单位开工或确认单位、个人具备从事建筑活动资格的行政行为。需要指出的是，申请是许可的必要条件，也就是说没有申请，就没有许可。

申请领取施工许可证制度必须满足建设用地管理、城乡规划管理，施工场地、施工单位和监理单位落实，施工技术文件，质量安全措施，建设资金落实等方面条件。

建筑工程企业资质等级许可制度：建筑施工、勘察、设计和工程监理单位划分为不同资质序列、类别和等级，并按其资质等级许可范围从事建筑活动。

建筑业专业人员执业资格制度：我国主要的建筑业专业技术人员执业资格需参加统一考试、注册、接受继续教育，均有各自的执业范围。

本章练习题

一、单项选择题

1. 根据《建筑法》的规定，在建的建筑工程因故中止施工的，中止施工满一年的工程恢复施工前，（　　）应当报施工许可证发证机关核验施工许可证。

A. 施工单位　　B. 建设单位　　C. 监理单位　　D. 设计单位

2. 某大学需要重建一个独立的实验室，建筑面积 280 平方米。在开工前，某大学应（　　）。

A. 在学校住所地的县级以上建设行政主管部门申请领取施工许可证

B. 向实验室建设的县级以上建设行政主管部门申请施工许可证

C. 向有关部门申请开工报告即可

D. 不需要办理施工许可证

3. 某大型体育馆工程，建设单位领取施工许可证后满一年才开工，则开工时（　　）。

A. 建设单位应当向发证机关报告

B. 应当报发证机关核验施工许可证

C. 应当报发证机关申请延续

D. 施工许可证已自行作废

4. 未取得（　　）的，不得担任大中型建设工程项目的施工项目负责人，不得以建造师的名义从事相关活动。

A. 资格证书和注册证书　　B. 资格证书和执业印章

C. 注册证书和执业印章　　D. 执业印章

5. 下列有关建造师执业的行为中，合乎我国有关管理规定的是（　　）。

A. 李某参加了建造师执业资格考试，在得知考试成绩通过后即以建造师的名义在某工程项目中担任项目经理

B. 王某从事项目管理工作多年，并已取得一级项目经理资质证书，经所在单位同意，以建造师的名义在当地的一个项目上担任项目经理

C. 陈某参加了建造师执业资格考试，没有通过，但其所在单位因急需用人，仍然聘任其为某小型工程的项目经理

D. 吴某参加了建造师执业资格考试，虽然没有通过，但其所在单位因急需用人，仍然以建造师的名义聘任其为某工程的项目经理

二、多项选择题

1. 按照《建筑业企业资质管理规定》，下列关于建筑业企业资质证书的说法中正确的是（　　）。

A. 建筑业企业资质证书的有效期和每次的有效延续期为 5 年

B. 在资质证书有效期内企业法定代表人等发生变更的，应当办理变更手续

C. 企业合并后存续或者新设立的建筑业企业可以承续合并前各方中较高的资质等级

D. 企业改制后不再符合资质标准的，应按其实际达到的资质标准申请重新核定

E. 建筑业企业资质证书有效期满未申请延续的，其资质证书将被吊销

2. 某工程项目由甲施工企业分包土石方工程，甲分包公司又与“包工头”乙签订任务书，约定由乙组织人员负责土石方开挖、装卸和运输，负责施工的项目管理。技术指导和现场安全，独立核算，自负盈亏。对于此案，正确的分析是（　　）。

A. 视同甲企业允许乙以自己的名义承揽工程

B. 属于内部承包的一种，不视为违法分包

C. 对甲企业应处以工程合同价款 2%以上 4%以下的罚款

D. 属于分包单位再分包的行为

E. 经建设单位许可的属于合法分包

3. 某经济适用房建设工程，建设单位需要申请施工许可证；在已有的条件中，符合申请条件要求的是（　　）。

A. 已经通过招标确定了施工总承包单位

B. 施工图纸和技术资料已经完成，正在审查中

C. 工程合同价 1 亿元，工期 13 个月，到位资金不足 3500 万

D. 已经办理了用地申请

E. 拆迁工作进度满足施工要求

4.《建筑法》规定，在城市规划区内的建筑工程，建设单位申领建筑工程施工许可证的条件是：已经（　　）。

A. 取得建设工程规划许可证
B. 确定建筑施工企业
C. 已签订委托监理合同
D. 办理工程质量、安全监督手续
E. 审查通过施工图设计文件

5. 目前我国主要的建筑业专业技术人员执业资格有（　　）。

A. 注册建筑师
B. 注册房地产经纪人
C. 注册造价师
D. 注册资产评估师
E. 注册建造师

第三章

建设工程发承包法律制度

学习导航 建设工程发承包制度是我国建筑工程的主要制度之一，是建设工程法规中重要的内容。本章主要介绍的制度有建设工程招投标制度、建设工程发承包制度、建设工程监理制度和建筑市场信用管理体制。其中招投标制度和发承包制度是本章的学习重点。

学习目标

1. 了解政府对招标投标活动的监督及违反《招标投标法》等相关法律法规应负的法律责任。
2. 熟悉建设工程发包、承包及分包的法律规定。
3. 掌握建设工程招标、投标的程序和要求；强制招标的适用范围；联合体投标的概念与特征；开标、评标与中标的规则；开标时投标文件无效的几种情况。

知识链接 《中华人民共和国招标投标法》《工程建设项目招标范围和规模标准规定》《招标投标法实施条例》《建设工程质量管理条例》《反不正当竞争法》《建设工程勘察设计资质管理规定》《建筑市场诚信行为信息管理办法》《建设工程监理规定》《建设工程监理范围和规模标准规定》《工程监理企业资质管理规定》《建设工程监理规范》。

第一节 招投标制度

案例导入

某地铁2号线平面广告媒体代理经营违规招标案

11月18日，某地铁运营有限公司发布了“某市轨道交通2号线一期工程站内平面广告媒体代理经营”的项目招标公告，委托某招标有限公司代理向社会公开招标。获悉招标信息后，深圳某传媒公司进行了申报、撰写并在规定时间内提交了投标文件。此次招标，包括21个车站内的常规灯箱、数码灯箱、梯牌、墙贴、屏蔽门贴等平面广告媒体的代理经营许可权。第2年1月12日，该项目在武汉公开开标，当日参加竞标的单位，包括深圳某传媒公司在内共有3家公司。按照招标文件规定，本次招标采用综合评估法。开标当天具体的报价情况是：深圳某传媒公司投标报价为人民币10.1888亿元/10年，首期预付款为人民币2亿元，而其他两家竞标公司的投标报价则在7亿元左右。根据招标文件中规定的评审办法，仅此一项，深圳报业已领先竞争对手11分。而中标单位为参与竞标的另一家广告公司，中标金额为人民币70503.3726万元/10年。

深圳某传媒公司有丰富的地铁广告运营经验且报价高过对手3.14亿元，却输给了一个报价最低且完全没有地铁广告运营实务经验的竞争对手。

案例分析： 深圳某传媒公司报价高出竞争对手3个多亿，却在项目评分环节被对手大比分反超。得知自己的公司在武汉地铁2号线站内平面广告媒体代理竞标中“出局”，于是深圳某传媒公司向有关招投标管理部门进行了反映与投诉，认为这样的结果很难让人信服，其中涉及的招投标中的违规操作痕迹过于明显。后经有关部门查明：武汉地铁运营有限公司作为业主方存在违反公开招标程序，随意自主确定评标专家，评分标准违反公平原则等问题；有关管理人员还存在受贿问题。本次违规招标无视招标的公开、公平、公正、诚实信用的原则，最终带来的后果就是此次招标结果无效。

建设工程招标投标，是建设单位对拟建的建设工程项目通过法定的程序和方式吸引承包单位进行公平竞争，并从中选择条件优越者来完成建设工程任务的行为。这是在市场经济条件下常用的一种建设工程项目交易方式。

一、招投标制度

招标投标活动原则如下：

《招标投标法》规定：“招标投标活动应当遵循公开、公平、公正和诚实信用的原则。国家鼓励利用信息网络进行电子招标投标。数据电文形式与纸质形式的招标投标活动具

有同等法律效力。”

1）公开原则。招标投标活动应当遵循公开原则，这是为了保证招标活动的广泛性、竞争性和透明性。公开原则，首先要求招标信息公开。其次，公开原则还要求招标投标过程公开。

2）公平原则。要求给予所有投标人平等的机会，使其享有同等的权利，履行同等的义务。招标人不得以任何理由排斥或者歧视任何投标人。

3）公正原则。要求招标人在招标投标活动中应当按照统一的标准衡量每一个投标人的优劣。

4）诚实信用原则。这是我国民事活动所应当遵循的一项重要基本原则。招标投标活动作为订立合同的一种特殊方式，同样应当遵循城市信用原则。

二、必须招标的项目范围和规模标准

1. 必须招标的项目范围

《招标投标法》规定，在中华人民共和国境内进行下列工程建设项目包括项目的勘察、设计、施工、监理以及工程建设有关的重要设备、材料等的采购，必须进行招标。

（1）大型基础设施、公用事业等关系社会公共利益、公众安全的项目

经国务院批准的《工程建设项目招标范围和规模标准规定》进一步规定，关系社会公共利益、公众安全的基础设施项目的范围包括：

1）煤炭、石油、天然气、电力、新能源等能源项目。

2）铁路、公路、管道、水运、航空以及其他交通运输业等交通运输项目。

3）邮政、电信枢纽、通信、信息网络等邮电通信项目。

4）防洪、灌溉、排涝、引（供）水、滩涂治理、水土保持、水利枢纽等水利项目。

5）道路、桥梁、地铁和轻轨交通、污水排放及处理、垃圾处理、地下管道、公共停车场等城市设施项目。

6）生态环境保护项目。

7）其他基础设施项目。

同时还规定：关系社会公共利益、公众安全的公用事业项目范围包括：

1）供水、供电、供气、供热等市政工程项目。

2）科技、教育、文化等项目。

3）体育、旅游等项目。

4）卫生、社会福利等项目。

5）商品住宅、包括经济适用住房。

6）其他公用事业项目。

（2）全部或者部分使用国有资金投资或者国家融资的项目

使用国有资金投资项目的范围包括：

1）使用各级财政预算资金的项目。

2）使用纳入财政管理的各种政府性专项建设资金的项目。

3）使用国有企业事业单位自由资金，并且国有资产投资者实际拥有控制权的项目。

国家融资项目的范围包括：

1）使用国家发行债券所筹资金的项目。

2）使用国家对外借款或者担保所筹资金的项目。

3）使用国家政策性贷款的项目。

4）国家授权投资主体融资的项目。

（3）使用国际组织或者外国政府贷款、援助资金的项目

1）使用世界银行、亚洲开发银行等国际组织贷款资金的项目。

2）使用外国政府及其机构贷款资金的项目。

3）使用国际组织或者外国政府援助资金的项目。

2. 必须招标的规模标准

按照《工程建设项目招标范围和规模标准规定》，必须招标范围内的各类工程建设项目，达到下列标准之一的，必须进行招标：

1）施工单项合同估算价在人民币200万元以上的。

2）重要设备、材料等货物的采购，单项合同估算价在人民币100万元以上的。

3）勘察、设计、监理等服务的采购，单项合同估算价在人民币50万元以上的。

4）单项合同估算价低于第1、2、3项规定的标准，但项目总投资额在人民币3000万元以上的。

《招标投标法》规定，依法必须进行招标的项目，其招标投标活动不受地区或者部门的限制。任何单位和个人不得违法限制或者排斥本地区、本系统以外的法人或者其他组织参加投标，不得以任何方式非法干涉招标投标活动。

3. 可以不进行招标的建设工程项目

《招标投标法》规定，涉及国家安全、国家秘密、抢险救灾或者属于利用扶贫资金实行以工代赈、需要使用农民工等特殊情况，不适应进行招标的项目，按照国家有关规定可以不进行招标。

《招标投标法实施条例》还规定，有下列情形之一的，可以不进行招标。

1）需要采用不可替代的专利或者专有技术。

2）采购人依法能够自行建设、生产或者提供。

3）已通过招标方式选定的特许经营项目投资人依法能够自行建设、生产或者提供。

4）需要向原中标人采购工程、货物或者服务，否则将影响施工或者功能配套要求。

5）国家规定的其他特殊情形。

三、招标程序

1. 招标应当具备的条件

建设工程招标必须具备一定的条件，不具备这些条件就不能进行招标。

《招标投标法》规定，招标项目按照国家有关规定需要履行项目审批手续的，应当先履行审批手续，取得批准，招标人应当由进行招标项目的相应资金或者资金来源已经落实，并应当在招标文件中如实说明。

《工程建设项目施工招标投标办法》进一步规定，依法必须进行招标的工程建设项目，应当具备下列条件才能进行施工招标。

1）招标人已经依法成立。

2）初步设计及概算应当履行审批手续的，已经批准。

3）招标范围、招标方式和招标组织形式等应当履行核准手续的，已经核准。

4）有相应资金或者资金来源已经落实。

5）有招标所需的设计图纸及技术资料。

2. 招标方式

根据《招标投标法》规定，招标方式分为公开招标和邀请招标。

（1）公开招标

公开招标，也称无限竞争招标，是指招标人以招标公告的方式邀请不特定的法人或者其他组织投标。根据《工程建设项目施工招标投标办法》规定，下列施工招标项目应当公开招标。

1）国务院发展计划部门确定的国家重点建设项目。

2）省、自治区、直辖市人民政府确定的地方重点建设项目。

3）全部使用国有资金投资或者国有资金占控股或者主导地位的工程建设项目。

（2）邀请招标

邀请招标，也称有限竞争招标，是指招标人以投标邀请书的方式邀请特定的法人或者其他组织投标。采用这种招标方式，由于被邀请参加竞争的潜在投标人数量有限，而且已经对投标人进行了调查了解，因此不仅可以节省招标人的招标成本，而且能提高投标人的中标概率，因此潜在投标人的投标积极性会较高。当然，由于邀请招标的对象被限定在特定范围内，可能使其他优秀的潜在投标人被排斥在外。

有下列情形之一的，经批准可以进行邀请招标。

1）项目技术复杂或有特殊要求的，只有少量几家潜在投标人可供选择的。

2）受自然地域环境限制的。

3）涉及国家安全、国家秘密或者抢险救灾，适宜招标但不宜公开招标的。

4）拟公开招标的费用与项目的价值相比，不值得的。

招标的对象虽然被具体化了，但为了保证邀请招标的竞争性，我国法律对邀请招标的对象，有最低数量的规定。根据《招标投标法》的规定："招标人采用邀请招标方式的，应当向三个以上具备承担招标项目的能力、资信良好的特定的法人或者其他组织发出投标邀请书。"

《招标投标法实施条例》还进一步规定，国有资金占控股或者主导地位的依法必须进行招标的项目，应当公开招标；但有下列情形之一的，可以邀请招标。

1）技术复杂、有特殊要求或者受自然环境限制，只有少量潜在投标人可供选择。

2）采用公开招标方式的费用占项目合同金额的比例过大。

3. 招标组织形式和招标代理

（1）招标组织形式

招标组织形式包括自行招标和委托招标。其中，自行招标，是指招标人自身具有编制招标文件和组织评标的能力，依法自行办理招标；而委托招标，是指招标人委托招标代理机构办理招标事宜。

招标人有权自行选择招标代理机构，委托其办理招标事宜。任何单位和个人不得以任何方式为招标人指定招标代理机构。

招标人具有编制招标文件和组织评标能力的，可以自行办理招标事宜。任何单位和个人不得强制其委托招标代理机构办理招标事宜。

依法必须进行招标的项目，招标人自行办理招标事宜的，应当向有关行政监督部门备案。

（2）招标代理

工程建设项目招标代理是指工程招标代理机构接受招标人的委托，从事工程的勘察、设计、施工、监理以及与工程建设有关的重要设备（进口机电设备除外）、材料采购招标的代理业务。

招标代理机构是依法设立、从事招标代理业务并提供相关服务的社会中介组织。招标代理机构与行政机关和其他国家机关不得存在隶属关系或者其他利益关系。

招标代理机构不得无权代理、越权代理，不得明知委托事项违法而进行代理。招标代理机构不得接受同一招标项目的投标代理和投标咨询业务；未经招标同意，不得转让招标代理业务。

工程招标代理机构在工程招标代理活动中不得有下列行为：

1）与所代理招标工程的招标投标人有隶属关系、合作经营关系以及其他利益关系。

2）从事同一工程的招标代理和投标咨询活动。

3）超越资格许可范围承担工程招标代理业务。

4）明知委托事项违法而进行代理。

5）采取行贿、提供回扣或者给予其他不正当利益等手段承接公告称招标代理业务。

6）未经招标人书面同意，转让工程招标代理业务。

7）泄露应当保密的与招标投标活动有关的情况和资料。

8）与招标人或者投标人串通，损害国家利益、社会公共利益和他人合法权益。

9）对有关行政监督不力依法责令改正的决定拒不执行或者以弄虚作假方式隐瞒真相。

10）擅自修改经招标人同意并加盖了招标人公章的招标代理机构成果文件。

4. 招标程序

招标的一般程序如下：

1）成立招标组织，由建设单位自行招标或者委托招标。

2）编制招标文件和标底（如果有）。

3）发布招标公告或发出招标邀请书。

4）对投标单位进行资质审查，并将审查结果通知各申请投标者。

5）发售招标文件。

6）组织投标单位踏勘现场，并对招标文件答疑。

5. 招标文件

（1）招标文件的内容

《招标投标法》规定："招标人应当根据招标项目的特点和需要编制招标文件。招标文件应当包括招标项目的技术要求、对投标人资格审查的标准和评标标准等所有实质性要求和条件以及拟签订合同的主要条款。国家对招标项目的技术、标准有规定的，招标人应当按照其规定在招标文件中提出相应要求。招标项目需要划分标段、确定工期的，招标人应当合理划分标段、确定工期，并在招标文件中载明。"

《工程建设项目施工招标投标办法》中规定：招标人应当根据招标工程的特点和需要，自行或者委托工程招标代理机构编制招标文件。招标文件应当包括下列内容：

1）投标邀请书（如果是邀请招标）。

2）投标人须知。

3）合同的主要条款。

4）投标文件格式。

5）采用工程量清单招标的，应当提供工程量清单。

6）技术条款。

7）设计图纸。

8）评标标准和方法。

9）投标辅助材料。

（2）对招标的要求

为了规范招标人的行为，保证招标文件的公正合理，我国《招标投标法》及其相关规定还要求招标人编制招标文件，应遵守如下规定：

1）原则性要求。《招标投标法》规定："招标人应当根据招标项目的特点和需要编制招标文件。招标文件应当包括招标项目的技术要求、对投标人资格审查的标准、投标报价要求和评标标准等实质性要求和条件以及拟签订合同的主要条款。国家对招标项目的技术、标准有规定的，招标人应当按照其规定在招标文件中提出相应要求。招标项目需要划分标段、确定工期的，招标人应当合理划分标段、确定工期，并在招标文件中载明。”

《招标投标法》进一步规定：“招标文件不得要求或者标明特定的生产供应者以及含有倾向或者排斥潜在投标人的其他内容。”

2）对技术的要求。

① 技术标准应符合国家强制性标准。《工程建设项目施工招标投标办法》规定：“招标文件中规定的各项技术标准均不得要求或标明某一特定的专利、商标、名称、设计、原产地或生产供应者，不得含有倾向或者排斥潜在投标人的其他内容。如果必须引用某一生产供应者的技术标准才能准确或清楚地说明拟招标项目的技术标准时，则应当在参照后面加上‘或相当于’的字样。”

② 合理划分标段、确定工期。《工程建设项目施工招标投标办法》规定：“施工招标项目需要划分标段、确定工期的，招标人应当合理划分标段、确定工期，并在招标文件中载明。对工程技术上紧密相连、不可分割的单位工程不得分割标段。招标人不得以不合理的标段或工期限制或者排斥潜在投标人或者投标人。”

《工程建设项目施工招标投标办法》规定：“施工招标项目工期超过十二个月的，招标文件中可以规定工程造价指数体系、价格调整因素和调整方法。”

3）对时间的要求。

① 可以澄清、修改招标文件的时间。《招标投标法》规定：“招标人对已发出的招标文件进行必要的澄清或者修改的，应当在招标文件要求提交投标文件截止时间至少15日前，以书面形式通知所有招标文件收受人。该澄清或者修改的内容为招标文件的组成部分。”

② 确定编制投标文件的时间。《招标投标法》规定：“招标人应当确定投标人编制投标文件所需要的合理时间；但是，依法必须进行招标的项目，自招标文件开始发出之日起至投标人提交投标文件截止之日止，最短不得少于 20 日。采用电子招标投标在线提交投标文件的，最短不得少于10日。”

③ 确定投标有效期。投标有效期，是招标文件中规定的投标文件有效期。在此期间，投标人有义务保证投标文件的有效性。

《工程建设项目施工招标投标办法》规定：“招标文件应当规定一个适当的投标有效期，以保证招标人有足够的时间完成评标和与中标人签订合同。投标有效期从投标人提交投标文件截止之日起计算。

在原投标有效期结束前，出现特殊情况的，招标人可以书面形式要求所有投标人延长投标有效期。投标人同意延长的，不得要求或被允许修改其投标文件的实质性内容，但应当相应延长其投标保证金的有效期；投标人拒绝延长的，其投标失效，但投标人有权收回其投标保证金。因延长投标有效期造成投标人损失的，招标人应当给予补偿，但因不可抗力需要延长投标有效期的除外。”

（3）招标文件的出售

根据《工程建设项目施工招标投标办法》规定，招标人应当按照招标公告或者投标邀请书规定的时间和地点出售招标文件。自招标文件出售之日起至停止出售之日止，最短不得少于5个工作日。对招标文件的收费应当合理，不得以营利为目的。招标人在发布招标公告、发出投标邀请书后或者售出招标文件或资格预审文件后不得擅自终止招标。

（4）标底的编制

《招标投标法》规定："招标人不得向他人透露已获取招标文件的潜在投标人的名称、数量以及可能影响公平竞争的有关招标投标的其他情况，招标人设有标底的，标底必须保密。"

招标人对潜在投标人状况以及标底具有保密义务。招标人向其他人透露已获取招标文件的潜在投标人的名称、数量以及可能影响公平竞争的有关招标投标的其他情况，泄露本应当保密的标底的行为，都直接违反了招标投标法规定，从而使招标投标流于形式，损害其他投标人的利益，严重破坏了社会主义市场条件下正当的竞争秩序，具有相当大的社会危害性，因此，必须加以禁止。对于招标人将有关信息或标底泄露给某特定投标人的行为，应认定为是招标投标中的不正当竞争行为。

在我国工程建设领域，标底仍然得到普遍的应用。在实践中，投标价格是否接近标底价格仍然是投标人能否中标的一个重要条件。正是由于标底在投标中的重要作用，所以一些投标人为了中标，想方设法打听标底，由此产生的的违法问题也屡见不鲜。因此，招标人必须按照法律规定，对标底进行严格保密。

《工程建设项目施工招标投标办法》规定："招标人可根据项目特点决定是否编制标底。编制标底的，标底编制过程和标底必须保密。

招标项目编制标底的，应根据批准的初步设计、投资概算，依据有关计价办法，参照有关定额，结合市场供求状况，综合考虑投资、工期和质量等方面的因素合理确定。"

标底由招标人自行编制或委托中介机构编制。一个工程只能编制一个标底。

任何单位和个人不得强制招标人编制或报审标底，或干预其确定标底。

招标项目可以不设标底，进行无标底招标。"

《招标投标法实施条例》进一步规定，接受委托编制标底的中介机构不得参加受托编制标底项目的投标，也不得为该项目的投标人编制投标文件或者提供咨询。招标人设有最高投标限价的，应当在招标文件中明确最高投标限价或者最高投标限价的计算方法，招标人不得规定最低投标限价。

6. 资格审查

资格审查是招标人的一项重要权利，其主要内容是审查潜在投标人或者投标人的资质、业绩、经验，以及信誉、财务状况、人员、设备、分包、诉讼等履约标准，其根本目的是审查潜在投标人或投标人是否具有承担招标项目的能力，以保证投标人中标后，能切实履行合同义务，完成招标项目。

（1）资格审查的种类

根据《工程建设项目施工招标投标办法》的有关规定，资格审查分为资格预审和资格后审。

1）资格预审。资格预审是指在投标前对潜在投标人进行的资格审查。

采取资格预审的，招标人可以发布资格预审公告。资格预审公告适用于有关招标公告的规定。招标人应当在资格预审文件中载明资格预审的条件、标准和方法。招标人不得改变载明的资格条件或者以没有载明的资格条件对潜在投标人进行资格预审。

经资格预审后，招标人应当对资格预审合格的潜在投标人发出资格预审合格通知书，告知获取招标文件的时间、地点和方法，并同时对资格预审不合格的潜在投标人告知资格预审结果。资格预审不合格的潜在投标人不得参加投标。

2）资格后审。资格后审是指在开标后对投标人进行的资格审查。进行资格预审的，一般不再进行资格后审，但招标文件另有规定的除外。

采取资格后审的，招标人应当在招标文件中预先明确对投标人资格要求的条件、标准和方法，不得改变载明的资格条件或者以没有载明的资格条件对投标人进行资格后审。资格后审不合格的投标人的投标应做废标处理。

（2）资格审查的主要内容和要求

《工程建设项目施工招标投标办法》规定，资格审查主要审查潜在投标人或者投标人是否符合下列条件：

1）具有独立订立合同的权利。

2）具有履行合同的能力，包括专业、技术资格和能力，资金、设备和其他物质设施状况，管理能力，经验、信誉和相应的从业人员。

3）没有处于被责令提拔停业，投标资格被取消，财产被接管、冻结，破产状态。

4）在最近三年内没有骗取中标和严重违约及重大工程质量问题。

5）法律、行政法规规定的其他资格条件。

资格审查时，招标人不得以不合理的条件限制、排斥潜在投标人或投标人，不得对潜在投标人或者投标人实行歧视性待遇。任何单位和个人不得以行政手段或者其他不合理方式限制投标人的数量。

7. 两段招标

《招标投标法实施条例》规定，对技术复杂或者无法精确拟定技术规格的项目，招标人可以分为两阶段进行招标。

第一阶段，投标人按照招标公告或者投标邀请书的要求提交不带报价的技术建议，招标人根据投标人提交的技术建议确定技术标准和要求，编制招标文件。

第二阶段，招标人向在第一阶段提交技术建议的投标人提供招标文件，投标人按照招标文件的要求提交包括最终技术方案和投标报价的投标文件。

招标人要求投标人提交投标保证金的，应当在第二阶段提出。

四、建设工程投标

投标是指符合招标文件规定资格的投标人根据招标人的招标条件，向招标人提交其依照招标文件的要求所编制的投标文件，即向招标人提出自己的报价，以期承包到该招标项目的行为。投标的本质是响应招标，响应招标是指潜在投标人获得了招标信息或者投标人获得了招标信息或者投标邀请书以后，购买招标文件，接受资格审查，编制投标文件，按照投标人的要求参加投标的活动。

1. 投标人

《招标投标法》规定：投标人是响应招标、参加投标竞争的法人或者其他组织。投标人应当具备承担招标项目的能力；国家有关规定对投标人资格条件或者招标文件对投标人资格条件有规定的，投标人应当具备规定的资格条件。

《招标投标法实施条例》中对投标人进一步规定：

投标人参加依法必须进行招标的项目的投标，不受地区或者部门的限制，任何单位和个人不得非法干涉。

与招标人存在利害关系可能影响招标公正性的法人、其他组织或者个人，不得参加投标。单位负责人为同一人或者存在控股、管理关系的不同单位，不得参加同一标段投标或者未划分标段的同一招标项目投标。违反以上规定的，相关投标均无效。

投标人发生合并、分立、破产等重大变化的，应当及时书面告知招标人。投标人不在具备资格预审文件、招标文件规定的资格条件或者其投标影响招标公正性的，其投标无效。

2. 投标文件

（1）投标文件的内容要求

《招标投标法》规定：“投标人应当按照招标文件的要求编制投标文件。投标文件应当对招标文件提出的实质性要求和条件作出响应。招标项目属于建设施工的，投标文件的内容应当包括拟派出的项目负责人与主要技术人员的简历、业绩和拟用于完成招标项目的机械设备等。”

国家发展和改革委员会、财政部、住房和城乡建设部等 9 部门联合颁布的《〈标准施工招标资格预审文件〉和〈标准施工招标文件〉暂行规定》中进一步明确，投标文件应包括下列内容：

1）投标函及投标函附录。

2）法定代表人身份证明或附有法定代表人身份证明的授权委托书。

3）联合体协议书。

4）投标保证金。

5）已标价工程量清单。

6）施工组织设计。

7）项目管理机构。

8）拟分包项目情况。

9）资格审查资料。

10）投标人须知前附表规定的其他材料。

投标人须知前附表规定不接受联合体投标的，或投标人没有组成联合体的，投标文件不包括联合体协议书。

（2）投标保证金

1）投标保证金的概念。投标保证金是指投标人按照招标文件的要求向招标人出具的，以一定金额表示的投标责任担保。其实质是为了避免因投标人在投标有效期内随意撤回、撤销投标或中标后不能提交履约保证金和签署合同等行为而给招标人造成损失。

2）投标保证金的额度和有效期限。《工程建设项目施工招标投标办法》规定：“招标人可以在招标文件中要求投标人提交投标保证金。投标保证金除现金外，可以是银行出具的银行保函、保兑支票、银行汇票或现金支票。

投标保证金一般不得超过投标总价的2%，但最高不得超过80万元人民币。投标保证金有效期应当超出投标有效期30天。

投标人应当按照招标文件要求的方式和金额，将投标保证金随投标文件提交给招标人。投标人不按招标文件要求提交投标保证金的，该投标文件将被拒绝，做废标处理。”

3）没收投标保证金的几种情形：

① 投标人在有效期内撤回其投标文件。

② 中标未能在规定期限内提交履约保证金或签署合同协议。

（3）投标文件的补充、修改与撤回

《招标投标法》规定：“投标人在招标文件要求提交投标文件的截止时间前，可以补充、修改或者撤回已提交的投标文件，并书面通知招标人。补充、修改的内容为投标文件的组成部分。”

同时，《工程建设项目施工招标投标办法》规定：“投标人在招标文件要求提交投标文件的截止时间前，可以补充、修改、替代或者撤回已经提交的投标文件，并书面通知招标人。补充、修改的内容为投标文件的组成部分。”

（4）投标文件的送达与签收

《招标投标法》规定，投标人应当在招标文件要求提交投标文件的截止时间前，将投标文件送达投标地点。招标人收到投标文件后，应当签收保存，不得开启。投标人少于3个的，招标人应当依法重新招标。在招标文件要求提交投标文件的截止时间后送达的投标文件，招标人应当拒收。

《招标投标法实施条例》进一步规定，未通过资格预审的申请人提交的投标文件，以及逾期送达或者不按照招标文件要求密封的投标文件，招标人应当拒收。招标人应当如实记载投标文件的送达时间和密封情况，并存档备案。

3. 联合体投标

（1）联合体投标的含义

联合体投标指的是某承包单位为了承揽不适于自己单独承包的工程项目而与其他单位联合，以一个投标人的身份去投标的行为。

《招标投标法》规定，两个以上法人或者其他组织可以组成一个联合体，以一个投标人的身份共同投标。

联合体投标具有以下特点：

1）由两个或两个以上的投标人组成。

2）招标人与中标后的联合体只签订一个承包合同，而不是与各成员单位签订合同。

（2）联合体各方资质条件

根据《招标投标法》的规定，对联合体各方资质条件要求如下：

1）联合体各方均应当具备承担招标项目的相应能力。

2）国家有关规定或者招标文件对投标人资格条件有规定的，联合体各方均应当具备规定的相应资格条件。

3）由同一专业单位组成的联合体，按照资质等级较低的单位确定资质等级。

（3）共同投标协议

联合体各方应当签订共同投标协议，明确约定各方拟承担的工作和责任，并将共同投标协议连同投标文件一并提交招标人。

共同投标协议约定了组成联合体各成员单位在联合体中所承担的各自的工作范围，这个范围的确定也为建设单位判断该成员单位是否具备“相应的资格条件”提供了依据。共同投标协议约定了组成联合体各成员单位在联合体中所承担的各自的责任，这为将来可能引发的纠纷的解决提供了必要的依据。

所以，共同投标协议对于联合体投标这种投标的形式是非常重要的，也正是基于此，《工程建设项目施工招标投标办法》将没有附有联合体各方共同投标协议的联合体投标确定为废标。

（4）联合体各方的责任

1）履行共同投标协议中约定的责任。共同投标协议中约定了联合体中各方应该承担的责任，各成员单位必须要按照该协议的约定认真履行自己的义务，否则将对对方承担违约责任。

同时，共同投标协议中约定的责任承担也是各成员单位最终的责任承担方式。

2）就中标项目承担连带责任。如果联合体中的一个成员单位没能按照合同约定履行义务，招标人可以要求联合体中任何一个成员单位承担不超过总债务的任何比例的债务，而该单位不得拒绝。该成员单位承担了被要求的责任后，有权向其他成员单位追偿其按照共同投标协议不应当承担的债务。

3）不得重复投标。联合体各方签订共同投标协议后，不得再以自己名义单独投标，也不得组成新的联合体参加其他联合体在同一项目中投标。

4）不得随意改变联合体的构成。联合体参加资格预审并获通过的，其组成的任何变化都必须在提交投标文件截止之日前征得招标人的同意。如果变化后的联合体削弱了竞争，含有事先未经过资格预审或者资格预审不合格的法人或者其他组织，或者使联合体的资质降到资格预审文件中规定的最低标准以下，招标人有权拒绝。

5）必须有代表联合体的牵头人。联合体各方必须指定牵头人，授权其代表所有联合体成员负责投标和合同实施阶段的主办、协调工作，并应当向招标人提出由所有联合体成员法定代表人签署的授权书。

联合体投标的，应当以联合体各方或者联合体中牵头人的名义提交投标保证。以联合体中牵头人名义提交的投标保证金，对联合体成员具有约束力。

4. 禁止串通投标和其他不正当竞争行为的规定

《反不正当竞争法》规定，本法所称的不正当竞争，是指经营者违反本法规定，损害其他经营者的合法权益，扰乱社会经济秩序的行为。

在建设工程招标投标活动中，投标人的不正当竞争行为主要是：投标人相互串通投标、招标人与投标人串通投标、投标人以行贿手段谋取中标、投标人以低于成本的报价竞标、投标人以他人名义投标或者其他方式弄虚作假骗取中标。

（1）禁止投标人相互串通投标

《反不正当竞争法》规定，投标者不得串通投标，抬高标价或者压低标价。《招标投标法》也规定，投标人不得相互串通投标报价，不得排挤其他投标人的公平竞争，损害招标人或者其他投标人的合法权益。

《招标投标法实施条例》有关禁止投标人相互串通的规定如下：

禁止投标人相互串通投标。有下列情形之一的，属于投标人相互串通投标：

1）投标人之间协商投标报价等投标文件的实质性内容。

2）投标人之间约定中标人。

3）投标人之间约定部分投标人放弃投标或者中标。

4）属于同一集团、协会、商会等组织成员的投标人按照该组织要求协调投标。

5）投标人之间为谋取中标或者排斥特定投标人而采取的其他联合行动。

有下列情形之一的，视为投标人串通投标：

1）不同投标人的投标文件由同一单位或者个人编制。

2）不同投标人委托同一单位或者个人办理投标事宜。

3）不同投标人的投标文件载明的项目管理成员为同一人。

4）不同投标人的投标文件异常一致或者投标报价呈现规律性差异。

5）不同投标人的投标文件相互混装。

6）不同投标人的投标保证金从同一单位或者个人的账户转出。

（2）禁止招标人与投标人串通投标

《反不正当竞争法》规定，投标者不得和招标者勾结，以排挤竞争对手的公平竞争。《招标投标法》也规定，投标人不得与招标人串通投标，损害国家利益、社会利益或者他人的合法权益。

《招标投标法实施条例》进一步规定，禁止招标人与投标人串通投标。有下列情形之一的，属于招标人与投标人串通投标：

1）招标人在开标前开启投标文件并将有关信息泄露给其他投标人。

2）招标人直接或者间接向投标人泄露标底、评标委员会成员等信息。

3）招标人明示或者暗示投标人压低或者抬高投标报价。

4）招标人授意投标人撤换、修改投标文件。

5）招标人明示或者暗示投标人为特定投标人中标提供方便。

6）招标人与投标人为谋求特定投标人中标而采取的其他串通行为。

（3）禁止投标人以行贿手段谋取中标

《反不正当竞争法》规定，经营者不得采用财物或者其他手段进行贿赂以销售或者购买商品。在账外暗中给予对方单位或者个人回扣的，以行贿论处；对方单位或者个人在账外暗中收受回扣的，以受贿论处。《招标投标法》也规定，禁止投标人以向招标人或者评标委员会成员行贿的手段谋取中标。

投标人以行贿手段谋取中标是一种严重的违法行为，其法律后果是中标无效，有关责任人和单位要承担相应的行政责任或刑事责任，给他人造成损失的还应承担民事赔偿责任。

（4）投标人不得以低于成本的报价竞标

低于成本的报价竞标不仅属不正当竞争行为，还易导致中标后的偷工减料，影响建设工程质量。《反不正当竞争法》规定，经营者不得以排挤竞争对手为目的，以低于成本的价格销售商品。《招标投标法》则规定，投标人不得以低于成本的报价竞标。

（5）投标人不得以他人名义投标或者以其他方式弄虚作假骗取中标

《反不正当竞争法》规定，经营者不得采用下列不正当手段从事市场交易，损害竞争对手：

1）假冒他人的注册商标。

2）擅自使用知名商品特有的名称、包装、装潢，或者使用与知名商品近似的名称、包装、装潢，造成和他人知名商品相混淆，使购买者误认为是该知名商品。

3）擅自使用他人的企业名称或者姓名，引人误以为是他人的商品。

4）在商品上伪造或者冒用认证标志、名优标志等质量标志，伪造产地，对商品质量作引人误解的虚假表示。

《招标投标法》规定：投标人“不得以他人名义投标或者以其他方式弄虚作假，骗取中标”。《招标投标法实施条例》进一步规定，使用通过受让或者租借等方式获取的资格、资质证书投标的，属于《招标投标法》规定的以他人名义投标。投标人有下列情形之一的，属于《招标投标法》规定的以其他方式弄虚作假的行为：

1）使用伪造、变造的许可证件。

2）提供虚假的财务状况或者业绩。

3）提供虚假的项目负责人或者主要技术人员简历、劳动关系证明。

4）提供虚假的信用状况。

5）其他弄虚作假的行为。

五、开标、评标和中标

1. 开标

开标是招标人按照招标公告或者投标邀请函规定的时间、地点，当众开启所有投标人的投标文件，宣读投标人名称、投标价格和投标文件的其他主要内容的过程。

根据《招标投标法》及相关规定，开标应遵循如下程序：

开标应当在招标文件确定的提交投标文件截止时间的同一时间公开进行；开标地点为招标文件中预先确定的地点。

开标由招标人主持，邀请所有投标人参加。开标时，由投标人或其推选的代表检查投标文件的密封情况，也可以由招标人委托的公证机构检查并公证；经确认无误后，由工作人员当众拆封，宣读投标人名称、投标价格和投标的其他主要内容。开标过程应当记录，并存档备查。

（1）开标时间、地点与组织

1）开标时间、地点。《招标投标法》规定：“开标应当在招标文件确定的提交投标文件截止时间的同一时间公开进行；开标地点应当为招标文件中预先确定的地点。”

2）开标组织。《招标投标法》规定：“开标由招标人主持，邀请所有投标人参加。”

开标由招标人主持。招标人作为整个招标活动的发起者和组织者，应当负责开标的举行。开标应当按照规定的时间、地点公开进行并且通知所有的投标人参加。投标人参加开标是自愿的，但是招标人必须通知其参加，否则将因程序不合法而引起争议，甚至承担赔偿义务。招标人不得只通知一部分投标人参加开标。

《招标投标法》规定：“开标时，由投标人或者其推选的代表检查投标文件的密封情况，也可以由招标人委托的公正机构检查并公证；经确认无误后，由工作人员当众拆封，宣读投标人名称、投标价格和投标文件的其他主要内容。”

招标人在招标文件要求提交投标文件的截止时间前收到的所有投标文件，开标时都应当当众予以拆封、宣读。开标过程应当记录，并存档备查。

（2）投标文件不予受理的情形

依据《工程建设项目施工招标投标办法》，投标文件有下列情形之一的，招标人不予受理：

1）逾期送达或者未送达指定地点的。

2）未按招标文件要求密封的。

2. 评标

（1）评标委员会

1）评标委员会的组成。根据《招标投标法》规定，评标由招标人依法组建的评标

委员会负责。依法必须进行招标的项目，其评标委员会由招标人的代表和有关技术、经济等方面的专家组成，成员为五人以上的单数，其中技术、经济等方面的专家不得少于成员总数的三分之二。

2）评标专家的选取。一般招标项目可以采取随机抽取方式，技术特点复杂、专业性要求特别高或者国家有特殊要求的招标项目，采取随机抽取方式确定的专家难以胜任的，可以由招标人直接确定。

3）对评标委员会成员的执业道德要求和保密义务。根据《招标投标法》和《评标委员会和评标方法暂行规定》的有关规定，评标委员会成员应当客观、公正地履行职责，遵守执业道德，对所提出的评审意见承担个人责任。

评标委员会成员不得与任何投标人或者招标结果有利害关系的人进行私下接触，不得收受投标人、中介人、其他利害关系人的财物或者其他好处。

评标委员会成员的名单在中标结果确定前必须完全保密。

（2）评标

1）评标的标准和方法。招标人应当采取必要的措施，保证评标在严格保密的情况下进行。任何单位和个人不得非法干预、影响评标的过程和结果。评标委员会应当按照招标文件确定的评标标准和方法，对投标文件进行评审和比较；设有标底的，应当参考标底。

2）按废标处理的情形。《工程建设项目施工招标投标办法》规定，投标文件有下列情形之一的，由评标委员会初审后按废标处理：

① 无单位盖章并且无法定代表人或者法定代表人授权的代理人签字或者盖章的。

② 未按规定的格式填写，内容不全或关键字迹模糊、无法辨认的。

③ 投标人递交两份或多份内容不同的投标文件，或在一份投标文件中对同一招标项目报有两个或多个报价，且未声明哪一个有效，按招标文件规定提交备选投标方案的除外。

④ 投标人名称或组织结构与资格预审时不一致的。

⑤ 未按招标文件要求提交投标保证金的。

⑥ 联合体投标未附联合体各方共同投标协议的。

3）投标文件的澄清、说明和修正。评标委员会可以要求投标人对投标文件中含义不明确的内容作出必要的澄清或者说明，但是澄清或者说明不得超出投标文件的范围或者改变投标文件的实质性内容。

评标委员会在对实质上响应招标文件要求的投标进行报价评估时，除招标文件另有约定外，应当按下述原则进行修正：

① 用数字表示的金额与用文字表示的数额不一致时，以文字数额为准。

② 单价与工程量的乘积与总价之间不一致时，以单价为准。若单价有明显的小数点错位，应以总价为准，并修改单价。

调整后的报价经投标人确认后产生约束力。

4）评标报告和中标候选人。

① 评标报告。评标委员会完成评标工作后，应当向招标人提出书面评标报告，并抄送有关行政监督部门。评标报告由评标委员会全体成员签字。对评标结论持有异议的评标委员会成员可以书面阐述其不同意见和理由。评标委员会成员拒绝在评标报告上签字且不陈述其不同意见和理由的，视为同意评标结论。评标委员会应当对此作出书面说明并记录在案。

② 中标候选人。评标委员会推荐的中标候选人应当限定在一至三人，并标明排列顺序。中标人的投标，应当符合下列条件之一：

能够最大限度地满足招标文件中规定的各项综合评价标准。

能够满足招标文件的实质性要求，并且经评审的投标价格最低；但是投标价格低于成本的除外。

评标委员会经评审，认为所有投标都不符合招标文件要求的，可以否决所有投标。依法必须进行招标的项目的所有投标被否决的，招标人应当依照本法重新招标。

在确定中标人前，招标人不得与投标人就投标价格、投标方案实质性内容进行谈判。

（3）中标

1）招标人根据评标委员会提出的书面评标报告和推荐的中标候选人确定中标人。招标人也可以授权评标委员会直接确定中标人，或者在招标文件中规定排名第一的中标候选人为中标人，并明确排名第一的中标候选人不能作为中标人的情形和相关处理规则。

依法必须进行招标的项目，招标人根据评标委员会提出的书面评标报告和推荐的中标候选人自行确定中标人的，应当在向有关行政监督部门提交的招标投标情况书面报告中，说明其确定中标人的理由。

2）中标通知书。根据《招标投标法》和《工程建设项目施工招标投标办法》的有关规定，招标人发出中标通知书应当遵守如下规定：

① 中标人确定后，招标人应当向中标人发出中标通知书，并同时将中标结果通知所有未中标的投标人。

② 招标人不得以向中标人提出压低报价、增加工作量、缩短工期或其他违背中标人意愿的要求，以此作为发出中标通知书和签订合同的条件。

③ 中标通知书对招标人和投标人具有法律效力。中标通知书发出后，招标人改变中标结果的，或者中标人放弃中标项目的，应当依法承担法律责任。

3）签订书面合同与备案。

① 签订合同的要求。《招标投标法》规定："招标人和中标人应当自中标通知书发出之日起 30 日内，按照招标文件和中标人的投标文件订立书面合同。招标人和中标人不得再行订立背离合同实质性内容的其他协议。"

如果出现了两个或者两个以上内容有矛盾的合同，将来就会出现履行合同时适用哪一个合同的争议。但是，有的时候招标人为了能够获得更大的利益，会要求中标人另行签订一个背离原合同实质性内容的合同。针对这种情况可能产生的纠纷，《最高人民法院关于审理建设工程施工合同纠纷案件适用法律问题的解释》第 21 条规定："当事人就

同一建设工程另行订立的建设工程施工合同与经过备案的中标合同实质性内容不一致的，应当以备案的中标合同作为结算工程价款的根据。”

② 担保与垫资。招标人为了降低自己的风险，经常会要求投标人提交履约保证金，招标文件要求中标人提交履约保证金的，中标人应当提交。拒绝提交的，视为放弃中标项目。招标人要求中标人提供履约保证金或其他形式履约担保的，招标人应当同时向中标人提供工程款支付担保。招标人不得擅自提高履约保证金。

招标人与中标人签订合同后5个工作日内，应当向未中标的投标人退还投标保证金。

《工程建设项目施工招标投标办法》同时规定：“招标人不得强制要求中标人垫付中标项目建设资金。”

尽管法律已经明确规定招标人不得强制要求中标人垫付中标项目资金，但在实践中，中标人垫付中标项目建设资金的情形仍然是存在的。这种垫资行为经常引发关于利息的纠纷，对此《最高人民法院关于审理建设工程施工合同纠纷案件适用法律问题的解释》给出了处理意见：

当事人对垫资和垫资利息有约定，承包人请求按照约定返还垫资及其利息的，应予以支持，但是约定的利息计算标准高于中国人民银行发布的同期同类贷款利率的部分除外。

当事人对垫资没有约定的，按照工程欠款处理。

当事人对垫资利息没有约定，承包人请求支付利息的，不予支持。

③ 备案。合同中确定的建设规模、建设标准、建设内容、合同价格应当控制在批准的初步设计及概算文件范围内；确需超出规定范围的，应当在中标合同签订前，报原项目审批部门审查同意。凡应报经审查而未报的，在初步设计及概算调整时，原项目审批部门不予承认。

依法必须进行施工招标的项目，招标人应当自发出中标通知书之日起 15 日内，向有关行政监督部门提交招标投标情况的书面报告。书面报告的内容至少包括：招标范围；招标方式和发布招标公告的媒介；招标文件中投标人须知、技术条款、评标标准和方法、合同主要条款等内容；评标委员会的组成和评标报告；中标结果。

【案例讲评】投标人相互串通投标案

柴某与姜某是老乡，二人在外打拼了多年，一直想承揽一项大的建筑装饰业务。某市一商业大厦的装饰工程公开招标，当时柴某、姜某均没有符合承揽该工程的资质等级证书。为了得到该装饰工程，柴某、姜某以缴纳高额管理费和其他优厚条件，分别借用了A装饰公司、B装饰公司的资质证书并以其名义报名投标。这两家装饰公司均通过了资格预审。之后，柴某与姜某商议，由柴某负责与招标方协调，姜某负责联系另外一家入围装饰公司的法定代表人张某，与张某串通投标价格，约定事成之后利益共享，并签订利益共享协议。为了增加中标的可能性，他们故意让入围的一家资质等级较低的装饰公司在投标时报高价，而柴某借用的资质等级高的A装饰公司则报较低价格。就这样，柴某终以借用的A装饰公司名义成功中标，拿下了该项装饰工程。

讲评：后经有关部门调查查明：柴某与姜某分别代表两家公司存在串通投标行为，其中标结果无效。悉心策划投标过程落空了，公司与个人受到了应有的处罚。

《招标投标法实施条例》规定："有下列情形之一的，属于投标人相互串通投标：①投标人之间协商投标报价等投标文件的实质性内容；②投标人之间约定中标人；③投标人之间约定部分投标人放弃投标或者中标；④投标人之间为谋取中标或者排斥特定投标人而采取的其他联合行动。"

《招标投标法》规定："投标人相互串通投标或者与招标人串通投标的，……，中标无效，处中标项目金额5‰以上10‰以下的罚款，对单位直接负责的主管人员和其他直接责任人员处单位罚款数额5%以上10%以下的罚款；有违法所得的，并处没收违法所得；情节严重的，取消其1年至2年内参加依法必须进行招标的项目的投标资格并予以公告，直至由工商行政管理机关吊销营业执照；构成犯罪的，依法追究刑事责任。

习题讲评

1. 在招标投标过程中，投标人发生合并、分立、破产等重大变化的，应当（　　）。

A. 及时书面告知招标人　　B. 撤回投标

C. 提高投标保证金额　　D. 撤销投标

【参考答案】A。投标人发生合并、分立、破产等重大变化时，其履约能力可能发生重大变化，不再符合招标项目的具体要求。依据《招标投标法实施条例》，投标人发生前述重大变化的，应当及时书面告知招标人。投标人不再具备资格预审文件、招标文件规定的资格条件或者其投标影响招标公正性的，其投标无效。因此选A。

2. 投标人或者其他利害关系人对依法必须进行招标的项目的评标结果有异议的，应当在（　　）提出。

A. 中标候选人公示期间　　B. 中标通知书发出之后

C. 合同谈判期间　　D. 评标报告提交之前

【参考答案】A。依据《招标投标法实施条例》，依法必须进行招标的项目，招标人应当自收到评标报告之日起3日内公示中标候选人，公示期不得少于3日。投标人或者其他利害关系人对依法必须进行招标的项目的评标结果有异议的，应当在中标候选人公示期间提出，招标人应当自收到异议之日起3日内作出答复；作出答复前，应当暂停招标投标活动。

3. 某建设工程项目施工招标，甲公司和乙公司均参与投标，并都委托了丙单位办理投标事宜，甲乙的行为属于（　　）。

A. 联合投标　　B. 合法投标　　C. 独立投标　　D. 串通投标

【参考答案】D。依据《招标投标法实施条例》，视为投标之间的串标行为有：不同投标人的投标文件由同一单位或者个人编制；不同投标人委托同一单位或者个人办理投标事宜；应视为甲公司和乙公司串通投标。因此选D。

4. 根据《招标投标法》，依法必须进行招标的项目，自招标文件开始发出之日起至投标人提交投标文件截止之日止，最短为（　　）日。

A. 5　　B. 10　　C. 15　　D. 20

【参考答案】D。依据《招标投标法》的规定：“招标人应当确定投标人编制投标文件所需要的合理时间；但是，依法必须进行招标的项目，自招标文件开始发出之日起至投标人提交投标文件截止之日止，最短不得少于20日。因此选D。

5. 下列选项中不属于招标代理机构的工作事项是（　　）。

A. 审查投标人资格　　B. 编制标底

C. 组织开标　　D. 进行评标

【参考答案】D。依据《招标投标法》的规定，评标主体为依法组成的评标委员会，不为招标代理机构。招标代理机构可以在其资格等级范围内承担下列招标事宜：拟定招标方案，编制和出售招标文件、资格预审文件；审查投标人资格；编制标底；组织投标人踏勘现场；组织开标、评标，协助招标人定标；草拟合同和招标人委托的其他事宜。因此选D。

【案例讨论】评标委员会应如何推荐中标候选人

某中央财政投资的大型基础设施建设项目，总投资超过10亿元，该项目法人委托议价符合资质条件的工程招标代理公司全程代理招标事宜。

事件1：在评标过程中，发现投标人D的投标文件中没有投标人授权代表签字；投标人H的单价与总价不一致，单价与工程量乘积大于投标文件的总价，招标文件中没有约定此类情况为重大偏差。

事件2：在评标过程中，评标委员会发现其中投标人C的投标报价低于原标底0%。询标时，投标人C发来书面更改函，承认原报价存在遗漏，将报价整体上调到接近于标底9%。

事件3：在评标过程中，投标人A发来投标更改函，对施工组织设计中存在的笔误进行了勘误，同时对其投标文件中，超过招标文件计划工期的投标工期调整为在招标文件约定计划工期基础上提前10日竣工。

事件4：经评审，各投标人综合得分的排序依次H、E、G、A、F、C、B、D，评标委员会某委员对此结果有异议，拒绝在评标报告上签字，但又不提出书面意见。

事件5：确定中标人H以后，中标人H认为工程施工合同过分袒护招标人，需要对招标文件中的合同条件进行调整，特别是当事人双方的权利与义务；招标人同时提出，在中标价的基础上降低10%的要求，否则招标人不签订施工合同。

讨论：评标委员会应推荐哪三个投标人为中标候选人？

第二节 建筑工程发承包制度

案例导入

分包工程款的结算是否要业主方同意

某隧道公司将其总承包的某工程项目的地铁车站工程分包给甲公司，甲公司取得该工程后又将该围护工程分包给乙公司，双方签订《分包工程合同》一份，约定甲公司将某项目的围护工程分包给乙公司，工程范围及内容为基坑维护工程SMW工法施工，同时双方还对合同暂定总价、合同包干单价以及相关费用承担方式、工期、质量和结算条件及方式等进行了约定，同时还约定有关工程价款的增加必须经过业主的确认。合同签订后，乙公司进场施工，一年后并按期按质完成施工任务。工程完工后乙公司按照合同约定向甲公司提交工程结算书，但甲公司迟迟不予以办理结算，增加的工程造价没有经过业主方同意，双方对没有经过业主同意的增加的工程造价未能达成一致意见，乙公司遂提起诉讼，要求甲公司支付增加的欠付的工程款及利息。

案例分析：诉讼过程中，争议的焦点之一就是《分包工程合同》的性质以及效力如何？乙公司主张该基坑围护工程系典型的再分包工程，故《分包工程合同》中关于增加的签证费用必须经过业主同意的程序之约定不具有法律约束力；而甲公司则认为所有增加的签证费用必须经过业主确认方为有效。乙公司应当按合同约定履行增加的工程造价必须向业主方申报签字确认。

经法院审理认为：双方签订的分包工程合同，约定“有关工程价款的增加必须经过业主的确认”系双方真实意思表示，且不违反法律规定，应当认定有效，双方均应按约履行。系分包合同所涉施工内容为基坑维护工程SMW工法施工，涉及专业施工，需相关专业公司配合。甲公司将该施工内容分包给乙公司系专业分包，不属于法律、法规规定的违法分包范畴，故乙公司主张合同无效，无法律依据，不予以采纳。

建筑工程发包与承包是指建设单位将拟建的建筑工程的勘察、设计、施工等工作的全部或其中一部分委托施工单位、勘察设计单位等，并按照双方约定支付一定的报酬，通过合同明确双方当事人的权利与义务的一种法律行为。

建筑工程发包和承包的内容涉及建筑工程的全过程，包括可行性研究的承发包、工程勘察设计的承发包、材料及设备采购的承发包、工程施工的承发包、工程劳务的承发包、工程监理的承发包、工程项目管理的承发包等。但是在实践中，建筑工程承发包的内容较多指建筑工程勘察设计、施工的承发包。

一、工程发包制度

1. 建设工程发包方式

建设工程的发包方式主要有两种：招标发包和直接发包。《建筑法》规定："建筑工程依法实行招标发包，对不适用于招标发包的可以直接发包。"

建筑工程实行公开招标的，发包单位应当按照法定程序和方式，在具备相应资质条件的投标者中，择优选定中标者。建筑工程实行招标发包的，发包单位应当将建设工程发包给依法中标的承包单位。建筑工程实行直接发包的，发包单位应当将建筑工程发包给具有相应资质条件的承包单位。

2. 提倡实行工程总承包

《建筑法》规定，"提倡对建筑工程实行总承包"。《建筑法》还规定，"建筑工程的发包单位可以将建筑工程的勘察、设计、施工、设备采购一并发包给一个工程总承包单位，也可以将建筑工程勘察、设计、施工、设备采购的一项或者多项发包给一个工程总承包单位"。

3. 禁止将建设工程肢解发包和违法采购

（1）肢解发包

肢解发包指的是建设单位将应当由一个承包单位完成的建设工程分解成若干部分发包给不同的承包单位的行为。

肢解发包的弊端在于：

1）肢解发包可能导致发包人变相规避招标。发包人可能会将大的工程项目肢解成若干小的工程项目，使得每一个小的工程项目都不满足关于招标规模和标准的规定，从而达到变相规避招标的效果。

2）肢解发包会不利于投资和进度目标的控制。肢解发包本来应该由一家承包商完成的项目，现在由两家或者两家以上的承包商完成了。这就会使得一些岗位出现重复设置的人员，也不利于各工序的协调，难以形成流水作业，不利于投资和进度目标的控制。

3）肢解发包会增加发包的成本。肢解发包必然会使得发包的次数增加，这就必然会导致发包的费用增加。

4）肢解发包增加了发包人管理的成本。肢解发包会导致合同数增加，这就必然会导致发包人在管理上难度增加，进一步导致发包人在合同管理上会增加成本。

由于肢解发包存在上面这些弊端，所以《建筑法》第 24 条规定，"禁止将建筑工程肢解发包"，"不得将应当由一个承包单位完成的建筑工程肢解成若干部分发包给几个承包单位"。

（2）禁止违法采购

1）小规模材料设备的采购。工程建设项目不符合《工程建设项目招标范围和规模标准规定》规定的范围和标准的小规模的建筑材料、建筑构配件和设备的采购主要有三种形式：

① 由建设单位负责采购。

② 由承包商负责采购。

③ 由双方约定的供应商供应。

按照合同约定，建筑材料、建筑构配件和设备由工程承包单位采购的，发包单位不得指定承包单位购入用于工程的建筑材料、建筑构配件和设备或者指定生产厂、供应商。

2）大规模材料设备的采购。工程建设项目符合《工程建设项目招标范围和规模标准规定》规定的范围和标准的，必须通过招标选择货物供应单位。

《工程建设项目货物招标投标办法》还规定："工程建设项目货物招标投标活动，依法由招标人负责。

工程建设项目招标人对项目实行总承包招标时，未包括在总承包范围内的货物达到国家规定规模标准的，应当由工程建设项目招标人依法组织招标。

工程建设项目招标人对项目实行总承包招标时，以暂估价形式包括在总承包范围内的货物达到国家规定规模标准的，应当由总承包中标人和工程建设项目招标人共同依法组织招标。双方当事人的风险和责任承担由合同约定。"

二、工程承包制度

建设工程承包制度包括总承包、共同承包、分包等制度。

《建筑法》规定，建筑工程实行招标发包的，发包单位应当将建筑工程发包给依法中标的承包单位。建筑工程实行直接发包的，发包单位应当将建筑工程发包给具有相应资质条件的承包单位。

承包建筑工程的单位应当持有依法取得的资质证书，并在资质等级许可的业务范围内承揽工程。禁止建筑施工企业超越本企业资质等级许可的业务范围或者以任何形式用其他建筑施工企业的名义承揽工程。禁止建筑施工企业以任何形式允许其他单位或者个人使用本企业的资质证书、营业执照，以本企业的名义承揽工程。

按照合同约定，建筑材料、建筑构配件和设备由工程承包单位采购的，发包单位不得指定承包单位购入用于工程的建筑材料、建筑构配件和设备或者指定生产厂、供应商。

1. 工程总承包的规定

总承包通常分为工程总承包和施工总承包两大类。

《建筑法》规定，建筑工程的发包单位可以将建筑工程的勘察、设计、施工、设备采购一并发包给一个工程总承包单位，也可以将建筑工程勘察、设计、施工、设备采购的一项或者多项发包给一个工程总承包单位。

工程总承包是指从事工程总承包的企业受建设单位的委托，按照工程总承包合同的约定，对工程项目的勘察、设计、采购、施工、试运行（竣工验收）等实行全过程或若干阶段的承包。施工总承包是指发包人将全部施工任务发包给具有施工总承包资质的建筑业企业，由施工总承包企业按照合同的约定向建设单位负责，承包完成施工任务。

（1）工程总承包的方式

工程总承包是国际通行的工程建设项目组织实施方式，有利于发挥具有较强技术力量和组织管理能力的大承包商的专业优势，综合协调工程建设中的各种关系，强化统一指挥和组织管理，保证工程质量和进度，提高投资效益。总承包的主要有：设计-采购-施工（EPC）交钥匙总承包、设计-施工总承包（DB）等方式。

（2）总承包单位的责任

《建筑法》规定，建筑工程总承包合同的约定对建设单位负责；分包单位按照分包合同的约定对总承包单位负责。总承包单位和分包单位就分包工程对建设单位承担连带责任。

《建设工程质量管理条例》进一步规定，建设单位实行总承包的，总承包单位应当对全部建设工程质量负责；建设工程勘察、设计、施工、设备采购的一项或者多项实行总承包的，总承包单位应当对其承包的建设工程或者采购的设备的质量负责。总承包单位依法将建设工程分包给其他单位的，分包单位应当按照分包合同的约定对其分包工程的质量向总承包单位负责，总承包单位与分包单位对分包工程的质量承担连带责任。

据此，无论是工程总承包还是施工总承包，由于承包合同的签约主体都是建设单位和总承包单位，总承包单位均应按照承包合同约定的权利义务向建设单位负责。如果分包工程发生问题，总承包单位不得以分包工程已分包他人为由推卸自己的总承包责任，而应与分包单位就分包工程承担连带责任。

连带责任是我国民事立法中的一项重要民事责任制度。总承包单位与分包单位就分包工程承担连带责任，就是当分包工程发生了质量责任或者违约责任时，建设单位可以向总承包单位请求赔偿，也可以向分包单位请求赔偿，在总承包单位或者分包进行赔偿后，方有权依据分包合同对于不属于自己责任的赔偿向另一方进行赔偿。连带责任也不仅限于连带赔偿责任，还有其他履行工程义务的连带责任。因此，总承包单位除了应加强自行完成工程部分的管理外，还有责任强化对分包单位分包工程的监管。

2. 工程共同承包的规定

共同承包是指由两个以上具备承包资格的单位共同组成非法人的联合体，以共同的名义对工程进行承包的行为。这是国际工程发承包活动中较为通行的一种做法，可有效地规避工程承包风险。

（1）共同承包的适用范围

《建筑法》规定，大型建筑工程或者结构复杂的建筑工程，可以由两个以上的承包单位联合共同承包。

作为大型的建筑工程或者结构复杂的建筑工程，一般投资额大、技术要求复杂和建设周期长，潜在风险较大，如果采取联合共同承包的方式，有利于更好发挥各承包单位在资金、技术、管理等方面优势，增强抗风险能力，保证工程质量和工期，提高投资效益。至于中小型或结构不复杂的工程，则无需采用共同承包方式，完全可由一家承包单位独立完成。

（2）共同承包的责任

《招标投标法》规定，联合体中标的，联合体各方应当共同与招标人签订合同，就中标项目向招标人承担连带责任。《建筑法》也规定，共同承包的各方对承包合同的履行承担连带责任。

共同承包各方应签订联合承包协议，明确约定各方的权利、义务以及相互合作、违约责任承担等条款。各承包方就承包合同的履行对建设单位承担连带责任。如果出现赔偿责任，建设单位有权向共同承包的任何一方请求赔偿，而被请求方不得拒绝，在其支付赔偿后可依据联合陈高协议及有关各方过错大小，有权对超过自己应赔偿的那部分份额向其他方进行赔偿。

3. 工程分包的规定

分包是指总承包单位将其所承包的工程中的专业工程或者劳务作业发包给其他承包单位完成的活动。

建设工程施工分包可分为专业工程分包与劳务作业分包。专业工程分包是指施工总承包企业将其所承包工程中的专业工程发包给具有相应资质的其他建筑业企业完成的活动。劳务作业分包是指施工总承包企业或者专业承包企业将其承包工程中的劳务作业发包给劳务分包企业完成的活动。

（1）分包工程的范围

《建筑法》规定："建筑工程总承包单位可以将承包工程中的部分工程发包给具有相应资质条件的分包单位。"禁止承包单位将其承包的全部建筑工程转包给他人，禁止承包单位将其承包的全部建筑工程肢解以后以分包的名义分别转包给他人。施工总承包的，建筑工程主体结构的施工必须由总承包单位自行完成。

《招标投标法》也规定，中标人按照合同约定或者经招标人同意，可以将中标项目的部分非主体、非关键性工作分包给他人完成。中标人不得向他人转让中标项目，也不得将中标项目肢解后分别向他人转让。《招标投标法实施条例》进一步规定，中标人不得向他人转让中标项目，也不得将中标项目肢解后分别向他人转让。中标人按照合同约定或者经招标人同意，可以将中标项目的部分非主体、非关键性工作分包给他人完成。接受分包的人应当具备相应的资格条件，并不得再次分包。中标人应当就分包项目向招标人负责，接受分包的人就分包项目承担连带责任。

据此，总承包单位承包工程后可以全部自行完成，可以将其中的部分工程分包给其他承包单位完成，但依法只能分包部分工程，并且是非主体、非关键性工作；如果是施工总承包，其主体结构的施工则须由总承包单位自行完成。这主要是防止以分包为名而发生转包行为。

《房屋建筑和市政基础设施工程施工分包管理办法》还规定，分包工程发包人可以就分包合同的履行，要求分包工程承包人提供分包工程履约担保；分包工程承包人在提供担保以后，要求分包工程发包人同时提供分包工程付款担保的，分包工程发包人应当提供。

（2）分包单位的条件与认可

《建筑法》规定，建筑工程总承包单位可以将承包工程中的部分工程发包给具有相应资质条件的分包单位；但是，除总承包合同中约定的分包外，必须经建设单位认可。禁止总承包单位将工程分包给不具备相应资质条件的单位。《招标投标法》也规定，接受分包的人应当具备相应的资格条件。

承包工程的单位须持有依法取得的资质证书，并在资质等级许可的业务范围内承揽工程。这一规定同样适用于工程分包单位。不具备资质条件的单位不允许承包建设工程，也不得承接分包工程。《房屋建筑和市政基础设施工程施工分包管理办法》还规定，严禁个人承揽分包工程业务。

总承包单位如果要将所承包的工程再分包给他人，应当依法告知建设单位并取得认可。这种认可应当依法通过两种方式：

1）在从承包合同中规定分包内容；

2）在总承包合同没有规定分包内容的，应当事先征得建设单位的同意。但是，劳务作业分包由劳务作业发包人与劳务作业承包人通过劳务合同约定，可不经建设单位认可。

需要说明的是，分包工程须经建设单位认可，并不等于建设单位可以直接指定分包人。《房屋建筑和市政基础设施工程施工分包管理办法》规定，“建设单位不得直接指定分包工程承包人”。对于建设单位推荐的分包单位，总承包单位有权作出拒绝或者采用的选择。

（3）分包单位不得再分包

《建筑法》规定，禁止分包单位将其承包的工程再分包。《招标投标法》也规定，接受分包的人不得再次分包。这主要是防止层层分包，如果出现这种层层弄剥皮，将导致工程质量安全和工期得不到保障。为此，《房屋建筑和市政基础设施工程施工分包管理办法》中规定，除专业承包企业可以将其承包工程中的劳务作业发包给劳务分包企业外，专业分包工程承包人和劳务作业承包人都必须自行完成所承包的任务。

（4）转包和违法分包的界定

按照我国法律的规定，转包是必须禁止的，而依法实施的工程分包则是允许的。因此，违法分包同样是在法律的禁止之列。

《建设工程质量管理条例》规定，违法分包，是指下列行为：

1）总承包单位将建设工程分包给不具备相应资质条件的单位的。

2）建设工程总承包合同中未有约定，又未经建设单位认可，承包单位将其承包的部分建设工程交由其他单位完成的。

3）施工总承包单位将建设工程主体结构的施工分包给其他单位的。

4）分包单位将其承包的建设工程再分包的。

作为转包，是指承包单位承包建设工程后，不履行合同约定的责任和义务，将其承包的全部建设工程转给他人或者将其承包的全部建设工程肢解以后以分包的名义分别转给其他单位承包的行为。

《房屋建筑和市政基础设施工程施工分包管理办法》中规定，分包工程发包人应当设立项目管理机构，组织管理所承包工程的施工活动。项目管理机构应当具有与承包工程的规模、技术复杂程度相适应的技术、经济管理人员。其中，项目负责人、技术负责人、项目核算负责人、质量管理人员、安全管理人员必须是本单位的人员。分包工程发包人将工程分包后，未在施工现场设立项目管理机构和派驻相应人员，并未对该工程的施工活动进行组织管理的，视同转包行为。

（5）分包单位的责任

《建筑法》规定，建筑工程总承包单位按照总承包合同的约定对建设单位负责；分包单位按照分包合同的约定对总承包单位负责。总承包单位和分包单位就分包工程对建设单位承担连带责任。《招标投标法》也规定，中标人应当就分包项目向招标人负责，接受分包的人就分包项目承担连带责任。

习题讲评

1. 关于建筑工程施工分包行为的说法，正确的是（　　）。

A. 个人可以承揽分包工程业务

B. 建设单位有权直接指定分包工程承包人

C. 建设单位推荐的分包单位，总承包单位无权拒绝

D. 承包人并未对该工程的施工活动进行组织管理的，视同转包

【参考答案】D。依据《建筑法》，从事建筑活动的建筑施工企业应具备相应等级的资质证书后，方可在其资质等级许可的范围内从事建筑活动；禁止承包单位将其承包的全部建筑工程转包给他人，禁止承包单位将其承包的全部建筑工程肢解以后以分包的名义分别转包给他人，承包人应当对该工程的施工活动进行组织管理。依据《房屋建筑和市政基础设施工程施工分包管理办法》，建设单位不得直接指定分包工程承包人。任何单位和个人不得对依法实施的分包活动进行干预。因此选D。

2. 按照建筑法的规定，以下正确的说法是（　　）。

A. 建筑工程的发包方式分为招标发包和直接发包

B. 未经发包方同意且无合同约定，承包方不得对专业工程进行分包

C. 联合体成员对承包合同的履行承担连带责任

D. 发包方有权将单位工程的地基与基础、主体结构、屋面等工程分别发包给符合资质的施工单位

【参考答案】D。依据《建筑法》的规定，提倡对建筑工程实行总承包，禁止将建筑工程肢解发包；不得将应当由一个承包单位完成的建筑工程肢解成若干部分发包给几个承包单位。因此选D。

3. 关于建筑工程发承包制度的说法，正确的是（　　）。

A. 总承包合同可以采用书面形式或口头形式

B. 发包人可以将一个单位工程的主体分解成若干部分发包

C. 建筑工程只能招标发包、不能直接发包

D. 国家提倡对建筑工程实行总承包

【参考答案】D。建设工程合同因采取书面形式，A 错误。《建筑法》规定，禁止发包单位将建设工程肢解发包；《建设工程质量管理条例》规定，肢解发包即建设单位将应当由一个承包单位完成的建设工程分解成若干部分发包给不同的承包单位的行为，B 错误。《建筑法》规定，建筑工程依法实行招标发包，对不适用于招标发包的可以直接发包，提倡对建筑工程实行总承包。因此选 D。

4. 下列建设工程分包的说法中，属于承包人合法分包的是（　　）。

A. 未经建设单位许可将承包工程中的劳务进行分包

B. 将专业工程分包给不具备资质的承包人

C. 将劳务作业分包给不具备资质的承包人

D. 未经建设单位许可将承包工程中的专业工程分包给他人

【参考答案】A。分包分为专业工程分包和劳务作业分包。对于违法分包的情形，我国《建筑法》明确规定：禁止总承包单位将工程分包给不具备相应资质条件的单位。除总承包合同中约定的分包外，必须经建设单位认可。因此选 A。

5. 专业工程分包单位可以将（　　）分包给符合资质条件的分包单位。

A. 全部专业工程　　B. 部分专业工程

C. 专业工程施工管理　　D. 劳务作业

【参考答案】D。取得专业承包资质的企业，可以承接施工总承包企业分包的专业工程和建设单位依法发包的专业工程。专业承包企业可以对所承接的专业工程全部自行施工，也可以将劳务作业依法分包给具有相应资质的劳务分包企业。专业工程分包单位将全部或部分专业工程分包，或将专业工程施工管理的分包的，均属《建筑法》命令禁止的行为。因此选 D。

【案例讨论】联合体投标承包如何承担违约责任

北方建筑公司与南方建筑公司共同组成了一个联合体去投标，它们在共同投标的协议中明确约定，如果在施工中出现质量问题需要赔付的话，两家公司各自承担一半的赔偿费用。在后期施工中，由于北方建筑公司施工技术方面的问题，出现了质量问题，建设单位就此向南方建筑公司要求赔偿，南方建筑公司对此不认同，认为要求不合理，首先因为这次事故的主要责任方是北方建筑公司，应该由北方建筑公司承担；其次在最初的投标协议中，协议的是双方各自承担 50%，怎么也不能是乙方独自承担，所以拒绝了建设单位的要求。

讨论：南方建筑公司的理由是否成立？为什么？

第三节　建设工程监理制度

监理工程师应如何履行职责

某输出管道工程在施工过程中，施工单位未经监理工程师事先同意，订购了一批钢管，钢管运抵施工现场后监理工程师进行了检验，检验中监理人员发现钢管质量存在以下问题：施工单位未能提交产品合格证、质量保证书和检测证明资料；实物外观粗糙，标识不清，且有锈斑。

案例分析：由于该批材料由施工单位采购，监理工程师检验发现外观不良，标识不清，且无合格证等资料，监理工程师应书面通知施工单位不得将该批材料用于工程，并抄送业主备案。监理工程师应要求施工单位提交该批产品的产品合格证、质量保证书、材质化验单、技术指标报告和生产厂家生产许可证等资料，以备监理工程师进行审查。如果施工单位提交了以上资料，经监理工程师审查符合要求，则施工单位应按技术规范要求对该产品进行有监理人员鉴证的取样送检。如果经检测后证明材料质量符合技术规范、设计文件和工程承包合同要求，则监理工程师可进行质检签证，并书面通知施工单位。

建设工程监理是指具有相应资质的监理单位受工程项目业主的委托，依据国家有关法律、法规，经建设主管部门批准的工程项目建设文件，建设工程委托监理合同及其他建设工程合同，对工程建设实施的专业化监督管理。

实行建设工程监理制度是我国工程建设与国际惯例接轨的一项重要工作，也是我国建设领域中管理体制改革的重大举措。我国于 1988 年开始推行建设工程监理制度。经过十几年的摸索总结，我国《建筑法》第 31～35 条以法律的形式正式确立了该项制度。《建设工程质量管理条例》还规定了工程业主的质量责任和义务。其他有关建设工程监理制度的规定包括原建设部和国家计委发布的《建设工程监理规定》、《建设工程监理范围和规模标准规定》《工程监理企业资质管理规定》以及《建设工程监理规范》等。

一、建设工程监理的作用

1. 有利于提高建设工程投资决策的科学化水平

在建设单位委托工程监理实施全方位全过程监理的条件下，监理单位可以派出具备资质的监理工程师为建设单位提供全过程的咨询、监理工作，有利于提高投资项目决策的科学化水平，避免项目投资决策失误，也为实现建设工程投资综合效益最大化打下了

良好的基础。

2. 有利于规范工程建设参与各方的建设活动

在建设工程实施过程中，工程监理企业可依据委托监理合同和有关的建设工程合同对承建单位的建设行为进行监督管理。由于这种约束机制贯穿于工程建设的全过程，所以可以最有效地规范各种承建单位的建设行为，最大限度地避免不当建设行为的发生。

要发挥相应的约束作用，需要工程监理企业规范自身的行为并接受政府的监督管理。

二、建设工程监理的性质

1. 服务性

工程监理企业既不直接进行设计，也不直接进行施工，更不参与承包商的利润分成，而是利用自己的知识、技能、经验、信息以及必要的试验、检测手段为建设单位提供管理活动。

建设工程监理的服务对象是建设单位。监理服务是按照委托监理合同的规定进行的，是受法律约束和保护的。

2. 科学性

工程监理企业应当由组织管理能力强、工程建设经验丰富的人员担任领导；应当有足够数量的、有丰富管理经验和应变能力的监理工程师组成的骨干队伍；要有一套健全的管理制度和现代化的管理手段；要掌握现金的管理理论、方法和手段；要积累足够的技术、经济资料和数据；要有科学的工作态度和严谨的工作作风，实事求是、创造性地开展工作。这一切决定了监理工作的科学性。

3. 独立性

工程监理单位应当严格按照有关法律、法规、规章、工程建设文件、工程建设技术标准、建设工程委托监理合同、有关的建设工程合同等规定实施监理。在监理过程中，监理单位与承建单位不得有隶属关系和其他利害关系。在开展监理的过程中，必须监理自己的组织，按照自己的工作计划、程序、流程、方法、手段独立开展工作。

4. 公正性

公正性是社会公认的职业道德标准，是监理工程师能够长期生存和发展的基本职业道德准则。在开展建设工程监理的过程中，工程监理应该客观公正地对待建设单位和承建单位。特别是当这两方发生利益冲突或者矛盾时，工程监理企业应该以事实为依据，以法律和有关合同为准绳，在维护建设单位合法权益时，不损害承建单位的合法权益。

三、我国实行强制监理的范围

《建设工程质量管理条例》第 12 条对必须实行监理的建设工程作出了原则规定。原建设部根据该条例，于 2001 年 1 月 17 日颁布了《建设工程监理范围和规模标准规定》，明确必须实行监理的建设工程项目具体范围和规模标准。这些必须实行监理的建设工程项目是：

1. 国家重点建设工程

国家重点建设工程，是指依据《国家重点建设项目管理办法》所确定的对国民经济和社会发展有重大影响的骨干项目。

2. 大中型公用事业工程

大中型公用事业工程，是指项目总投资额在 3000 万元以上的下列工程项目：

1）供水、供电、供气、供热等市政工程项目。

2）科技、教育、文化等项目。

3）体育、旅游、商业等项目。

4）卫生、社会福利等项目。

5）其他公用事业项目。

3. 成片开发建设的住宅小区工程

成片开发建设的住宅小区工程是指建筑面积在 5 万平方米以上的住宅建设工程必须实行监理；5 万平方米以下的住宅建设工程，可以实行监理，具体范围和规模标准，由省、自治区、直辖市人民政府建设行政主管部门规定。为了保证住宅质量，对高层住宅及地基、结构复杂的多层住宅应当实行监理。

4. 利用外国政府或者国际组织贷款、援助资金的工程

其范围包括：

1）使用世界银行、亚洲开发银行等国际组织贷款资金的项目。

2）使用国外政府及其机构贷款资金的项目。

3）使用国际组织或者国外政府援助资金的项目。

5. 国家规定必须实行监理的其他工程

（1）项目总投资额在 3000 万元以上关系社会公共利益、公众安全的基础设施项目

1）煤炭、石油、化工、天然气、电力、新能源等项目。

2）铁路、公路、管道、水运、民航以及其他交通运输业等项目。

3）邮政、电信枢纽、通信、信息网络等项目。

4）防洪、灌溉、排涝、发电、引（供）水、滩涂治理、水资源保护、水土保持等水利建设项目。

5）道路、桥梁、地铁和轻轨交通、污水排放及处理、垃圾处理、地下管道、公共停车场等城市基础设施项目。

6）生态环境保护项目。

7）其他基础设施项目。

（2）学校、影剧院、体育场馆项目

四、工程建设监理的内容和依据

1. 工程建设监理的内容

工程监理的主要内容可以概括为：“三控制、两管理、一协调”。三控制是指建设工程监理对建设工程的投资、工期和质量进行控制。两管理是指建设工程监理对建设工程进行的合同管理、信息管理。一协调是指建设工程监理要协调好与有关单位的工作关系。

2. 工程建设监理的依据

1）有关法律、行政法规、规章以及标准、规范。

2）有关工程建设文件。

3）建设单位委托监理合同以及有关的建设工程合同。

五、工程监理单位的选择与合同的签订

1. 工程监理单位的选择

项目法人一般通过招标投标方式择优选定监理单位。

2. 工程建设监理合同的签订

监理单位承担监理业务，应当与项目法人签订书面建设工程监理合同。工程建设监理合同的主要条款包括监理的范围和内容、双方的权利和义务、监理费的设取与支付、违约责任和双方约定的其他事项。

监理费从工程概算中列支，并核减建设单位的管理费。

六、建设工程监理合同

1. 建设工程监理合同的类型

如果将工程建设划分为建设前期（投资决策咨询）、设计阶段、施工招标阶段、施工阶段等几个阶段，监理合同也可分为这样几类。当然，业主既可委托一个监理单位承担所有阶段的监理业务，也可分别委托几个监理单位承担。

（1）建设前期监理合同

在这类监理合同中，监理单位主要从事建设项目的可行性研究并参与设计任务书的编制。

（2）设计监理合同

在这类监理合同中，监理单位的监理内容是：审查或评选设计方案，审查设计实施文件；选择勘察、设计单位，代签或参与签订勘察、设计合同或者监督合同的实施；代

编或待审概、预算等。

（3）招标监理合同

在这类监理合同中，监理单位的监理内容是：准备招标文件，代理招标、评标、决标，与中标单位签商工程承包合同。

（4）施工监理合同

在这类监理合同中，监理单位的监理内容是：审查工程计划和施工方案；监督施工单位严格按规范、标准施工，审查技术变更；控制工程进度和质量；检查安全防护设施；检测原材料和构配件质量；认定工程质量和数量；验收工程和签发付款凭证；审查工程价款；整理合同文件和技术档案；提出竣工报告；处理质量事故等。

2. 建设工程委托监理合同（示范文本）简介

为规范建设工程监理活动，维护建设工程监理合同当事人的合法权益，住房和城乡建设部国家工商行政管理总局对《建设工程委托监理合同（示范文本）》（GF-2000-0202）进行了修订，制定了《建设工程监理合同（示范文本）》（GF-2012-0202），新示范文本由以下三部分组成：

第一部分是建设工程委托监理合同，类似其他示范文本的协议书，包括工程概况、组成合同的文件、双方的基本承诺、监理业务执行的起止时间、双方当事人的签字盖章和签约时间等基本条款。

第二部分是标准条件，包括：

1）词语定义、适用范围换人法规。

2）监理人义务。

3）委托人义务。

4）监理人的权利。

5）委托人的权利。

6）监理人的责任。

7）委托人的责任。

8）合同生效、变更与终止。

9）监理酬金。

10）其他。

11）争议的解决。

第三部分是专用条款。专用条件是各个工程项目根据自己的个性和所处的自然和社会环境，由业主和监理单位协商一致后进行填写。双方如果认为需要，还可在其中增加约定的补充条款和修正条款，它是《建设工程监理合同》的重要组成部分。

七、监理单位的职责和工作程序

1. 监理单位的职责

监理单位是建筑市场的主体之一，建设监理是一种高智能的有偿技术服务。监理单

位与项目法人之间是委托与被委托的合同关系；与被监理单位是监理与被监理的关系。监理单位应当按照核准的经营范围承接工程建设监理业务。

监理单位应当按照“公正、独立、自主”的原则开展建设监理业务，公平维护项目法人和被监理单位的合法权益。监理单位不得转让监理业务。监理单位不得承包工程，不得经营建筑材料、构配件和建筑接卸、设备。监理单位在监理过程中因过错造成重大经济损失的，应承担一定的经济和法律责任。

监理工程师实行注册制度。监理工程师不得在政府机构、设备制造、材料供应等单位兼职，不得是施工、设备制造和材料、构配件供应等单位的合伙经营者。

2. 建设工程监理程序

建设工程监理工作按照下列程序进行：

1）总监理工程师组织有关专业工程监理工程师编写监理规划。

2）根据需要和规定，在监理规划基础上由相关的专业监理工程师编写监理细则。

3）根据监理规划和监理细则，规范化开展监理工作。

4）监理工作结束后，项目监理机构相应建设单位提交监理档案并作出监理工作总结。

【案例讲评】合同约定监理酬金能否比监理中标价低

某工程项目，建设单位通过招标选择了具有相应资质的监理单位承担施工招标代理和施工阶段监理工作，并在监理中标通知书发出后第 45 天，与该监理单位签订了委托监理合同。之后双方又另行签订了一份监理酬金比监理中标价降低 10%的协议。

讲评：在监理中标通知书发出后第 45 天签订委托监理合同不妥，依照招投标法，应于 30 天内签订合同。在签订委托监理合同后双方又另行签订了一份监理酬金比监理中标价降低 10%的协议不妥。依照招投标法，招标人和中标人不得再行订立背离合同实质性内容的其他协议。

习题讲评

1. 下列工程中，必须实行工程监理的是（　　）。

A. 1 万平方米的住宅小区项目

B. 1 万平方米的学校工程项目

C. 总投资额为 1000 万元人民币的市政工程项目

D. 总投资额为 2000 万元人民币的电力工程项目

【参考答案】B。依据《工程建设监理范围和规模标准规定》，成片开发建设的住宅小区工程，建筑面积在 5 万平米以上的住宅建设工程必须实行监理。项目总投资额在 3000 万元以上的公用事业项目必须实行监理。学校、影剧院、体育馆项目无论规模大小，必须实行监理。因此选 B。

2. 下列选项中，属于监理单位安全责任的事项有（　　）。

A. 编制安全施工大纲

B. 制定安全技术措施

C. 监督施工企业对安全事故隐患进行整改

D. 确定建设工程安全费用

【参考答案】C。根据《建设工程安全生产管理条例》，监理的安全生产责任主要包括：工程监理单位在实施监理过程中，发现存在安全事故隐患的，应当要求施工企业整改；情况严重的，应当要求施工企业暂时停止施工，并及时报告建设单位；施工企业拒不整改或者不停止施工的，工程监理单位应当及时向有关主管部门报告；工程监理单位和监理工程师应当按照法律、法规和工程建设强制性标准实施监理，并对建设工程安全生产承担监理责任。因此选 C。

3. 工程监理单位与所监理工程的（　　）有权属关系时，不得承担该项建设工程的监理业务。

A. 建设单位　　B. 设计单位　　C. 施工单位　　D. 勘察单位

【参考答案】C。依据《建设工程质量管理条例》，工程监理单位与被监理单位的施工承包单位以及建筑材料、建筑构配件和设备供应单位有隶属关系或者其他利害关系的，不得承担该项建设工程的监理业务。结合时代背景，该条规定中的工程监理主要指工程实施阶段（施工）监理，因此回避范围限于施工企业与供应商。因此选 C。

4. 监理工程师发现施工现场堆料偏高，有可能滑塌，存在安全事故隐患，则监理工程师应当（　　）。

A. 要求施工单位整改　　B. 要求施工单位停止施工

C. 向安全生产监督行政主管部门报告　　D. 向建设工程质量监督机构报告

【参考答案】A。工程监理单位在实施监理过程中，发现存在安全事故隐患的，应当要求施工单位整改；情况严重的，应当要求施工单位暂时停止施工，并及时报告建设单位。施工单位拒不整改或者不停止施工的，工程监理单位应当及时向有关主管部门报告。施工现场堆料偏高，有可能滑塌，属于存在安全事故隐患，监理单位首先应当要求施工单位整改。因此选 A。

【案例讨论】监理工程师如何行使权利

监理单位承担了某工程的施工阶段监理任务，该工程由甲施工单位总承包。甲施工前段时间选择了经建设单位同意并经监理单位进行资质审查合格的乙施工单位作为分包。施工过程中发生了以下事件：

事件 1：专业监理工程师在熟悉图纸时发现，基础工程部分设计内容不符合国家有关工程质量标准和规范。总监理工程师随即致函设计单位要求改正并提出更改建议方案。设计单位研究后，口头同意了总监理工程师的更改方案，总监理工程师随即将更改的内容写成监理指令通知甲施工单位执行。

事件 2：施工过程中，专业监理工程师发现乙施工前段时间施工的分包工程部分存在质量隐患，为此，总监理工程师同时向甲、乙两施工前段时间发出了整改通知。甲施工单位回函称：乙施工单位施工的工程是经建设单位同意进行分包的，所以本单

位不承担该部分工程的质量责任。

事件 3：专业监理工程师在巡视时发现，甲施工前段时间在施工中使用未经报验的建筑材料，若继续施工，该部位将被隐蔽。因此，立即向甲施工单位下达了暂停施工的指令（因甲施工单位的工作对乙施工单位有影响，乙施工单位也被迫停工）。同时，指示甲施工单位将该材料进行检验，并报告了总监理工程师。总监理工程师对该工序停工予以确认，并在合同约定的时间内报告了建设单位。检验报告出来后，证实材料合格，可以使用，总监理工程师随即指令施工单位恢复了正常施工。

讨论：总监理工程师上述行为有何不妥之处？总监理工程师应如何正确处理？专业监理工程师是否有权签发本次暂停令？为什么？

第四节　建筑市场信用管理制度

国务院办公厅《关于社会信用体系建设的若干意见》提出，市场经济是信用经济。社会信用体系是市场经济体制中的重要制度安排。建设社会信用体系，是完善我国社会主义市场经济体制的客观需要，是整顿和规范市场经济秩序的治本之策。国务院有关部门要根据职责分工和实际工作需要，抓紧研究建立市场主体信用记录，实行内部信用分类管理，健全负面信息披露制度和守信激励制度，提高公共服务和市场监管水平。

《招标投标法实施条例》规定，国家建立招标投标信用制度。有关行政监督部门应当依法公告对招标人、招标代理机构、投标人、评标委员会成员等当事人违法行为的行政处理决定。

《建筑业企业资质管理规定》中规定，企业应当按照有关规定，向资质许可机关提供真实、准确、完整的企业信用档案信息。企业的信用档案应当包括企业基本情况、业绩、工程质量和安全、合同履约等情况。被投诉举报和处理、行政处罚等情况应当作为不良行为记入其信用档案。企业的信用档案信息按照有关规定向社会公示。

《注册建造师管理规定》也规定，注册建造师及其聘用单位应当按照要求，向注册机关提供真实、准确、完整的注册建造师信用档案信息。注册建造师信用档案应当包括注册建造师的基本情况、业绩、良好行为、不良行为等内容。违法违规行为、被投诉举报处理、行政处罚等情况应当作为注册建造师的不良行为记入其信用档案。注册建造师信用档案信息按照有关规定向社会公示。

一、建筑市场诚信行为信息的分类

《建筑市场诚信行为信息管理办法》规定，建筑市场诚信行为信息分为良好行为记录和不良行为记录两大类。

1. 良好行为记录

良好行为记录是指建筑市场主体在工程建设过程中严格遵守有关建设工程的法律、法规、规章或强制性标准和执业行为规范，诚信经营，自觉维护建筑市场秩序，收到各级行政主管部门和相关专业部门的奖励和表彰所形成的良好行为记录。

2. 不良行为记录

不良行为记录是指在工程建设过程中违反有关工程建设的法律、法规、规章或强制性标准和执业行为规范，经县级以上建设行政主管部门或者委托的执法监督机构查实和行政处罚所形成的不良行为记录。

国家发展和改革委员会等 10 部门颁布的《招标投标违法行为记录公告暂行办法》中规定，招标投标违法行为记录，是指有关行政主管部门在依法履行职责过程中，对招标投标当事人违法行为做行政处理决定的记录。

二、建筑市场施工单位不良记录认定标准

原建设部《全国建筑市场各方主体不良行为记录认定标准》中，对涉及建筑市场最主要的责任主体，即建设单位、勘察、设计、施工、监理、工程检测、招标代理、造价咨询、施工图审查等单位的不良行为，制定了具体的认定标准。特别是强化了对社会反映强烈的建筑单位行为的规范问题，突出了建筑许可、市场准入、招标投标、发承包交易、质量管理、安全生产、拖欠工程款和农民工工资、治理商业贿赂等相关内容。此外，《注册建造师执业管理办法（试行）》中，对注册建造师的不良行为也制定了具体认定标准。

1. 施工单位不良行为记录的认定标准

施工单位的不良行为记录认定标准分为如下 5 大类、40 条：

（1）资质不良行为认定标准

1）未取得资质证书承揽工程的，或超越本单位资质等级承揽工程的。

2）允许其他单位或者个人以本单位的名义承揽工程的。

3）未在规定期限内办理资质变更手续的。

4）涂改、伪造、出借、转让《建筑业企业资质证书》的。

5）按照国家规定需要持证上岗的技术工种的作业人员未经培训、考核，未取得证书上岗，情节严重的。

（2）承揽业务不良行为认定标准

1）利用向发包单位及其工作人员行贿、提供回扣或者给予其他好处等不正当手段承揽业务的。

2）相互串通投标或与招标人串通投标的，以向招标人或者评标委员会成员行贿的手段谋取中标的。

3）以他人名义投标或以其他方式弄虚作假，骗取中标的。

4）不按照与招标人订立的合同履行义务，情节严重的。

5）将承包的工程转包或违法分包的。

（3）工程质量不良行为认定标准

1）在施工中偷工减料，使用不合格建筑材料、建筑构配件和设备，或者有不按照工程设计图纸或施工技术标准施工的其他行为的。

2）未按照节能设计进行施工的。

3）未对建筑材料、建筑构配件、设备、商品混凝土进行检测，或未对涉及结构安全的试块、试件以及有关材料取样检测的。

4）工程竣工验收后，不向建设单位出具质量保修书，或质量保修的内容、期限违反规定的。

5）不履行保修义务或者拖延履行保修义务的。

（4）工程安全不良行为认定标准

1）在本单位发生重大生产安全事故时，主要负责人不立即组织抢救或在事故调查处理期间擅离职守或逃匿的，主要负责人对生产安全事故隐瞒不报、谎报或拖延不报的。

2）对建筑安全事故隐患不采取措施予以消除的。

3）不设立安全生产管理机构、配备专职安全生产管理人员或者分部分项工程施工时无专职安全生产管理人员现场监督的。

4）主要负责人、项目负责人、专职安全生产管理人员、作业人员或者特种作业人员、未经安全教育培训或经考核不合格即从事相关工作的。

5）未在施工现场的危险部位设置明显的安全警示标志或未按照国家有关规定在施工现场设置消防通道、消防水源、配备消防设施和灭火器材的。

6）未向作业人员提供安全防护用具和安全防护服装的。

7）未按照规定在施工起重机械和整体提升脚手架、模板等自升式架设设施验收合格登记的。

8）使用国家明令淘汰、禁止使用的危及施工安全的工艺、设备、材料的。

9）违法挪用列入建设概算的安全工程概算的安全生产作业环境及安全施工措施所需费用的。

10）施工前未对有关安全施工的技术要求作出详细说明的。

11）未根据不同施工阶段和周围环境及季节、气候的变化，在施工现场采取相应的安全施工措施，或在城市市区内的建设工程的施工现场未实行封闭围挡的。

12）在尚未竣工的建筑物内设置员工集团宿舍的。

13）施工现场临时搭建的建筑物不符合安全使用要求的。

14）未对因建设工程施工可能造成损害的毗邻建筑物、构筑物和地下管线等采取专项防护措施的。

15）安全防护用具、机械设备、施工机具及配件在进入施工现场前未经查验或查验不合格即投入使用的。

16）使用未经验收或验收不合格的施工起重机械和整体提升脚手架、模板等自升式架设设施的。

17）委托不具有相应资质的单位承担施工现场安装、拆卸施工起重机械和整体提升脚手架、模板等自升式架设设施的。

18）在施工组织设计中未编制安全技术措施、施工现场临时用电方案或专项施工方案的。

19）主要负责人、项目负责人未履行安全生产管理职责的，或不服管理、违反规章制度和操作规程冒险作业的。

20）施工单位取得资质证书后，降低安全生产条件的，或经整改仍未达到与其资质等级相适应的安全生产管理条件的。

21）取得安全生产许可证发生重大安全事故的。

22）未取得安全生产许可证擅自进行生产的。

23）安全生产许可证有效期满未办理延期手续，继续进行生产的；或逾期不办理延期手续，继续进行生产的。

24）转让安全生产许可证的，接受转让的，冒用或使用伪造的安全生产许可证的。

（5）拖欠工程款或工人工资不良行为认定标准

恶意拖欠或克扣劳动者工资的。

2. 注册建造师不良行为记录的认定标准（表 3-1）

表 3-1　注册建造师不良记录认定行为标准

行为类别	不良行为	法律依据	处罚依据
注册	隐瞒有关情况或者提供虚假材料申请注册	《注册建造师管理规定》第六条、第十一条	《注册建造师管理规定》第三十三条 《中华人民共和国行政许可法》第七十八条
	以欺骗、贿赂等不正当手段取得注册证书	《注册建造师管理规定》第七条、第九条	《注册建造师管理规定》第三十四条 《中华人民共和国行政许可法》第七十九条
	涂改、倒卖、出租、出借或以其他形式非法转让资格证书、注册证书和执业印章	《注册建造师管理规定》第二十六条	《注册建造师管理规定》第三十七条
	未办理变更注册而继续执业	《注册建造师管理规定》第十三条	《注册建造师管理规定》第三十六条
执业	泄露在执业中知悉的国家秘密和他人的商业、技术等秘密	《注册建造师管理规定》第二十五条、第二十六条	《注册建造师管理规定》第三十七条
	未取得注册证书和执业印章，担任大中型建设工程项目施工单位项目负责人，或者以建造师的名义从事相关活动	《中华人民共和国建筑法》第十四条 《注册建造师管理规定》第三条	《注册建造师管理规定》第三十五条
	同时担任两个及两个以上工程项目负责人	《注册建造师管理规定》第二十一条、第二十六条	《注册建造师管理规定》第三十七条

续表

行为类别	不良行为	法律依据	处罚依据
执业	超出执业范围和聘用单位业务范围内从事执业活动	《中华人民共和国建筑法》第十四条 《注册建造师管理规定》第二十六条	《注册建造师管理规定》第三十七条
	索贿、受贿或者谋取合同约定费用外的其他利益	《注册建造师管理规定》第二十六条	《注册建造师管理规定》第三十七条
	实施商业贿赂	《注册建造师管理规定》第二十六条	《中华人民共和国建筑法》第六十八条 《注册建造师管理规定》第三十七条
	签署有虚假记载等不合格的文件	《注册建造师管理规定》第二十六条	《注册建造师管理规定》第三十七条
	允许他人以自己的名义从事执业活动	《注册建造师管理规定》第二十六条	《注册建造师管理规定》第三十七条
	同时在两个或者两个以上单位受聘或者执业	《注册建造师管理规定》第二十六条	《注册建造师管理规定》第三十七条
	未按照要求向注册机关提供准确、完整的注册建造师信用档案信息	《注册建造师管理规定》第三十二条	《注册建造师管理规定》第三十八条
其他	因过错造成质量事故	《建设工程质量管理条例》第二十六条	《建设工程质量管理条例》第七十二条
	未履行安全生产管理职责	《建设工程安全生产管理条例》第二十一条	《建设工程安全生产管理条例》第六十六条
	违章指挥、强令职工冒险作业，因而发生重大伤亡事故或者造成其他严重后果	《中华人民共和国建筑法》第四十七条	《中华人民共和国建筑法》第七十一条
	在注册、执业和继续教育活动中，发生其他违反法律、法规和工程建设强制性标准的行为	《建设工程安全生产管理条例》第四条 《建设工程质量管理条例》第二十六条	《建设工程安全生产管理条例》第五十八条 《建设工程质量管理条例》第七十二条

三、建筑市场诚信行为的公布和奖惩机制

1. 建筑市场诚信行为的公布

（1）公布的时限

《建筑市场诚信行为信息管理办法》规定，建筑市场诚信行为记录信息公布时间为行政处罚决定做出后 7 日内，公布期限一般为 6 个月至 3 年；良好行为记录信息公布期限一般为 3 年。公布内容应与建筑市场监管信息系统中的企业、人员和项目管理数据库相结合，形成信用档案，内部长期保留。

省、自治区和直辖市建设行政主管部门负责审查整改结果，对整改确有实效的，由企业提出申请，经批准，可缩短其不良行为记录信息公布期限，但公布期限最短不得少于 3 个月，同时将整改结果列于相应不良行为记录后，供有关部门和社会公众查询；对于拒不整改或整改不力的单位，信息公布部门可延长其不良行为记录信息公布期限。

（2）公布的内容和决定

《建筑市场诚信行为信息管理办法》规定，属于《全国建筑市场各方主体不良行为记录认定标准》范围的不良行为记录除在当地发布外，还将由建设部统一在全国公布，公布期限与地方确定的公布期限相同。通过与工商、税务、纪检、监察、司法、银行等部门建立的共享机制，获取的有关建筑市场各方主体不良行为记录的信息，省、自治区、直辖市建设行政主管部门也应在本地区统一公布。各地建筑市场综合监管信息系统，要逐步与全国建筑市场诚信信息平台实现网络互联、信息共享和实时发布。

招标投标违法行为记录公告不得公开涉及国家秘密、商业秘密、个人隐私的记录。但是，经权利人同意公开或者行政机关认为不公开可能对公共利益造成重大影响的涉及商业秘密、个人隐私的违法行为记录，可以公开。

（3）公告的变更

《建筑市场诚信行为信息管理办法》规定，对发布有误的信息，由发布信息的省、自治区、直辖市建设行政主管部门进行修正，根据被曝光单位对不良行为的整改情况，调整其信息公布期限，保证信息的准确和有效。

行政处罚决定经行政复议、行政诉讼以及行政执法监督被变更或被撤销，应及时变更或删除不良记录，并在相应诚信信息平台上予以公布，同时应依法妥善处理相关事宜。

《招投标违法行为记录公告暂行办法》规定，被公告的招标投标当事人认为公告记录与行政处理决定的相关内容不符的，可向公告部门提出书面更正申请，并提供相关证据。公告部门接到书面申请后，应在 5 个工作日内进行核算。公告的记录与行政处理决定的相关内容不一致的，应当给予更正并告知申请人；公告的记录与行政处理决定的相关内容不一致的，应当告知申请人。公告部门在作出答复之前不停止对违法行为记录的公告。

行政处理决定在被行政复议或行政诉讼期间，公告部门依法不停止对违法行为记录的公告，但行政处理决定被依法停止执行的除外。原行政处理决定被依法变更或撤销的，公告部门应当及时对公告记录予以变更或撤销，并在公告平台上予以声明。

2. 建筑市场诚信行为的奖惩机制

《建筑市场诚信行为信息管理办法》《关于加快推荐建筑市场信用体系建设工作的意见》中规定，应当依据国家有关法律、法规和规章，按照诚信激励和诚信惩戒的原则，逐步建立诚信奖惩机制，在行政许可、市场准入、招标投标、资质管理、工程担保和保险、表彰评优等工作中，充分利用已公布的建筑市场各方主体的诚信行为信息，依法对守信行为给予激励，对失信行为进行惩处。

对于一般失信行为，要对相关单位和人员进行诚信法制教育，促使其知法、懂法、

守法；对有严重失信行为的企业和人员，要会同有关部门，采取行政、经济、法律和社会舆论等综合惩治措施，对其依法公布、曝光或予以行政处罚、经济制裁；行为特别恶劣的，要坚决追究失信者的法律责任，提高失信成本，使失信者得不偿失。

四、建筑市场主体诚信评价的基本规定

《关于加快推荐建筑市场信用体系建设工作的意见》中提出，同步推荐政府对市场主体的守法诚信评价和社会中介信用机构开展的综合信用评价。

1. 政府对市场主体的守法诚信评价

政府对市场主体的守法诚信评价是政府主导，以守法为基础，根据违法违规行为的行政处罚记录，对市场主体进行诚信评价。评价内容包括对市场主体违反各类行政法律规定强制义务的行政处罚记录以及其他不良失信行为记录。评价标准内容以建筑市场有关的法律责任为主要依据，对社会关注的焦点、热点问题可有所侧重，如拖欠工程款和农民工工资、转包、违法分包、挂靠、招标投标弄虚作假、质量安全问题、违法法定基本建设程序等。

2. 社会中介信用结构的综合信用评价

社会中介信用机构的综合信用评价是市场主导，以守法、守信（主要指经济信用，包括市场交易信用和合同履行信用）、守德（主要指道德、伦理信用）、综合实力（主要包括经营、资本、管理、技术等）为基础进行综合评价。综合评价中有关建筑市场各方责任主体的优良和不良行为记录等信息要以建筑市场信用信息平台的记录为基础。

行业协会要协助政府部门做好诚信行为记录、信息发布和信用评价等工作，推荐建筑市场动态监管；要完善行业内部监督和协调机制，建立以会员单位为基础的自律维权信息平台，加强行业自律，提高企业及其从业人员的诚信意识。

本 章 小 结

1. 招标按性质可以分为公开招标和邀请招标。

2. 招标投标活动必须遵循公平、公开、公正及诚实信用的原则。

3. 开标应当由招标人主持，邀请所有投标人参加，并在招标文件确定的提交投标文件截止时间的同一时间、在招标文件中预先确定的地点进行。

4. 评标委员会成员由招标人的代表和有关技术、经济等方面的专家组成，成员为 5 人以上单数，其中技术、经济等方面的专家不得少于成员总数的 2/3。

5. 建设工程发包方式主要有招标发包和直接发包两种。建设工程承包的方式主要有总承包、联合承包和直接承包三种。

6. 总承包单位将工程分包给不具备相应资质条件的单位，或将其承包的部分工程交由经建设单位认可的其他单位完成，或将工程主体结构的施工分包给其他单位，或分包单位将其承包的工程再分包等均属违法分包。

7. 建设监理是指监理单位受建设单位的委托对工程建设全过程或项目实施阶段进行监督和管理的活动。我国的建设监理主要指建设市场的监理和对工程建设实施的监理。建设工程监理范围应该包括整个工程建设的全过程，即工程立项、勘察、设计、施工材料及设备采购、设备安装调试等环节，对工期、质量、造价、安全等诸多方面进行监督管理。

本章练习题

一、单项选择题

1. 建设工程招标的基本程序主要包括：①发售招标文件；②编制招标文件；③委托招标代理机构；④履行项目审批手续；⑤开标、评标；⑥签订合同；⑦发布招标公告或投标邀请书；⑧发出中标通知书。上述程序正确的排序顺序是（　　）。（2014 年真题）

A. ①②③④⑤⑥⑦⑧　　B. ③②④⑦①⑤⑧⑥

C. ③②①④⑦⑤⑥⑧　　D. ④③②⑦①⑤⑧⑥

2. 经评标，甲被推荐为第一中标人，但在中标通知书发出之前，招标人收到甲退出此次投标的书面通知，关于甲行为的正确说法是（　　）。

A. 属于在投标有效期内撤回投标文件

B. 属于放弃中标

C. 甲的要求不能被接受，必须继续参加投标

D. 甲可向招标人申请退还部分投标保证金

3. 总承包的企业受建设单位的委托，按照合同的约定，对项目的勘察、设计、采购、施工、试运行（竣工验收）等实行全过程或若干阶段的承包被称为（　　）。

A. 施工总承包　　B. 工程总承包

C. 工程服务总承包　　D. 工程咨询总承包

4. 下列工程中，必须实行工程监理的是（　　）。

A. 1 万平方米的住宅小区项目

B. 1 万平方米的学校工程项目

C. 总投资额为 1000 万元人民币的市政工程项目

D. 总投资额为 2000 万元人民币的电力工程项目

二、多项选择题

1. 根据《招标投标法》和《招标投标法实施条例》，关于招标项目的说法正确的有（　　）。

A. 招标人不可以授权评标委员会直接确定中标人

B. 评标委员会成员对其评审意见承担个人责任

C. 履约保证金不得超过中标合同金额的10%

D. 国有资金控股的依法必须进行招标的项目，排名第一的中标候选人为中标人

E. 招标人可以与投标人就投标价格、投标方案等实质性内容进行谈判

2. 下列建设工程招标投标行为中，属于投标人不正当竞争行为的有（　　）。

A. 投标人相互串通投标

B. 投标人与招标人串通投标

C. 招标人操纵招标

D. 投标人以他人名义投标

E. 投标人以高于市场定价的报价竞标

3. 在某工程建设项目投标过程中，甲乙丙丁戊参与投标。对于他们的投标，招标人应当不予受理的是（　　）。

A. 甲投标截止日后将标书送达

B. 乙的标书没有送到指定地点，而送到招标人的住所地

C. 丙送达标书时，未按照规定缴纳投标保证金

D. 丁同时送达了两份投标书

E. 戊的标书未按照要求密封

4. 某招标项目，招标人委托招标代理机构办理相关准备事宜，代理机构从事的下列活动中，符号法律规定的是（　　）。

A. 代理机构同时接受该项目的招标和投标代理

B. 代理机构将项目的招标事宜委托另一家代理机构

C. 编制和出售招标文件、资格预审文件

D. 组织投标人踏勘现场

E. 确定中标人

第四章

合同法律制度

学习导航 合同是建筑工程责任方明确各方责任的载体，也是保障各自权益的依据。由于建设工程具备时间长、细节繁多等特点，因此在建设过程中，合理合法的建筑工程合同是保障双方权利义务的有效途径。本章共有七节内容，主要包括合同概述，合同的订立、生效、履行、变更、违约责任和其他相关合同等内容。

学习目标

1. 了解合同的含义、分类，了解合同订立、生效的程序和条件，理解合同效力、履行、变更和转让的法律途径。
2. 掌握合同的终止、违约责任以及对于合同争议处理的基本法律知识。

知识链接 《中华人民共和国民法通则》《中华人民共和国合同法》《中华人民共和国担保法》《最高人民法院关于审理建设工程施工合同纠纷案件适用法律问题的解释》等。

第一节　合同概述

口头合同是否有效

某年9月，方某与广西某电气有限公司口头协商，承包了线路工程中的土石方工程、基础工程，经双方商定工程总造价为2691900元。经方某到工程实地察看后便召集施工队到工地施工，在施工过程中，方某认为该工程总造价过低，必须增加工程款。双方口头协商，将工程造价增加117994元。

次年1月10日，双方补签书面合同，合同内容约定：承包方式为包工不包料，工程总造价为2691900元。同年9月，工程竣工后，双方在结算时，为117994元工程款翻脸。方某认为应按2809894元结算，广西某电气有限公司则认为应该按照白纸签字的合同结算。双方协商不下，方某遂以广西某电气有限公司尚欠117994元工程款为由向法院提起诉讼，请求维权。

案例分析：根据《中华人民共和国合同法》的规定，建筑工程合同应当采用书面合同的形式。方某与广西某电气有限公司当初虽为口头协商，但过后已补充签订书面合同，而且合同的内容没有违反国家法律、法令的禁止性规定，也没有损害他人的合法权益，故认定双方订立的合同合法有效。而本案诉争的117994元工程造价变更工程款是先于双方订立合同时间，方某对自己的主张有责任提供证据，但没有证据证明自己主张的事实，应当承担举证不能的不利后果责任。对方某的诉讼请求，不能支持，应依法驳回。

一、合同的法律特征

合同，又称契约，是指平等主体（自然人、法人和其他组织）之间，关于建立、变更、终止民事法律关系的协议。依法成立的合同，受法律保护。

根据我国法律对于合同的定义，可以发现，合同的主要法律特征有以下几点：

1. 合同主体之间具有平等的法律地位

合同是两个或多个平等主体之间订立的民事义务关系的相互协议，所谓“平等的法律地位”是指公民的民事权利能力一律平等，不同的民事主体参与民事关系，适用同一法律，具有平等的地位。民事主体在产生、变更和消灭民事法律关系时必须平等协商其合法权利受法律保护。如果主体之间不具备平等的法律地位，则双方协议不能作为合同，也不受合同相关法律的保护。

2. 合同的作用在于设立、变更、终止各项民事法律关系

民事法律关系是民法调整平等主体之间的财产关系与人身关系所形成的社会关系。以财产补偿为主要内容，惩罚性和非财产性责任不是主要的民事责任形式。合同作为一种设立、变更、终止民事法律关系的方式，其法律主体、客体、内容及其责任承担方式都具备民事法律关系的特点。

3. 合同是一种协议

协议是指两个或两个以上实体为了开展某项活动，经过协商后双方达成的一致意见。因此合同需由所涉及各方当事人对于设立变更或终止的民事法律关系的意思表示一致。双方表示认可，合同才具备生效的基础，如果其中一方对于协议内容存在不认可、曲解、误解等情况，均会影响合同的法律效力。

二、合同的分类

合同的分类是指基于一定的标准将合同划分成不同的类型。将众多的合同按照一定标准分类，可以针对不同的合同确定不同的规则，便于帮助当事人订立和履行合同，也有助于司法机关在处理合同纠纷时准确使用法律，正确处理合同纠纷。根据常见的分类方式，合同分为以下几类：

1. 双务合同与单务合同

据合同双方根据当事人双方对权利义务的不同分担，可以将合同分为双务合同和单务合同。也可以理解成，根据合同当事人是否互相负有给付义务，可将合同分为双务合同和单务合同。

双务合同是指当事人双方互负给付义务的合同，即双方当事人互享债权，互负债务，一方的权利正好是对方的义务，彼此形成对价关系。在实践中，大多数的合同都是双务合同。典型的双务合同有买卖、租赁、借贷、运输和财产保险等。单务合同是指合同当事人仅有一方负担给付义务而另一方只享有权利的合同。无偿委托、无偿保管、赠与、使用借贷、自然人间的无息借款合同等都是单务合同。

2. 有偿合同与无偿合同

根据当事人取得权利是否偿付对价，可以将合同分为有偿合同和无偿合同。

有偿合同，是指当事人一方享有合同规定的权益，必须向对方当事人偿付相应代价的合同。其特点在于：当事人双方均有给付义务；当事人双方所为的给付具有财产内容。绝大多数合同都是有偿的，如买卖合同、租赁合同、加工承揽合同、运输合同、仓储合同等。

无偿合同是指当事人一方只享有合同权利而不偿付任何代价的合同，实践中主要有赠与合同、无偿借用合同、无偿保管合同等。在无偿合同中，一方当事人不支付对价，但也要承担义务，如无偿借用他人物品，借用人负有正当使用和按期返还的义务。

3. 诺成合同与实践合同

根据合同的成立是否以交付标的物为要件，可将合同分为诺成合同和实践合同。

诺成合同，是指以缔约当事人意思表示一致为充分成立条件的合同，即一旦缔约当事人的意思表示达成一致即告成立的合同，不以一方交付标的物为合同的成立要件，当事人交付标的物属于履行合同，而与合同的成立无关。实践中，大多数的合同均为诺成合同，如买卖合同、租赁合同、借款合同等。

实践合同是除当事人意思表示一致外，还必须交付标的物方能成立的合同。例如，赠与合同，必须由赠与人将赠与物交给受赠人，合同才成立；小件寄存合同，必须要寄存人将寄存的物品交给保管人，合同才能成立。实践合同仅限于法律规定的少数合同，如保管合同、自然人之间的借款合同。

4. 要式合同与不要式合同

根据合同的成立是否需要特定的形式，即合同的形式是否影响合同的成立，可将合同分为要式合同和不要式合同。

要式合同，是指法律、行政法规规定，或者当事人约定应当采用书面形式的合同。前者称为法定要式合同，后者称为约定要式合同。对于一些重要的交易，法律常要求当事人应当采取特定的方式订立合同。这主要是指书面形式合同和须具备审批或登记文件的合同。例如，租赁期在六个月以上的房屋租赁合同应签订书面协议；中外合资经营企业合同，属于应当由国家批准的合同等。

不要式合同，是指当事人订立的合同依法并不需要采取特定的形式，当事人可以采取口头方式，也可以采取书面形式。根据合同自由原则当事人有权选择合同形式，故合同以不要式合同为常态。

5. 主合同与从合同

根据合同相互间的主从关系，可以将合同分为主合同与从合同。

在两个关联合同中，不依赖其他合同的存在即可独立存在的合同称为主合同，以其他合同的存在为前提而存在的合同称为从合同。由于从合同要依赖主合同的存在而存在，所以从合同又被称为“附属合同”。从合同的主要特点在于其附属性，即它不能独立存在，必须以主合同的存在并生效为前提。主合同不能成立，从合同就不能有效成立；主合同转让，从合同也不能单独存在；主合同被宣告无效或被撤销，从合同也将失去效力；主合同终止，从合同亦随之终止。主合同的存在并生效将直接影响到从合同的成立及效力，但从合同不成立或失效，一般并不影响到主合同的效力。

6. 有名合同与无名合同

根据法律是否赋予特定名称并设有规范，可以将合同分为有名合同与无名合同。

有名合同是指法律上或者经济生活习惯上按其类型已确定了一定名称的合同，又称典型合同。我国《合同法》所规定的 15 类合同都属于有名合同，法律对有名合同设置的规定大多为任意性规范，当事人可以通过约定来改变法律的规定。法律对有名合同的规定，主要是规范合同的内容，并非要代替当事人订立合同。无名合同是指有名合同以外的、尚未统一确定一定名称的合同，根据合同自由原则，在不违反现行法律及社会公共利益和社会公德的前提下，允许当事人订立任何内容的合同。

除了以上常见的六种分类之外，常见合同分类还有许多种，如束己合同与涉他合同、实定合同与射幸合同、一时性合同与持续性合同等。这里不一一赘述。

三、合同法的一般规定与原则

1. 合同法的一般规定

合同法涉及各个领域和方方面面，与生产和生活密切相关。广义的合同法，包括身份合同法、财产合同法、行政合同法以及劳动合同法等一切合同法。狭义的合同法主要指的是以《中华人民共和国合同法》为主的法律体系。合同法律、合同行政法规、最高人民法院关于合同法的司法解释以及交易习惯、国际惯例等构成了我国合同法律体系。

《中华人民共和国合同法》是用以规范我国合同法律行为的基本法。它主要对合同的订立、合同的有效和无效及合同的履行、解除、变更、保全、违反合同的责任义务进行规范约束。现行《中华人民共和国合同法》于 1999 年 3 月 15 日，由第九届全国人民代表大会第二次会议通过。分为总则、分则和附则三个部分，共 23 章，428 条。总则是从各种具体合同中抽象出来、反映各种具体合同的共性的规范，其各种规定一般都适用于各种具体合同。包括一般规定、合同的订立、合同的效力、合同的履行、合同的变更和转让、合同的权利义务终止、违约责任、其他规定等。分则是对具体合同所作的特别规定，根据特别规定优于一般规定的法理，对各种具体合同应当优先适用分则的有关规定，主要包含买卖、供用电水气热力、赠与、借款、租赁、融资租赁、承揽、建设工程、运输、技术、保管、仓储、委托、行纪、居间等 15 种有名合同。附则规定了本法的施行日期。

2. 合同法的基本原则

合同法的基本原则，是从事交易活动的当事人所必须遵守的行为模式。我国合同的基本原则主要有以下几项：

（1）平等原则

平等原则是指地位平等的合同当事人，在权利义务对等的基础上，经充分协商达成一致，以实现互利互惠的经济利益目的的原则。

（2）自愿原则

自愿原则是合同法的重要基本原则，自愿，即合同当事人通过协商，自愿决定和调整相互权利义务关系。

（3）公平原则

公平原则要求合同双方当事人之间的权利义务要公平合理，要大体上平衡，强调一方给付与对方给付之间的等值性。公平原则是社会公德的体现。将公平原则作为合同当事人的行为准则，可以防止当事人滥用权力，有利于保护当事人的合法权益，维护和平衡当事人之间的利益。

（4）诚实信用原则

诚实信用原则要求当事人在订立、履行合同，以及合同终止后的全过程中，都要诚实，讲信用，相互协作。诚实信用原则具体包括：第一，在订立合同时，不得有欺诈或其他违背诚实信用的行为；第二，在履行合同义务时，当事人应当遵循诚实信用的原则，根据合同的性质、目的和交易习惯履行及时通知、协助、提供必要的条件、防止损失扩大、保密等义务；第三，合同终止后，当事人也应当遵循诚实信用的原则，根据交易习惯履行通知、协助、保密等义务，称为后契约义务。

（5）遵守法律、不得损害社会公共利益原则

遵守法律，尊重公德，不得扰乱社会经济秩序，不得损害社会公共利益，是合同法的重要基本原则。合同绝不仅仅是当事人之间的问题，有时可能涉及社会公共利益和社会公德，涉及维护经济秩序，合同当事人的意思应当在法律允许的范围内表示。

【案例讲评】内容违法的合同法律会保护吗

甲公司与乙公司签订一份秘密从境外买卖免税香烟并运至国内销售的合同。甲公司依双方约定，按期将香烟运至境内，但乙公司提走货物后，以目前账上无钱为由，要求暂缓支付货款，甲公司同意。3个月后，乙公司仍未支付货款，甲公司多次索要无果，遂向当地人民法院起诉要求乙公司支付货款并支付违约金。

讲评：该合同属于无效合同。依据《中华人民共和国合同法》的规定："有下列情形之一的，合同无效：①一方以欺诈、胁迫的手段订立合同，损害国家利益；②恶意串通，损害国家、集体或者第三人利益；③以合法形式掩盖非法目的；④损害社会公共利益；⑤违反法律、行政法规的强制性规定。甲公司与乙公司之间的买卖合同属于违反法律、行政法规强制性规定的合同，故为无效合同。由于合同为无效合同，合同自始、绝对、确定、永久没有法律拘束力，因此法院应驳回甲公司的诉讼请求。同时，甲公司和乙公司的交易损害了国家利益，法院可以采取民事制裁措施，没收双方用于交易的财产。

习题讲评

1. 合同是平等主体的自然人、法人、其他组织之间设立、变更、终止（　　）关系的协议。

A. 行政权利义务　　B. 经济权利义务

C. 刑事权利义务　　D. 民事权利义务

【参考答案】D.《中华人民共和国合同法》规定，本法所称合同是平等主体的自然人、法人、其他组织之间设立、变更、终止民事权利义务关系的协议。因此选D。

2. 下列合同中，属于单务合同的是（　　）。

A. 赠与合同　　B. 买卖合同　　C. 租赁合同　　D. 承揽合同

【参考答案】A。单务合同是指合同当事人仅有一方负担给付义务而另一方只享有权利的合同。因此上述四项合同中，赠与合同属于单务合同。

3. 我国《合同法》规定属于实践合同的有（　　）。

A. 买卖合同　　B. 委托合同　　C. 保管合同　　D. 借贷合同

【参考答案】C。实践合同是除当事人意思表示一致外，还必须交付标的物方能成立的合同。上述四项合同中，保管合同属于实践性合同。

4. 根据合同的形式是否影响合同的成立，可将合同分为（　　）。

A. 诺成合同和实践性合同　　B. 要式合同和非要式合同

C. 双务合同和单务合同　　D. 主合同和重合同

【参考答案】B。要式合同和非要式合同，是根据合同订立的形式对合同进行的划分。

第二节　合同的订立

案例导入

招聘广告中的承诺是否具备法律效力

某年 2 月，大学生小李看到某外资企业登出了一则招聘广告，广告中写道：“本单位录用的员工将送到国外培训半年至一年”。小李毅然辞去原来的工作，顺利地进了新单位。加入新单位的小李对工作充满希望，想通过积极的工作以得到重视，及时得到出国的机会。但是 2 年过去了，出国培训的事情依然没有动静，也没有听说哪位同事出国培训了。小李找到单位负责人理论，单位应当履行在招聘广告中的承诺。单位负责人当面答应小李一定会考虑。几天过去后，单位还是没有动静，小李觉得自己两次出国都没有成功，用人单位实在欺人太甚，明明写好的条件单位却没有给予兑现，严重侵犯了自己的合法利益。向法院提起诉讼。法院受理了此案。单位在其应诉书中声称，单位与小李的劳动合同中并没有规定单位具有送小李出国培训的条款，因此单位没有此项义务，招聘广告中的条件并没有写进劳动合同中来，因此并没有法律效力。最终，法院采纳了单位方的意见，作出裁决：小李与某公司的劳动合同并没有规定公司应当承担送小李出国培训的机会，因此公司没有此项义务。招聘广告中的承诺，因为没有写进劳动合同中去，因此不具备法律效力。

案例分析：合同法规定，“当事人订立合同，采取要约、承诺方式。”用人单位的招聘广告在性质上只能属于要约邀请，理由在于：首先，要约要求其对象必须是特定的对象，而招聘广告的对象并不是特定的人，而是潜在的不特定的对象。其次，招聘广告没有具备订立合同的主要条款。相比要约具有法律约束力而言，要约邀请发出后对发出人并不产生法律约束力，发出人没有履行要约邀请内容的义务，因此，用人单位对于招聘广告中的内容并不承担必须履行的义务。

合同本质上是一种合意。合意是指当事人对合同必备条款达成一致意见。当事人合意的过程，对合同内容协商一致的过程，就是经过要约、承诺完成的。向对方提出合同条件作出签订合同的意思表示称为“要约”，而另一方如果表示接受就称为“承诺”。订立合同的具体方式各不相同，有的通过口头或者书面往来协商谈判，有的是采取拍卖、投标等方式，但不管采取什么具体方式，都必须经过两个步骤，就是要约和承诺，这是订立合同的基本规则。

一、要约

1. 要约的构成要件

要约在不同的情况下可以称为“发盘”“发价”等，是希望和他人订立合同的意思表示。发出要约的人称为“要约人”，接收要约的人称为“受要约人”。一项订约的建议要成为一个要约，要取得法律效力，必须具备一定的条件。如不具备这些条件，作为要约在法律上就不能成立。要约成立的要件有四个：

1）要约是特定合同当事人的意思表示。发出要约的目的在于订立合同，要约人必须使接收要约的相对方能够明白是谁发出了要约以便作出承诺。因此，发出要约的人必须能够确定，必须能够特定化。

2）要约必须向要约人希望与之缔结合同的相对人发出。合同因相对人对于要约的承诺而成立，所以要约不能对希望与其订立合同的相对人以外的第三人发出。相对人的特定化意味着要约人对谁有资格作为承诺人，作为合同相对方作出了选择，这样对方一承诺，一个合同就成立了。如果相对人不确定，则作为合同的另一方当事人就是不确定的，合同也就丧失了确定的基础。

3）要约必须具有缔约目的并表明经承诺即受此意思表示的拘束，也称为要约的目的性。能否构成一个要约要看其中表达缔约建议的表达是否传递了与被要约人订立合同的真实意愿。即一旦受要约人对要约作出承诺，要约人即受要约约束。

4）要约的内容必须具备足以使合同成立的主要条件。要约的效力在于，一经被受要约人承诺，合同即可成立。因此，如果一个订约的建议含混不清、内容不具备一个合同最根本的要素，是不能构成一个要约的。即使受要约人作出承诺，也会因缺乏合同的主要条件而使合同无法成立。所以，要约的内容必须是确定的和完整的。所谓确定的是要求必须明确清楚，不能模棱两可、产生歧义。所谓完整的是要求要约的内容必须满足构成一个合同所必备的条件。

2. 要约邀请

要约邀请，又称要约引诱，是邀请或者引诱他人向自己发出订立合同的要约的意思表示。要约邀请可以是向特定人发出的，也可以是向不特定的人发出的。要约邀请与要约不同，要约是一个一经承诺就成立合同的意思表示，而要约邀请只是邀请他人向自己发出要约，自己如果承诺才成立合同。要约邀请处于合同的准备阶段，没有法律约束力。

根据我国《合同法》第 15 条的规定，下列行为应当属于要约邀请：

1）寄送的价目表。

2）拍卖公告。

3）招标公告。

4）招股说明书。

5）商业广告。

如果广告的内容符合要约规定，应视为要约和注明为要约或者广告中含有广告人希望订立合同的愿望，或者写明相对人只要作出规定的行为就可以使合同成立，则应该认为该广告属于要约而不是要约邀请。

【案例讲评】商业广告是否有合同效力

家住上海的黄先生选定一套期房，并与开发商签订了《上海市商品房预售合同》，约定其购买本市某处房屋，总价为人民币 85 万元。合同补充条款约定，开发商交付房屋使用时，必须与楼书说明保持一致。如有违反，其有权追究开发商的违约责任。合同订立后，黄先生按约付清房款，但开发商交付的房屋却与楼书说明相去甚远。购房时，黄先生拿到的彩色印刷品上注明交房标准为每户独立水、电、煤气表均出户设置。但实际上水、电、煤气等表都在户内，且彩色印刷品中载明的大部分设施未能兑现。黄先生认为开发商违反合同约定，要求开发商承担违约责任。开发商认为，黄先生所称的楼书是广告宣传品而非合同，充其量只能是要约邀请，在销售过程中先后印刷过几种不同形式的广告宣传品，从未出过正式楼书，不应承担违约责任。

讲评：根据《中华人民共和国合同法》相关规定，商业广告的内容符合要约规定的，视为要约。最高人民法院《关于审理商品房买卖合同纠纷案件适用法律若干问题的解释》相关规定，对商品房销售广告和宣传资料的法律性质作了更为具体的界定："出卖人就商品房开发规划范围内的房屋及相关设施所作的说明和允诺具体确定，并对商品房买卖合同的订立以及房屋价格的确定有重大影响的，应当视为要约，当事人违反的，应当承担违约责任"。结合本案，开发商的销售广告和宣传资料在宣传中的其他有关具体的房屋设施、状况等的内容是明确的，对商品房买卖合同的订立及房屋价格的确定有重大影响的，应视为要约。而且在合同补充条款约定，交房时必须与楼书说明保持一致，现今开发商交付的房屋与其承诺不一致，构成违约，应承担相应违约责任。

3. 要约的法律效力

要约的法律效力，又称法律的约束力，主要包括要约的生效、撤回、撤销与失效四个方面。

要约的生效，我国合同法对于要约生效采取"到达主义"，即要约必须自到达受要约人时，才产生效力。需要说明的是，要约"到达受要约人时"并不是指一定实际送达

到受要约人或者其代理人手中，要约只要送达到受要约人通常的地址、住所或者能够控制的地方（如信箱等）即为送达。

以数据电文发出要约的，除非发端人与收件人另有协议，数据电文的收到时间按下述办法确定：如收件人为接收数据电文而指定了某一信息系统的，以数据电文进入该指定信息系统的时间为收到时间；如数据电文发给了收件人的一个信息系统但不是指定的信息系统，则以收件人检索到该数据电文的时间为收到时间，如收件人并未指定某一信息系统，则以数据电文进入收件人的任一信息系统的时间为收到时间。

要约的撤回是指，在要约发出之后但在发生法律效力以前，要约人欲使该要约不发生法律效力而作出的意思表示。要约得以撤回的原因是，要约尚未发生法律效力，所以不会对受要约人产生任何影响，不会对交易秩序产生任何影响。在此阶段，应当允许要约人使尚未生效的要约不产生预期的效力。撤回要约的条件是撤回要约的通知在要约到达受要约人之前或者同时到达受要约人。

要约的撤销是指，要约人在要约发生法律效力之后而受要约人承诺之前，欲使该要约失去法律效力的意思表示。根据我国合同法的规定，有两种情况的要约是不可撤销的，一是要约人确定了承诺的期限或以其他形式明示要约是不可撤销的；二是受要约人有理由相信要约是不可撤销的，并已经为履行要约做了准备工作。

要约的失效，也可以称为要约的消灭或者要约的终止，指要约丧失法律效力，要约人与受要约人均不再受其约束。要约人不再承担接受承诺的义务，受要约人亦不再享有通过承诺使合同得以成立的权利。根据我国《合同法》相关规定，要约失效的原因主要有以下几种：

1）拒绝要约的通知到达要约人。拒绝要约是指受要约人没有接受要约所规定的条件。拒绝的方式有多种，既可以是明确表示拒绝要约的条件，也可以在规定的时间内不做答复而拒绝。

2）要约人依法撤销要约。要约在受要约人发出承诺通知之前，可由要约人撤销要约，一旦撤销，要约将失效。

3）承诺期限届满，受要约人对要约未做出承诺。凡是在要约中明确规定了承诺期限的，则承诺必须在该期限内做出，超过了该期限，则要约自动失效。

4）受要约人对要约的内容做出实质性变更。受要约人对要约的实质内容做出限制、更改或扩张从而形成反要约，既表明受要约人已拒绝了要约，同时也向要约人提出了一项反要约。

二、承诺

1. 承诺的构成要件

承诺是指受要约人同意接受要约的全部条件以缔结合同的意思表示。在商业交易中，与“发盘”“发价”等相对应，承诺称作“接受”。承诺的法律效力在于一经承诺并送达于要约人，合同便告成立。承诺的内容应当与要约的内容一致，承诺生效合同就成立了。

由于承诺一旦生效，将导致合同的成立，因此承诺必须符合一定的条件。在法律上，承诺必须具备如下条件，才能产生法律效力。

1）承诺必须由受要约人向要约人做出。受要约人是要约人选定的交易相对方，受要约人进行承诺的权利是要约人赋予的，只有受要约人才能取得承诺的能力，受要约人以外的第三人不享有承诺的权利。

2）承诺必须在规定的期限内达到要约人。承诺的期限通常都是在要约人发出的要约中规定的，在没有规定期限时，根据《合同法》的规定，如果要约是以对话方式做出的，承诺人应当即时做出承诺；如果要约是以非对话方式做出的，应当在合理的期限内做出并到达要约人。如果承诺超过了规定的期限做出，视为逾期承诺。逾期的承诺在民法上被视为一项新的要约。

3）承诺的内容必须与要约的内容一致。这是承诺最核心的要件，如果受要约人在承诺中对要约的内容加以扩张、限制或者变更，便不能构成承诺，而应当视为对要约的拒绝。但认为同时提出了一项新的要约，称为反要约。所谓实质性内容实际上是指未来合同的重要条款。按照《合同法》相关规定，有关合同的标的、数量、质量、价款或者报酬、履行期限、履行地点和方式、违约责任和解决争议的方法等条款属于实质性内容。如果承诺对要约中包含的上述条款做出了改变，就意味着更改了要约的实质性内容。这样的承诺将不产生使合同成立的效果，只能作为一种新要约而存在。

2. 承诺的方式

承诺方式是指受要约人将其承诺的意思表示传达给要约人所采用的方式。根据《合同法》规定，承诺原则上应采取通知方式，但根据交易习惯或者要约表明可以通过行为做出承诺的除外。这就是说，承诺应当以明示或者默示的方式做出。明示的方法，一般依通知，可以口头或者书面表示承诺。默示的方式，主要以行为承诺来进行。如果要约人在要约中规定承诺需用特定方式的，承诺人做出承诺时，必须符合要约人规定的承诺方式。

3. 承诺的法律效力

承诺的生效：承诺生效的时间即为合同成立的时间，当事人亦于此时开始享有合同权利、承担合同义务。承诺生效的时间又与合同订立的地点密切相联，与法院管辖的确定以及法律的选择适用密切相关。确定承诺生效的时间非常重要。和要约一样，承诺的生效采用“到达主义”。承诺不需要通知的，根据交易习惯或者要约的要求做出承诺的行为时，承诺生效。采用数据电文订立合同，收件人指定特定系统接收数据电文的，该数据电文进入该特定系统的时间，视为到达时间；未指定特定系统的，该数据电文进入收件人的任何系统的首次时间，视为到达时间。

承诺迟延：所谓承诺迟延（逾期承诺）是指受要约人未在承诺期限内发出承诺。超过承诺期限做出承诺，该承诺不产生效力。

承诺撤回：承诺撤回是指受要约人阻止承诺发生法律效力的意思表示。由于承诺一经送达要约人即发生法律效力，合同即刻成立，所以撤回承诺的通知应当在承诺通知到达之前或者与承诺通知同时到达要约人。

三、合同的形式和内容

1. 合同的形式

合同的形式是当事人合意的表现形式，是合同内容的外部表现和载体。根据我国《合同法》规定："当事人订立合同，有书面形式、口头形式和其他形式（如推定、默示）。法律、行政法规规定采用书面形式的，应当采用书面形式，当事人约定采用书面形式的，应当采用书面形式。"

口头形式是指当事人面对面地谈话或者以通信设备如电话交谈达成协议。以口头订立合同的特点是直接、简便、快速，数额较小或者现款交易通常采用口头形式。

书面形式是指以文字等方式达成的协议。这种形式明确肯定，有据可查，对于防止争议和解决纠纷，有积极意义。书面形式一般是指当事人双方以合同书、书信、电报、电传、传真等形式达成协议。随着信息技术的发展，电子商务发展很快，为了适应这种情况，合同法对此做了规定，书面形式除合同书、信件外，还包括数据电文等可以有形地表现所载内容的形式，如电报、电传、传真及电子数据交换和网上电子邮件。

除了书面形式和口头形式，合同还可以其他形式成立。根据当事人的行为或者特定情形推定合同的成立，或者也可以称之为默示合同。此类合同是指当事人未用语言明确表示成立，而是根据当事人的行为推定合同成立。如租赁房屋的合同，在租赁房屋的合同期满后，出租人未提出让承租人退房，承租人也未表示退房而是继续交房租，出租人仍然接受租金。根据双方当事人的行为，我们可以推定租赁合同继续有效。

2. 格式条款

"格式条款"又称为标准合同、定式合同，是当事人为了重复使用而预先拟定，并在订立合同时未与对方协商的条款。格式条款的出现，是由于某些行业进行频繁地、重复性地交易的过程中为了简化合同订立的程序而形成的。这些行业一般是发展较大的具有一定规模的企业，往往具有垄断性。因此格式条款是一种比较特殊的合同形式。

格式条款的对象具有广泛性，任何人只要同意格式条款的规定就可以签订合同。同时，条款具有持久性。格式条款一般是经过认真研究拟定的，在一个相当长的时期内不会改变，且条款具体细致。格式条款往往内容繁复，条款甚多，具体细致，由事业方单方面提出。

使用格式条款的好处是，简捷、省时、方便、降低交易成本，但其弊端在于，提供商品或者服务的一方往往利用其优势地位，制定有利于自己而不利于交易对方的条款。

由于格式条款是由一方当事人拟定，且在合同谈判中不容对方协商修改，条款内容难免有不公平之处。所以《合同法》对格式条款的效力及解释作有特别规定，以保证合同相对人的合法权益。首先，采用格式条款订立合同的，提供格式条款的一方应当遵循公平原则确定当事人之间的权利和义务，并采取合理的方式提请对方注意免除或者限制其责任的条款，按照对方的要求，对该条款予以说明。其次，格式条款具有《合同法》规定的合同无效和免责条款无效的情形，或者提供格式条款一方免除其责任、加重对方责任、排除对方主要权利的，该条款无效。最后，对格式条款的理解发生争议的，应当按照通常理解予以解释。对格式条款有两种以上解释的，应当做出不利于提供格式条款一方的解释。格式条款和非格式条款不一致的，应当采用非格式条款。

【案例讲评】格式化霸王条款无效

某市工商局在检查某市自来水公司新版的“委托银行（工商银行、交通银行、桂林银行）代扣代交水费合同”时发现，该公司利用格式条款设定千分之五的违约金标准高于中国人民银行规定的金融机构计收逾期利息标准的20倍。违反了《合同法》、《城市供水条例》等有关规定，属于《合同违法行为监督处理办法》第十条第（一）款中规定的在合同中利用格式条款加重消费者违约金或者损害赔偿金超过法定数额或者合理数额的违法行为。某市工商局责令某市自来水公司立即改正违法行为，并对该公司处以罚款。

讲评：根据我国《合同法》的相关规定，格式条款中如有提供格式条款一方免除其责任、加重对方责任、排除对方主要权利的情况，该条款无效。

3. 合同的内容

合同的内容，就是合同当事人的权利与义务，具体体现为合同的各项条款。根据《合同法》规定，在不违反法律强制性规定的情况下，合同条款可以由当事人自由约定，但一般包括以下条款。

（1）当事人的名称或者姓名和住所

名称是指法人或者其他组织在登记机关登记的正式称谓；姓名是指公民在身份证或者户籍登记表上的正式称谓。住所对于个人而言，是指其长久居住的场所，对于法人和其他组织，是指其主要办事机构所在地。当事人是合同权利义务的承受人，明确当事人的名称或者名称住所的意义在于明确合同权利义务的承受人，一旦发生合同纠纷能确定诉讼管辖。当事人的名称或者姓名应当和住所相结合，只有这样才能将当事人特定化和固定化。在记录时，应该注意规范。

（2）标的

标的是合同权利义务指向的对象，也就是合同权利义务指向的对象。标的可以是物，如买卖合同；可以是行为，如承包合同、委托合同；也可以是知识产权。合同标的应该具有唯一性和准确性，买卖合同应详细约定规格、型号、商标、产地、等级等内容；服务合同应约定详细的服务内容及要求；对合同标的无法以文字描述的应将图纸作为合同的附件。

（3）质量和数量

标的质量和数量是确定合同标的的具体条件。标的质量需订得详细具体，有国家标准、部门行业标准或企业标准的，应约定所采用标准的代号。对于标的数量，首先应选择双方共同接受的计量单位，其次要确定双方认可的计量方法，再次应允许规定合理的磅差和尾差。

（4）价款或酬金

价款或酬金是有偿合同的条款。价款是取得标的物所支付的代价，酬金是获得服务所应支付的代价。价款通常指标的物本身的价款，但因商业上的大宗买卖一般是异地交货，便产生了运费、保险费、装卸费、保管费、报关费等一系列额外费用。它们由哪一方支付，什么时间支付，以什么方式支付等需在价款条款中写明。

（5）履行的期限

履行期限是指合同中规定的当事人履行自己的义务如交付标的物、价款或者报酬，履行劳务、完成工作的时间界限。履行期限直接关系到合同义务完成的时间，涉及当事人的期限利益，也是确定合同是否按时履行或者迟延履行的客观依据。履行期限可以是即时履行的，也可以是定时履行的；可以是在一定期限内履行的，也可以是分期履行的。不同的合同，其履行期限的具体含义不同。

（6）履行地点和方式

履行地点是指当事人履行合同义务和对方当事人接受履行的地点。不同的合同，履行地点有不同的特点。如买卖合同中，买方提货的，在提货地履行；卖方送货的，在买方收货地履行。在工程建设合同中，在建设项目所在地履行。运输合同中，从起运地运输到目的地为履行地点。履行地点有时是确定运费由谁负担、风险由谁承担以及所有权是否转移、何时转移的依据。履行地点也是在发生纠纷后确定由哪一地法院管辖的依据。

（7）违约责任

违约责任是指当事人一方或者双方不履行合同或者不适当履行合同，依照法律的规定或者按照当事人的约定应当承担的法律责任。违约责任是促使当事人履行合同义务，使对方免受或少受损失的法律措施，也是保证合同履行的主要条款。违约责任在合同中非常重要，合同条款中应当予以明确。

（8）解决争议的方法

解决争议的方法指合同争议的解决途径。解决争议的途径主要有：一是双方通过协商和解决，二是由第三人进行调解，三是通过仲裁解决，四是通过诉讼解决。通过诉讼解决争议是不用进行约定的，通过其他途径解决都要事先或者事后约定。

四、缔约过失责任

缔约过失责任是指在订立合同过程中，一方或双方当事人违反了诚实信用原则而负有的先合同义务，导致合同不成立，或合同虽然成立，但因不符合法定的生效条件而被确认无效或被撤销，给对方当事人造成信赖利益的损失时所应当承担的民事赔偿责任。根据我国《合同法》对缔约过失责任的适用范围做了规定，它包括：

1. 假借订立合同，恶意进行磋商

恶意磋商是指一方没有订立合同的诚意，假借订立合同与对方磋商而导致另一方遭受损失的行为。如甲企业知悉自己竞争对手在收买乙企业，为了与对手竞争，遂与乙企业谈判购买事宜，在谈判中故意拖延时间，使竞争对手失去收购机会，之后即宣布谈判终止，致使乙企业遭受重大损害。

2. 故意隐瞒与订立合同有关的重要事实或者提供虚假情况

故意隐瞒重要事实或者提供虚假情况，是指对涉及合同成立与否的事实予以隐瞒或者提供与事实不符的情况而引诱对方订立合同的行为。如代理人隐瞒无权代理这一事实而与相对人进行磋商；故意隐瞒标的物的瑕疵等等。

3. 有其他违背诚实信用原则的行为

其他违背诚实信用的行为主要是指违反合同义务的行为，如未尽通知、协助等义务，增加了相对方的缔约成本而造成损失；未尽告知义务；未尽照顾、保护义务，造成对方当事人人身、财产的损害等。

负有缔约过失责任的当事人，应当赔偿受损害的当事人。赔偿应当以受损害的当事人的损失为限。这个损失包括直接利益的减少，如谈判中发生的费用，还应当包括受损害的当事人因此失去的与第三人订立合同的机会的损失。

【案例讲评】未签合同给对方造成损失应承担缔约过失责任

5月，浙江省某集团公司对刚建造的华文大厦裙楼承包经营权举行招标。杭州某餐饮有限公司以200万元承包费投标额中标。6月8日，双方正式签订了承包经营合同，双方邀请律师在场见证。由于签约单位名称与中标的某有限公司不符，集团公司负责人要求延期签字盖章，待董事会讨论再决定。同年8月，集团公司决定再次召开承包经营权招标会，宁波另一家餐饮管理公司以188万元中标。集团公司当即通知该餐饮管理公司十天后正式签订书面合同，并交纳首期承包费100万元。中标次日，该管理公司为了按时交纳承包费，向自己托管经营的一酒店公司借款100万元，并约定借款年利率为12%。中标后第十天，原告持100万商业汇票到被告单位准备签订书面合同并交纳承包款。被告拒绝接收该款，并告知原告，被告已于两天前与原中标的餐饮有限公司正式签约。双方经过交涉达不成一致意见。原告认为，被告的毁标行为不仅导致原告的经济损失，而且侮辱原告的人格，被告应承担原告借款利息12万元、投标和订约直接损失1万元，同时承担原告的精神损失5万元。被告则认为，合同尚未订立，虽然有道德上的责任，但并不需要承担经济赔偿责任。

讲评：根据《合同法》相关条款，当事人在订立合同过程中有下列情形之一，给对方造成损失的，应当承担损害赔偿责任：假借订立合同，恶意进行磋商；故意隐瞒与订立合同有关的重要事实或者提供虚假情况；有其他违背诚实信用原则的行为。法院认定被告的行为构成缔约过失，判决被告承担原告投标、定约的损失4500元。

习题讲评

1. 合同的订立必须要经过（　　）两个法定阶段。

A. 要约和承诺　　B. 意思和表示　　C. 起草和抄写　　D. 协商和谈判

【参考答案】A。订立合同的具体方式各不相同，有的通过口头或者书面往来协商谈判，有的是采取拍卖、投标等方式，但不管采取什么具体方式，都必须经过两个步骤，就是要约和承诺，这是订立合同的基本规则。

2. 建筑工程招投标中（　　）属于要约。

A. 招标公告　　B. 投标文件　　C. 中标通知书　　D. 招标文件

【参考答案】B。《合同法》规定，要约是希望和他人订立合同的意思表示。在招投标活动中，投标文件是投标人希望和招标人订立合同的书面意思表示。

3. 某承包商向某建材供应商发出了购买钢材的要约，后又发出通知撤销该要约，双方便因为要约的撤销问题发生分歧。下列选项中属于可以撤销要约的情形是（　　）。

A. 承包商在要约中确定了承诺期限

B. 不损害材料供应商合理利益

C. 建材供应商收到通知时承诺已经发出

D. 承包商在要约中明确表示要约不可撤销

【参考答案】B。要约在满足条件和时效的前提下，是可以被撤销的。题中 ABC 三项均属于不可撤销的情况。

4. 某承包商于某年 3 月 4 日向某建筑设备租赁公司发出租赁要约，该租赁公司于 3 月 8 日发出承诺，承包商于 3 月 10 日收到承诺，3 月 12 日双方签订合同。则承诺的生效时间是（　　）。

A. 3 月 4 日　　B. 3 月 8 日　　C. 3 月 10 日　　D. 3 月 12 日

【参考答案】C。承诺生效奉行到达原则。3 月 10 日承诺到达即生效。

5. 采取格式条款订立合同的，若格式条款和非格式条款不一致的，应当采用（　　）。

A. 诚实信用原则　　B. 格式条款

C. 法律法规规定　　D. 非格式条款

【参考答案】D。根据《合同法》关于格式条款的规定，格式条款和非格式条款不一致的，应当采用非格式条款。

【案例讨论】撤销要约后，合同是否成立

建筑商 A 公司于某年 7 月底与某特钢生产厂家 B 公司联系，要求 B 公司报 8 万吨钢缆的价格，并明确告知，此次报价是为了计算向某项工程的投标，投标 9 月 1 日起开始进行，9 月 8 日就可以知道是否中标。7 月 10 日钢材生产商 B 公司向建筑商 A 公司发出正式要约，要约中对成交方式、装船日期、支付方式等内容作了完整的要求，但要约中既没有规定承诺期限，也没有注明要约是不可撤销的。同年 8 月中旬起，市场上钢产品价格猛涨，在此种情况下，B 公司于 9 月 2 日给建筑商发出传真，提出撤

销8月10日要约。同年9月8日建筑商A得知自己已中标的消息，立即向B公司发出传真，对8月10日的要约表示接受。B公司传真给A公司，称于9月2日撤销了要约，因此合同不成立。双方就合同是否成立产生了分歧。

讨论： 该合同是否成立？

第三节　合同的效力

未按法律规定办理相关手续的合同不具备法律效力

某年9月12日，张某与毛某经协商签订矿山转让合同1份，约定张某将自己开采经营的金山石英矿以41万元的价格转让给毛某。但双方未到矿产管理部门办理矿山转让批准手续。合同签订后，张某诉至法院，称毛某未按合同约定支付矿山转让费，要求终止矿山转让合同，并让毛某赔偿因违约给其造成的经济损失2万元。毛某辩称，其并未违约，之所以未完全付清矿山转让费，是因为张某未将《采矿许可证》等证件交付给他，影响了其生产经营，张某应当按照合同约定履行合同。

在本案审理过程中，法院认为当事人未依法经矿产管理部门的批准私自转让采矿权，违反了我国矿产资源法，所签订的矿山转让合同应认定为无效，根据无效合同的违法性，法院行使国家干预权，判决张某与毛某所签订的矿山转让合同无效，并没收双方当事人的违法所得，并对当事人的原诉讼请求予以驳回。

案例分析： 无效合同就是不具有法律约束力和不发生履行效力的合同。一般来说，合同一旦依法成立，就具有法律约束力。但是无效合同却由于违反法律、行政法规的强制性规定或者损害国家、社会公共利益，即使其成立，也不具有法律约束力。这就是说，无效合同具有违法性，且自始无效。对此类合同应当实行国家干预，使其不发生效力，而不管当事人是否主张合同的效力。已经履行的，应当通过返还财产、赔偿损失等方式使当事人的财产恢复到合同订立前的状态；对于因合同无效取得的非法利益，应当依法没收。

合同的效力是指法律赋予依法成立的合同具有约束当事人乃至第三人的强制力。合同效力是法律赋予依法成立的合同所产生的约束力。成立后的合同是否具备法律上的约束力，要看合同是否具备生效的条件。合同的效力可分为四大类，即有效合同，无效合同，可变更、可撤销合同和效力待定合同。

一、有效合同

1. 合同成立

合同成立是指当事人完成了签订合同的过程，并对合同的内容双方协商达成一致。一般来讲，合同成立需要具备三个要件：首先，存在订约当事人；其次，双方对于合同的主要条款达成一致；最后，需要通过要约承诺两个阶段。需要注意的是，合同成立不同于合同生效，在未取得有效要件或者未到双方约定的生效要件之前，合同尚未生效，不具备法律约束力。

合同成立需要注意两个方面即合同成立的时间和合同成立的地点。

（1）合同成立的时间

以直接对话方式做出承诺，应以收到承诺通知的时间为承诺生效时间，如果承诺不需要通知的，则受要约人可根据交易习惯或者要约的要求以行为的方式做出承诺，一旦实施承诺的行为，则应视为承诺的生效时间。如果合同必须以书面形式订立，则应以双方在合同书上签字或盖章的时候，才为承诺生效时间。如果合同必须经批准或登记才能成立，则应以批准或登记的时间为承诺生效的时间。需要签订确认书的情形。通常情况下，承诺到达要约人时合同即告成立，但有时，当事人在磋商中会提出以一方或双方签订最终的确认书合同才能正式成立合同。《合同法》规定："当事人采用信件、数据电文等形式订立合同的，可以在合同成立之前要求签订确认书。签订确认书时合同成立。"

受要约人在承诺期限内发出了承诺，但因其他原因导致承诺到达迟延。根据《合同法》规定："受要约人在承诺期限内发出承诺，按照通常情形能够及时到达要约人，但因其他原因承诺到达要约人时超过承诺期限的，除要约人及时通知受要约人因承诺超过期限不接受该承诺的以外，该承诺有效。"

（2）合同成立的地点

从原则上说，承诺生效的地点就是合同成立的地点，但也要根据合同为不要式或要式而有所区别。不要式合同应以承诺发生效力的地点为合同成立地点，而要式合同则应以完成法定或约定形式的地点为合同成立地点。根据我国《合同法》规定，当事人采用合同书形式订立合同的，双方当事人签字或者盖章的地点为合同成立的地点。而采用数据电文形式订立合同的，收件人的主营业地为合同成立的地点；没有主营业地的，其经常居住地为合同成立的地点。当事人另有约定的，按照其约定。

2. 合同生效

合同生效是指已经依法成立的合同在当事人之间产生一定的法律约束力，亦即法律效力。合同生效意味着双方当事人享有合同中约定的权利和承担合同中约定的应当履行的义务；任何一方不得擅自变更和解除合同；一旦当事人一方不履行合同规定的义务，另一方当事人可寻求法律保护；合同生效后，对合同当事人之外的第三人也具有法律约束力。

合同成立是合同生效的前提条件，依法成立的合同，自成立时生效。根据我国《合同法》，合同生效应当符合下列条件。

（1）订立合同的当事人必须具有相应的民事权利能力和民事行为能力

民事行为能力是指民事主体以自己的行为设定民事权利或者义务的能力。合同作为民事法律行为，只有具备相应民事行为能力的人才有资格订立。

（2）意思表达真实

意思表示真实是指表意人即意思表示的行为人的表示行为应当真实反映其内心的效果意思，即当事人的内在意志和外在意思一致即为真实。

（3）不违反法律、行政法规的强制性规定，不损害社会公共利益

对于内容合法的意思表示，法律赋予法律上的约束力；不合法的合同显然不能受到法律的保护。纵使合同的生效的其他要件都具备，但因合同的目的或内容违反了法律或社会公共利益，也会使合同归于无效。

（4）合同必须具备法律所要求的形式

这属于合同生效的特别要件。《合同法》规定：“法律、行政法规规定应当办理批准、登记等手续生效的，依照其规定。”例如，我国的建设工程合同必须经过有关部门的特定招投标与依法报建备案审批后，才具有法律效力。

二、无效合同

所谓无效合同就是不具有法律约束力和不发生履行效力的合同。一般合同一旦依法成立，就具有法律拘束力，但是无效合同却由于违反法律、行政法规的强制性规定或者损害国家、社会公共利益，即使其成立，也不具有法律拘束力。无效合同一般具有以下特征：首先，无效合同具有违法性。一般来说《合同法》所规定的无效合同都具违法性，它们大都违反了法律和行政法规的强制性规定和损害了国家利益、社会公共利益。其次，无效合同是自始无效的。所谓自始无效，就是合同从订立时起，就没有法律约束力，所以即使不履行这种合同也需承担违约责任。对于已经履行的，应当通过返还财产、赔偿损失等方式使当事人的财产恢复到合同订立前的状态。

根据我国《合同法》，有以下情况之一，合同无效。

1. 一方以欺诈、胁迫的手段订立合同，损害国家利益

所谓欺诈，就是故意隐瞒真实情况或者故意告知对方虚假的情况，欺骗对方，诱使对方做出错误的意思表示而与之订立合同。

所谓胁迫，是指行为人以将要发生的损害或者以直接实施损害相威胁，使对方当事人产生恐惧而与之订立合同。

以欺诈、胁迫的手段订立的合同，分为两种：一种为可变更可撤销合同，另一种为无效合同。损害国家利益，则为无效合同。

2. 恶意串通，损害国家、集体或者第三人利益的合同

所谓恶意串通的合同，就是合同的双方当事人非法勾结，为牟取私利，而共同订立

的损害国家、集体或者第三人利益的合同。这种合同具有极大的破坏性，损害了国家、集体或者第三人的利益，为了维护国家、集体或者第三人的利益，维护正常的合同交易，合同法规定，将此类合同纳入了无效合同之中。

【案例讲评】“黑白合同”起纷争

甲乙订立合同，将甲所有的平房两间出售给乙，价款为 58 万元。为了少缴税费等原因，双方协商一致：在签订由房地产交易管理部门印制的《房屋买卖契约》时，将上述房屋的买卖价格定为 30 万元。随后，双方另外签订一份《房屋买卖契约》，明确两间平房的买卖价格为 58 万元，乙应向甲预付购房款 30 万元，甲收到预付款后 2 日内向乙交付房屋钥匙，其余 28 万元房款在一年内付清。该契约还载明：交至房地产交易主管部门，房价为 30 万元的买卖契约只是为了应付办理房屋产权过户之用，不作为双方买卖房屋的正式契约，无任何法律效力。乙在付清预付款后，拿到了房间钥匙，余款经数次给付后，尚有 15 万元没有付清。甲多次催讨不得，遂诉至法院，要求乙付清余款。乙则主张，双方之间存在的价格为 58 万元的房屋买卖合同因未获得房产部门的批准，为无效合同。甲多收的 13 万元款项为不当得利，要求甲如数返还。

讲评：根据我国《合同法》，恶意串通，损害国家、集体或者第三人利益的合同，为无效合同。所以，甲乙第一份合同无效。甲乙应按照第二份房屋买卖合同履行自己的义务。乙应补齐 15 万元的房款，甲乙并须到房地产交易主管部门按照有效合同补缴税费。甲乙双方第二份合同为双方当事人的真实意思表示，应认为该合同为有效合同。乙应按照该合同履行自己的义务。但甲乙双方因存在少交税费的问题，应依照法律规定到房地产交易管理部门补缴税费。

3. 以合法形式掩盖非法目的而订立合同

这种合同中，行为人为达到非法目的以迂回的方法避开了法律或者行政法规的强制性规定，又称为伪装合同。例如，当事人通过虚假的买卖行为达到隐匿财产、逃避债务的目的就是一种比较典型的以合法形式掩盖非法目的合同。由于这种合同被掩盖的目的违反法律、行政法规的强制性规定，并且会造成国家、集体或者第三人利益的损害，所以此类合同也纳入了无效合同。

4. 损害社会公共利益的合同

公序良俗或者公共秩序对于维护国家、社会一般利益及社会道德具有极其重要的作用。损害社会公共利益的合同实质上是违反了社会主义的公共道德。破坏了社会经济秩序和生活秩序。例如，与他人签订合同出租赌博场所。因此在《合同法》中，将损害社会公共利益的合同纳入无效合同。

5. 违反法律、行政法规的强制性规定的合同

法律、行政法规包含强制性规定和任意性规定。强制性规定排除了合同当事人的意

思自由，即当事人在合同中不得合意排除法律、行政法规强制性规定的适用，如果当事人约定排除了强制性规定，则构成本项规定的情形。

6. 合同部分无效

需要注意的是，有些合同中只有部分条款无效，法律上叫作“部分无效”，合同部分无效的，不影响其他部分的效力，其他部分仍然有效，有效的部分还受到法律保护。常见的合同部分无效的情况在于合同免责条款无效。

合同法规定了以下两种免责条款无效：第一，造成对方人身伤害的条款无效；第二，因故意或者重大过失给对方造成财产损失的免责条款无效。

三、可变更、可撤销合同

可变更、可撤销合同，是指当事人订立的合同欠缺生效条件时，一方当事人可以依照自己的意愿，请求人民法院或者仲裁机构做出裁判，从而使合同的内容变更或者使合同的效力归于消灭的合同。这一类合同必须由拥有撤销权的当事人主动行使撤销权，请求对合同进行撤销或者变更。在未被撤销或者变更之前，合同是具备法律效力的。

根据《合同法》，规定了几种属于可撤销、可变更的合同。

1. 因重大误解而订立的合同

所谓重大误解，是指误解者做出意思表示时，对涉及合同法律效果的重要事项存在着认识上的显著缺陷，其后果是使误解者的利益受到较大的损失，或者达不到误解者订立合同的目的。

2. 在订立合同时显失公平的

所谓显失公平的合同，就是一方当事人在紧迫或者缺乏经验的情况下订立的使当事人之间享有的权利和承担的义务严重不对等的合同。标的物的价值和价款过于悬殊、承担责任、风险承担显然不合理的合同，都可称为显失公平的合同。

3. 一方以欺诈、胁迫的手段或者乘人之危，使对方在违背对方真实意思的情况下订立的合同

《合同法》已规定因欺诈、胁迫订立的合同无效的问题，可撤销合同与无效合同的最大区别在于，是否损害了国家利益。损害国家利益的，涉及社会公共秩序，一般规定为无效。如果未损害国家利益，受欺诈、胁迫的一方可以自主决定该合同有效或者撤销。

在可撤销合同中，具有撤销权的当事人有权撤销合同，但是当事人的这种撤销权并非是没有任何限制的，也就是说，撤销权人必须在规定的期间内行使撤销权。根据《合同法》规定，有下列情形之一的，撤销权消灭。

1）具有撤销权的当事人自知道或者应当知道撤销事由之日起一年内没有行使撤销权。

2）具有撤销权的当事人知道撤销事由后明确表示或者以自己的行为放弃撤销权。

撤销权是具有撤销权的当事人的一种权利，因此当事人可以行使撤销权，也可以放弃撤销权。

《民法总则》对于撤销权的行使，做出了更加精细化的规定。有下列情形之一的，撤销权消灭：

1）当事人自知道或者应当知道撤销事由之日起 1 年内、重大误解的当事人自知道或者应当知道撤销事由之日起 3 个月内没有行使撤销权。

2）当事人受胁迫，自胁迫行为终止之日起 1 年内没有行使撤销权。

3）当事人知道撤销事由后明确表示或者以自己的行为表明放弃撤销权。

当事人自民事法律行为发生之日起 5 年内没有行使撤销权的，撤销权消灭。

合同无效、被撤销或者终止的，不影响合同中独立存在的有关解决争议方法的条款的效力。合同无效或者被撤销后，因该合同取得的财产，应当予以返还；不能返还或者没有必要返还的，应当折价补偿。有过错的一方应当赔偿对方因此所受到的损失，双方都有过错的，应当各自承担相应的责任。当事人恶意串通，损害国家、集体或者第三人利益的，因此取得的财产收归国家所有或者返还集体、第三人。

四、效力待定合同

所谓效力待定合同，是指合同成立以后，因存在不足以认定合同无效的瑕疵，致使合同不能产生法律效力，在一段合理的时间内合同效力暂不确定，由有追认权的当事人进行补正或有撤销权的当事人进行撤销，再视具体情况确定合同是否有效。处于此阶段中的合同，为效力待定的合同。

《合同法》将效力待定合同规定为三类：一是限制民事行为能力人订立的合同；二是无权代理人以本人名义订立的合同；三是无处分权人处分他人财产而订立的合同。

1. 限制民事行为能力人订立的合同

限制民事行为能力人缺乏完全的缔约能力，因此限制民事行为能力人签订的合同要具有效力，一个最重要的条件就是要经过其法定代理人的追认。在没有经过追认前，该合同虽然成立，但是并没有实际生效。

2. 无权代理人以本人名义订立的合同

无权代理的合同就是无代理权的人代理他人从事民事行为，而与相对人签订的合同。无权代理而签订的合同有以下三种情形：

1）根本没有代理权而签订的合同。

2）超越代理权而签订的合同。

3）代理关系中止后签订的合同。

《合同法》规定："行为人没有代理权、超越代理权或者代理权中止后，以被代理人名义订立的合同，未经被代理人追认，对被代理人不发生效力，由行为人承担责任。相对人可以催告被代理人在一个月内予以追认。被代理人未作表示的，视为拒绝追认。合同被追认前，善意相对人有撤销的权利。撤销应当以通知的方式作出。”

3. 无处分权人处分他人财产而订立的合同

无权处分是指无处分权人以自己名义擅自处分他人财产。无权处分行为是否发生效力，取决于权利人追认或处分人是否取得处分权。在权利人追认前，因无权处分而订立的合同处于效力待定状态，在得到追认以前，买受人可以撤销该合同；在追认以后，则合同将从订立合同时起就产生法律效力，任何一方当事人都可以请求对方履行合同义务。

【案例讲评】无权代理的效力问题

甲公司的经营范围为建材销售，一次，其业务员张某外出到乙公司采购一批装饰用的花岗岩时，发现乙公司恰好有一批铝材要出售，张某见价格合适，就与乙公司协商：虽然此次并没有得到购买铝材的授权，但相信公司也很需要这批材料，愿与乙公司先签订买卖合同，等回公司后再确认。乙公司表示同意。双方签订了铝材买卖合同。张某回公司后未及将此事报告公司，又被派出签订另外的合同。乙公司等候两天后，发现没有回复，遂特快信函催告甲公司于收到信函后5日内追认并履行该合同。该信函由于邮局传递的原因未能如期到达。第八日，甲公司收到该信函，因此时铝材因市场原因价格上涨，遂马上电告乙公司，表示追认该买卖合同。乙公司却告知，这批铝材已经于第六日出卖给了丙公司，并已经交货付款完毕。由于甲公司过期不予追认该合同，该合同已经失效。甲公司则认为，邮局传递迟延的责任应由乙公司承担，因此，合同因追认而生效。双方遂发生争议。

讲评：依《合同法》相关规定，行为人没有代理权、超越代理权或者代理权终止以后，以被代理人名义订立的合同，未经被代理人追认，对被代理人不发生效力，由行为人承担责任。相对人可以催告被代理人在一个月内予以追认，被代理人未作表示的，视为拒绝追认。本案中，张某并无购买铝材的代理权，却代理甲公司签订购买铝材的合同，属于越权代理，该合同应经过被代理人甲公司的追认，才对甲公司发生效力。甲公司只要在乙公司确认的追认期限内予以追认，该追认即为有效追认。合同即为有效。

五、附条件和附期限合同

除此之外，根据我国《合同法》相关规定，当事人对合同的效力可以约定附条件。附生效条件的合同，自条件成就时生效。附解除条件的合同，自条件成就时失效。当事人为自己的利益不正当地阻止条件成就的，视为条件已成就；不正当地促成条件成就的，视为条件不成就。

附期限合同是指附有将来确定到来的期限作为合同的条款，并在该期限到来时合同的效力发生或者终止的合同。附期限合同中的附期限可分为生效期限和终止期限。生效期限又可称为始期，是指以其到来使合同发生效力的期限。该期限的作用是延缓合同效力的发生，其作用与附条件合同中的生效条件相当。合同在该期限到来之前，其效力处于停止状态，待期限到来时，合同的效力才发生。终止期限是指以其到来使合同效力消灭的期限。附终止期限合同中的终止期限与附条件合同中的附解除条件的作用相当，故其又称为解除期限。附生效期限的合同，自期限届至时生效。附终止期限的合同，自期限届满时失效。

习题讲评

1. 某甲的儿子患重病住院，急需用钱又借贷无门，某乙趁机表示愿意借给 20000 元，但半年后须加倍偿还，否则以甲的房子代偿，甲表示同意。根据《合同法》规定，甲、乙之间的借款合同（　　）。

A. 因显失公平而无效　　B. 因显失公平而可撤销

C. 因乘人之危而无效　　D. 因乘人之危而可撤销

【参考答案】D。根据《合同法》规定，一方以欺诈、胁迫的手段或者乘人之危，使对方在违背真实意思的情况下订立的合同，受损害方有权请求人民法院或者仲裁机构变更或者撤销。

2. 甲将其电脑借给乙使用，乙却将该电脑卖给丙。依据我国《合同法》的规定，下列关于乙丙之间买卖电脑的合同效力的表述正确的是（　　）。

A. 无效　　B. 有效

C. 效力待定　　D. 可变更或撤销

【参考答案】C。根据《合同法》规定，无处分权的人处分他人财产，经权利人追认或者无处分权的人订立合同后取得处分权的，该合同有效。

3. 甲收藏唐伯虎名画一幅，价值约 100 万元，因做生意失败欠外债 60 万元。一日，甲将唐伯虎的画作价 10 万元卖给从香港回来的表弟乙，则下列表述正确的是（　　）。

A. 若乙不知甲欠巨额外债，则甲的债权人只能行使代位权

B. 只有在乙明知此买卖有害于债权人的债权的情况下，债权人才可行使代位权

C. 不管乙是否知道此买卖有害于债权人的债权，债权人均可行使撤销权

D. 若乙明知此买卖有害于债权人的债权，则债权人可行使撤销权

【参考答案】D。根据《合同法》相关规定，债务人以明显不合理的低价转让财产，对债权人造成损害，并且受让人知道该情形的，债权人也可以请求人民法院撤销债务人的行为。

4. 某电器商行明知电冰箱质量有问题，但在销售时故意不加说明，顾客购买了质量有问题的电冰箱，该合同属于（　　）。

A. 受欺诈的合同

B. 显失公平的合同

C. 行为人对行为内容有重大误解的合同

D. 乘人之危的合同

【参考答案】A。电器行故意隐瞒冰箱质量问题，属于欺诈行为，因此合同属于受欺诈的合同。

5. 某企业在其格式劳动合同中约定：员工在雇佣工作期间的伤残、患病、死亡，企业概不负责。如果员工已在该合同上签字，该合同条款（　　）。

A. 无效

B. 是当事人真实意思的表示，对当事人双方有效

C. 不一定有效

D. 只对一方当事人有效

【参考答案】A。根据《合同法》相关规定，格式条款一方免除其责任、加重对方责任、排除对方主要权利的，该条款无效。

【案例讨论】贱卖花瓶后能否反悔

某山区农民赵某家中有一花瓶，系赵某的祖父留下。李某通过他人得知赵某家有一清朝花瓶，遂上门索购。赵某不知该花瓶真实价值，李某用1万5千元买下。随后，李某将该花瓶送至某拍卖行进行拍卖，卖得价款11万元。赵某在一个月后得知此事，认为李某欺骗了自己，通过许多渠道找到李某，要求李某退回花瓶。李某以买卖花瓶是双方自愿的，不存在欺骗，拒绝赵某的请求。经人指点，赵某到李某所在地人民法院提起诉讼，请求撤销合同，并请求李某返还该花瓶。

讨论：

1）赵某的诉讼请求有无法律依据？为什么？

2）法院应如何处理？

第四节　合同的履行

案例导入

分包合同的法律效力

某大型综合体育馆工程，发包方（简称甲方）通过邀请招标的方式确定本工程由承包商乙中标，双方签订了工程总承包合同。在征得甲方书面同意的情况下，承包商乙将桩基础工程分包给具有相应资质的专业分包商丙，并签订了专业分包合同。在桩基础施工期间，由于分包商丙自身管理不善，造成甲方现场周围的建筑物受损，给甲方造成了一定的经济损失，甲方就此事件向承包商乙提出了索赔要求。另外，考虑到体育馆主体工程施工难度高，自身技术力量和经验不足等情况，在甲方不知情的情况下，承包商乙又与另一家具有施工总承包一级资质的某知名承包商丁签订了主体工程分包合同，合同约定承包商丁以承包商乙的名义进行施工，双方按约定的方式进行结

算。承包商乙与分包商丙签订的桩基础工程分包合同是否有效？承包商乙和分包商丁的主体工程分包合同是否有效？

案例分析：承包商乙与分包商丙签订的桩基础工程分包合同是有效的。根据有关规定，在征得建设单位书面同意的情况下，施工总承包企业可以将非主体工程或者劳务作业依法分包给具有相应专业承包资质或者劳务分包资质的其他建筑业企业。承包商乙将主体工程分包给承包商丁在法律上属于违法分包行为。根据《建设工程质量管理条例》的规定，施工总承包单位将建设工程主体结构的施工分包给其他单位的，属违法分包。

合同履行是指合同当事人双方依据合同条款的规定，实现各自的权利，并承担各自应负有的义务。合同的履行，从本质上说，是合同当事人对生效合同所约定的权利义务的全面的，适当的完成的过程。

一、合同履行的原则

合同履行的原则是指法律规定的所有种类合同的当事人在履行合同的整个过程中所必须遵循的一般准则。根据中国合同立法及司法实践，合同的履行除应遵守平等、公平、诚实信用等民法基本原则外，还应遵循以下合同履行的特有原则，即适当履行原则、协作履行原则、经济合理原则和情势变更原则。

1. 适当履行

适当履行原则是指当事人应依合同约定的标的、质量、数量，由适当主体在适当的期限、地点，以适当的方式，全面完成合同义务的原则。这一原则要求：第一，履行主体适当。即当事人必须亲自履行合同义务或接受履行，不得擅自转让合同义务或合同权利让其他人代为履行或接受履行。第二，履行标的物及其数量和质量适当。即当事人必须按合同约定的标的物履行义务，而且还应依合同约定的数量和质量来给付标的物。第三，履行期限适当。即当事人必须依照合同约定的时间来履行合同，债务人不得迟延履行，债权人不得迟延受领；如果合同未约定履行时间，则双方当事人可随时提出或要求履行，但必须给对方必要的准备时间。第四，履行地点适当。即当事人必须严格依照合同约定的地点来履行合同。第五，履行方式适当。履行方式包括标的物的履行方式以及价款或酬金的履行方式，当事人必须严格依照合同约定的方式履行合同。

2. 协作履行

协作履行原则是指在合同履行过程中，双方当事人应互助合作共同完成合同义务的原则。合同是双方民事法律行为，不仅仅是债务人一方的事情，债务人实施给付，需要债权人积极配合受领给付，才能达到合同目的。由于在合同履行的过程中，债务人比债权人更多地应受诚实信用、适当履行等原则的约束，协作履行往往是对债权人的要求。协作履行原则也是诚实信用原则在合同履行方面的具体体现。协作履行原则具有以下几个方面的要求：第一，债务人履行合同债务时，债权人应适当受领给付。第二，债务人履行合同债务时，债权人应创造必要条件、提供方便。第三，债务人因故不能履行或不能完全履行合同义务时，债权人应积极采取措施防止损失扩大，否则，应就扩大的损失自负其责。

3. 经济合理

经济合理原则是指在合同履行过程中，应讲求经济效益，以最少的成本取得最佳的合同效益。在市场经济社会中，交易主体都是理性地追求自身利益最大化的主体，因此，如何以最少的履约成本完成交易过程，一直都是合同当事人所追求的目标。由此，交易主体在合同履行的过程中应遵守经济合理原则是必然的要求。

4. 情势变更

所谓情势变更，合同有效成立以后，若非因双方当事人的原因而构成合同基础的情势发生重大变更，致使继续履行合同将导致显失公平，则当事人可以请求变更和解除合同。情势变更原则实质上是诚实信用原则在合同履行中的具体运用，其目的在于消除合同因情势变更所产生的不公平后果。

二、合同履行中的条款适用

1. 合同履行中空缺条款的适用

合同生效后，当事人就质量、价款或者报酬、履行地点等内容没有约定或者约定不明确的，可以协议补充；不能达成补充协议的，按照合同有关条款或者交易习惯确定。合同的标的、数量是合同的必备条款，需由当事人明确约定。当事人没有约定，或者约定不明确的，合同内容无法确定，合同不成立。当事人约定了合同的标的、数量，不影响合同成立。对质量、价款、履行地点、履行方式、履行期限、履行费用未做出约定，或者约定不明确，当事人可以协议补充确定。不能达成补充协议的，可以通过合同的有关条款或者交易习惯确定。

当事人在合同中对质量、价款、履行地点、履行方式、履行期限、履行费用未约定，或者约定不明确，既不能通过协商达成补充协议，又不能按照合同的有关条款或者交易习惯确定，可以适用下列规定：

1）质量标准不明确的，有国家标准、行业标准的，按照国家标准、行业标准履行。没有国家标准、行业标准的，按照同类产品或者同类服务的市场通常质量标准或者符合合同目的特定标准履行。这里讲的通常标准，指的是同一价格的中等质量标准。

2）价款不明确的，除依法必须执行政府定价、政府指导价的以外，按照同类产品、同类服务订立合同时履行地的市场价格履行。

3）履行地点不明确的，如果是给付货币，在接受给付一方的所在地履行。交付不动产的，在不动产所在地履行。其他标的在履行义务一方的所在地履行。

4）履行期限不明确的，债务人可以随时向债权人履行义务，债权人也可以随时请求债务人履行义务。不能即时履行的，应当给对方必要的准备时间。

5）履行方式不明确的，按照标的物性质决定的方式或者有利于实现合同目的的方式履行。

6）履行费用的负担不明确的，由履行义务一方负担履行费用。执行政府定价或者政府指导价的，在合同约定的交付期限内政府价格调整时，按照交付时的价格计价。逾期交付标的物的，遇价格上涨时，按照原价格执行；价格下降时，按照新价格执行。逾期提取标的物或者逾期付款的，遇价格上涨时，按照新价格执行；价格下降时，按照原价格执行。

2. 履行过程中履行变更的条款适用

当事人约定由债务人向第三人履行债务的，债务人未向第三人履行债务或者履行债务不符合约定，应当向债权人承担违约责任。

当事人约定由第三人向债权人履行债务的，第三人不履行债务或者履行债务不符合约定，债务人应当向债权人承担违约责任。

3. 提前履行和部分履行

债务人应当按照合同约定的期间履行债务。提前履行属合同的变更。债务人提前履行债务损害债权人利益的，债权人可以拒绝债务人的履行。债务人提前履行债务不损害债权人利益的，债权人应当接受债务人的履行。债务人提前履行债务给债权人增加负担的，费用由债务人承担。

债务人应当按照合同约定履行债务，仅部分履行，则构成违约。债务人先履行部分债务，再履行其余债务的，属合同的变更，由双方当事人协商确定。债务人部分履行债务损害债权人利益的，债权人可以拒绝受领。债务人部分履行债务不损害债权利益的，债权人应当受领。债务人部分履行给债权人增加负担的，费用由债务人承担。

4. 当事人变更的适用条款

债权人分立、合并或者变更住所没有通知债务人，致使履行债务发生困难的，债务人可以中止履行或者将标的物提存。

法人分立包括法人分立和分解。法人分立指法人分出一部分财产设立新法人，原法人不因分出财产而终止。法人分解是一个法人分成几个法人，原法人解体。法人合并包括法人合并和归并。法人合并是指几个法人合为一个法人，原法人均不存在。法人归并是指一个法人将其财产移交给另一个法人，被并入的法人终止。债权人分立、合并或者变更住所没有通知债务人，以致债务人履行债务困难的，债务人可以中止履行。债务履行是给付有体物的，债务人也可以将标的物提存。

合同生效后，当事人不得因姓名、名称的变更或者法定代表人、负责人、承办人的变动而不履行合同义务。合同生效后，当事人应当按照诚信原则全面履行合同义务，不能因自己的姓名或者名称、法定代表人等的变更而不履行合同义务，也不得因承办人等的变动不履行合同义务。

三、双务合同履行中的抗辩权

抗辩权是指在双务合同中，符合法定条件的前提下，一方当事人可以暂时拒绝对方当事人的履行要求的权利。履行抗辩权是债务人对债权人要求履行的权利。行为表现是拒绝履行合同义务，保留自己的给付。《合同法》中明确规定了当事人拥有三大抗辩权，即同时履行抗辩权，后履行抗辩权和不安抗辩权。

1. 同时履行抗辩权

同时履行抗辩权，是指在双务合同中应当同时履行的一方当事人有证据证明另一方当事人在同时履行的时间不能履行或者不能适当履行，到履行期时其享有不履行或者部分履行的权利。同时履行抗辩权可适用于以下情形。

1）一方当事人有证据证明对方当事人在同时履行的时间不能履行义务，到同时履行的时间该当事人享有不履行合同的权利。例如，卖方在同时履行的日期根本无法供货，买方在同时履行的日期有权不付款。

2）一方当事人有证据证明对方当事人在同时履行的时间只能部分履行，该当事人有权就其不能履行部分拒绝给付，只为相应给付。

2. 后履行抗辩权

后履行抗辩权是指在双务合同中应当先履行的一方当事人未履行或者不适当履行，到履行期限的对方当事人享有不履行、部分履行的权利。后履行抗辩权可适用于以下情形：

1）应当先履行的当事人不履行义务，已到履行期的应当后履行的对方当事人享有不履行合同的权利。例如出租方不交付租赁物，承租方有权不付租金。

2）应当先履行的当事人不适当履行合同造成根本违约，对方当事人享有不履行的权利。例如，供货方交付假冒商品、购买方有权不付货款。

3）应当先履行的当事人不适当履行构成部分履行，对方当事人有权就未履行部分拒绝给付，只对其相应给付。

3. 不安抗辩权

不安抗辩权又称先履行抗辩权，指双务合同成立后，应当先履行的当事人有证据证明对方不能履行义务，或者有不能履行合同义务的可能时，在对方没有履行或者提供担保之前，有权中止履行合同义务。

根据《合同法》应当先履行债务的当事人，有确切证据证明对方有下列情形之一的，可以中止履行：

1）经营状况严重恶化。

2）转移财产、抽逃资金，以逃避债务。

3）丧失商业信誉。

4）有丧失或者可能丧失履行债务能力的其他情形。

具备上述情形，不安抗辩权发生，应当先履行合同义务的当事人可以中止合同的履行。行使不安抗辩权，举证责任在先履行合同义务的当事人，其应当有证据证明对方不能履行合同或者有不能履行合同的可能性。当事人行使不安抗辩权后，应当立即通知对方当事人。不安抗辩权属延期抗辩权，当事人仅是中止合同的履行。倘若对方当事人提供了担保或者做了对待给付，不安抗辩权消灭，当事人应当履行合同。当事人没有确切证据中止履行的，应当承担违约责任。

【案例讲评】双务合同中如何抗辩

某建筑公司由于受建设单位拖欠施工款，经营严重恶化，濒临破产边缘，导致欠某供电公司电费达 60 余万元。若不及时采取措施，如公司破产倒闭，将给供电企业造成巨额经济损失。供电公司依据《电力法》《合同法》规定，通知该公司于 3 日内缴清电费，同时告知用电客户，由于其经营状况严重恶化，供电企业已符合《合同法》规定的行使不安抗辩权的法定条件，用电方必须为下期用电电费提供担保，否则将中止供电。建筑公司缴清了电费，却拒绝提供担保，供电公司按规定程序中止对该公司供电。该公司以供电公司停电属违约行为为由，向人民法院提起民事诉讼要求供电公司恢复供电，并赔偿停电导致的停工损失 15 万元。经审理，人民法院认为，建筑公司与被告供电公司在本案中系供用电合同关系，该法律关系属民事法律关系，供用电合同为异时履行的双务合同，供电企业有先供电、后收费的义务，但当用电方出现《合同法》所列的经营状况严重恶化，转移资产、抽逃资金以逃避债务，丧失商业信誉，有丧失或者可能丧失履行债务能力等项情形且供电方有确切的证据予以证明，供电方在履行了通知义务后，在用电方未恢复履行能力前，可以要求用电方提供电费担保，用电方拒绝提供担保的，可以中止供电。据此法院判令驳回原告的诉讼请求。

讲评：不安抗辩权适用于双方当事人在同一合同中互负债务，存在先后履行债务的问题；后履行债务的一方当事人履行能力明显降低，有不能履行债务的危险。即《合同法》相关规定的经营状况严重恶化、转移资产、抽逃资金以逃避债务，严重丧失商品信誉或有其他丧失或者可能丧失履行债务能力情形；后履行义务的一方未提供适当担保。如果后履行义务的一方当事人提供了适当的担保，则先履行义务的一方当事人的债权将受到保障，不会受到损害，所以合同将继续得以履行，不能行使不安抗辩权。

四、合同履行的保全与担保

1. 合同的保全

代位权和撤销权共为合同的保全。保全，又称责任财产的保全，指债权人行使代位权和撤销权，防止债务人的责任财产不当减少，以确保无特别担保的一般债权得以清偿。

代位权指债务人怠于行使权利，债权人为保全债权，以自己的名义向第三人行使债务人现有债权的权利。代位权发生的条件有四个：一是需债务人对第三人享有债权，倘若债务人没有对外的债权，就无所谓代位权。债务人对第三人的债权尚需是非专属于债务人本身的权利。二是需债务人怠于行使其债权，债务人应当收取债务，且能够收取，而不收取。债务人已经行使了权利，即使不尽如意，债权人也不能行使代位权。三是债务人怠于行使自己的债权，已害及债权人的债权。债务人怠于行使权利若不害及债权人的债权，则不发生代位权。四是需债务人已陷于迟延履行。债务人的债务未到履行期和履行期间未届满的，债权人不能行使代位权。债务履行期间已届满，债务人陷于迟延履行，债权人方可行使代位权。但债权人专为保存债务人权利的行为，如中断时效，可以不受债务人迟延的限制。

具备上述条件，债权人即可行使债务人的权利，以自己的名义请求第三人向债务人清偿债务。债权人行使代位权请求清偿的财产额，应以债务人的债权额和债权人所保全的债权为限，超越此范围，债权人不能行使。

撤销权是指因债务人放弃到期债权或者无偿转让财产，对债权人造成损害的，债权人可以请求人民法院撤销债务人的行为。债务人实施损害债权的行为主要指债务人以赠与、免除等无偿行为处分债权。无偿行为不问第三人的主观动机均得撤销。债务人、第三人若以有偿行为损害债权，则以债务人实施行为时明知损害债权和第三人受益时明知其情形为限。即债务人与第三人恶意串通，货物价值与价款悬殊，显失公平，故意损害债权人的利益。倘若第三人受益时主观上无恶意，则不能撤销其善意取得的行为。撤销权自债权人知道或者应当知道撤销事由之日起一年内行使。自债务人的行为发生之日起五年内没有行使撤销权的，该撤销权消灭。

2. 合同的担保

除了这两种权利之外，常见的为保持合同的正常履行，也可以通过签订担保合同或者在合同中设置担保条款来实现。合同担保指合同当事人依据法律规定或双方约定，有债务人或第三人向债权人提供的以确保债权实现和债务履行为目的的措施。常见的担保方式主要有保证、抵押、质押、定金、留置五种。

保证是常见担保方式的一种，是指保证人和债权人约定，当债务人不履行债务时，保证人按照约定履行债务或者承担责任的行为。

抵押担保是指债务人或者第三人不转移对某一特定物的占有，而将该财产作为债权的担保，债务人不履行债务时，债权人有权依照担保法的规定以该财产折价或者以拍卖、

变卖该财产的价款优先受偿。

质押担保是贷款的一种担保方式，即借款人可以用银行存款单、债券等权利凭证作为质物交贷款银行保管，当借款人不能还款时，贷款银行依法处分质物偿还贷款本息、罚息及费用。

定金是指当事人一方在合同成立后或履行前，依照约定向对方支付的一笔金钱，债务人履行债务后，定金应当抵作价款或者收回。给付定金的一方不履行债务的，无权要求返还定金；收受定金的一方不履行债务的，应当双倍返还定金。

留置是指债权人因保管合同、运输合同、加工承揽合同依法占有债务人的动产，债务人不按照合同约定的期限履行债务的，债权人有权依照法律规定留置该财产，以留置财产折价或者以拍卖、变卖该留置物，从所得价款中优先得到清偿。留置权是指债权人对已占有的债务人的动产，在债权未能如期得到清偿前，留置该动产作为担保和实现债权的权利。

【案例讲评】如何行使定金罚则

甲公司与乙公司于某年10月签订一买卖钢材的合同，总价值13万元，并约定甲公司于同年12月前交付货物，乙公司向甲公司支付了2.5万元的定金。合同签订后，钢材价格急剧上涨，甲公司受利益驱动，虽经乙公司多次催促，直至合同履行期满仍未交货。于是，乙公司要求甲公司返还定金。

讲评：《担保法》相关规定："当事人可以约定一方向对方给付定金作为债权的担保。债务人履行债务后，定金应当抵作价款或者收回。给付定金的一方不履行约定的债务的，无权要求返还定金；收受定金的一方不履行约定的债务的，应当双倍返还定金。"在本案中，甲公司收受乙公司定金2.5万元后，不履行约定的义务，应双倍返还乙公司定金5万元。

习题讲评

1. 甲和乙订立买卖合同，合同规定，甲应在乙交付货物后10日内付款。乙交付货物经甲检查发现货物完全不符合质量要求，乙于10日要求甲支付货款，甲可以行使（　　）予以抗辩。

A. 同时履行抗辩权　　B. 不安抗辩权

C. 后履行抗辩权　　D. 违约请求权

【参考答案】C。根据《合同法》相关规定，先履行一方履行债务不符合约定的，后履行一方有权拒绝其相应的履行要求。

2. 合同规定的履行地点不明确时，以下说法正确的是（　　）。

A. 给付货币的，在给付一方的所在地履行

B. 其他标的，在接受履行一方所在地履行

C. 给付货币的，在接受货币一方所在地履行

D. 其他标的由接受履行一方选择履行地

【参考答案】C。根据合同法，履行地点不明确，给付货币的，在接受货币一方所在地履行；交付不动产的，在不动产所在地履行；其他标的，在履行义务一方所在地履行。

3. 债务人欲将合同的义务全部或者部分转移给第三人，则（　　）。

A. 应当通知债权人　　B. 应当经债权人同意

C. 不必经债权人同意　　D. 不必通知债权人

【参考答案】B。根据《合同法》相关规定，债务人将合同的义务全部或者部分转移给第三人的，应当经债权人同意。

4. 甲公司分立为乙丙两公司，约定由乙公司承担甲公司全部债务的清偿责任，丙公司继受甲公司全部债权。关于该协议的效力，下列选项正确的是（　　）。

A. 该协议仅对乙丙两公司具有约束力，对甲公司的债权人并非当然有效

B. 该协议无效，应当由乙丙两公司对甲公司的债务承担连带清偿责任

C. 该协议有效，甲公司的债权人只能请求乙公司对甲公司的债务承担清偿责任

D. 该协议效力待定，应当由甲公司的债权人选择分立后的公司清偿债务

【参考答案】A。根据《合同法》相关规定，当事人订立合同后分立的，除债权人和债务人另有约定的以外，由分立的法人或者其他组织对合同的权利和义务享有连带债权，承担连带债务。

5. 甲、乙双方互负债务，没有先后履行顺序，一方在对方履行之前有权拒绝其履行要求，一方在对方履行债务不符合约定时有权拒绝其相应的履行要求。这是（　　）。

A. 先履行抗辩权　B. 先诉抗辩权　C. 同时履行抗辩权　D. 不安抗辩权

【参考答案】C。根据《合同法》相关规定，当事人互负债务，没有先后履行顺序的，应当同时履行。

【案例讨论】合同抗辩权的区分

中国甲公司因转产致使一套生产设备闲置，价值4000万元，8月1日，该公司总经理邓某与日本乙公司签订了关于该设备的转让合同。合同约定，生产设备作价3900万元，中国甲公司于同年9月4日前交货，乙公司在收到货物后8日内支付全部货款。8月28日，邓某发现乙公司由于投资项目失误，致使该公司经营状况严重恶化。于是便通知乙公司暂停交货，并要求乙公司提供担保，否则将终止合同。此一要求又被断然拒绝。9月15日，邓某发现日本乙公司处境更加困难，几近破产，于是提出解除合同，并要求日本乙公司赔偿因合同所遭受的损失。乙公司不同意，向中国甲公司所在地的人民法院以甲公司违约为由提起诉讼。

讨论：这属于合同法中抗辩权的哪一种？法院会如何处理？

第五节　合同的变更、转让和终止

债务转移需经过债权人同意

甲与乙在某年5月8日签订了一份购销建材钢材的合同，合同约定：乙供给甲HRB335钢材3000吨，同年9月31日以前交货，货到后付款，每吨5500元。合同签订后，乙又与某钢铁销售公司签订了一份合同，合同规定：由该公司将3000吨钢材于同年9月底以前送至甲处，货到并经验收后，由乙向该公司按每吨4800元支付货款。该公司在合同订立以后，四处筹集钢材，于当年9月21日将3000吨钢材送至甲处，经验收因品质不合格甲拒绝收货。同年11月甲以乙违约为由，向法院提起诉讼，请求乙承担违约责任。但乙认为他已将债务移转给钢铁销售公司，此系公司违约所致，与己无关。

案例分析：乙的理由不成立。根据我国《合同法》的有关规定，第三人与债务人订立债务承担合同的有效要件之一是须有以债务承担为内容的合同。即债务承担合同中必须具有明确的移转债务于第三人的内容，且债务承担须经债权人同意。具体到本案，乙与钢铁销售企业签订的合同中并没有明确的债务移转之规定，且也未经债权人同意，因而不能据此认为乙对甲的债务已经发生了移转。

一、合同的变更

合同的变更是指合同成立后，当事人在原合同的基础上对合同的内容进行修改或者补充。合同是当事人协商一致的产物，所以，当事人在变更合同内容时，也应当本着协商的原则进行。如果双方当事人就变更事项达成了一致意见，变更后的内容就取代了原合同的内容，当事人就应当按照变更后的内容履行合同。一方当事人未经对方当事人同意任意改变合同的内容，变更后的内容不仅对另一方没有约束力，而且这种擅自改变合同的做法也是一种违约行为，当事人应当承担违约责任。

合同变更的形式主要有两种：约定变更和法定变更。约定变更是指当事人协商一致，对合同内容进行变更。这是最常见的合同变更形式。但有的情况下，仅有当事人协商一致是不够的，当事人还应当履行法定的程序。这就是法定变更的形式。

二、合同的转让

合同的转让是指合同当事人将合同的权利或义务全部或部分转让给第三人。合同的转让主要是在转让人和受让人之间完成的，但因为合同的转让关系涉及原合同当事人的利益，所以法律要求义务的转让应取得原合同当事人另一方的同意，而转让权利应及时通知当事人另一方。

合同转让的类型有三种：合同权利转让、合同义务转让和合同权利义务一并转让。

1. 合同权利转让

合同权利的转让是指不改变合同权利的内容，由债权人将权利转让给第三人。债权人既可以将合同权利的全部转让，也可以将合同权利部分转让。合同权利全部转让的，原合同关系消灭，产生一个新的合同关系，受让人取代原债权人的地位，成为新的债权人。合同权利部分转让的，受让人作为第三人加入到原合同关系中，与原债权人共同享有债权。为了维护社会公共利益和交易秩序，平衡合同双方当事人的权益，法律又应当对权利转让的范围进行一定的限制。根据我国《合同法》规定，存在以下几种情况之一不得进行转让。

1）根据合同性质不得转让。

2）按照当事人约定不得转让的权利。

3）依照法律规定不得转让的权利。

2. 合同义务转让

合同义务转移是指债务人经债权人同意，将合同的义务全部或者部分地转让给第三人。合同义务转移分为两种情况：一是合同义务的全部转移，新的债务人完全取代了旧的债务人，新的债务人负责全面的履行合同义务；另一种情况是合同义务的部分转移，即新的债务人加入到原债务中，和原债务人一起向债权人履行义务。债务人不论转移的是全部义务还是部分义务，都需要征得债权人同意。未经债权人同意，债务人转移合同义务的行为对债权人不发生效力。债权人有权拒绝第三人向其履行，同时有权要求债务人履行义务并承担不履行或者迟延履行合同的法律责任。

债务人转移义务的，新债务人可以主张原债务人对债权人的抗辩。债务人转移义务的，新债务人应当承担与主债务有关的从债务，但该从债务专属于原债务人自身的除外。法律、行政法规规定转让权利或者转移义务应当办理批准、登记等手续的，依照其规定。

3. 权利义务一并转让

权利和义务一并转让又称为概括转让，是指合同一方当事人将其权利和义务一并转移给第三人，由第三人全部地承受这些权利和义务。权利和义务一并转让不同于权利转让和义务转让的是，它是合同一方当事人对合同权利和义务的全面处分，其转让的内容实际上包括权利的转让和义务的转移两部分内容。权利义务一并转让的后果，导致原合同关系的消灭，第三人取代了转让方的地位，产生出一种新的合同关系。

合同关系的一方当事人将权利和义务一并转让时，除了应当征得另一方当事人的同意外，还应当遵守合同法有关转让权利和义务转移的其他规定。主要有以下几方面内容：

1）不得转让法律禁止转让的权利。

2）转让合同权利和义务时，从权利和从债务一并转让，受让人取得与债权有关的从权利和从债务，但该从权利和从债务专属于让与人自身的除外。

3）转让合同权利和义务不影响债务人抗辩权的行使。

4）债务人对让与人享有债权的，可以依照有关规定向受让人主张抵销。

5）法律、行政法规规定应当办理批准、登记手续的，应当依照其规定办理。

当事人订立合同后合并的，由合并后的法人或者其他组织行使合同权利，履行合同义务。当事人订立合同后分立的，除债权人和债务人另有约定的以外，由分立的法人或者其他组织对合同的权利和义务享有连带债权，承担连带债务。

三、合同的终止

合同的权利义务终止，指依法生效的合同，因具备法定情形和当事人约定的情形，合同债权、债务归于消灭，债权人不再享有合同权利，债务人也不必再履行合同义务。根据我国《合同法》，有以下情况，合同终止。

1. 债务已经按照约定履行

债务已经按照约定履行，指债务人按照约定的标的、质量、数量、价款或者报酬、履行期限、履行地点和方式全面履行。

2. 合同解除

合同的解除指合同有效成立后，当具备法律规定的合同解除条件时，因当事人一方或双方的意思表示而使合同关系归于消灭的行为。根据合同自愿原则，当事人在法律规定范围内享有自愿解除合同的权利。当事人解除合同包括约定解除和法定解除两种情况。

3. 债务相互抵销

债务相互抵销指当事人互负到期债务，又互享债权，以自己的债权充抵对方的债权，使自己的债务与对方的债务在等额内消灭。抵销分为法定抵销和约定抵销两种情况。法定抵销，指法律规定抵销的条件，具备条件时依当事人一方的意思表示即发生抵销的效力。约定抵销，指当事人双方协商一致，使自己的债务与对方的债务在对等额内消灭。

4. 债务人依法将标的物提存

提存指由于债权人的原因，债务人无法向其交付合同标的物时，债务人将该标的物交给提存机关而消灭合同的制度。债权人无正当理由拒绝债务人履行义务，债务人将履行的标的物向有关部门提存的，应当认定债务已经履行。因提存所支出的费用，应当由债权人承担。提存期间，财产收益归债权人所有，风险责任由债权人承担。提存的标的物应当是合同规定应当给付的标的物，主要是货币、有价证券、票据、提单、权利证书等物品。标的物不适于提存或者提存费用过高的，债务人依法可以拍卖或者变卖标的物，提存所得的价款。

5. 债权人免除债务

债权人免除债务，指债权人放弃自己的债权。债权人可以免除债务的部分，也可以免除债务的全部。做出免除意思表示的债权人必须具有完全民事行为能力，无民事行为能力或者限制民事行为能力人的免除行为除非由法定代理人代理或经法定代理人同意，否则不生法律效力。免除可以附条件或者附期限。免除应当通知债务人或者债务人的代理人，向第三人所作免除的意思表示不发生法律效力。

6. 债权债务同归于一人

债权和债务同归于一人，指由于某种事实的发生，使一项合同中，原本由一方当事人享有的债权，而由另一方当事人负担的债务，统归于一方当事人，使得该当事人既是合同的债权人，又是合同的债务人。

7. 法律规定或者当事人约定终止的其他情形

除了前述合同的权利义务终止的情形，出现了法律规定的终止的其他情形的，合同的权利义务也可以终止。比如。《民法通则》规定：代理人死亡、丧失民事行为能力，作为被代理人或者代理人的法人终止，委托代理终止。合同法规定：委托人或者受托人死亡、丧失民事行为能力或者破产的，委托合同终止等。

当事人也可以约定合同的权利义务终止的情形，比如，当事人订立的附解除条件的合同，当解除条件成就时，债权债务关系消灭，合同的权利义务终止。当事人订立附终止期限的合同，期限届至时，合同的权利义务终止。

合同的权利义务终止后，当事人应当遵循诚实信用原则，根据交易习惯履行通知、协助、保密等义务。合同的权利义务终止，不影响合同中结算和清理条款的效力。

【案例讲评】附解除条件的合同，如何解除

兴达公司与山川厂于某年 12 月 30 日签订了一份财产租赁合同。合同规定兴达公司租用山川厂 5 台翻斗车拉运土方，租赁期为 1 年，租金必须按月付清，逾期未付，承租人承担滞纳金；超过 30 天仍不付清租金的，出租方有权解除合同。次年 2 月 1 日兴达公司接车后，未付租金。山川厂两次书面通知兴达公司按约付租金，并言明逾期将依约解除合同。但兴达公司仍未付。同年 6 月 10 日，山川厂单方通知解除与兴达公司的合同，并向兴达公司提起诉讼，要求赔偿其损失 12000 元。山川厂是否有权解除合同？

讲评：山川厂有权解除合同。《合同法》的规定，当事人协商一致，可以解除合同。当事人可以约定一方解除合同的条件。解除合同的条件成就时，解除权人可以解除合同。本案中双方当事人在合同中约定，租金必须按月付清，逾期未付，承租人承担滞纳金，超过 30 天仍不付清租金的，出租方有权解除合同。

习题讲评

1. 债权人吴某下落不明，债务人王某难以履行债务，遂将标的物提存，王某将标的物提存后，该标的物如果意外毁损灭失，其损失应由（　　）。

A. 吴某承担　　B. 王某承担

C. 吴某和王某共同承担　　D. 提存机关承担

【参考答案】A。根据《合同法》的规定，债务人依法将标的物提存，合同的权利义务终止。

2. 合同变更或解除后，当事人（　　）。

A. 不再有要求赔偿损失的权利　　B. 仍有要求赔偿损失的权利

C. 仍有要求赔偿部分损失的权利　　D. 要视具体情况而定

【参考答案】B。根据《合同法》的规定，合同的权利义务终止，不影响合同中结算和清理条款的效力。

3. 合同权利义务的终止是指（　　）。

A. 合同的变更　　B. 合同的消灭

C. 合同效力的中止　　D. 合同的解释

【参考答案】B。根据《合同法》的规定，合同的权利义务终止，合同即宣告消灭。

4. 合同终止以后当事人应当遵循保密和忠实等义务，此种义务在学术上称为后契约义务。此种义务的依据是（　　）。

A. 自愿原则　　B. 合法原则

C. 诚实信用原则　　D. 协商原则

【参考答案】C。《合同法》中诚实信用原则体现在合同终止后，当事人应当遵循保密等义务。

【案例讨论】合同转让后的效力问题

某年9月7日，甲公司与该市乙厂签订了一份购买再生布的买卖合同，合同约定，同年12月31日前，甲公司交付再生布20104平方米，总价款为16.2万，交付方式为乙厂到甲公司的仓库分批验收自提。合同签订后，乙厂发现再生布制品销路不畅，遂向甲公司提出减少货物数量，该提议未得到甲公司同意。此时，乙厂得知临市丙公司需要该批货物销往外地，遂与之达成协议，由甲公司将货物直接发送到丙公司的仓库。合同订立后，乙厂向甲公司去函，称该批货物已经转让给丙公司，请甲公司直接将货物于12月31日送到丙公司的仓库。甲公司收到该函后未作答复。同年12月15日，甲公司给丙公司去函，请丙公司前往提货。丙公司于同年12月31日将货物提回，同时付清了16.2万元的货款。丙公司验货后发现该批货物规格不符合规定且存在质量问题，遂要求退货，甲公司拒绝。于是，丙公司向法院起诉，要求甲公司、乙厂承担违约责任，并要求乙厂承担运输费、保管费等费用。

讨论：本案中，哪一家企业应该承担违约责任，为什么？

第六节　合同的违约责任

案例导入

面对高额违约金如何处理

某土木公司因施工需要，分别于某年11月26日至次年8月31日，先后与徐州贸易公司签定了五份材料供销合同，合同分别约定了供货规格、材料价格、运费承担、付款方式与时间及违约责任等条款。当年11月26日购销合同约定，逾期付款的违约金为每天每吨50元。次年8月31日的购销合同约定，违约金为每天每吨单价的6‰计算，其他合同规定逾期付款违约金为每天每吨20元。在合同履行过程中，土木公司购进钢材总额为19110351.15元，支付部分货款后总共还欠徐州贸易公司8342273.04元，逾期付款违约金分段计算累计为1814162元。考虑到尚未履约部分钢材货款的数额，该贸易公司主动降低违约金数额1000万元。由于多次催要此欠款未果，该贸易公司遂将土木公司诉至法院，要求土木公司支付所欠全部货款，并承担8242132元违约金。土木公司承认欠款事实，但认为违约金太高。江苏省徐州市中级人民法院做出一审判决，判决徐州分公司十日内偿还达盟公司货款8342273.04元，支付违约金200万元。

案例分析： 根据我国《合同法》，当事人一方不履行合同义务或者履行合同义务不符合约定的，在履行义务或者采取补救措施后，对方还有其他损失的，应当赔偿损失。当事人一方不履行合同义务或者履行合同义务不符合约定，给对方造成损失的，损失赔偿额应当相当于因违约所造成的损失，包括合同履行后可以获得的利益，但不得超过违反合同一方订立合同时预见到或者应当预见到的因违反合同可能造成的损失。约定违约金低于造成的损失的，当事人可以请求人民法院予以增加；约定的违约金过分高于造成的损失的，当事人可以请求人民法院予以适当减少。

违约责任是指合同当事人违反合同约定所应承担的责任。依法成立的合同，对当事人具有法律约束力，当事人应当按照合同的约定履行自己的义务。如果不履行义务或者履行义务不符合约定就要承担违约责任。承担违约责任的种类有继续履行、采取补救措施、停止违约行为、赔偿损失，此外，还有支付违约金及定金责任等形态。

一、继续履行

继续履行是指合同当事人一方不履行合同义务或者履行合同义务不符合约定时，经另一方当事人的请求，法律强制其按照合同的约定继续履行合同的义务。继续履行建立

在能够且应该实际履行的基础上。《合同法》相关规定，当事人一方不履行非金钱债务或者履行非金钱债务不符合约定的，对方可以要求履行，但有下列情形之一的除外。

1）法律上或者事实上不能履行。

2）债务的标的不适于强制履行或者履行费用过高。

3）债权人在合理期限内未要求履行。

二、采取补救措施

采取补救措施是指在当事人违反合同的事实发生后，为防止损失发生或者继续扩大，而由违反合同方依照法律规定或约定采取的修理、更换、重新制作、退货、降低价格或者减少报酬等措施，以给权利人弥补或者挽回损失的责任形式。

三、赔偿损失

赔偿损失是一方当事人违反合同给另一方当事人造成财产等损失的赔偿。当事人一方不履行合同义务或者履行合同义务不符合约定，给对方造成损失的，损失赔偿额应当相当于因违约所造成的损失，包括合同履行后可以获得的利益，但不得超过违反合同一方订立合同时预见到或者应当预见到的因违反合同可能造成的损失。

四、支付违约金

违约金是指按照当事人的约定或者法律直接规定，一方当事人违约的，应向另一方支付的金钱。违约金的标的物是金钱，但当事人也可以约定违约金的标的物为金钱以外的其他财产。违约金有法定违约金和约定违约金之分。当事人约定了违约金的，一方违约时，应当按照该约定支付违约金。如果约定的违约金低于造成的损失的，当事人可以请求人民法院或者仲裁机构予以增加；约定的违约金过分高于造成的损失的，当事人可以请求人民法院或者仲裁机构予以适当减少。如果当事人专门就迟延履行约定违约金的，该种违约金仅是违约方对其迟延履行所承担的违约责任，因此，违约方支付违约金后，还应当继续履行债务。

五、定金罚则

定金是指合同当事人一方为了担保合同的履行而预先向对方支付一定数额的金钱。《中华人民共和国担保法》规定："当事人可以约定一方向对方给付定金作为债权的担保。债务人履行债务后，定金应当抵作价款或者收回。给付定金的一方不履行约定的债务的，无权要求返还定金；收受定金的一方不履行约定的债务的，应当双倍返还定金。"根据规定，当事人在订立合同时，可以依照担保法约定一方向对方给付定金作为债权的担保，并按照担保法的规定履行定金罚则。

在合同当事人既约定了违约金，又约定了定金的情况下，如果一方违约，对方当事人可以选择适用违约金或者定金条款，但二者不能并用。

当事人一方违约后，对方应当采取适当措施防止损失的扩大；没有采取适当措施致使损失扩大的，不得就扩大的损失要求赔偿。当事人因防止损失扩大而支出的合理费用，由违约方承担。当事人双方都违反合同的，应当各自承担相应的责任。

因不可抗力不能履行合同的，根据不可抗力的影响，部分或者全部免除责任，但法律另有规定的除外。当事人迟延履行后发生不可抗力的，不能免除责任。不可抗力指当事人订立合同时不可预见，它的发生不可避免，人力对其不可克服的自然灾害、战争等客观情况。当事人一方因不可抗力不能履行合同的，应当及时通知对方，以减轻可能给对方造成的损失，并应当在合理期限内提供证明。

当出现合同争议时，当事人可以通过和解或者调解解决。当事人不愿和解、调解或者和解、调解不成的，可以根据仲裁协议向仲裁机构申请仲裁。当事人没有订立仲裁协议或者仲裁协议无效的，可以向人民法院起诉。当事人应当履行发生法律效力的判决、仲裁裁决、调解书；拒不履行的，对方可以请求人民法院执行。

【案例讲评】转让后的项目能否更换施工单位

香港某房地产公司购买某市中心地块筹建光华大厦及其他娱乐设施，且已选定某市第八建筑公司作为施工总承包单位，经房地产公司同意，第八建筑公司将安装工程部分分包给某安装公司并签订安装工程承包合同，安装工程造价 4000 万元人民币。安装工程开工之前，应总包单位的要求安装公司进驻现场做一些准备和配合工作，约三个月。此时，香港某房地产公司将整个项目卖给上海某房地产公司，该公司指令总包单位更换安装项目承包单位，并愿意承担更换安装工程施工单位所造成的损失。在此情况下，经总包单位、某安装公司和上海某房地产公司三方协商，上海某房地产公司赔偿某安装公司经济损失 120 万元人民币。法院审判认定，香港某房地产公司将光华大厦整个项目转让，属于将自己的合同权利和义务一并转让。第八建筑公司与某安装公司之间的安装工程分包合同的效力不因该项目的整体转让受到任何影响。因此，总包单位单方解除该合同属单方违约，安装公司可据此追究总包单位的违约责任，要求其赔偿损失。

讲评：《中华人民共和国合同法》规定，当事人一方不履行合同义务或者履行合同义务不符合约定的，在履行义务或者采取补救措施后，对方还有其他损失的，应当赔偿损失。该损失不仅包括直接损失，即安装公司前期配合所花费的所有费用，还应包括间接经济损失，即安装公司预期可得利润。安装公司若据此主张权利，可能就会迫使新的业主和总包单位履约。

习题讲评

1. 甲与乙订立了一买卖合同，价款 100 万元，甲要求乙向其支付 15 万元定金，同时约定，任何一方违约，应支付对方 10%的违约金。因甲不能履行合同，引起违约，乙向甲要求返还数额最多应为（　　）万元。

A. 30　　B. 25　　C. 10　　D. 40

【参考答案】A。根据《合同法》规定，当事人既约定违约金，又约定定金的，一方违约时，对方可以选择适用违约金或者定金条款。本题中，适用违约金，则退还 15 万定金加 10 万违约金，为 25 万；如适用定金罚则，则双倍返还定金，为 30 万。

2. 甲公司通过电视发布广告，称其有 100 辆某型号汽车，每辆价格 15 万元，广告有效期 10 天。乙公司于该则广告发布后第 5 天自带汇票去甲公司买车，但此时车已全部售完，无货可供。下列正确的是（　　）。

A. 甲构成违约　　B. 甲应承担缔约过失责任

C. 甲应承担侵权责任　　D. 甲不应承担民事责任

【参考答案】A。商业广告的内容符合要约的要求，视为要约。甲公司的广告具备要约的性质，因此甲构成违约。

3. 不能与违约金并用的违约责任方式是（　　）。

A. 继续履行　　B. 定金

C. 赔偿损失　　D. 采取补救措施

【参考答案】B。根据《合同法》的规定，当事人既约定违约金，又约定定金的，一方违约时，对方可以选择适用违约金或者定金条款。

4. 收受定金的一方不履行约定的债务的，应当（　　）。

A. 退还定金　　B. 双倍返还定金

C. 三倍返还定金　　D. 与对方协商决定

【参考答案】B。当事人可以依照《中华人民共和国担保法》约定一方向对方给付定金作为债权的担保。债务人履行债务后，定金应当抵作价款或者收回。给付定金的一方不履行约定的债务的，无权要求返还定金；收受定金的一方不履行约定的债务的，应当双倍返还定金。

【案例讨论】违约赔偿后能否要求继续履行

甲、乙两公司订立房屋维修合同，约定甲公司于某年 3 月之前完成维修任务，如到期未能完成，由甲公司向乙公司支付违约金 10 万元。合同生效后，甲公司遂投入施工，但由于措施不力及其他原因，直到同年 10 月 10 日，该项工程仍未能完成，按进度需 12 月底前才能交付乙公司。乙公司根据合同约定要求甲公司支付违约金 10 万元并继续履行合同，甲公司同意支付违约金，但因原计划第二年 1 月要承接另一项工程，故拒绝继续履行合同，要求乙公司另找合作公司。双方协商不成，乙公司遂向法院请求强制甲公司履行合同约定。

讨论： 甲公司在支付违约金后，是否需要继续履行合同？

第七节　建筑工程合同

案例导入

建设工程合同中"阴阳合同"的法律效力问题

某建筑公司投标某房地产公司投资开发的住宅工程，于某年7月23日取得中标通知书。通知书载明建筑面积34245平方米，总造价2789万元，工期260天，工程结算按总造价下浮4%，要求7月30日签订《建设工程合同》。同年8月26日，双方又签订《建设工程合同》及"补充协议"各一份。前后两份《工程建设合同》的总造价分别为2789万元及4360万元，主要条款如工期、质量、工程款支付等规定相同。工程价款的计算及支付，工程验收标准等内容进行了调整。9月2日，双方就第一份总价2789万元的合同在招标监管部门进行了备案和鉴证，并按合同价格缴纳了管理费。

次年10月28日业主组织验收，工程质量合格。组织验收时某房地产公司共付款1192万元，比中标合同约定金额少付2993万元。某建筑公司多次要求支付工程款，某房地产公司均以"补充协议"付款时间未到，整体工程尚未竣工等因素予以拒绝。某建筑公司向上海市第一中级法院提起了诉讼。

案例分析：根据《最高人民法院关于审理建设工程施工合同纠纷案件适用法律问题的解释》规定，当事人就同一建设工程另行订立的建设工程施工合同与经过备案的中标合同实质性内容不一致的，应当以备案的中标合同作为结算工程价款的根据。

建设工程合同是指承包人进行工程建设，发包人支付价款的合同。建设工程合同的客体是工程。这里的工程是指土木建筑工程和建筑业范围内的线路、管道、设备安装工程的新建、扩建、改建及大型的建筑装修装饰活动，主要包括房屋、铁路、公路、机场、港口、桥梁、矿井、水库、电站、通信线路等。建设工程的主体是发包人和承包人。发包人，一般为建设工程的建设单位，即投资建设该项工程的单位，通常也称"业主"。建设工程的承包人，即实施建设工程的勘察、设计、施工等业务的单位，包括对建设工程实行总承包的单位和承包分包工程的单位。常见的建设工程合同包括工程勘察、设计、施工合同。

一、建筑工程合同概述

和其他合同相比，建筑工程合同具有一定的特殊性。我国《合同法》规定，建设工程合同应当采用书面形式，国家重大建设工程合同，应当按照国家规定的程序和国家批

准的投资计划、可行性研究报告等文件订立。和其他合同一样，建筑工程合同也需要经过要约和承诺两个程序。在建筑工程合同中，招标文件属于要约邀请，投标文件属于要约，而中标通知书属于承诺。

发包人可以与总承包人订立建设工程合同，也可以分别与勘察人、设计人、施工人订立勘察、设计、施工承包合同。发包人不得将应当由一个承包人完成的建设工程肢解成若干部分发包给几个承包人。

总承包人或者勘察、设计、施工承包人经发包人同意，可以将自己承包的部分工作交由第三人完成。第三人就其完成的工作成果与总承包人或者勘察、设计、施工承包人向发包人承担连带责任。承包人不得将其承包的全部建设工程转包给第三人或者将其承包的全部建设工程肢解以后以分包的名义分别转包给第三人。

禁止承包人将工程分包给不具备相应资质条件的单位。禁止分包单位将其承包的工程再分包。建设工程主体结构的施工必须由承包人自行完成。国家重大建设工程合同，应当按照国家规定的程序和国家批准的投资计划、可行性研究报告等文件订立。

二、建筑工程合同的内容

根据我国《合同法》规定，勘察、设计合同的内容包括提交有关基础资料和文件（包括概预算）的期限、质量要求、费用以及其他协作条件等条款。施工合同的内容包括工程范围、建设工期、中间交工工程的开工和竣工时间、工程质量、工程造价、技术资料交付时间、材料和设备供应责任、拨款和结算、竣工验收、质量保修范围和质量保证期、双方相互协作等条款。建设工程实行监理的，发包人应当与监理人采用书面形式订立委托监理合同。发包人与监理人的权利和义务以及法律责任，应当依照本法委托合同以及其他有关法律、行政法规的规定。

三、建筑工程合同的效力

当事人就同一建设工程另行订立的建设工程施工合同与经过备案的中标合同实质性内容不一致的，应当以备案的中标合同作为结算工程价款的根据。

根据我国《建筑法》和《建设工程质量管理条例》规定，禁止承包单位将其承包的全部建筑工程转包给他人，禁止承包单位将其承包的全部建筑工程肢解以后以分包的名义分别转包给他人。建筑工程总承包单位可以将承包工程中的部分工程发包给具有相应资质条件的分包单位；但是，除总承包合同中约定的分包外，必须经建设单位认可。施工总承包的，建筑工程主体结构的施工必须由总承包单位自行完成。

建筑工程总承包单位按照总承包合同的约定对建设单位负责；分包单位按照分包合同的约定对总承包单位负责。总承包单位和分包单位就分包工程对建设单位承担连带责任。

建设工程施工合同具有下列情形之一的，认定无效：

1）承包人未取得建筑施工企业资质或者超越资质等级的。

2）没有资质的实际施工人借用有资质的建筑施工企业名义的。

3）建设工程必须进行招标而未招标或者中标无效的。

因建设工程不合格造成的损失，发包人有过错的，也应承担相应的民事责任。

在处理中，承包人非法转包、违法分包建设工程或者没有资质的实际施工人借用有资质的建筑施工企业名义与他人签订建设工程施工合同的行为无效。可收缴当事人已经取得的非法所得。承包人超越资质等级许可的业务范围签订建设工程施工合同，在建设工程竣工前取得相应资质等级，当事人请求按照无效合同处理的，不予支持。具有劳务作业法定资质的承包人与总承包人、分包人签订的劳务分包合同，当事人以转包建设工程违反法律规定为由请求确认无效的，不予支持。

针对合同无效的处理，根据我国《最高人民法院关于审理建设工程施工合同纠纷案件适用法律问题的解释》，建设工程施工合同无效，但建设工程经竣工验收合格，承包人请求参照合同约定支付工程价款的，应予支持。建设工程施工合同无效，且建设工程经竣工验收不合格的，按照以下情形分别处理：

1）修复后的建设工程经竣工验收合格，发包人请求承包人承担修复费用的，应予支持。

2）修复后的建设工程经竣工验收不合格，承包人请求支付工程价款的，不予支持。

四、建筑工程合同的解除

承包人具有下列情形之一，发包人请求解除建设工程施工合同的，应予支持：

1）明确表示或者以行为表明不履行合同主要义务的。

2）合同约定的期限内没有完工，且在发包人催告的合理期限内仍未完工的。

3）已经完成的建设工程质量不合格，并拒绝修复的。

4）将承包的建设工程非法转包、违法分包的。

发包人具有下列情形之一，致使承包人无法施工，且在催告的合理期限内仍未履行相应义务，承包人请求解除建设工程施工合同的，应予支持。

1）未按约定支付工程价款的。

2）提供的主要建筑材料、建筑构配件和设备不符合强制性标准的。

3）不履行合同约定的协助义务的。

建设工程施工合同解除后，已经完成的建设工程质量合格的，发包人应当按照约定支付相应的工程价款；已经完成的建设工程质量不合格的，发包人有权要求承包人进行修复，修复后的建设工程经竣工验收合格，发包人请求承包人承担修复费用的，应予支持；修复后的建设工程经竣工验收不合格，承包人请求支付工程价款的，不予支持。因一方违约导致合同解除的，违约方应当赔偿因此而给对方造成的损失。

五、建筑合同的履行

当事人对垫资和垫资利息有约定，承包人请求按照约定返还垫资及其利息的，应予

支持，但是约定的利息计算标准高于中国人民银行发布的同期同类贷款利率的部分除外。当事人对垫资没有约定的，按照工程欠款处理。当事人对垫资利息没有约定，承包人请求支付利息的，不予支持。

当事人对建设工程实际竣工日期有争议的，按照如下情况分别处理：

1）竣工验收合格的，以竣工验收合格之日为竣工日期。

2）承包人提交竣工验收报告，发包人拖延验收的，以承包人提交验收报告之日为竣工日期。

3）建设工程未经竣工验收，发包人擅自使用的，以转移占有建设工程之日为竣工日期。

建设工程施工合同纠纷以施工行为地为合同履行地。当事人对建设工程的计价标准或者计价方法有约定的，按照约定结算工程价款。因设计变更导致建设工程的工程量或者质量标准发生变化，当事人对该部分工程价款不能协商一致的，可以参照签订建设工程施工合同时当地建设行政主管部门发布的计价方法或者计价标准结算工程价款。当事人对欠付工程价款利息计付标准有约定的，按照约定处理；没有约定的，按照中国人民银行发布的同期同类贷款利率计息。

当事人对工程量有争议的，按照施工过程中形成的签证等书面文件确认。承包人能够证明发包人同意其施工，但未能提供签证文件证明工程量发生的，可以按照当事人提供的其他证据确认实际发生的工程量。当事人约定，发包人收到竣工结算文件后，在约定期限内不予答复，视为认可竣工结算文件的，按照约定处理。承包人请求按照竣工结算文件结算工程价款的，应予支持。

发包人未按照约定支付价款的，承包人可以催告发包人在合理期限内支付价款。发包人逾期不支付的，除按照建设工程的性质不宜折价、拍卖的以外，承包人可以与发包人协议将该工程折价，也可以申请人民法院将该工程依法拍卖。建设工程的价款就该工程折价或者拍卖的价款优先受偿。

六、建筑工程合同示范文本

国家为了规范和约束建筑工程合同的签订，加强对建筑工程合同的管理，针对建筑工程中的勘察、设计、施工、监理等合同，发布了示范文本。以建设工程施工合同示范文本为例，《建设工程施工合同（示范文本）》一共经历了四个版本，分别是 1991 年版（GF-91-0201），1999 年版（GF-1999-0201），2013 年版（GF-2013-0201）以及 2017 年版（GF-2017-0201）。其中，2017 年版于 2017 年 10 月 1 日起正式实施。示范文本由合同协议书、通用合同条款和专用合同条款三部分组成。

合同协议书共计 13 条，主要包括：工程概况、合同工期、质量标准、签约合同价和合同价格形式、项目经理、合同文件构成、承诺以及合同生效条件等重要内容，集中约定了合同当事人基本的合同权利义务。

通用合同条款是合同当事人根据《中华人民共和国建筑法》《中华人民共和国合同

法》等法律法规的规定，就工程建设的实施及相关事项，对合同当事人的权利义务做出的原则性约定。

通用合同条款共计 20 条，具体条款分别为：一般约定、发包人、承包人、监理人、工程质量、安全文明施工与环境保护、工期和进度、材料与设备、试验与检验、变更、价格调整、合同价格、计量与支付、验收和工程试车、竣工结算、缺陷责任与保修、违约、不可抗力、保险、索赔和争议解决。前述条款安排既考虑了现行法律法规对工程建设的有关要求，也考虑了建设工程施工管理的特殊需要。

专用合同条款是对通用合同条款原则性约定的细化、完善、补充、修改或另行约定的条款。合同当事人可以根据不同建设工程的特点及具体情况，通过双方的谈判、协商对相应的专用合同条款进行修改补充，针对建筑工程施工具体项目特点达成施工协议。

【案例讲评】如何处理垫资问题

某工业设备安装有限责任公司与南京一家电器有限公司于某年 8 月签订了《建设工程施工合同》，合同约定由安装公司承担电器有限公司实验楼及生产厂房的施工任务。工程采用合同价款一次性包死（包括材料）、调增部分除外（工程结算按实际价格调增）的方式，合同一次性包死价款定为 253 万元；计划竣工日期为同年 9 月 30 日。

在施工过程中，电器公司根据工程施工图纸变更情况增加了部分工作量。同年 12 月 8 日，安装公司根据电器公司工程实际竣工后的签证单等情况单方计算增加工作量部分的工程价款为 128 万元，电器公司认为增加工程量计算存在分歧，未审核确认。同时，电器公司还将水电安装任务交安装公司施工，双方约定包死价款为 40 万元，安装公司按照口头协议履行了合同。至次年 1 月，共支付工程款 252.58 万元，其余工程款电器公司以种种理由不予确认，不予支付。安装公司于次年 10 月 11 日将电器公司起诉，请求电器公司支付工程款 168.42 万元，利息 64800 元。

由于事实真实存在，证据充分，双方达成《和解协议》，电器公司同意支付工程款 131.42 万元。

讲评：根据我国《合同法》，建筑工程合同需采取书面合同的形式，本案中由于对于合同变更没有采取书面合同的形式，引发了合同纠纷。但根据业主方的口头要求进行了施工，且建设工程经业主竣工验收合格。形成了“口头+行为”的事实合同关系，安装公司要求电器公司支付变更部分的工程款是合理合法的。

关于支付利息问题，如果合同中没有垫资约定，根据我国《最高人民法院关于审理建设工程施工合同纠纷案件适用法律问题的解释》，承包人请求支付拖欠工程价款利息的，应予支持。

习题讲评

1. 某小型施工项目，甲乙双方只订立了口头合同。工程完工后竣工验收合格，后因甲方拖欠乙方工程款而发生纠纷，应当认定该合同（　　）。

A. 未成立　　B. 补签后成立　　C. 成立　　D. 效力待定

【参考答案】C。根据我国《最高人民法院关于审理建设工程施工合同纠纷案件适用法律问题的解释》，建设工程施工合同无效，但建设工程经竣工验收合格，承包人请求参照合同约定支付工程价款的，应予支持。

2. 根据我国《合同法》规定，建筑工程合同应当以（　　）形式订立。

A. 口头形式　　B. 书面形式　　C. 其他形式　　D. 以上均可

【参考答案】B。根据《合同法》相关规定，建筑工程合同应当采用书面形式。

3. 经发包人同意后，承包人可以将部分工程的施工分包给分包人完成。该条款所依据的法律基础是《合同法》中有关（　　）的规定。

A. 债权转让　　B. 债务承担

C. 由第三人向债权人履行债务　　D. 合同终止

【参考答案】C。分包是基于《合同法》中关于第三者履行的条款产生的。

4. 某供货合同履行时发现部分货物的价款在合同内约定不明确，双方通过协商又未能达成一致，此时，该部分货物的价款应按（　　）的市场价履行。

A. 订立合同时订立地　　B. 订立合同时履行地

C. 履行合同时订立地　　D. 其他形式

【参考答案】B。根据《合同法》相关规定，价款或者报酬不明确的，按照订立合同时履行地的市场价格履行；依法应当执行政府定价或者政府指导价的，按照规定履行。

本章小结

1. 合同是指平等主体之间，关于建立、变更、终止民事法律关系的协议。
2. 《合同法》的基本原则是，平等、自愿、公平、诚实信用和遵守法律、不得损害社会公共利益原则。
3. 合同的订立需要经过要约和承诺两个阶段。
4. 合同的形式和内容。
5. 格式条款和缔约过失的法律责任。
6. 合同生效的条件，无效合同、可变更可撤销合同和效力待定合同的产生原因。
7. 合同履行的原则包括适当履行、协作履行、经济合理和情势变更。
8. 合同的抗辩权包括后履行抗辩、同时履行抗辩和不安抗辩。
9. 常见的合同担保方式主要有保证、抵押、质押、定金、留置五种。
10. 合同可以进行变更和转让，转让包括权利转让、义务转让和一并转让。
11. 合同的违约责任方式包括：继续履行、采取补救措施、停止违约行为、赔偿损失，支付违约金及定金责任等。

12. 建筑工程合同必须采用书面形式。在建筑工程合同中，招标文件属于要约邀请，投标文件属于要约，而中标通知书属于承诺。

13. 承包单位不得将其承包的全部建筑工程转包给他人，不得分包给无资质的分包商。

本章练习题

一、单项选择题

1. 租赁合同属于（　　）。

A. 双务合同　　B. 无偿合同

C. 无名合同　　D. 为第三人利益订立的合同

2. 下列附条件合同效力的描述，正确的是（　　）。

A. 附生效条件的合同，自条件成就时失效

B. 附解除条件的合同，自条件成就时生效

C. 在附生效条件的合同，当事人为自己的利益不正当地阻止条件成就时，该合同生效

D. 在附解除条件的合同，当事人为自己的利益不正当地阻止条件成就时，该合同继续有效

3. 某商场设有自动售报机，顾客只要按要求投入硬币，即可得到当天日报一份，此种成立买卖合同的形式为（　　）。

A. 书面形式　　B. 口头形式　　C. 推定形式　　D. 默示形式

4. 根据合同法的相关规定，撤销权人行使撤销权的期限为一年，此一年为（　　）。

A. 不变期间，不适用诉讼时效中止、中断或者延长的规定

B. 不变期间，不适用诉讼时效中止、中断的规定，但适用诉讼时效延长的规定

C. 不变期间，适用诉讼时效中止、中断的规定，但不适用诉讼时效延长的规定

D. 不变期间，适用诉讼时效中止、中断或延长的规定

5. 甲与乙订立了合同，约定由丙向甲履行债务，现丙履行的行为不符合合同的约定，甲有权请求（　　）。

A. 丙承担违约责任　　B. 乙承担违约责任

C. 乙和丙承担违约责任　　D. 乙或者丙承担违约责任

6. 上海某工厂向广州某公司购买一批物品，合同对付款地点和交货期限没有约定，发生争议时，依据合同法规定（　　）。

A. 上海某工厂付款给广州某公司应在上海履行

B. 上海某工厂可以随时请求广州某公司交货，而且可以不给该厂必要的准备时间

C. 上海某工厂付款给广州某公司应在广州履行

D. 广州某公司可以随时交货给上海某工厂，而且可以不给该厂必要的准备时间

7. 关于代位权行使的要件，不正确的表述是（　　）。

A. 债权人与债务人之间有合法的债权债务存在

B. 债务人对第三人享有到期债权

C. 债务人怠于行使其权利，并且债务人怠于行使权利的行为有害于债权人的债权

D. 债权人代位行使的范围是债务人的全部债权

8. 张某与王某签订一份货物买卖合同，张某为卖方，住在甲市，王某为买方，住在乙市。双方对履行地点没有约定，且不能通过习惯、合同性质确定，双方又不能达成补充协议。依法，（　　）。

A. 交付货币应在甲市，交付货物应在乙市

B. 交付货物应在甲市，交付货币应在乙市

C. 交付货币和货物均在甲市

D. 交付货币和货物均在乙市

9. 甲公司得知乙公司正在与丙公司谈判。甲公司本来并不需要这个合同，但为排挤乙公司，就向丙公司提出了更好的条件。乙公司退出后，甲公司也借故中止谈判，给丙公司造成了损失。甲公司的行为是（　　）。

A. 欺诈　　B. 以合法形式掩盖非法目的

C. 恶意磋商　　D. 正常的商业竞争

10. 工程投标属于（　　）。

A. 要约　　B. 承诺　　C. 要约邀请

二、多项选择题

1. 建设法律关系主体，主要是指参加或管理、监督建设活动，受建设工程法律规范调整，在法律上享有权利、承担义务的（　　）。

A. 自然人　　B. 法人

C. 协会　　D. 政党

E. 其他组织

2. 工程建设合同是（　　）。

A. 主合同　　B. 从合同

C. 诺成性合同　　D. 实践性合同

E. 无偿合同

3. 在下列几种情形中，（　　）合同是可变更的合同。

A. 损害公共利益的

B. 以合法活动掩盖非法目的的

C. 恶意串通，损害国家、集体或第三人利益的

D. 因重大误解而订立的

E. 在订立合同时显失公平的

第五章

建设工程质量管理法律制度

学习导航 百年大计，质量第一，工程质量是企业生产管理的灵魂。建筑工程质量管理制度是工程建设法规的极其重要的内容。本章有五节，主要学习工程质量标准，建设单位及相关单位的质量责任与义务，工程质量竣工验收制度与工程质量保修制度，重点学习施工方的质量责任与义务。

学习目标

1. 了解工程建设标准分类工程质量标准、体系、工程建设标准强制性条文的实施。
2. 熟悉我国目前已实施的建设工程质量管理基本制度，掌握建设工程质量责任主体与项目负责人质量终身负责制。
3. 掌握施工单位的质量责任和义务，熟悉建设单位与勘察设计单位的质量责任和义务。
4. 掌握建设工程竣工验收与工程质量保修等法律制度。

知识链接 《中华人民共和国建筑法》《中华人民共和国标准化法》《建设工程质量管理条例》《建筑工程五方责任主体项目负责人质量终身责任追究暂行办法》《建筑施工项目经理质量安全责任十项规定（试行）》和《房屋建筑和市政基础设施工程竣工验收备案管理办法》等。

第一节　建设工程质量概述

谁对这些工程质量负责

2014 年 4 月 4 日，浙江省奉化市某小区第 29 幢 5 层居民楼瞬间倒塌，事故造成 1 人死亡 6 人受伤。该居民楼于 1994 年竣工，由奉化市某房地产公司开发，象山某建筑公司施工，为砖混结构，共有 40 户住户。坍塌的是西边一个半单元，共 15 户。

塌楼事故发生后，奉化官方邀请了第三方进行了房屋工程质量检测评估。倒塌的房屋存在以下问题：钢筋锈蚀受力弯曲、多处墙体裂缝且部分裂缝已属贯穿缝、房屋部分墙体的砖受压已出现断裂、楼面预制板缝隙增大、局部粉刷层脱落。同时报告指出，房屋所属墙体砌筑砂浆强度、梁柱混凝土强度达不到设计要求。

案例分析：一幢只有 20 年历史的居民楼突然倒塌，这并不是个案，90 年代开发的楼盘现阶段出现工程质量问题的案例不少。有人担忧，一些城市良莠不齐的建筑进入“质量报复周期”。如近年来，20 世纪 90 年代建设的楼房频频成事故主角。

1）河北石家庄市一座建于 20 世纪 90 年代的二层楼房在雨中倒塌，17 人遇难。

2）宁波市南门社区的一幢 5 层居民楼突然倒塌。

3）交付 20 余年的宁波市江东区 2 幢楼发生倒塌，造成 1 死 1 伤。

4）浙江绍兴市越城区，一幢四层楼的民房倒塌。据称，这幢房子建于 20 世纪 90 年代初期。

楼房正值“壮年”就“未老先衰”，建筑结构专家认为，20 世纪 90 年代使用的是“88 年规范”（1988 年颁布），当年的设计标准先天不足，施工建设上又存在诸多的质量隐患。那个时候房屋设计标准都是在照搬苏联的经验，尤其是计算公式上是直接翻译过来的，再根据国情套用。一半科学计算，一半凭经验。如此套用尤其不适合南方的建筑，因为砂浆强度是不一样的。而设计中自然环境的影响也常常被忽略。设计之外，建设也是个大问题。首先是建筑材料，如奉化倒塌居民楼之前的检测报告就显示墙体强度、梁柱混凝土强度达不到设计要求。其次就是施工问题。20 世纪 90 年代，市场经济刚起步，大量楼宇被建造起来，然而规范标准体系跟不上建设速度，很多建筑工人甚至来不及学习建筑常识，就从稻田直接上了脚手架。20 世纪 90 年代，建筑行业偷工减料现象比较突出，经常会有施工方少用钢筋或采用规格偏小的钢筋现象。另外，混凝土的使用也并不规范，很多都是人工现场配比，有可能出现节约成本、少用水泥的现象，而不像现在是混凝土公司统一供货，有着严格的施工技术标准。另外还有技术和资金方面的局限，所以建筑质量很容易就出问题。

但才用 20 年就倒掉是极为不正常的。谁对这些工程质量负责呢？

如奉化市××房地产开发单位企业经营状态为吊销未注销，施工单位于 20 世纪 90 年代拆分为四家建筑公司，责任方难觅。那么作为工程质量监督机构建设工程质量安全监督站是否承担责任呢？

我国十年前开始实行竣工验收备案制，即在工程竣工验收环节，由房产开发公司组织勘察单位、设计单位、监理单位、施工单位等各方主体进行竣工验收。验收时，在综合各单位的认定意见后认定工程是否验收合格，并在法定期限内将竣工验收文件上报建设行政主管部门。在备案制下，质监站扮演的是一个监督竣工验收组织形式、验收程序、执行验收标准等情况是否合乎规范的角色，从原先的质量责任主体中解脱出来，由工程质量核定主体转变为现在的质量监督管理主体。

倒塌居民楼建造于 1994 年，彼时实行的是核定制，由当地质监站承担核定工程质量合格或优良等级职能，也就是工程质量核定主体，是工程交付使用前“最后的把关者”。在当时的制度设计条件下，政府应承担质量管理责任。难道政府买单？这些房屋是显然有业主的，产权不归国有，政府买单包办显然对纳税人不公平。

建设工程作为一种特殊产品，是人们日常生活和生产、经营、工作等的主要场所，是人类赖以生存和发展的重要物质基础。由此可见，建设工程质量标准与管理制度急待规范，一旦发生质量事故，特别是重大垮塌事故，将危及人民生命财产安全，甚至造成无可估量的损失。“百年大计，质量第一”，必须进一步提高建设工程质量水平，制定严格的工程质量标准，从法律制度上明确工程责任主体，确保建设工程的安全可靠。

一、工程建设质量标准

工程建设标准是指为在工程建设领域内获得最佳秩序，对建设工程的勘察、设计、施工、安装、验收、运营维护及管理等活动和结果需要协调统一的事项所制定的共同的、重复使用的技术依据和准则。

工程建设标准通过行之有效的标准规范，特别是工程建设强制性标准，为建设工程实施安全防范措施、消除安全隐患提供统一的技术要求，以确保在现有的技术、管理条件下尽可能地保障建设工程质量安全，从而最大限度地保障建设工程的建造者、使用者和所有者的生命财产安全以及人身健康安全。

1. 工程建设标准的分类

按照《标准化法》规定，我国的标准。保障人体健康，人身、财产安全的标准和法律、行政法规规定强制执行的标准是强制性标准，其他标准是推荐性标准。强制性标准一经颁布，必须贯彻执行，否则对造成恶劣后果和重大损失的单位和个人，要受到经济制裁或承担法律责任。

（1）工程建设国家标准

《标准化法》规定，对需要在全国范围内统一的技术要求，应当制定国家标准。

工程建设国家标准分为强制性标准和推荐性标准。下列标准属于强制性标准：

1）工程建设勘察、规划、设计、施工（包括安装）及验收等通用的综合标准和重要的通用的质量标准。

2）工程建设通用的有关安全、卫生和环境保护的标准。

3）工程建设重要的通用的术语、符号、代号、量与单位、建筑模数和制图方法标准。

4）工程建设重要的通用的试验、检验和评定方法等标准。

5）工程建设重要的通用的信息技术标准。

6）国家需要控制的其他工程建设通用的标准。

强制性标准以外的标准是推荐性标准。

工程建设国家标准由国务院工程建设行政主管部门审查批准，由国务院标准化行政主管部门统一编号，由国务院标准化行政主管部门和国务院工程建设行政主管部门联合发布。

工程建设国家标准的编号由国家标准代号、发布标准的顺序号和发布标准的年号组成。强制性国家标准的代号为“GB”，推荐性国家标准的代号为“GB/T”。例如：《建筑工程施工质量验收统一标准》（GB 50300—2013），其中GB表示为强制性国家标准，50300表示标准发布顺序号，2013表示是2013年批准发布；《工程建设施工企业质量管理规范》（GB/T 50430—2007），其中GB/T表示为推荐性国家标准，50430表示标准发布顺序号，2007表示是2007年批准发布。

（2）工程建设行业标准

《标准化法》规定，对没有国家标准而又需要在全国某个行业范围内统一的技术要求，可以制定行业标准。工程建设行业标准也分为强制性标准和推荐性标准。行业标准不得与国家标准相抵触。行业标准的某些规定与国家标准不一致时，必须有充分的科学依据和理由，并经国家标准的审批部门批准。行业标准在相应的国家标准实施后，应当及时修订或废止。

（3）工程建设地方标准

《标准化法》规定，对没有国家标准和行业标准而又需要在省、自治区、直辖市范围内统一的工业产品的安全、卫生要求，可以制定地方标准。在公布国家标准或者行业标准之后，该项地方标准即行废止。

我国幅员辽阔，各地的自然环境差异较大，而工程建设在许多方面要受到自然环境的影响。例如，我国的黄土地区、冻土地区以及膨胀土地区，对建筑技术的要求有很大区别。因此，工程建设标准除国家标准、行业标准外，还需要有相应的地方标准。

工程建设地方标准在省、自治区、直辖市范围内由省、自治区、直辖市建设行政主管部门统一计划、统一审批、统一发布、统一管理。工程建设地方标准不得与国家标准和行业标准相抵触。对与国家标准或行业标准相抵触的工程建设地方标准的规定，应当自行废止。工程建设地方标准应报国务院建设行政主管部门备案。未经备案的工程建设地方标准，不得在建设活动中使用。

（4）工程建设企业标准

《标准化法》规定，企业生产的产品没有国家标准和行业标准的，应当制定企业标准，作为组织生产的依据。已有国家标准或者行业标准的，国家鼓励企业制定严于国家标准或者行业标准的企业标准，在企业内部适用。工程建设企业标准一般包括企业的技术标准、管理标准和工作标准。

此外，在实践中还有推荐性的工程建设协会标准。

【案例讲评】判定施工存在质量问题的标准

某建筑工程公司（以下简称施工方）投标承包了某开发公司（以下简称建设方）的商务楼工程施工，并签订了建设工程施工合同。该工程封顶时，建设方发现该商务楼屋面顶层混凝土有细裂纹现象。于是，建设方认为施工方使用的混凝土强度不够，要求施工方采取措施，对该屋面重新施工。施工方则认为，屋面混凝土强度符合相关的技术规范，不同意重新施工或者采取其他措施。双方协商未果，建设方将施工方起诉至某区法院，要求施工方对混凝土强度不够的屋面重新施工或采取其他措施，并赔偿建设方的相应损失。

根据双方的请求，受诉法院委托某建筑工程质量检测中心按照两种建设规范对该工程结构混凝土实体强度进行检测，双方争议如下：

建设方要求检测中心应按照行业协会推荐性标准《钻芯法检测混凝土强度技术规范》检测；其结果是：屋面混凝土实体强度达不到该技术规范的要求。

施工方请求检测中心应按照地方推荐性标准《结构混凝土实体检测技术规程》检测，其结果是屋面结构混凝土实体强度达到该规范的要求。

讲评：检测中心应按照哪个推荐性标准进行检测？法院应以哪个标准作为判案的依据？如果有若在合同中约定了推荐性标准，对国家强制性标准是否仍须执行？

本案中的协会标准、地方标准均为推荐性标准，且建设方、施工方未在合同中约定采用哪个标准。《标准化法》中规定，“推荐性标准，国家鼓励企业自愿采用。”在没有国家强制性标准的情况下，施工方有权自主选择采用地方标准。

依据《标准化法》的规定，“强制性标准，必须执行。”因此，如果有国家强制性标准，即使双方当事人在合同中约定了采用某项推荐性标准，也必须执行国家强制性标准。

据此，受诉法院经过庭审作出如下判决：①驳回原告即建设方的诉讼请求；②案件受理费和检测费由原告建设方承担。

法院判决的主要理由是：目前尚无此方面的国家强制性标准，只有协会标准、地方标准，双方应当通过合同来约定施工过程中所要适用的技术规范。本案中的双方并没有在施工合同中具体约定适用哪个规范，因此施工方有权选择适用地方标准《结构混凝土实体检测技术规程》。

2. 工程建设强制性标准实施的规定

工程建设标准制定的目的在于实施。否则，再好的标准也是一纸空文。我国工程建设领域所出现的各类工程质量事故，大都是没有贯彻或没有严格贯彻强制性标准的结果。因此，《标准化法》规定，强制性标准，必须执行。《建筑法》规定，建筑活动应当确保建筑工程质量和安全，符合国家的建设工程安全标准。

（1）工程建设各方主体实施强制性标准的法律规定

《建筑法》和《建设工程质量管理条例》规定，建设单位不得以任何理由，要求建筑设计单位或者建筑施工企业在工程设计或者施工作业中，违反法律、行政法规和建筑工程质量、安全标准，降低工程质量。建设单位不得明示或者暗示设计单位或者施工单位违反工程建设强制性标准，降低建设工程质量。建筑设计单位和建筑施工企业对建设单位违反规定提出的降低工程质量的要求，应当予以拒绝。

勘察、设计单位必须按照工程建设强制性标准进行勘察、设计，并对其勘察、设计的质量负责。建筑工程设计应当符合按照国家规定制定的建筑安全规程和技术规范，保证工程的安全性能。勘察、设计文件应当符合有关法律、行政法规的规定和建筑工程质量、安全标准、建筑工程勘察、设计技术规范以及合同的约定。设计文件选用的建筑材料、建筑构配件和设备，应当注明其规格、型号、性能等技术指标，其质量要求必须符合国家规定的标准。

施工单位必须按照工程设计图纸和施工技术标准施工，不得擅自修改工程设计，不得偷工减料。施工单位必须按照工程设计要求、施工技术标准和合同约定，对建筑材料、建筑构配件、设备和商品混凝土进行检验，检验应当有书面记录和专人签字；未经检验或者检验不合格的，不得使用。

建筑工程监理应当依照法律、行政法规及有关的技术标准、设计文件和建筑工程承包合同，对承包单位在施工质量、建设工期和建设资金使用等方面，代表建设单位实施监督。工程监理人员认为工程施工不符合工程设计要求、施工技术标准和合同约定的，有权要求建筑施工企业改正。工程监理人员发现工程设计不符合建筑工程质量标准或者合同约定的质量要求的，应当报告建设单位要求设计单位改正。

（2）工程建设标准强制性条文的实施

在工程建设标准的条文中，使用“必须”“严禁”“应”“不应”“不得”等属于强制性标准的用词，而使用“宜”“不宜”“可”等一般不是强制性标准的规定。但在工作实践中，强制性标准与推荐性标准的划分仍然存在一些困难。

自 2000 年起，国务院建设行政主管部门（即原建设部，现为住房和城乡建设部）对工程建设强制性标准进行了改革，严格按照《标准化法》的规定，把现行工程建设强制性国家标准、行业标准中必须严格执行的直接涉及工程安全、人身健康、环境保护和公众利益的技术规定摘编出来，以工程项目类别为对象，编制完成了《工程建设标准强制性条文》，包括城乡规划、城市建设、房屋建筑、工业建筑、水利工程、电力工程、信息工程、水运工程、公路工程、铁道工程、石油和化工技术工程、矿业工程、人防工程、广播电影电视工程和民航机场工程等 15 个部分。

2000 年 8 月原建设部发布的《实施工程建设强制性标准监督规定》中规定，在中华人民共和国境内从事新建、扩建、改建等工程建设活动，必须执行工程建设强制性标准。工程建设强制性标准是指直接涉及工程质量、安全、卫生及环境保护等方面的工程建设标准强制性条文。国家工程建设标准强制性条文由国务院建设行政主管部门会同国务院有关行政主管部门确定。

（3）对工程建设强制性标准的监督检查

1）监督管理机构。《实施工程建设强制性标准监督规定》规定，国务院建设行政主管部门负责全国实施工程建设强制性标准的监督管理工作。国务院有关行政主管部门按照国务院的职能分工负责实施工程建设强制性标准的监督管理工作。县级以上地方人民政府建设行政主管部门负责本行政区域内实施工程建设强制性标准的监督管理工作。

建设项目规划审查机关应当对工程建设规划阶段执行强制性标准的情况实施监督；施工图设计文件审查单位应当对工程建设勘察、设计阶段执行强制性标准的情况实施监督；建筑安全监督管理机构应当对工程建设施工阶段执行施工安全强制性标准的情况实施监督；工程质量监督机构应当对工程建设施工、监理、验收等阶段执行强制性标准的情况实施监督。

建设项目规划审查机关、施工设计图设计文件审查单位、建筑安全监督管理机构、工程质量监督机构的技术人员必须熟悉、掌握工程建设强制性标准。

2）监督检查的方式和内容。工程建设标准批准部门应当定期对建设项目规划审查机关、施工图设计文件审查单位、建筑安全监督管理机构、工程质量监督机构实施强制性标准的监督进行检查，对监督不力的单位和个人，给予通报批评，建议有关部门处理。

工程建设标准批准部门应当对工程项目执行强制性标准情况进行监督检查。监督检查可以采取重点检查、抽查和专项检查的方式。

二、建设工程质量管理的基本制度

1. 目前已实施的建设工程质量管理基本制度

建设工程质量是指在国家现行的有关法律、法规、技术标准、设计文件和合同中，对工程的安全、适用、经济、环保、美观等特性的综合要求。我国先后颁发了许多与工程质量管理相关的制度。除了施工许可证制度、监理制度、招标投标制度、项目经理责任制、工程报建制度、从业许可制度、执业资格制度等外，还有以下几方面的制度。

1）建筑工程政府质量监督制度。

2）质量体系认证制度。

3）建筑工程竣工验收制度。

4）建设工程竣工验收备案制度。

5）建筑工程保修制度。

6）施工图设计文件审查制度。

7）工程、材料与设备质量检测制度。

8）总分包连带责任制度。

9）建设工程质量安全事故报告制度。

10）工程质量终身责任制度。

11）社会公民质量的检举、控告和投诉制度等。

2. 建设工程质量责任主体与项目负责人质量终身负责制

建设工程质量责任主体是指从事新建、扩建、改建房屋建筑工程和市政基础设施工程建设活动的单位中，有违反法律、法规、规章所规定的质量责任和义务的行为，以及勘察、设计文件和工程实体质量不符合工程建设强制性技术标准的情况的，无论是建设单位、勘察单位、设计单位、施工单位和监理单位，都属建设工程质量责任主体。

为加强房屋建筑和市政基础设施工程质量管理，提高质量责任意识，强化质量责任追究，保证工程建设质量，对建筑工程质量实行五方管理人员终身负责制，全面推行工程质量终身责任实行书面承诺和竣工后永久性标牌等制度。

根据住房和城乡建设部《建筑工程五方责任主体项目负责人质量终身责任追究暂行办法》（建质[2014]124 号）规定：建筑工程五方责任主体项目负责人是指承担建筑工程项目建设的建设单位项目负责人、勘察单位项目负责人、设计单位项目负责人、施工单位项目经理、监理单位总监理工程师。

建筑工程五方责任主体项目负责人质量终身责任，是指参与新建、扩建、改建的建筑工程项目负责人按照国家法律法规和有关规定，在工程设计使用年限内对工程质量承担相应责任。

项目负责人应当在办理工程质量监督手续前签署工程质量终身责任承诺书，连同法定代表人授权书，报工程质量监督机构备案。项目负责人如有更换的，应当按规定办理变更程序，重新签署工程质量终身责任承诺书，连同法定代表人授权书，报工程质量监督机构备案。

《建筑工程五方责任主体项目负责人质量终身责任追究暂行办法》规定，符合下列情形之一的，县级以上地方人民政府住房和城乡建设主管部门应当依法追究项目负责人的质量终身责任：发生工程质量事故，发生投诉、举报、群体性事件、媒体报道并造成恶劣社会影响的严重工程质量问题，由于勘察、设计或施工原因造成尚在设计使用年限内的建筑工程不能正常使用，存在其他需追究责任的违法违规行为。

（1）建设单位项目负责人质量责任

建设单位项目负责人对工程质量承担全面责任，不得违法发包、肢解发包，不得以任何理由要求勘察、设计、施工、监理单位违反法律法规和工程建设标准，降低工程质量，其违法违规或不当行为造成工程质量事故或质量问题应当承担责任。

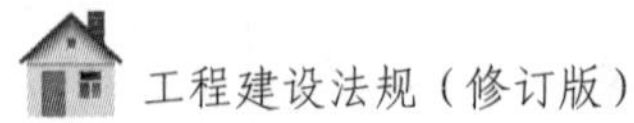

（2）勘察、设计单位与监理单位项目负责人质量责任

勘察、设计单位项目负责人应当保证勘察设计文件符合法律法规和工程建设强制性标准的要求，对因勘察、设计导致的工程质量事故或质量问题承担责任。

监理单位总监理工程师应当按照法律法规、有关技术标准、设计文件和工程承包合同进行监理，对施工质量承担监理责任。

（3）施工单位项目负责人质量责任

依据住房和城乡建设部《建筑施工项目经理质量安全责任十项规定（试行）》（建质[2014]123 号）规定，建筑施工项目经理的质量责任有以下几方面。

1）建筑施工项目经理（以下简称项目经理）必须按规定取得相应执业资格和安全生产考核合格证书；合同约定的项目经理必须在岗履职，不得违反规定同时在两个及两个以上的工程项目担任项目经理。

2）项目经理必须对工程项目施工质量安全负全责，负责建立质量安全管理体系，负责配备专职质量、安全等施工现场管理人员，负责落实质量安全责任制、质量安全管理规章制度和操作规程。

3）项目经理必须按照工程设计图纸和技术标准组织施工，不得偷工减料；负责组织编制施工组织设计，负责组织制定质量安全技术措施，负责组织编制、论证和实施危险性较大分部分项工程专项施工方案；负责组织质量安全技术交底。

4）项目经理必须组织对进入现场的建筑材料、构配件、设备、预拌混凝土等进行检验，未经检验或检验不合格，不得使用；必须组织对涉及结构安全的试块、试件以及有关材料进行取样检测，送检试样不得弄虚作假，不得篡改或者伪造检测报告，不得明示或暗示检测机构出具虚假检测报告。

5）项目经理必须组织做好隐蔽工程的验收工作，参加地基基础、主体结构等分部工程的验收，参加单位工程和工程竣工验收；必须在验收文件上签字，不得签署虚假文件。

施工单位项目经理没有按照经审查合格的施工图设计文件和施工技术标准进行施工，应对因施工导致的工程质量事故或质量问题承担责任。根据住房和城乡建设部《建筑工程五方责任主体项目负责人质量终身责任追究暂行办法》规定，对施工单位项目经理按以下方式进行责任追究：

1）项目经理为相关注册执业人员的，责令停止执业 1 年；造成重大质量事故的，吊销执业资格证书，5 年以内不予注册；情节特别恶劣的，终身不予注册。

2）构成犯罪的，移送司法机关依法追究刑事责任。

3）处单位罚款数额 5%以上 10%以下的罚款。

4）向社会公布曝光。

项目负责人因调动工作等原因离开原单位或已退休的，被发现在原单位工作期间违反国家法律法规、工程建设标准及有关规定，造成所负责项目发生工程质量事故或严重质量问题的，仍应依法追究相应责任，且已退休人员不得返聘从事相关技术工作。

三、政府对建设工程质量的监督管理

为了确保建设工程质量，保障公共安全和人民生命财产安全，政府必须加强对建设工程质量的监督管理。因此，《建设工程质量管理条例》规定，国家实行建设工程质量监督管理制度。

1. 我国的建设工程质量监督管理体制

《建设工程质量管理条例》规定，国务院建设行政主管部门对全国的建设工程质量实施统一监督管理。国务院铁路、交通、水利等有关部门按照国务院规定的职责分工，负责对全国的有关专业建设工程质量的监督管理。

国务院发展计划部门按照国务院规定的职责，组织稽查特派员，对国家出资的重大建设项目实施监督检查。国务院经济贸易主管部门按照国务院规定的职责，对国家重大技术改造项目实施监督检查。

县级以上地方人民政府建设行政主管部门对本行政区域内的建设工程质量实施监督管理。县级以上地方人民政府交通、水利等有关部门在各自的职责范围内，负责对本行政区域内的专业建设工程质量的监督管理。

建设工程质量监督管理，可以由建设行政主管部门或者其他有关部门委托的建设工程质量监督机构具体实施。从事房屋建筑工程和市政基础设施工程质量监督的机构，必须按照国家有关规定经国务院建设行政主管部门或者省、自治区、直辖市人民政府建设行政主管部门考核；从事专业建设工程质量监督的机构，必须按照国家有关规定经国务院有关部门或者省、自治区、直辖市人民政府有关部门考核。经考核合格后，方可实施质量监督。在政府加强监督的同时，还要发挥社会监督的巨大作用，即任何单位和个人对建设工程的质量事故、质量缺陷都有权检举、控告、投诉。

根据《房屋建筑工程和市政基础设施工程质量监督管理规定》（建设部令第 5 号）规定：工程质量监督机构非社会上的一般中介机构；本质上仍属于行政执法机构，和建设主管部门一起承担房屋建筑和市政基础设施工程建设的质量监督任务。

政府的质量监督机构一方面，以抽查、抽测为主的工程质量监督方式对工程质量监督承担监督责任；另一方面，对于主管部门工作人员玩忽职守、滥用职权、徇私舞弊，构成犯罪的，应依法追究刑事责任；尚不构成犯罪的，依法给予行政处分。

要把监督责任与企业的主体责任区分开来，工程参建单位的有关人员按各自职责对工程质量负终身责任，而政府的质量监督则是对监督行为负责任。另外，监督责任作为一种政府监管责任，如果存在失职渎职行为，也要要被追责。

2. 政府监督检查的内容和有权采取的措施

《建设工程质量管理条例》规定，国务院建设行政主管部门和国务院铁路、交通、水利等有关部门以及县级以上地方人民政府建设行政主管部门和其他有关部门，应当加强对有关建设工程质量的法律、法规和强制性标准执行情况的监督检查。

县级以上人民政府建设行政主管部门和其他有关部门履行监督检查职责时，有权采取下列措施：

1）要求被检查的单位提供有关工程质量的文件和资料。

2）进入被检查单位的施工现场进行检查。

3）发现有影响工程质量的问题时，责令改正。

有关单位和个人对县级以上人民政府建设行政主管部门和其他有关部门进行的监督检查应当支持与配合，不得拒绝或者阻碍建设工程质量监督检查人员依法执行职务。

3. 禁止滥用权力的行为

《建设工程质量管理条例》规定，供水、供电、供气、公安消防等部门或者单位不得明示或者暗示建设单位、施工单位购买其指定的生产供应单位的建筑材料、建筑构配件和设备。

目前，有关部门或单位利用其管理职能或垄断地位指定生产厂家或产品的现象较多，如果建设单位或施工单位不采用，就在竣工验收时故意刁难或不予验收，不准投入使用。政府有关部门这种滥用职权的行为，是法律所不允许的。

4. 建设工程质量事故报告制度

《建设工程质量管理条例》规定，建设工程发生质量事故，有关单位应当在 24 小时内向当地建设行政主管部门和其他有关部门报告。对重大质量事故，事故发生地的建设行政主管部门和其他有关部门应当按照事故类别和等级向当地人民政府和上级建设行政主管部门和其他有关部门报告。特别重大质量事故的调查程序按照国务院有关规定办理。

习题讲评

1. 下列关于工程建设国家标准的审批发布和编号，下列说法正确的是：工程建设国家标准由（　　）。

A. 国务院工程建设行政主管部门批准并发布

B. 国务院标准化行政主管部门审查并统一编号

C. 国务院标准化行政主管部门批准并发布

D. 国务院工程建设行政主管部门审查并批准

【参考答案】D.《工程建设国家标准管理办法》规定，工程建设国家标注由国务院工程建设行政主管部门审查批准，由国务院标准化行政主管部门统一编号，由国务院标准化行政主管部门和国务院工程建设行政主管部门联合发布。因此选 D。

2. 工程建设国家标准的部分规定有明显缺陷或与相关的国家标准相抵触的，应当（　　）。

A. 废止该工程建设标准　　B. 局部修订该工程建设标准

C. 继续执行该工程建设标准　　D. 局部修订相关的国家标准

【参考答案】B。《工程建设国家标准管理办法》规定，凡属下列情况之一的国家标准应当举行局部修订：如国家标准的部分规定有明显缺陷或与相关的国家标准相抵触。因此选 B。

3. 关于行业标准与国家标准之间的效力关系，下列说法错误的是（　　）。

A. 行业标准在相应的国家标准公布之后继续有效

B. 行业标准不得与国家标准相抵触

C. 经国家标准的审批部门批准，行业标准的某些规定可与国家标准不一致

D. 行业标准在相应的国家标准公布之后即行废止

【参考答案】A。《工程建设国家标准管理办法》规定，行业标准不得与国家标准相抵触。行业标准的某些规定与国家标准不一致时，必须有充分的科学依据和理由，并经国家标准的审批部门批准。行业标准在相应的国家标准实施后，应当及时修订或废止。因此选 A。

第二节　施工单位的质量责任和义务

案例导入

分包工程出现质量问题谁负责

甲公司因建办公楼与乙建筑承包公司签订了工程总承包合同。其后，经甲同意，乙分别与丙建筑设计院和丁建筑工程公司签订了工程勘察设计合同和工程施工合同。勘察设计合同约定：由丙对甲的办公楼及其附属工程提供设计服务，并按勘察设计合同的约定交付有关的设计文件和资料。施工合同约定：由丁根据丙提供的设计图纸进行施工。工程竣工时依据国家有关验收规定及设计图纸进行质量验收。合同签订后，丙按时将设计文件和有关资料交付给丁，丁依据设计图纸进行施工。

工程竣工后，甲会同有关质量监督部门对工程进行验收，发现工程存在严重质量问题，是由于设计不符合规范所致。原来丙未对现场进行仔细勘察即自行进行设计，导致设计不合理，给甲带来了重大损失。丙以与甲没有合同关系为由拒绝承担责任，乙又以自己不是设计人为由推卸责任。甲遂以丙为被告向法院起诉，法院受理后追加乙为共同被告，判决乙与丙对工程建设质量问题承担连带责任。

案例分析：甲是发包人，乙是总承包人，丙和丁是分包人，《建筑法》规定：建筑工程总承包单位可以将承包工程中的部分工程发包给具有相应资质条件的分包单位；但是，除总承包合同中约定的分包外，必须经建设单位认可。施工总承包的建筑工程主体结构的施工必须由总承包单位自行完成。建筑工程总承包单位按照总承包合同的约定对建设单位负责；分包单位按照分包合同的约定对总承包单位负责。总承包单位和分包单位就分包工程对建设单位承担连带责任。禁止总承包单位将工程分包给

不具备相应资质条件的单位。禁止分包单位将其承包的工程再分包。对工程质量问题，乙作为总承包人应承担责任，而丙和丁也应该依法分别向发包人甲承担责任。总承包人以不是自己勘察设计和建筑安装的理由企图不对发包人承担责任，以及分包人以与发包人没有合同关系为由不向发包人承担责任都是错误行为。

一、施工单位对工程质量全面负责

施工单位是工程建设的重要责任主体之一。施工阶段是建设工程实物质量形成的阶段，勘察、设计工作成果均要在这一阶段得以实现。由于施工阶段影响质量稳定的因素和涉及的责任主体均较多，协调管理的难度较大，明确施工阶段施工单位的质量责任主体尤为重要。

1. 施工单位应对施工质量负责

《建筑法》规定，建筑施工企业对工程的施工质量负责。《建设工程质量管理条例》进一步规定，施工单位对建设工程的施工质量负责。施工单位应当建立质量责任制，确定工程项目的项目经理、技术负责人和施工管理负责人。

对施工质量负责是施工单位法定的质量责任。施工单位是建设工程质量的重要责任主体，但不是唯一的责任主体。建设工程质量要受多方面因素的制约，在勘察、设计质量没有问题的前提下，整个建设工程的质量状况，最终将取决于施工质量。因此，从法律上确立施工质量责任制，要求施工单位对建设工程的施工质量负责，也就是要对自己的施工行为负责，既可避免让施工单位承担过多的工程质量责任而开脱建设单位及其他主体的责任，又可避免让建设单位及其他主体承担过多的工程质量责任而忽略施工单位应承担的施工质量责任。建设工程各方主体依法各司其职、各负其责，以使建设工程质量责任真正落到实处。

施工单位的质量责任制，是其质量保证体系的一个重要组成部分，也是施工质量目标得以实现的重要保证。建立质量责任制，主要包括制订质量目标计划，建立考核标准，并层层分解落实到具体的责任单位和责任人，特别是工程项目的项目经理、技术负责人和施工管理负责人。落实质量责任制，不仅是为了在出现质量问题时可以追究责任，更重要的是通过层层落实质量责任制，做到事事有人管、人人有职责，加强对施工过程的全面质量控制，保证建设工程的施工质量。

2. 总、分包单位的质量责任

《建筑法》规定，建筑工程实行总承包的，工程质量由工程总承包单位负责，总承包单位将建筑工程分包给其他单位的，应当对分包工程的质量与分包单位承担连带责任。分包单位应当接受总承包单位的质量管理。

《建设工程质量管理条例》进一步规定，建设工程实行总承包的，总承包单位应当对全部建设工程质量负责；建设工程勘察、设计、施工、设备采购的一项或者多项实行

总承包的，总承包单位应当对其承包的建设工程或者采购的设备的质量负责。总承包单位依法将建设工程分包给其他单位的，分包单位应当按照分包合同的约定对其分包工程的质量向总承包单位负责，总承包单位与分包单位对分包工程的质量承担连带责任。

据此，无论是实行建设工程总承包还是对建设工程勘察、设计、施工、设备采购的一项或者多项实行总承包，总承包单位都应当对其所承包的工程或工作承担总体的质量责任。这是因为，在总分包的情况下存在着总包、分包两个合同，所以就有两种合同法律关系：①总承包单位要按照总包合同向建设单位负总体质量责任，这种责任的承担不论是总承包单位造成的还是分包单位造成的；②在总承包单位承担责任后，可以依据分包合同的约定，追究分包单位的质量责任包括追偿经济损失。

同时，分包单位应当接受总承包单位的质量管理。总承包单位与分包单位对分包工程的质量还要依法承担连带责任。当分包工程发生质量问题时，建设单位或其他受害人既可以向分包单位请求赔偿，也可以向总承包单位请求赔偿；进行赔偿的一方有权依据分包合同的约定，对不属于自己责任的那部分赔偿向对方追偿。

二、按照工程设计图纸与标准施工

《建筑法》规定，建筑施工企业必须按照工程设计图纸和施工技术标准施工，不得偷工减料。工程设计的修改由原设计单位负责，建筑施工企业不得擅自修改工程设计。《建设工程质量管理条例》进一步规定，施工单位必须按照工程设计图纸和施工技术标准施工，不得擅自修改工程设计，不得偷工减料。施工单位在施工过程中发现设计文件和图纸有差错的，应当及时提出意见和建议。

这是对施工单位的施工依据以及有义务对设计文件和图纸及时提出意见和建议的规定。

1. 按图施工，遵守标准

按工程设计图纸施工，是保证工程实现设计意图的前提，也是明确划分设计、施工单位质量责任的前提。如果施工单位不按图施工或不经原设计单位同意就擅自修改工程设计，其直接后果往往是违反了原设计的意图，严重的将给工程结构安全留下隐患；间接后果是在原设计有缺陷或出现工程质量事故的情况下，由于施工单位擅自修改了设计，将会混淆设计、施工单位各自的质量责任。所以，按图施工、不擅自修改设计，是施工单位保证工程质量的最基本要求。

施工技术标准是工程建设过程中规范施工行为的技术依据。如前所述，工程建设国家标准、行业标准均分为强制性标准和推荐性标准。施工单位只有按照施工技术标准，特别是强制性标准的要求施工，才能保证工程的施工质量。偷工减料属于一种非法牟利的行为。如果在工程的一般部位，施工工序不严格按照标准要求，减少工料投入，简化操作程序，将会产生一般性的质量通病，影响工程外观质量或一般使用功能；但在关键部位，如结构中使用劣质钢筋、水泥等，将给工程留下严重的结构隐患。

从法律的角度来看，工程设计图纸和施工技术标准都属于合同文件的组成部分，如果施工单位不按照工程设计图纸和施工技术标准施工，则属于违约行为，应该对建设单位承担违约责任。

2. 施工单位的识图责任

工程项目的设计涉及多个专业，设计文件和图纸也有可能会出现差错。这些差错通常会在图纸会审或施工过程中被逐渐发现。施工人员特别是施工管理负责人、技术负责人以及项目经理等，均为有丰富实践经验的专业人员，对设计文件和图纸中存在的差错是有能力发现的。如果施工单位在施工过程中发现设计文件和图纸中确实存在差错，是有义务及时向设计单位提出的，以免造成不必要的损失和质量问题。这是施工单位具备的职业道德，也是履行合同应尽的基本义务。

三、进场的材料与设备进行检验检测

《建筑法》规定，建筑施工企业必须按照工程设计要求、施工技术标准和合同的约定，对建筑材料、建筑构配件和设备进行检验，不合格的不得使用。

《建设工程质量管理条例》进一步规定，施工单位必须按照工程设计要求、施工技术标准和合同约定，对建筑材料、建筑构配件、设备和商品混凝土进行检验，检验应当有书面记录和专人签字；未经检验或者检验不合格的，不得使用。

由于建设工程属于特殊产品，其质量隐蔽性强、终检局限性大，在施工全过程质量控制中，必须严格执行法定的检验、检测制度。否则，将给建设工程造成难以逆转的先天性质量隐患，甚至导致质量安全事故。依法对建筑材料、设备等进行检验检测，是施工单位的一项重要法定义务。

1. 建筑材料、建筑构配件、设备和商品混凝土的检验制度

施工单位对进入施工现场的建筑材料、建筑构配件、设备和商品混凝土实行检验制度，是施工单位质量保证体系的重要组成部分，也是保证施工质量的重要前提。施工单位应当严把两道关：一是谨慎选择生产供应厂商；二是实行进场二次检验。

施工单位的检验要依据工程设计要求、施工技术标准和合同约定。检验对象是将在工程施工中使用的建筑材料、建筑构配件、设备和商品混凝土。合同若有其他约定的，检验工作还应满足合同相应条款的要求。检验结果要按规定的格式形成书面记录，并由相关的专业人员签字。这是为了促使检验工作严谨认真，以及未来必要时有据可查，方便管理，明确责任。

对于未经检验或检验不合格的，不得在施工中用于工程上。否则，将是一种违法行为，要追究使用或批准使用人的责任。

2. 施工检测的见证取样和送检制度

《建设工程质量管理条例》规定，施工人员对涉及结构安全的试块、试件以及有关材料，应当在建设单位或者工程监理单位监督下现场取样，并送具有相应资质等级的质

量检测单位进行检测。

在施工过程中，为了控制工程总体或相应部位的施工质量，通常要依据有关的技术标准，用规定方法对用于工程的材料或构件抽取一定数量的样品进行检测检验，并根据其结果来判断所代表部位的质量。这是控制和判断施工质量水平所采取的重要技术措施。试件、试块及有关材料的真实性和代表性，是保证这一措施有效的前提条件。因此，施工检测应当实行见证取样和送检制度，并由具有相应资质等级的质量检测单位进行检测。

（1）见证取样和送检

所谓见证取样和送检，是指在建设单位或工程监理单位人员的见证下，由施工单位的现场试验人员对工程中涉及结构安全的试块、试件和材料在现场取样，并送至具有法定资格的质量检测单位进行检测的活动。

（2）工程质量检测单位的资质和检测规定

原建设部发布的《建设工程质量检测管理办法》规定，工程质量检测机构是具有独立法人资格的中介机构。按照其承担的检测业务内容分为专项检测机构资质和见证取样检测机构资质。检测机构未取得相应的资质证书，不得承担本办法规定的质量检测业务。

质量检测业务由工程项目建设单位委托具有相应资质的检测机构进行检测。委托方与被委托方应当签订书面合同。

检测机构完成检测业务后，应当及时出具检测报告。检测报告经检测人员签字、检测机法定代表人或者其授权的签字人签署，并加盖检测机构公章或者检测专用章后方可生效。检测报告经建设单位或者工程监理单位确认后，由施工单位归档。任何单位和个人不得明示或者暗示检测机构出具虚假检测报告，不得篡改或者伪造检测报告。如果检测结果利害关系人对检测结果发生争议的，由双方共同认可的检测机构复检，复检结果由提出复检方报当地建设主管部门备案。

检测机构应当将检测过程中发现的建设单位、监理单位、施工单位违反有关法律、法规和工程建设强制性标准的情况，以及涉及结构安全检测结果的不合格情况，及时报告工程所在地建设主管部门。检测机构应当建立档案管理制度，并应当单独建立检测结果不合格项目台账。

检测人员不得同时受聘于两个或者两个以上的检测机构。检测机构和检测人员不得推荐或者监制建筑材料、构配件和设备。检测机构不得与行政机关，法律、法规授权的具有管理公共事务职能的组织以及所检测工程项目相的设计单位、施工单位、监理单位有隶属关系或者其他利害关系。

检测机构不得转包检测业务。检测机构应当对其检测数据和检测报告的真实性和准确性负责。检测机构违反法律、法规和工程建设强制性标准，给他人造成损失的，应当依法承担相应的赔偿责任。

四、施工质量的检验与返修

1. 施工质量检验制度

《建设工程质量管理条例》规定，施工单位必须建立、健全施工质量的检验制度，严格工序管理，做好隐蔽工程的质量检查和记录。隐蔽工程在隐蔽前，单位应当通知建设单位和建设工程质量监督机构。

施工质量检验，通常是指工程施工过程中工序质量检验（或称为过程检验），包括预检、自检、交接检、专职检、分部工程中间检验以及隐蔽工程检验等。

（1）严格工序质量检验和管理

施工工序也可以称为过程。各个工序或过程之间横向和纵向的联系形成了工序网络或过程网络。任何一项工程的施工，都是通过一个由许多工序或过程组成的工序（或过程）网络来实现的。网络上的关键工序或过程都有可能对工程最终的施工质量产生决定性的影响。如焊接节点的破坏，就可能引起桁架破坏，从而导致屋面坍塌。所以，施工单位要加强对施工工序或过程的质量控制，特别是要加强影响结构安全的地基和结构等关键施工过程的质量控制。

完善的检验制度和严格的工序管理是保证工序或过程质量的前提。只有工序或过程网络上的所有工序或过程的质量都受到严格控制，整个工程的质量才能得到保证。

（2）强化隐蔽工程质量检查

隐蔽工程是指在施工过程中某一道工序所完成的工程实物，被后一工序形成的工程实物所隐蔽，而且不可以逆向作业的那部分工程。例如，钢筋混凝土工程施工中，钢筋为混凝土所覆盖，前者即为隐蔽工程。

由于隐蔽工程被后续工序隐蔽后，其施工质量就很难检验及认定。如果不去认真做好隐蔽工程的质量检查工作，便容易给工程留下隐患。所以，隐蔽工程在隐蔽前，施工单位除了要做好检查、检验并做好记录外，还应当及时通知建设单位（实施监理的工程为监理单位）和建设工程质量监督机构，以接受政府监督和向建设单位提供质量保证。

按照 2013 年 4 月住房和城乡建设部、工商总局经修改后发布的《建设工程施工合同文本》的要求，承包人应当对工程隐蔽部位进行自检，并经自检确认是否具备覆盖条件。除专用合同条款另有约定外，工程隐蔽部位经承包人自检确认具备覆盖条件的，承包人应在共同检查前 48 小时书面通知监理人检查，通知中应载明隐蔽检查的内容、时间和地点，并应附有自检记录和必要的检查资料。监理人应按时到场并对隐蔽工程及其施工工艺、材料和工程设备进行检查。经监理人检查确认质量符合隐蔽要求，并在验收记录上签字后，承包人才能进行覆盖。经监理人检查质量不合格的，承包人应在监理人指示的时间内完成修复，并由监理人重新检查，由此增加的费用和（或）延误的工期由承包人承担。

除专用合同条款另有约定外，监理人不能按时进行检查的，应在检查前 24 小时向承包人提交书面延期要求，但延期不能超过 48 小肘，由此导致工期延误的，工期应予以顺延。监理人未按时进行检查，也未提出延期要求的，视为隐蔽工程检查合格，承包人可自行完成覆盖工作，并做相应记录报送监理人，监理人应签字确认。监理人事后对检查记录有疑问的，可按重新检查的约定重新检查。

2. 建设工程的返修

《建筑法》规定，对已发现的质量缺陷，建筑施工企业应当修复。《建设工程质量管

理条例》进一步规定，施工单位对施工中出现质量问题的建设工程或者竣工验收不合格的建设工程，应当负责返修。

《合同法》也做了相应规定，因施工人的原因致使建设工程质量不符合约定的，发包人有权要求工人在合理期限内无偿修理或者返工、改建。

返修作为施工单位的法定义务，其返修包括施工过程中出现质量问题的建设工程和竣工验收不合格的建设工程两种情形。

所谓返工，是指工程质量不符合规定的质量标准，而又无法修理的情况下重新进行施工；修理则是指工程质量不符合标准，而又有可能修复的情况下，对工程进行修补，使其达到质量标准的要求。不论是施工过程中出现质量问题的建设工程，还是竣工验收时发现质量问题的工程，施工单位都要负责返修。

对于非施工单位原因造成的质量问题，施工单位也应当负责返修，但是因此而造成的损失及返修费用由责任方负责。

【案例讲评】因工程质量问题纠纷拒付工程款应有证据

2013年6月，发包方上海某节能科技公司与李某签订了《外墙保温工程施工合作协议书》，约定将某房地产项目外墙保温工程发包给李某施工。李某完成施工后，于2013年底将工程交付原告使用。交付使用后，发包方发现存在保温施工不规范，外墙开裂飞砂岩脱落等质量问题。发包方多次要求施工人保修，但李某均未完全承担相应保修责任或质量维修不彻底，发包方只能委托第三方对系争议工程进行了维修，发包方以产生额外支出的维修费用为由，起诉至法院，要求李某赔偿因施工质量问题造成原告经济损失人民币121400.1元。

被告李某辩称：系争议工程竣工验收合格并交付使用。工程出现质量问题可能是原告提供的建材或主体结构不平均沉降等因素引起，原告无证据证明系争议工程的质量问题由被告施工造成。原告从未通知过被告工程存在质量问题，要求被告承担保修义务。原告无权擅自委托案外人进行维修，且案外人以及原告均对系争议工程进行维修，存在重复维修的情况，对由此产生的维修费用不予认可。如工程质量问题确由被告施工造成，被告愿意在质保期内履行保修义务。请求法院驳回原告的诉讼请求。

讲评：

1）从事建筑活动的建筑施工企业应经资质审查合格，取得相应等级的资质证书，方可在其资质等级许可的范围内从事建筑活动。被告系自然人，并不具有从事建筑活动的主体资格，原、被告之间的签订的《外墙保温工程施工合作协议书》合同违反了法律、行政法规的强制性规定，当属无效。被告作为无施工资质的个人，不具备履行保修义务的能力，原告有权委托案外人对系争议工程进行维修。

2）根据法律规定，当事人对自己提出的诉讼请求所依据的事实有责任提供证据加以证明。没有证据或者证据不足以证明当事人事实主张的，由负有举证责任的当事人承担不利后果。现原告主张系争议工程的质量问题由被告施工造成，被告对此予以否认，但原告未提供相关证据证明系争议工程质量问题是由被告施工造成，故对原告的主张，本院无法采信。

3）原告虽向本院提出对系争议工程进行质量鉴定的申请，但因原告对主张要求赔偿损失的该部分工程已擅自委托案外人修复完，致使无法通过鉴定结论来认定双方责任，由此产生不利的法律后果应由原告自行承担。故原告要求被告赔偿因施工质量问题造成原告经济损失诉讼请求，本院难以支持。

综上分析：原告上海某节能科技公司与被告李某签订的《外墙保温工程施工合作协议书》无效；原告上海某节能科技公司的诉讼请求不予支持。

五、质量管理违法行为应承担的法律责任

1. 违反资质管理规定和转包、违法分包造成质量问题应承担的法律责任

《建筑法》规定，建筑施工企业转让、出借资质证书或者以其他方式允许他人以本企业的名义承揽工程的，……对因该项承揽工程不符合规定的质量标准造成的损失，建筑施工企业与使用本企业名义的单位或者个人承担连带赔偿责任。

承包单位将承包的工程转包的，或者违反本法规定进行分包的，对因转包工程或者违法分包的工程不符合规定的质量标准造成的损失，与接受转包或者分包的单位承担连带赔偿责任。

2. 偷工减料等违法行为应承担的法律责任

《建筑法》规定，建筑施工企业在施工中偷工减料的，使用不合格的建筑材料、建筑构配件和设备的，或者有其他不按照工程设计图纸或者施工技术标准施工的行为的，责令改正，处以罚款；情节严重的，责令停业整顿，降低资质等级或者吊销资质证书；造成建筑工程质量不符合规定的质量标准的，负责返工、修理，并赔偿因此造成的损失；构成犯罪的，依法追究刑事责任。

《建设工程质量管理条例》规定，施工单位在施工中偷工减料的，使用不合格的建筑材料、建筑构配件和设备的，或者有不按照工程设计图纸或者施工技术标准施工的其他行为的，责令改正，处工程合同价款 2 %以上 4 %以下的罚款；造成建设工程质量不符合规定的质量标准的，负责返工、修理，并赔偿因此造成的损失；情节严重的，责令停业整顿，降低资质等级或者吊销资质证书。

3. 检验检测违法行为应承担的法律责任

《建设工程质量管理条例》规定，施工单位未对建筑材料、建筑构配件、设备和商品混凝土进行检验，或者未对涉及结构安全的试块、试件以及有关材料取样检测的，责令改正，处 10 万元以上 20 万元以下的罚款；情节严重的，责令停业整顿，降低资质等级或者吊销资质证书；造成损失的，依法承担赔偿责任。

4. 构成犯罪的追究刑事责任

《建设工程质量管理条例》规定，建设单位、设计单位、施工单位、工程监理单位违反国家规定，降低工程质量标准，造成重大安全事故，构成犯罪的，对直接责任人员依法追究刑事责任。

建设、勘察、设计、施工、工程监理单位的工作人员因调动工作、退休等原因离开该单位后，被发现在该单位工作期间违反国家有关建设工程质量管理规定，造成重大工程质量事故的，仍应当依法追究法律责任。

《刑法》第 137 条规定，建设单位、设计单位、施工单位、工程监理单位违反国家规定，降低工程质量标准，造成重大安全事故的，对直接责任人员处 5 年以下有期徒刑或者拘役，并处罚金；后果特别严重的，处 5 年以上 10 年以下有期徒刑，并处罚金。

习题讲评

1. 某项目分期开工建设，开发商二期工程 3 号、4 号楼仍然复制使用一期工程施工图纸。施工时施工单位发现该图纸使用的 02 号标准图集现已废止，按照《建筑法》和《建设工程质量管理条例》的规定，施工单位的正确做法是（　　）。

A. 继续按图施工，因为照图施工是施工单位的本分

B. 按现行图修改后继续施工

C. 及时向相关单位提出修改意见

D. 由施工单位技术人员修改图纸

【参考答案】C。《工程建设质量管理条例》规定，施工单位必须按照工程设计要求、施工技术标准施工，不得擅自修改工程设计，不得偷工减料。施工单位在施工过程中发现设计文件和图纸有差错的，应当及时提出意见和建议。因此选 C。

2. 根据《建设工程质量管理条例》的规定，施工单位应当对建筑材料、建筑构配件、设备和商品混凝土进行检验，下列做法不符合规定的是（　　）。

A. 未经检验的，不得用于工程上

B. 检验不合格的，应当重新检验，直至合格

C. 检验要按规定的格式形成书面记录

D. 检验要有相关的专业人员签字

【参考答案】B。《建设工程质量管理条例》的规定："施工单位必须按照工程设计要求、施工技术标准和合同约定，对建筑材料、建筑构配件、设备和商品混凝土进行检验，检验应当有书面记录和专人签字；未经经验或者检验不合格的，不得使用。"ACD 都符合规定，因此选 B。

3. 下列关于施工单位质量责任的说法，正确的有（　　）。

A. 建筑施工企业对工程的施工质量负责

B. 建设工程质量责任与施工质量责任的责任主体完全相同

C. 施工单位是建设工程质量的唯一责任主体

D. 建立质量责任制主要包括制定质量目标计划，建立考核标准并层层分解落实到责任单位和责任人

E. 总、分包单位对建设工程的质量负连带责任

【参考答案】AD。建设工程质量责任与施工质量责任的责任主体不尽相同。建设工程参与主体是多元的，各参与主体依法仅就自己的工作内容对建设工程承担相应的质量责任。因此BC选项错误，AD符合要求。E选项的“建设工程”应为“分包工程”。

第三节　建设单位与相关单位质量责任与义务

建设方没有进行地质勘察引发质量问题谁承担

某建设方新建一车间，分别与设计院和市建某公司签订设计合同与施工合同，工程竣工后厂房北侧墙壁发生裂缝现象，经勘验是由于局部地基承载力不够引起不均匀沉降引起。结论是结构设计的图纸所依据的基础地质资料不准。建设方要求施工方进行质量事故处理，并承担相关费用，施工方认为这是设计方造成的质量问题，不应由施工方承担责任。于是建设方又诉讼设计院。市设计院答辩，设计院是根据建设方提供的地质资料设计的，不应承担事故责任。经法院查证：设计院所依据的地质相邻的房屋的地质勘察资料是该车间相邻的车间的地质勘察资料，建设方与勘察方双方负责人商议为了节约成本就选用邻近房屋的地质勘察资料，而勘察方为了节约勘察劳务费用没有对新建的车间基础的位置进行再次勘察，而是使用相邻的房屋的地质勘察资料形成了勘察报告，并经建设方交给设计院进行了建筑结构设计，委托施工方进行了施工。竣工一个月后由于地基沉降墙壁发生裂缝现象。

案例分析：依据建设工程质量管理条例规定：建设方委托勘察设计院进行新建建筑物的地基基础进行勘察，并将房屋的地质勘察资料交由建筑设计院结构设计。勘察报告的准确性应由勘察设计院对建设方负责。建筑设计的质量应由建筑设计院对建设方负责。施工方按设计图纸施工，并对房屋的施工质量负责。从上述案例看，为建筑设计院提供准确的地质勘察资料是勘察设计院的职责与义务。而建设方没有履行基本建设程序违规发包，勘察方为了节约劳务费用使用了相邻的房屋的地质勘察资料而没有再次勘察，从而导致新建基础地质资料不准引起不均匀沉降房屋质量问题。建设方、勘察方应承担主要质量责任，设计方、施工方不应对由于设计错误引发的质量事故负责。

建设工程质量责任制涵盖了多方主体的质量责任制，除施工单位外，还有建设单位，勘察、设计单位，工程监理单位的质量责任制。

一、建设单位的质量责任和义务

建设单位作为建设工程的投资人，是建设工程的重要责任主体。建设单位有权选择承包单位，有权对建设过程进行检查、控制，对建设工程进行验收，并要按时支付工程款和费用等，在整个建设活动中居于主导地位。因此，要确保建设工程的质量，首先就要对建设单位的行为进行规范，对其质量责任予以明确。

1. 依法发包工程

《建设工程质量管理条例》规定，建设单位应当将工程发包给具有相应资质等级的单位。建设单位不得将建设工程肢解发包。建设单位应当依法对工程建设项目的勘察、设计、施工、监理以及与工程建设有关的重要设备、材料等的采购进行招标。

工程建设活动不同于一般的经济活动，从业单位的素质高低直接影响着建设工程质量。企业资质等级反映了企业从事某项工程建设活动的资格和能力，是国家对建设市场准入管理的重要手段。将工程发包给具有相应资质等级的单位来承担，是保证建设工程质量的基本前提。因此，从事工程建设活动必须符合严格的资质条件。如果建设单位将工程发包给没有资质等级或资质等级不符合条件的单位，不仅扰乱了建设市场秩序，更重要的将会因为承包单位不具备完成建设工程的技术能力、专业人员和资金，造成工程质量低劣，甚至使工程项目半途而废。

建设单位发包工程时，应该根据工程特点，以有利于工程的质量、进度、成本控制为原则，合理划分标段，但不得肢解发包工程。如果将应当由一个承包单位完成的工程肢解成若干部分，分别发包给不同的承包单位，将使整个工程建设在管理和技术上缺乏应有的统筹协调，从而造成施工现场秩序的混乱，责任不清，严重影响建设工程质量，一旦出现问题也很难找到责任方。

建设单位还要依照《招标投标法》等有关规定，对必须实行招标的工程项目进行招标，择优选定工程勘察、设计、施工、监理单位以及采购重要设备、材料等。

2. 依法向有关单位提供原始资料

《建设工程质量管理条例》规定，建设单位必须向有关的勘察、设计、施工、工程监理等单位提供与建设工程有关的原始资料。原始资料必须真实、准确、齐全。

原始资料是工程勘察、设计、施工、监理等单位赖以进行相关工程建设的基础性材料。建设单位作为建设活动的总负责方，向有关单位提供原始资料，并保证这些资料的真实、准确、齐全，是其基本的责任和义务。

在工程实践中，建设单位根据委托任务必须向勘察单位提供如勘察任务书、项目规划、总平面图、地下管线、地形地貌等在内的基础资料；向设计单位提供政府有关部门批准的项目建议书、可行性研究报告等立项文件，设计任务书，有关城市规划、专业规划设计条件，勘察成果及其他基础资料；向施工单位提供概算批准文件，建设项目正式列入国家、部门或地方的年度固定资产投资计划，建设用地的征用资料，施工图纸及技术资料，建设资金和主要建筑材料、设备的来源落实资料，建设项目所在地规划部门批准文件，施工现场完成“三通一平”的平面图等资料；向工程监理单位提供的原始资料，除包括给施工单位的资料外，还要有建设单位与施工单位签订的承包合同文本。

3. 限制不合理的干预行为

《建筑法》规定，建设单位不得以任何理由，要求建筑设计单位或者建筑施工企业在工程设计或者施工作业中，违反法律、行政法规和建筑工程质量、安全标准，降低工程质量。

《建设工程质量管理条例》进一步规定，建设工程发包单位，不得迫使承包方以低于成本的价格竞标，不得任意压缩合理工期。建设单位不得明示或者暗示设计单位或者施工单位违反工程建设强制性标准，降低建设工程质量。

成本是构成价格的主要部分，是承包方估算投标价格的依据和最低的经济底线。如果建设单位一味强调降低成本，迫使承包方互相压价，以低于成本的价格中标，势必会导致中标单位在承包工程后，为了减少开支、降低成本而采取偷工减料、以次充好、粗制滥造等手段，最终导致建设工程出现质量问题，影响投资效益的发挥。

建设单位也不得任意压缩合理工期。因为，合理工期是指在正常建设条件下，采取科学合理的施工工艺和管理方法，以现行的工期定额为基础，结合工程项目建设的实际，经合理测算和平等协商而确定的使参与各方均获满意的经济效益的工期。如果盲目要求赶工期，势必会简化工序，不按规程操作，从而导致建设工程出现质量等诸多问题。

建设单位更不得以任何理由，诸如建设资金不足、工期紧等，违反强制性标准的规定，要求设计单位降低设计标准，或者要求施工单位采用建设单位采购的不合格材料设备等。这种行为是法律决不允许的。因为，强制性标准是保证建设工程结构安全可靠的基础性要求，违反了这类标准，必然会给建设工程带来重大质量隐患。

4. 依法报审施工图设计文件

《建设工程质量管理条例》规定，建设单位应当将施工图设计文件报县级以上人民政府建设行政主管部门或者其他有关部门审查。施工图设计文件未经审查批准的，不得使用。

施工图设计文件是设计文件的重要内容，是编制施工图预算、安排材料、设备订货和非标准设备制作，进行施工、安装和工程验收等工作的依据。施工图设计文件一经完成，建设工程最终所要达到的质量，尤其是地基基础和结构的安全性就有了约束。因此，施工图设计文件的质量直接影响建设工程的质量。

建立和实施施工图设计文件审查制度，是许多发达国家确保建设工程质量的成功做法。我国于 1998 年开始进行建筑工程项目施工图设计文件审查试点工作，在节约投资、发现设计质量隐患和避免违法违规行为等方面都有明显的成效。通过开展对施工图设计文件的审查，既可以对设计单位的成果进行质量控制，也能纠正参与建设活动各方特别是建设单位的不规范行为。

5. 依法实行工程监理

《建设工程质量管理条例》规定，实行监理的建设工程，建设单位应当委托具有相应资质等级的工程监理单位进行监理，也可以委托具有工程监理相应资质等级并与被监理工程的施工承包单位没有隶属关系或者其他利害关系的该工程的设计单位进行监理。

监理工作要求监理人员具有较高的技术水平和较丰富的工程经验，因此国家对开展工程监理工作的单位实行资质许可。工程监理单位的资质反映了该单位从事某项监理工作的资格和能力。为了保证监理工作的质量，建设单位必须将需要监理的工程委托给具有相应资质等级的工程监理单位进行监理。

目前，我国的工程监理主要是对工程的施工过程进行监督，而该工程的设计人员对设计意图比较理解，对设计中各专业如结构、设备等在施工中可能发生的问题也比较清楚，因此由具有监理资质的设计单位对自己设计的工程进行监理，对保证工程质量是十分有利的。但是，设计单位与承包该工程的施工单位不得有行政隶属关系，也不得存在可能直接影响设计单位实施监理公正性的非常明显的经济或其他利益关系。

《建设工程质量管理条例》还规定，下列建设工程必须实行监理：

1）国家重点建设工程。

2）大中型公用事业工程。

3）成片开发建设的住宅小区工程。

4）利用外国政府或者国际组织贷款、援助资金的工程。

5）国家规定必须实行监理的其他工程。

6. 依法办理工程质量监督手续

《建设工程质量管理条例》规定，建设单位在领取施工许可证或者开工报告前，应当按照国家有关规定办理工程质量监督手续。

办理工程质量监督手续是法定程序，不办理质量监督手续的，不发施工许可证，工程不得开工。因此，建设单位在领取施工许可证或者开工报告之前，应当依法到建设行政主管部门或铁路、交通、水利等有关管理部门，或其委托的工程质量监督机构办理工程质量监督手续，接受政府主管部门的工程质量监督。

建设单位办理工程质量监督手续，应提供以下文件和资料：

1）工程规划许可证。

2）设计单位资质等级证书。

3）监理单位资质等级证书，监理合同及《工程项目监理登记表》。

4）施工单位资质等级证书及营业执照副本。

5）工程勘察设计文件。

6）中标通知书及施工承包合同等。

7. 依法保证建筑材料等符合要求

《建设工程质量管理条例》规定，按照合同约定，由建设单位采购建筑材料、建筑构配件和设备的，建设单位应当保证建筑材料、建筑构配件和设备符合设计文件和合同要求。建设单位不得明示或者暗示施工单位使用不合格的建筑材料、建筑构配件和设备。

在工程实践中，根据工程项目设计文件和合同要求的质量标准，哪些材料和设备由建设单位采购，哪些材料和设备由施工单位采购，应该在合同中明确约定，并且是谁采购、谁负责。所以，由建设单位采购建筑材料、建筑构配件和设备的，建设单位必须保证建筑材料、建筑构配件和设备符合设计文件和合同要求。对于建设单位负责供应的材料设备，在使用前施工单位应当按照规定对其进行检验和试验，如果不合格，不得在工程上使用，并应通知建设单位予以退换。

有些建设单位为了赶进度或降低采购成本，常常以各种明示或暗示的方式，要求施工单位降低标准而在工程上使用不合格的建筑材料、建筑构配件和设备。此类行为不仅严重违法，而且危害极大。

8. 依法进行装修工程

随意拆改建筑主体结构和承重结构等，会危及建设工程安全和人民生命财产安全。因此，《建设工程质量管理条例》规定，涉及建筑主体和承重结构变动的装修工程，建设单位应当在施工前委托原设计单位或者具有相应资质等级的设计单位提出设计方案；没有设计方案的，不得施工。房屋建筑使用者在装修过程中，不得擅自变动房屋建筑主体和承重结构。

建筑设计方案是根据建筑物的功能要求，具体确定建筑标准、结构形式、建筑物的空间和平面布置以及建筑群体的安排。对于涉及建筑主体和承重结构变动的装修工程，设计单位会根据结构形式和特点，对结构受力进行分析，对构件的尺寸、位置、配筋等重新进行计算和设计。因此，建设单位应当委托该建筑工程的原设计单位或者具有相应资质条件的设计单位提出装修工程的设计方案。如果没有设计方案就擅自施工，则将留下质量隐患甚至造成质量事故，后果严重。

房屋使用者在装修过程中，也不得擅自变动房屋建筑主体和承重结构，如拆除隔墙、修改门洞等，都是不允许的。

9. 建设单位质量违法行为应承担的法律责任

《建筑法》规定，建设单位违反本法规定，要求建筑设计单位或者建筑施工企业违反建筑工程质量、安全标准，降低工程质量的，责令改正，可以处以罚款；构成犯罪的，依法追究刑事责任。

《建设工程质量管理条例》规定，建设单位有下列行为之一的，责令改正，处20万元以上50万元以下的罚款：

1）迫使承包方以低于成本的价格竞标的。

2）任意压缩合理工期的。

3）明示或者暗示设计单位或者施工单位违反工程建设强制性标准，降低工程质量的。

4）施工图设计文件未经审查或者审查不合格，擅自施工的。

5）建设项目必须实行工程监理而未实行工程监理的。

6）未按照国家规定办理工程质量监督手续的。

7）明示或者暗示施工单位使用不合格的建筑材料、建筑构配件和设备的。

8）未按照国家规定将竣工验收报告、有关认可文件或者准许使用文件报送备案的。

【案例讲评】建设方指定分包商出现质量问题是否承担连带质量责任

某施工合同中约定：由 B 公司作为施工总承包承建由 A 公司开发的某项目，承包范围是地下二层，地上 24 层的土建、采暖、给排水等工程项目，其中，玻璃幕墙专业工程由 A 公司直接发包给 C 公司，工程款按工程进度支付。同时约定，由 B 公司履行对玻璃幕墙工程项目的施工配合义务，由 A 公司按玻璃幕墙工程竣工结算价款的 3%向 B 公司支付总包管理费。由于 C 公司自身原因，导致玻璃幕墙工程不仅迟迟不能完工，且已完工程也存在较多的质量问题，造成重大损失。

A 公司以 B 公司为第一被告、C 公司为第二被告向法院提起诉讼，诉讼请求有两项：

1）请求判令第一被告与第二被告共同连带向原告承担由于工期延误所造成实际损失和预期利润。

2）请求判令第一被告与第二被告共同连带承担质量的返修义务。

讲评：C 公司是否属于指定分包商？B、C 公司是否存在总分包关系？

作为总承包单位的 B 公司收取的名曰“总包管理费”，其实质是“总包配合费”。当发包人采取总包加平行发包模式时，直接发包的专业工程项目的施工条件往往需要总承包人配合才能满足，此时，发包人会与总承包人签订就总包人提供的配合工作（例如脚手架、垂直运输等）而约定双方的权利和义务。往往就出现如同本案中 B 公司与 A 公司所约定的情形，虽然，双方约定的是由总包人收取总包管理费，但是，其实质是收取的是总包配合费。B、C 之间不存在总分包关系，对玻璃幕墙工程从法律层面而言，B 公司没有总包管理的义务，虽然 B 公司从 A 公司收取的费用名称为“总包管理费”，但其实质是总包配合费。既然是总包配合费，B 公司应只就配合义务承担相应法律责任。总承包人仅对履行配合义务的瑕疵承担责任，B 公司不应当与 C 公司共同承担连带责任。此工程的质量损失应由业主与指定分包商共同承担，与总包方无关。

“总包管理费”与“总包配合费”的主要区别是：总承包人对该专业工程项目是否有发包权，若有，则对该专业工程项目有管理的义务，则收取的费用无论如何，其性质是总包管理费，若无，则对该专业工程项目无管理的义务，其性质仅是总包配合费。

二、勘测设计单位的质量责任和义务

《建筑法》规定，建筑工程的勘察、设计单位必须对其勘察、设计的质量负责。勘察、设计文件应当符合有关法律、行政法规的规定和建筑工程质量、安全标准、建筑工程勘察、设计技术规范以及合同的约定。

《建设工程质量管理条例》进一步规定，勘察、设计单位必须按照工程建设强制性标准进行勘察、设计，并对其勘察、设计的质量负责。注册建筑师、注册结构工程师等注册执业人员应当在设计文件上签字，对设计文件负责。

谁勘察设计谁负责，谁施工谁负责，这是国际上通行的做法。勘察、设计单位和执业注册人员是勘察设计质量的责任主体，也是整个工程质量的责任主体之一。勘察、设计质量实行单位与执业注册人员双重责任，即勘察、设计单位对其勘察、设计的质量负责，注册建筑师、注册结构工程师等专业人士对其签字的设计文件负责。

1. 依法承揽工程的勘察、设计业务

《建设工程质量管理条例》规定，从事建设工程勘察、设计的单位应当依法取得相应等级的资质证书，并在其资质等级许可的范围内承揽工程。禁止勘察、设计单位超越其资质等级许可的范围或者以其他勘察、设计单位的名义承揽工程。禁止勘察、设计单位允许其他单位或者个人以本单位的名义承揽工程。勘察、设计单位不得转包或者违法分包所承揽的工程。

勘察、设计作为一个特殊行业，有着严格的市场准入条件。勘察、设计单位只有具备了相应的资质条件，才有能力保证勘察、设计质量。如果超越资质等级许可的范围承揽工程，就超越了其勘察设计能力，也就不能保证勘察设计的质量。在实践中，超越资质等级许可范围承接工程的行为，大多是通过借用、有偿使用其他有资质单位的资质证书、图签来进行的，因而被借用者、出卖者也负有不可推卸的责任。此外，与施工一样，勘察、设计也不允许转包和违法分包。

2. 勘察、设计必须执行强制性标准

《建设工程质量管理条例》规定，勘察、设计单位必须按照工程建设强制性标准进行勘察、设计，并对其勘察、设计的质量负责。

强制性标准是工程建设技术和经验的积累，是勘察、设计工作的技术依据。只有满足工程建设强制性标准才能保证质量，才能满足工程对安全、卫生、环保等多方面的质量要求，因而勘察、设计单位必须严格执行。

3. 勘察单位提供的勘察成果必须真实、准确

《建设工程质量管理条例》规定，勘察单位提供的地质、测量、水文等勘察成果必须真实、准确。

工程勘察工作是建设工作的基础工作，工程勘察成果文件是设计和施工的基础资料

和重要依据。其真实准确与否直接影响到设计、施工质量，因而工程勘察成果必须真实准确、安全可靠。

4. 设计依据和设计深度

《建设工程质量管理条例》规定，设计单位应当根据勘察成果文件进行建设工程设计。设计文件应当符合国家规定的设计深度要求，注明工程合理使用年限。

勘察成果文件是设计的基础资料，是设计的依据。因此，先勘察、后设计是工程建设的基本做法，也是基本建设程序的要求。我国对各类设计文件的编制深度都有规定，在实践中应当贯彻执行。工程合理使用年限是指从工程竣工验收合格之日起，工程的地基基础、主体结构能保证在正常情况下安全使用的年限。它与《建筑法》中的“建筑物合理寿命年限”、《合同法》中的“工程合理使用期限”等在概念上是一致的。

5. 依法规范设计对建筑材料等的选用

《建筑法》《建设工程质量管理条例》都规定，设计单位在设计文件中选用的建筑材料、建筑构配件和设备，应当注明规格、型号、性能等技术指标，其质量要求必须符合国家规定的标准。除有特殊要求的建筑材料、专用设备、工艺生产线等外，设计单位不得指定生产厂、供应商。

为了使建设工程的施工能准确满足设计意图，设计文件中必须注明所选用的建筑材料、建筑构配件和设备的规格、型号、性能等技术指标。这也是设计文件编制深度的要求。但是，在通用产品能保证工程质量的前提下，设计单位不可故意选用特殊要求的产品，也不能滥用权力限制建设单位或施工单位在材料等采购上的自主权。

6. 依法对设计文件进行技术交底

《建设工程质量管理条例》规定，设计单位应当就审查合格的施工图设计文件向施工单位做出详细说明。

设计文件的技术交底，通常的做法是设计文件完成后，通过建设单位发给施工单位，再由设计单位将设计的意图、特殊的工艺要求，以及建筑、结构、设备等各专业在施工中的难点、疑点和容易发生的问题等向施工单位做详细说明，并负责解释施工单位对设计图纸的疑问。

对设计文件进行技术交底是设计单位的重要义务，对确保工程质量有重要的意义。

7. 依法参与建设工程质量事故分析

《建设工程质量管理条例》规定，设计单位应当参与建设工程质量事故分析，并对因设计造成的质量事故，提出相应的技术处理方案。

工程质量的好坏，在一定程度上就是工程建设是否准确贯彻了设计意图。因此，一旦发生了质量事故，该工程的设计单位最有可能在短时间内发现存在的问题，对事故的分析具有权威性。这对及时进行事故处理十分有利。对因设计造成的质量事故，原设计单位必须提出相应的技术处理方案，这是设计单位的法定义务。

三、工程监理单位的质量责任和义务

工程监理单位接受建设单位的委托，代表建设单位，对建设工程进行管理。从事工程建设监理活动，应当遵循守法、诚信、公正、科学的准则。因此，工程监理单位也是建设工程质量的责任主体之一。

1. 在资质许可监理范围承担工程监理业务

《建筑法》规定，工程监理单位应当在其资质等级许可的监理范围内，承担工程监理业务。工程监理单位不得转让工程监理业务。

《建设工程质量管理条例》进一步规定，工程监理单位应当依法取得相应等级的资质证书，并在其资质等级许可的范围内承担工程监理业务。禁止工程监理单位超越本单位资质等级许可的范围或者以其他工程监理单位的名义承担工程监理业务。禁止工程监理单位允许其他单位或者个人以本单位的名义承担工程监理业务。工程监理单位不得转让工程监理业务。

依据《工程建设监理规定》：项目法人一般通过招标投标方式择优选定监理单位。监理单位承担监理业务，应当与项目法人签订书面工程建设监理合同。工程建设监理合同的主要条款是：监理的范围和内容、双方的权利与义务、监理费的计取与支付、违约责任、双方约定的其他事项。

监理单位按照资质等级承担工程监理业务，是保证监理工作质量的前提。越级监理、允许其他单位或者个人以本单位的名义承担监理业务等，将使工程监理变得有名无实，最终会对工程质量造成危害。监理单位转让工程监理业务，与施工单位转包工程有着同样的危害性。

依据《工程建设监理规定》，实施工程建设监理的范围有：

1）大、中型工程项目。

2）市政、公用工程项目。

3）政府投资兴建和开发建设的办公楼、社会发展事业项目和住宅工程项目。

4）外资、中外合资、国外贷款、赠款、捐款建设的工程项目。

2. 监理工作的依据和监理责任

《建设工程质量管理条例》规定，工程监理单位应当依照法律、法规以及有技术标准、设计文件和建设工程承包合同，代表建设单位对施工质量实施监理，并对施工质量承担监理责任。工程监理的依据是：

1）有关法律法规。

2）有关技术标准。

3）设计文件。

4）建设工程承包合同。

监理单位据此监督施工单位是否全面履行合同约定的义务，对施工质量承担监理责任，包括违约责任和违法责任两个方面：

1）违约责任。如果监理单位不按照监理合同约定履行监理义务，给建设单位或其他单位造成损失的，应当承担相应的赔偿责任。

2）违法责任。如果监理单位违法监理，或者降低工程质量标准，造成质量事故的，要承担相应的法律责任。

3. 工程监理的职责和权限

监理单位应按照“公正、独立、自主”的原则，开展工程建设监理工作，公平地维护项目法人和被监理单位的合法权益。

《建设工程质量管理条例》规定，工程监理单位应当选派具备相应资格的总监理工程师和监理工程师进驻施工现场。未经监理工程师签字，建筑材料、建筑构配件和设备不得在工程上使用或者安装，施工单位不得进行下一道工序的施工。未经总监理工程师签字，建设单位不拨付工程款，不进行竣工验收。

监理单位应根据所承担的监理任务，组建驻工地监理机构。监理机构一般由总监理工程师、监理工程师和其他监理人员组成。监理工程师拥有对建筑材料、建筑构配件和设备以及每道施工工序的检查权，对检查不合格的，有权决定是否允许在工程上使用或进行下一道工序的施工。工程监理实行总监理工程师负责制。总监理工程师依法和在授权范围内可以发布有关指令，全面负责受委托的监理工程。

4. 工程监理的形式

《建设工程质量管理条例》规定，监理工程师应当按照工程监理规范的要求，采取旁站、巡视和平行检验等形式，对建设工程实施监理。

所谓旁站，是指对工程中有关地基和结构安全的关键工序和关键施工过程，进行连续不断地监督检查或检验的监理活动，有时甚至要连续跟班监理。所谓巡视，主要是强调除了关键点的质量控制外，监理工程师还应对施工现场进行面上的巡查监理。所谓平行检验，主要是强调监理单位对施工单位已经检验的工程应及时进行检验。对于关键性、较大体量的工程实物，采取分段后平行检验的方式，有利于及时发现质量问题，及时采取措施予以纠正。

习题讲评

1. 建设单位的下列行为中，违反《建设工程质量管理条例》规定的是（　　）。

A. 迫使承包方以低价竞标

B. 要求施工单位缩短工期

C. 要求设计单位降低设计标准

D. 暗示施工单位违反工程建设强制性标准

【参考答案】D。《工程建设质量管理条例》规定，建设工程发包单位不得迫使承包方以低于承包的价格竞标，不得任意压缩合理工期。建设单位不得明示或者暗示设计单位或者施工单位违反工程建设强制性标准，降低建设工程质量。由此，D 明显违反规定，因此选 D。

2. 设计文件注明的工程合理使用年限的起算日期是（　　）。

A. 核发施工许可证之日　　B. 工程缺陷责任期满之日

C. 工程竣工验收合格之日　　D. 工程法定保修期满之日

【参考答案】C。工程合理使用年限也就是勘察、设计单位的责任年限，与《建筑法》中的“建筑物合理寿命年限”、《合同法》中的“工程合理使用期限”等在概念上是一致的。国务院发布的《〈建设工程质量管理条例〉释义》规定：“工程合理使用年限是指从工程竣工验收合格之日起，工程的地基基础、主体结构能保证在正常情况下安全使用的年限。”因此选 C。

3. 根据《建筑法》和《建设工程质量管理条例》规定，如对建筑材料、设备等无特殊要求，设计单位在设计文件中选用的建筑材料、构配件和设备应当（　　）。

A. 放宽质量要求

B. 注明生产厂、供应商

C. 符合建设单位的要求

D. 注明规格、型号、性能，必须符合国家标准

【参考答案】D。《建筑法》规定，建筑设计单位对涉及文件选用的建筑材料、建筑构配件和设备，不得指定生产厂、供应商。《建设工程质量管理条例》规定，设计单位在设计文件中选用的建筑材料、建筑构配件和设备，应当注明规格、型号、性能等技术指标，其质量要求必须符合国家规定的标准。除有特殊要求的建筑材料、专用设备、工艺生产线等外，设计单位不得指定生产厂、供应商。因此选 D。

4. 实行监理的建设工程，允许建筑材料、建筑构配件和设备在工程上使用或者安装的必要前提是（　　）。

A. 监理单位总工程师签字　　B. 施工单位总工程师签字

C. 该工程监理工程师签字　　D. 该工程项目经理签字

【参考答案】C。《建设工程质量管理条例》规定，工程监理单位应当选派具备相应资格的总监理工程师和监理工程师进驻施工现场。未经监理工程师签字，建筑材料、建筑构配件和设备不得在工程上使用或者安装，施工单位不得进行下一道工序的施工。因此选 C。

【案例讨论】如何进行责任认定

根据本节【案例导入】分析如何区分是勘察设计方错误还是施工方错误引起的工程质量问题？

第四节　建设工程竣工验收制度

案例导入

工程未经验收，提前使用出现质量问题谁负责

某建筑公司与某学校签订一教学楼施工合同，明确施工单位要保质保量保工期完成学校的教学楼施工任务。工程竣工后，承包方向学校提交了竣工报告。学校为了不影响学生上课，还没组织验收就直接投入了使用。使用过程中，校方发现了教学楼存在的墙体开裂等质量问题，要求施工单位修理。施工单位认为工程未经验收，学校提前使用出现质量问题，施工单位认为不应再承担责任。

案例分析：本案中的建设法律关系主体是某建筑公司和某学校，客体是施工的教学楼。

内容是主体双方各自应当享受的权利和应当承担的义务，具体而言是某学校按照合同的约定，承担按时、足额支付工程款的义务，在按合同约定支付工程款后，该学校就有权要求建筑公司按时交付质量合格的教学楼。建筑公司的权利是获取学校的工程款，在享受该项权利后，就应当承担义务，即按时交付质量合格的教学楼给学校，并承担保修义务。

因为校方在未组织竣工验收的情况下就直接投入了使用，违反了工程竣工验收方面的有关法律法规。所以，一般质量问题，应由校方承担。但是，若涉及到基础与结构等方面的质量问题，还是应按照造成质量缺陷的原因分解责任。因为承包方已向学校提交竣工报告，说明施工单位的自行验收已经通过，学校教学楼仅供学校日常教学使用，不存在不当使用问题，所以，该教学楼的质量缺陷是客观存在的。承包方还是应该承担维修义务，至于产生的费用应由有关责任方承担，协商不成，可请求仲裁或诉讼。

一、建设工程竣工验收的主体与法定条件

工程项目的竣工验收是施工全过程的最后一道工序，也是工程项目管理的最后一项工作。它是项目投资成果转入生产或使用的标志，也是全面考核投资效益、检验设计和施工质量的重要环节。

1. 建设工程竣工验收的主体

《建设工程质量管理条例》规定，建设单位收到建设工程竣工报告后，应当组织设计、施工、工程监理等有关单位进行竣工验收。由此可见，建设工程竣工验收的主体有建设、勘察、设计、施工与工程监理等单位。

对工程进行竣工检查和验收，是建设单位法定的权利和义务。在建设工程完工后，承包单位应当向建设单位提供完整的竣工资料和竣工验收报告，提请建设单位组织竣工验收。建设单位收到竣工验收报告后，应及时组织有设计、施工、工程监理等有关单位参加的竣工验收，检查整个工程项目是否已按照设计要求和合同约定全部建设完成，并符合竣工验收条件。

2. 竣工验收应当具备的法定条件

《建筑法》规定，交付竣工验收的建筑工程，必须符合规定的建筑工程质量标准，有完整的技术经济资料与工程保修书，并具备其他国家规定的竣工条件。建筑工程验收合格后，方可交付使用；未经验收或验收不合格的，不得交付使用。

《建设工程质量管理条例》规定，建设工程竣工验收应当具备下列条件：

1）完成建设工程设计和合同约定的各项内容。

2）有完整的技术档案和施工管理资料。

3）有工程使用的主要建筑材料、建筑构配件和设备的进场试验报告。

4）有勘察、设计、施工、工程监理等单位分别签署的质量合格文件。

5）有施工单位签署的工程保修书。

建设工程经验收合格的，方可交付使用。

二、规划、消防、节能、环保等验收规定

依据我国建设工程质量管理与节能条例规定，建设单位组织完成建筑工程竣工验收外，还应向相关部门申请建设项目的规划、消防、节能、环保等方面的验收，验收合格后才能投入使用。

1. 建设工程的竣工规划验收

《中华人民共和国城市规划法》规定：城市规划行政主管部门可以参加城市规划区内重要建设工程的竣工验收。城市规划区内的建设工程，建设单位应当在竣工验收后六个月内向城市规划行政主管部门报送有关竣工资料。

建设工程竣工规划验收的主要内容是：审核建设工程是否按批准的《建设工程规划许可证》及其附件、附图确定的内容进行建设，检查规划用地红线范围内的临时建（构）筑物和应拆迁的建（构）筑物是否按规定拆除等。

对符合竣工规划验收建设工程，城市规划行政主管部门核发建设工程规划验收合格证。建设单位或个人取得建设工程规划验收合格证后，方可向房地产行政主管部门申请办理房地产权属登记手续。

2. 建设工程竣工消防验收

《消防法》规定：国务院公安部门规定的大型的人员密集场所和其他特殊建设工程，建设单位应当向公安机关消防机构申请消防验收；其他建设工程，建设单位在验收后应

当报公安机关消防机构备案，公安机关消防机构应当进行抽查。

依法应当进行消防验收的建设工程，未经消防验收或者消防验收不合格的，禁止投入使用；其他建设工程经依法抽查不合格的，应当停止使用。

对于依法应当进行消防验收的建设工程，未经消防验收或者消防验收不合格，擅自投入使用的，《消防法》规定，由公安机关消防机构责令停止施工、停止使用或者停产停业，并处3万元以上30万元以下罚款。

3. 建设工程竣工环保验收

经修订的《建设项目环境保护管理条例》规定，建设项目竣工后，建设单位应当向审批该建设项目环境影响报告书、环境影响报告表或者环境影响登记表的环境保护行政主管部门，申请该建设项目需要配套建设的环境保护设施竣工验收。

编制环境影响报告书、环境影响报告表的建设项目竣工后，建设单位应当按照国务院环境保护行政主管部门规定的标准和程序，对配套建设的环境保护设施进行验收，编制验收报告。建设单位在环境保护设施验收过程中，应当如实查验、监测、记载建设项目环境保护设施的建设和调试情况，不得弄虚作假，并应当依法向社会公开验收报告。

分期建设、分期投入生产或者使用的建设项目，其相应的环境保护设施应当分期验收。编制环境影响报告书、环境影响报告表的建设项目，其配套建设的环境保护设施经验收合格，方可投入生产或者使用；未经验收或者验收不合格的，不得投入生产或者使用。

经修订的《建设项目环境保护管理条例》还规定，需要配套建设的环境保护设施未建成、未经验收或者验收不合格，建设项目即投入生产或者使用，或者在环境保护设施验收中弄虚作假的，由县级以上环境保护行政主管部门责令限期改正，处20万元以上100万元以下的罚款；逾期不改正的，处100万元以上200万元以下的罚款；对直接负责的主管人员和其他责任人员，处5万元以上20万元以下的罚款；造成重大环境污染或者生态破坏的，责令停止生产或者使用，或者报经有批准权的人民政府批准，责令关闭。

4. 建筑工程节能验收

《节约能源法》规定，不符合建筑节能标准的建筑工程，建设主管部门不得批准开工建设；已经开工建设的，应当责令停止施工、限期改正；已经建成的，不得销售或者使用。

《民用建筑节能条例》进一步规定，建设单位组织竣工验收，应当对民用建筑是否符合民用建筑节能强制性标准进行查验；对不符合民用建筑节能强制性标准的，不得出具竣工验收合格报告。

三、工程质量争议处理规定

《建筑法》规定，建筑工程竣工时，屋顶、墙面不得留有渗漏、开裂等质量缺陷；对已发现的质量缺陷，建筑施工企业应当修复。《建设工程质量管理条例》规定，施工单位对施工中出现质量问题的建设工程或者竣工验收不合格的建设工程，应当负责返修。

据此，建设工程竣工时发现的质量问题或者质量缺陷，无论是建设单位的责任还是施工单位的责任，施工单位都有义务进行修复或返修。但是，对于非施工单位原因出现的质量问题或质量缺陷，其返修的费用和造成的损失应由责任方承担。

1. 承包方责任的处理

《合同法》规定，因施工人的原因致使建设工程质量不符合约定的，发包人有权要求施工人在合理期限内无偿修理或者返工、改建。

如果承包人拒绝修理、返工或改建，《最高人民法院关于审理建设工程施工合同纠纷案件适用法律问题的解释》规定，因承包人的过错造成建设工程质量不符合约定，承包人拒绝修理、返工或者改建，发包人请求减少支付工程价款的，应予支持。

2. 发包方责任的处理

《建筑法》规定，建设单位不得以任何理由，要求建筑设计单位或者建筑施工企业在工程设计或者施工作业中，违反法律、行政法规和建筑质量、安全标准，降低工程质量。发包人具有下列情形之一，造成建设工程质量缺陷，应当承担过错责任：

1）提供的设计有缺陷。

2）提供或者指定购买的建筑材料、建筑构配件、设备不符合强制性标准。

3）直接指定分包人分包专业工程。

3. 未经竣工验收擅自使用的处理

在实践中，一些建设单位出于各种原因，往往未经验收就擅自提前占有使用建设工程。为此，《最高人民法院关于审理建设工程施工合同纠纷案件适用法律问题的解释》第 13 条规定，建设工程未经竣工验收，发包人擅自使用后，又以使用部分质量不符合约定为由主张权利的，不予支持；但是承包人应当在建设工程的合理使用寿命内对地基基础工程和主体结构质量承担民事责任。

四、竣工验收备案的规定

《建设工程质量管理条例》规定，建设单位应当自建设工程竣工验收合格之日起 15 日内，将建设工程竣工验收报告和规划、公安消防、环保等部门出具的认可文件或者准许使用文件报建设行政主管部门或者其他有关部门备案。

1. 竣工验收备案的时间及须提交的文件

住房和城乡建设部经修改后发布的《房屋建筑和市政基础设施工程竣工验收备案管理办法》规定，建设单位应当自工程竣工验收合格之日起 15 日内，依照本办法规定，向工程所在地的县级以上地方人民政府建设主管部门备案。建设单位办理工程竣工验收备案应当提交下列文件：

1）工程竣工验收备案表。

2）工程竣工验收报告。

3）法律、行政法规规定应当由规划、环保等部门出具的认可文件或者准许使用文件。

4）法律规定应当由公安消防部门出具的对大型的人员密集场所和其他特殊建设工程验收合格的证明文件。

5）施工单位签署的工程质量保修书。

6）法规、规章规定必须提供的其他文件。住宅工程还应当提交《住宅质量保证书》和《住宅使用说明书》。

依据建筑节能法规规定，单位工程在办理竣工备案时应提交建筑节能资料，不符合要求的不予备案。

2. 竣工验收备案文件的签收和处理

《房屋建筑和市政基础设施工程竣工验收备案管理办法》规定，备案机关收到建设单位报送的竣工验收备案文件，验证文件齐全后，应当在工程竣工验收备案表上签署文件收讫。工程竣工验收备案表一式两份，1 份由建设单位保存，1 份留备案机关存档。

工程质量监督机构应当在工程竣工验收之日起 5 日内，向备案机关提交工程质量监督报告。备案机关发现建设单位在竣工验收过程中有违反国家有关建设工程质量管理规定行为的，应当在收讫竣工验收备案文件 15 日内，责令停止使用，重新组织竣工验收。

习题讲评

1. 关于竣工验收，下列说法正确的是（　　）。

A. 建设单位收到工程竣工报告后，应当组织有关单位进行竣工验收

B. 在竣工验收后，承包单位应当向建设单位提供完整的竣工资料和工程竣工报告

C. 实行监理的建设工程完工后，建设单位可委托监理单位竣工验收

D. 竣工验收就是检查整个工程项目是否已全部达到设计要求

【参考答案】A。《工程建设质量管理条例》规定，建设单位收到建设工程竣工报告后，应当组织设计、施工、监理等有关单位进行竣工验收。建设工程竣工验收应当具备下列条件：“①完成建设工程设计和合同约定的各项内容；②有完整的技术档案和施工管理资料”。《房屋建筑工程和市政基础施工设施工程竣工验收暂行规定》中规定：工程竣工验收应当按照下列程序进行：工程完工后，施工单位向建设单位提交工程竣工报告，申请工程竣工验收。”因此选 A。

2. 下列关于发包人要求承包人完成合同以外零星项目的说法中，不符合《建设工程价款结算暂行办法》规定的是（　　）。

A. 承包人应在接受发包人要求的 3 天内向发包人提请施工签证

B. 提请施工签证的事项包括用工数量和单价、机械台班数量和单价、使用材料和金额等

C. 承包人应当在发包人签证后施工

D. 发包人未签证，承包人施工后发生争议的，责任由承包人自负

【参考答案】A。《建设工程价款结算暂行办法》规定发包人要求承包人完成合同以外零星项目，承包人应在接受发包人要求的 7 天内就用工数量和单价、机械台班数和单价、使用材料和金额等向发包人提出施工签证，发包人签证后施工，如发包人未签证，承包人施工后发生争议的，责任由承包人自负。因此选 A。

3. 对于工程出现的质量问题或质量缺陷，其返修费用和造成的损失的承担人是（　　）。

A. 施工方　　B. 建设方　　C. 设计方　　D. 责任方

【参考答案】D。造成工程出现质量问题或质量缺陷的原因，可能来自设计单位、施工单位、建设单位之任何一方或多方，所发生的返修费用和造成的损失需要按照责任进行划分和确定，因此选 D。

4. 某单位一幢职工宿舍楼工程未经竣工验收，该厂便擅自安排职工入住。不久，地基基础工程因施工缺陷出现局部下沉。依据《最高人民法院关于审理建设工程施工合同纠纷案件适用法律问题的解释》有关规定，应对该质量问题承担相应民事责任的主体是（　　）。

A. 建设单位　　B. 施工单位　　C. 设计单位　　D. 勘察单位

【参考答案】B。建设工程未经竣工验收，发包人擅自使用后，又以使用部分质量不符合约定为由主张权利的，不予支持；但承包人应当在建设工程的合理使用寿命内对地基基础工程和主体结构质量承担民事责任。因此选 B。

第五节　建设工程竣工档案管理与质量保修制度

因施工方不办理工程竣工档案导致商住楼无法对外销售案例

某房地产开发公司与某建筑公司签订商业住宅施工合同，经过一年多施工后工程基本完工，具备了办理竣工验收条件。但双方因工程款支付发生争议，建筑公司拒绝交付工程资料及配合竣工验收，房地产开发公司在未经验收的情况下使用了该工程。后建筑公司起诉要求房地产开发公司支付工程欠款 650 万元，房地产开发公司反诉工

期延误、质量问题，并要求建筑公司交付工程资料及赔偿因未及时交付资料导致的损失590余万元。案件经市中院一审、省高院二审后结案，判决房地产开发公司支付工程欠款、建筑公司交付工程档案资料，后双方均不履行。因工程款未付清，建筑公司仍未交付工程资料，工程至今未办理竣工档案移交验收手续，导致开发商无法对外销售。

该案从发生争议至今，施工企业一直坚持开发企业不付欠款就不予交付工程资料，导致开发企业在交房后不能进行备案验收，至今无法为商品房买受人办理产权证书，买受人根据房屋买卖合同约定纷纷提请仲裁，开发商逾期交房及逾期办证违约金金额达数百万元。

案例分析：施工企业采用拒不交付工程档案资料的手段与开发企业进行工程价款争议的博弈与抗衡已是其惯用的措施和方式，在工程实践中屡见不鲜，这也是令开发企业比较头痛的问题之一。但面对施工企业拒不交付工程资料的问题，开发企业迫于交房或办证面临的巨大违约责任风险不得不在争议处理中妥协让步是常见的现象。由此可见，工程竣工档案的整理与移交工作是何等重要。

一、建设工程竣工档案管理规定

有完整的技术档案和施工管理资料是建设工程办理竣工验收的重要条件之一，建设单位在组织工程竣工验收前，应提请城建档案管理部门对工程档案进行预验收。建设单位未取得城建档案管理部门出具的认可文件，不得组织工程竣工验收。

1. 建设、施工、监理等各方对原始档案资料编制负责

（1）建设单位档案管理职责

1）负责项目立项、规划设计、招投标阶段各项建设过程资料的保管与整理工作。

2）负责监督、检查和指导各参建（勘察、设计、施工、监理等）单位工程竣工文件的形成、整理和组卷工作。

3）负责收集和汇总勘察、测绘、设计、施工、监理单位报送的工程档案，并按规定进行严格的检查验收。

4）按照国家工程建设档案管理的相关规定，办理工程档案的验收与移交。 在工程竣工验收备案后，负责汇集勘察、设计、施工、监理等单位形成的档案向市城建档案馆报送一套符合规定的工程档案。

（2）勘察、测绘、设计单位职责

负责工程勘察、设计文件的整理、组卷，在自验合格的基础上向建设单位报送各种设计资料。

（3）施工单位档案管理职责

1）实行技术负责人负责制，健全施工文件管理岗位责任制，配备专职档案管理员。

2）负责工程竣工图的编绘以及施工过程中形成的工程文件的收集、整理、组卷，

按相关规定将自验合格的竣工档案向城建档案馆申请初步验收。

3）建设项目实行总承包的，各总承包单位负责收集、汇总承包范围内各分包单位形成的工程档案；各分包单位负责分包范围内工程竣工图的编绘以及本单位形成的工程施工文件的整理、组卷。

（4）工程监理单位的档案管理职责

1）负责工程监理工作中形成的工程监理文件的收集、整理、组卷，在自验合格后向建设单位报送。

2）负责督促、检查监理范围内有关参建单位工程文件的形成、收集和整理工作。

2. 工程档案资料的验收与移交

（1）工程档案资料的验收

工程档案资料验收工作由建设单位负责。一般建设工程竣工档案的验收，可与工程竣工验收同时进行。属于向地方城建档案管理部门报送工程档案的工程项目还应会同地方城建档案管理部门共同验收。国家、省市重点工程项目或一些特大型、大型的工程项目的预验收和验收，必须有地方城建档案管理部门参加。

（2）工程档案资料的移交

我国建设工程质量管理条例规定：建设单位应当严格按照国家有关档案管理的规定，及时收集、整理建设项目各环节的文件资料，建立、健全建设项目档案，并在建设工程竣工验收后，及时向建设行政主管部门或者其他有关部门移交建设项目档案。

1）施工、监理单位的档案向建设单位移交。施工单位、监理单位等有关单位应在工程竣工验收前将工程档案按合同或协议规定的时间、套数移交给建设单位，办理移交手续。

2）建设单位的档案移交。列入城建档案管理部门接收范围的工程，建设单位在工程竣工验收后3个月内向城建档案管理部门移交一套符合规定的工程档案。停建、缓建工程的工程档案，暂由建设单位保管。

建设单位向城建档案管理部门移交工程档案时，建设项目（工程）档案应验收合格，办理移交手续，填写移交目录，双方签字、盖章后交接。城建档案管理机构应出具《建设工程竣工档案验收合格证》。建设单位领取《建设工程竣工档案验收合格证》后，方可向规划行政管理部门申请规划验收。

3. 不办理工程档案资料移交的处罚

《建设工程质量管理条例》规定，建设工程竣工验收后，建设单位未向建设行政主管部门或者其他有关部门移交建设项目档案的，责令改正，处1万元以上10万元以下的罚款。给予单位罚款处罚的，对单位直接负责的主管人员和其他直接责任人员处单位罚款数额百分之五以上百分之十以下的罚款。

建设单位自建设工程竣工验收合格并办理竣工验收备案手续三个月内，向备案机关移交建设项目档案，取得档案移交证明。

二、建设工程质量保修制度

《建筑法》、《建设工程质量管理条例》均规定，建设工程实行质量保修制度。建设工程质量保修制度是指建设工程竣工经验收后，在规定的保修期限内，因勘察、设计、施工、材料等原因造成的质量缺陷，应当由施工承包单位负责维修、返工或更换，由责任单位负责赔偿损失的法律制度。建设工程质量保修制度对于促进建设各方加强质量管理，保护用户及消费者的合法权益可起到重要的保障作用。

住房和城乡建设部《房屋建筑工程质量保修办法》规定，房屋建筑工程在保修范围和保修期限内出现质量缺陷，施工单位应当履行保修义务。

房屋建筑工程在保修期限内出现质量缺陷，建设单位或者房屋建筑所有人应当向施工单位发出保修通知。施工单位接到保修通知后，应当到现场核查情况，在保修书约定的时间内予以保修。发生涉及结构安全或者严重影响使用功能的紧急抢修事故，施工单位接到保修通知后，应当立即到达现场抢修。

发生涉及结构安全的质量缺陷，建设单位或者房屋建筑所有人应当立即向当地建设行政主管部门报告，采取安全防范措施；由原设计单位或者具有相应资质等级的设计单位提出保修方案，施工单位实施保修，原工程质量监督机构负责监督。

保修完成后，由建设单位或者房屋建筑所有人组织验收。涉及结构安全的，应当报当地建设行政主管部门备案。

1. 质量保修书和最低保修期限的规定

（1）建设工程质量保修书

《建设工程质量管理条例》规定，建设工程承包单位在向建设单位提交工程竣工验收报告时，应当向建设单位出具质量保修书。质量保修书中应当明确建设工程的保修范围、保修期限和保修责任等。

1）质量保修范围。《建筑法》规定，建筑工程的保修范围应当包括地基基础工程、主体结构工程、屋面防水工程和其他土建工程，以及电气管线、上下水管线的安装工程，供热、供冷系统工程等项目。

当然，不同类型的建设工程，其保修范围是有所不同的。

2）质量保修期限。《建筑法》规定，保修的期限应当按照保证建筑物合理寿命年限内正常使用，维护使用者合法权益的原则确定。

对具体的保修范围和最低保修期限，《建设工程质量管理条例》中做了明确规定。

3）质量保修责任。施工单位在质量保修书中，应当向建设单位承诺凡因施工单位原因造成质量问题都应履行保修义务。并制定具体保修措施，如保修的方法、人员及联络办法，保修答复和处理时限，不履行保修责任罚则等。

《房屋建筑工程质量保修办法》规定：施工单位不按工程质量保修书约定保修的，建设单位可以另行委托其他单位保修，由原施工单位承担相应责任。

需要注意的是，施工单位在建设工程质量保修书中，应当对建设单位合理使用建设工程有所提示。如果是因建设单位或者用户使用不当或擅自改动结构、设备位置以及不当装修等造成质量问题的，施工单位不承担保修责任；由此而造成的质量受损或者其他用户损失，应当由责任人承担相应的责任。

（2）建设工程质量的最低保修期限

《建设工程质量管理条例》规定，在正常使用条件下，建设工程的最低保修期限为：

1）基础设施工程、房屋建筑的地基基础工程和主体结构工程，为设计文件规定的该工程的合理使用年限。

2）屋面防水工程、有防水要求的卫生间、房间和外墙面的防渗漏，为 5 年。

3）供热与供冷系统，为 2 个采暖期、供冷期。

4）电气管线、给排水管道、设备安装和装修工程，为 2 年。其他项目的保修期限由发包方与承包方约定。

建设工程保修期的起始日是竣工验收合格之日。

2. 质量责任的损失赔偿

《建设工程质量管理条例》规定，建设工程在保修范围和保修期限内发生质量问题的，施工单位应当履行保修义务，并对造成的损失承担赔偿责任。

（1）保修义务的责任落实与损失赔偿责任的承担

《房屋建筑工程质量保修办法》规定：保修费用由质量缺陷的责任方承担。

施工单位未按照国家有关标准规范和设计要求施工所造成的质量缺陷，由施工单位负责返修并承担经济责任。

在保修期限内，因房屋建筑工程质量缺陷造成房屋所有人、使用人或者第三方人身、财产损害的，房屋所有人、使用人或者第三方可以向建设单位提出赔偿要求。建设单位向造成房屋建筑工程质量缺陷的责任方追偿。

因保修不及时造成新的人身、财产损害，由造成拖延的责任方承担赔偿责任。

《最高人民法院关于审理建设工程施工合同纠纷案件适用法律问题的解释》规定，因保修人未及时履行保修义务，导致建筑物损毁或者造成人身、财产损害的，保修人应当承担赔偿责任。保修人与建筑物所有人或者发包人对建筑物毁损均有过错的，各自承担相应的责任。

《房屋建筑工程质量保修办法》还规定：下列情况不属于施工方的保修范围：

1）因使用不当或者第三方造成的质量缺陷。

2）不可抗力造成的质量缺陷。

因使用单位使用不当造成的损坏问题，先由施工单位负责维修，其经济责任由使用单位自行负责。

由于设计问题造成的质量缺陷，先由施工单位负责维修，其经济责任按有关规定通过建设单位向设计单位索赔。

因建筑材料、构配件和设备质量不合格引起的质量缺陷，先由施工单位负责维修，其经济责任属于施工单位采购的或经其验收同意的，由施工单位承担经济责任；属于建

设单位采购的，由建设单位承担经济责任。

因地震、台风、洪水等自然灾害或其他不可抗拒原因造成的损坏问题，先由施工单位负责维修，建设参与各方再根据国家具体政策分担经济责任。

（2）建设工程质量保证金

建设工程质量保证金（保修金）（以下简称保证金）是指发包人与承包人在建设工程承包合同中约定，从应付的工程款中预留，用以保证承包人在缺陷责任期内对建设工程出现的缺陷进行维修的资金。

住房和城乡建设部、财政部于2017年6月20日印发的《建设工程质量保证金管理办法》规定：推行银行保函制度，承包人可以银行保函替代预留保证金。

1）缺陷责任期的确定。所谓缺陷，是指建设工程质量不符合工程建设强制性标准、设计文件，以及承包合同的约定。缺陷责任期一般为1年，最长不超过2年，具体可由发承包双方在合同中约定。

缺陷责任期从工程通过竣（交）工验收之日起计。由于承包人原因导致工程无法按规定期限进行竣（交）工验收的，缺陷责任期从实际通过竣（交）工验收之日起计。由于发包人原因导致工程无法按规定期限进行竣（交）工验收的，在承包人提交竣（交）工验收报告90天后，工程自动进入缺陷责任期。

2）预留保证金的比例。发包人按照合同约定方式预留保证金的，保证金总预留比例不得高于工程价款结算总额的3%。合同约定由承包人以银行保函替代预留保证金的，保函金额不得高于工程价款结算总额的3%。在工程项目竣工前，已经缴纳履约保证金的，发包人不得同时预留工程质量保证金。

缺陷责任期内，由承包人原因造成的缺陷，承包人应负责维修，并承担鉴定及维修费用。如承包人不维修也不承担费用，发包人可按合同约定扣除保证金，由承包人承担违约责任。承包人维修并承担相应费用后，不免除对工程的一般损失赔偿责任。由他人原因造成的缺陷，发包人负责组织维修，承包人不承担费用，且发包人不得从保证金中扣除费用。

3）质量保证金的返还。缺陷责任期内，承包人认真履行合同约定的责任，到期后，承包人向发包人申请返还保证金。

发包人在接到承包人返还保证金申请后，应于14日内会同承包人按照合同约定的内容进行核实。如无异议，发包人应当在核实后14日内将保证金返还给承包人，逾期支付的，从逾期之日起，按照同期银行贷款利率计付利息，并承担违约责任。发包人在接到承包人返还保证金申请后14日内不予答复，经催告后14日内仍不予答复，视同认可承包人的返还保证金申请。

发包人和承包人对保证金预留、返还以及工程维修质量、费用有争议，按承包合同约定的争议和纠纷解决程序处理。

三、违法行为应承担的法律责任

建设工程质量保修违法行为应承担的主要法律责任如下：

《建筑法》规定，建筑施工企业违反本法规定，不履行保修义务的责令改正，可以处以罚款，并对在保修期内因屋顶、墙面渗漏、开裂等质量缺陷造成的损失，承担赔偿责任。

《建设工程质量管理条例》规定，施工单位不履行保修义务或者拖延履行保修义务的，责令改正，处 10 万元以上 20 万元以下的罚款，并对在保修期内因质量缺陷造成的损失承担赔偿责任。

《建设工程质量保证金管理暂行办法》规定，缺陷责任期内，由承包人原因造成的缺陷，承包人应负责维修，并承担鉴定及维修费用。如承包人不维修也不承担费用，发包人可按合同约定扣除保证金，并由承包人承担违约责任。承包人维修并承担相应费用后，不免除对工程的一般损失赔偿责任。

《建筑业企业资质管理规定》规定，取得建筑业企业资质的企业，申请资质升级、资质增项，在申请之日起前一年内，未依法履行工程质量保修义务或拖延履行保修义务，造成严重后果的，资质许可机关不予批准企业的资质升级申请和增项申请。

习题讲评

1. 下列是建设单位与施工单位经平等协商签订的保修期限条款，其中具有法律效力的是（　　）。

A. 屋面防水工程的防渗漏为 3 年

B. 电气管线工程为 3 年

C. 有防水要求的卫生间的防渗漏为 2 年

D. 设备安装工程为 1 年

【参考答案】B。《建设工程质量管理条例》规定了正常使用条件下，建设工程的最低保修期限。如果建设单位与施工单位经平等协商另行签订保修合同，约定的保修期限应不低于上述法定的最低保修期限。因此选 B。

2.《建设工程质量管理条例》规定，建设工程在超过合理使用年限后需要继续使用的，产权所有人依法应当首先进行的程序是（　　）。

A. 委托勘察、设计单位定制技术加固措施

B. 委托局域相应资质等级的施工单位进行加固、维修和补强

C. 委托具有相应资质等级的勘察、设计单位鉴定

D. 申请工程质量监督机构鉴定

【参考答案】C。《建设工程质量管理条例》规定，建设工程在超过合理使用年限后需要继续使用的，产权所有人应当委托具有相应资质等级的勘察、设计单位鉴定，并根据鉴定结果采取加固、维修等措施，重新界定使用期，因此选 C。

3. 根据有关规定，下列关于工程保修金使用的说法，正确的是（　　）。

A. 凡是缺陷责任期内出现的工程质量问题需要维修的，即可动用保修金

B. 凡是法定保修期内出现的工程质量问题需要维修的，即可动用保修金

C. 凡是工程合理使用年限内出现的工程质量问题需要维修的，即可动用保修金

D. 凡是合同约定保修期内出现的工程质量问题需要维修的，即可动用保修金

【参考答案】A。根据《建设工程质量保证金管理暂行办法》规定，建设工程质量保证金是指承发包双方在合同中约定，发包人从应付工程款中预留，用以保证在缺陷责任期内对工程出现的缺陷进行维修的资金；如承包人缺陷责任期内认真履行合同约定的责任，缺陷责任期满后，发包人需返还承包人该保修金。因此选 A。

4. 缺陷责任期满后，承包人向发包人申请返还保证金。按照《建设工程质量保证金管理暂行办法》规定，可视同发包人认可返还承包人的保证金申请的条件是（　　）。

A. 在接到申请后 14 日内不予答复，且经催告后 7 日内仍不予答复

B. 在接到该申请后 14 日内不予答复，且经催告后 14 日内仍不予答复

C. 在接到该申请后 7 日内不予答复

D. 在接到该申请后 14 日内不予答复

【参考答案】B。《建设工程质量保证金管理暂行办法》规定：发包人在接到承包人返还保证金申请后 14 日内不予答复，经催告 14 日内不予答复，视同认可承包人的返还保证金申请。因此选 B。

【案例讨论】如何处理屋面维修后的保修问题

建设单位 A 公司与施工单位 B 公司就某住宅小区工程签订了《建筑安装工程承包合同》，合同约定：将工程余款的 5%作为质量保修金共计 100 万元，自工程竣工合格之日起，两年保修期满后无质量问题十五天内返还保修金 3%；整个保修期即五年的保修期满后，无质量问题则返还剩余的保修金。工程竣工后经五方验收合格并起算保修期。双方协议在保修期间，B 公司留守 2～3 名工作人员长驻在工程现场，以及时修复工程中出现的质量缺陷。工程交付使用 4 年后，屋面开始出现大面积漏水现象。在 A 公司要求下施工方进行了屋面整体维修处理。1 年后，屋面工程又出现大面积漏水现象，此时施工方以质保期过 5 年为由拒绝维修，保修人员已撤离。A 公司因住宅工程屋面存在质量问题为由拒绝返还剩余的 40 万元保修金。在没有经过施工方同意的情况下另请了第三方对工程做了修复，并据此将剩余的 40 万元保修金支付给了第三方。

讨论：建设方与施工方关于质量保修的行为是否正确？应如何处理屋面维修后的保修问题？

本 章 小 结

1. 工程建设标准是工程建设领域制定的共同的、重复使用的技术依据和准则，是指导工程施工与评价建筑产品优劣的尺度，分为国家标准、行业标准、地方标准和企业标准。国家标准、行业标准分为强制性标准和推荐性标准。

2. 建设单位、勘察单位、设计单位、施工单位和监理单位，是建设工程质量五方责任主体，建筑工程质量实行五方管理人员终身负责制。建设行政主管部门对本行政区域内的建设工程质量实施监督管理。

3. 施工单位对建设工程的施工质量负责；建筑工程实行总承包的，工程质量由工程总承包单位负责，总承包单位将建筑工程分包给其他单位的，应当对分包工程的质量与分包单位承担连带责任。

4. 准确地进行工程识图并照图施工是施工方的法定职责。履行好进场材料检验关、工序质量控制关、产品质量验收关是施工方质量管理的核心工作。履行工程质量保修是施工方的法定义务。

建设单位在全过程工程质量控制中处于主导地位，依法履行基本建设程序，把好“程序关”；依法发包工程，把好“合同关”；必须真实、准确地提供建设工程有关的原始资料，把好“资料关”。不随意干预工程的设计、施工与监理业务，把好“廉洁自律关”。

5. 勘察、设计单位必须按照工程建设强制性标准进行勘察、设计，并对其勘察、设计的质量负责。监理单位在其资质等级许可的范围内承担工程监理业务，并对施工质量承担监理责任。

6. 工程施工完工后，建设单位应组织设计、施工、工程监理等有关单位进行竣工验收。验收的条件与程序应符合法律规定。除施工验收外还有建设项目的规划、消防、节能、环保等方面的验收，验收都合格后工程才能投入使用。

7. 工程竣工验收前应有完整的技术档案和施工管理资料，建设、施工、监理等各方对原始档案资料编制负责；建设单位应严格按国家有关档案管理的规定，及时收集、整理建设各方的文件档案资料，并在建设工程竣工验收后，及时向建设行政主管部门或者其他有关部门移交建设项目档案。

本章练习题

一、单项选择题

1. 按照我国对标准的划分，（　　）可分为强制性标准和推荐性标准。

A. 地方标准　　B. 行业标准　　C. 技术标准　　D. 企业标准

2. 根据《建设工程质量管理条例》，（　　）应按照国家有关规定组织竣工验收，建设工程验收合格的，方可交付使用。

A. 建设单位　　B. 施工单位　　C. 监理单位　　D. 设计单位

3.（　　）的最低保修期限为设计文件规定的该工程的合理使用年限。

A. 基础防水工程和基础结构工程　　B. 地基基础工程和维护结构工程

C. 基础防水工程和主体结构工程　　D. 地基基础工程和主体结构工程

4. 房屋建筑工程保修期从（　　）计算。

A. 签订工程保修书之日起　　B. 工程保修书中约定之日起

C. 工程竣工验收合格之日起　　D. 工程验收合格交付使用之日起

5. 对于实施监理的工程，应由（　　）按照国家有关规定组织竣工验收。

A. 工程监理单位

B. 总监理工程师

C. 建设单位

D. 建设单位和工程监理单位共同

6. 对在保修期限内和保修范围内发生的质量问题，（　　）。

A. 由质量缺陷的责任方履行保修义务，由建设单位承担保修费用

B. 由质量缺陷的责任方履行保修义务并承担保修费用

C. 由施工单位履行保修义务并承担保修费用

D. 由施工单位履行保修义务，由质量缺陷责任方承担保修费用

7. 建设单位的质量责任和义务，下列叙述错误的是（　　）。

A. 建设单位应当将工程发包给具有相应资质等级的单位，不得将工程肢解发包

B. 建设单位应当依法对工程建设项目的勘察、设计、施工、监理以及与工程建设有关的重要设备、材料等的采购进行招标

C. 建设单位必须向有关的勘察、设计、施工、工程监理等单位提供与建设工程有关的原始资料。原始资料必须真实、准确、齐全

D. 建设工程发包单位不得迫使承包方以低于成本的价格竞标，但可以适当压缩合理工期

8. 建设工程监理单位的质量责任和义务，下列叙述不正确的是（　　）。

A. 工程监理单位应当依法取得相应资质等级的证书，并在其资质等级许可的范围内承担工程监理业务，不得转让工程监理业务。

B. 工程监理单位不得与被监理工程的建设单位、设计单位有隶属关系或者其他利害关系

C. 工程监理单位应当依照法律、法规以及有关技术标准、设计文件和建设工程承包合同，代表政府对施工质量实施监理，并对施工质量承担法律责任

D. 工程监理单位必须选派具备执业注册资格的监理工程师进驻施工现场

9. 某住宅工程，总承包单位与装饰公司签订了装饰分包合同，工程竣工验收时发现：①地基基础处理存在问题；②装饰部分质量存在瑕疵。对上述责任的承担说法正确的是（　　）。

A. 由总承包单位与分包单位承担连带责任

B. 由总承包单位对地基基础问题承担责任，分包单位对装饰部分承担责任

C. 总承包单位与分包单位承担连带责任

D. 总承包单位对地基基础问题负责，总承包单位与分包单位对装饰部分承担连带责任

10. 某住宅小区二期开工建设，其中 5 号楼用一期工程图纸。施工时承包方发现图纸套用的图集现已作废，则正确的做法是（　　）。

A. 因为图纸已经施工图审查合格，按图施工即可

B. 按现行图集套改后继续施工

C. 由施工单位技术人员修改图纸

D. 向相关单位及时提出

二、多项选择题

1. 下列叙述错误的是（　　）。

A. 建筑工程总承包单位按照总承包合同的约定对建设单位负责

B. 分包单位按照分包合同的约定对建设单位负责

C. 总承包单位和分包单位就分包工程对建设单位承担各自责任

D. 禁止总承包单位将工程分包给不具备相应资质条件的单位

E. 允许分包单位将其承包的工程再分包

2. 建设单位收到工程验收报告后，由建设单位负责人组织（　　）负责人进行单位工程验收。

A. 设计单位　　B. 监理单位

C. 投资银行　　D. 建设行政主管部门

E. 施工单位

3. 建筑业企业必须按照（　　），对建筑材料、建筑构配件和设备进行检验，不合格的不得使用。

A. 工程设计要求　　B. 合同的约定

C. 建设单位要求　　D. 监理单位的要求

E. 施工技术标准

4. 对于保修义务的承担和维修的经济责任承担，下列说法正确的是（　　）。

A. 因监理单位错误管理而造成的质量缺陷，由建设单位负责维修后向监理单位索赔

B. 建设单位供应的建筑材料引起的质量缺陷，经施工单位检验后使用的，由施工单位承担经济责任

C. 因使用单位使用不当造成的损坏问题，施工单位不负责维修

D. 施工单位所造成的质量缺陷，由施工单位负责返修并承担经济责任

E. 设计问题造成的质量缺陷，先由施工单位负责

5. 按照规定不属于房屋建筑工程保修范围有（　　）。

A. 因使用不当造成的质量缺陷

B. 不可抗力造成的质量缺陷

C. 不包括设备的电气管线

D. 保修期内保修之后又出现的质量缺陷

E. 保修期第 5 年出现的屋面漏水

第六章

建设工程安全生产法律制度

学习导航 安全是生产的保障，管生产必须管安全。建设工程安全生产法律制度是工程建设法规的重要内容。本章主要介绍企业基本的安全管理制度，如安全生产许可证制度、安全教育与培训制度、工伤与意外伤害保险制度与安全事故的应急救援与调查处理制度等，重点学习建设工程五方责任主体特别是施工方的安全生产责任，施工现场主要安全管理制度等。

学习目标

1. 熟悉建筑企业的安全生产许可证、安全教育与培训制度，工伤保险与意外伤害保险等管理制度。
2. 掌握建设单位，勘察设计单位、施工单位、监理单位及相关服务单位等各管理主体应依法承担的安全管理责任和建筑施工企业施工现场重大安全生产管理制度。
3. 了解建筑施工安全事故报告与处理程序。

知识链接 《中华人民共和国安全生产法》《生产安全事故报告和调查处理条例》《安全生产许可证条例》《工伤保险条例》《建设工程安全生产管理条例》《危险性较大的分部分项工程安全管理办法》等。

第一节 建设工程安全生产管理概述

案例导入

关注湖南省凤凰县堤溪沱江大桥“8.13”坍塌特别重大事故

某年8月13日，湖南省湘西凤凰县正在建设的堤溪沱江大桥第一孔主拱圈支架拆卸完毕，正在1号桥墩下休息人员发现第一孔主拱圈多处开裂、掉渣。掉落砂浆碎块体积越来越大，数量越来越多，掉渣处出现明显裂缝，并落下大块石头。此时，桥台腹拱下方主拱圈局部下沉，该处桥面局部下凹，并迅速破坏下塌。受连拱效应影响，整个大桥迅速坍塌，事故共造成64人死亡。

堤溪沱江大桥是在建凤凰至大兴公路控制性工程之一，其建设单位是××公路建设有限责任公司；施工单位是××路桥建设集团公司；勘察设计单位是湖南××交通规划设计研究院；监理单位是湖南省××监理有限公司。

案例分析：这是一起由工程质量引起的生产安全责任事故。大桥主拱圈材料不能满足施工规范和设计要求，上部构造施工工序不合理，主拱圈砌筑质量差，降低了拱圈砌体的整体性和强度。随着拱上施工荷载的不断增加，造成主拱圈最薄弱部位强度达到破坏极限而垮塌。受连拱效应影响，整个大桥迅速坍塌。事故的发生暴露出施工单位施工管理混乱、建设单位抢工期、监理单位未履行监理职责、勘察设计单位技术服务不到位、政府行业安全监管不力等问题。对于这起特别重大的安全事故，对各管理单位要承担什么样的安全管理责任是本章节最要关注学习的重要法律问题。

由我们身边发生的建设工程安全生产事故看，对施工现场进行系统化法制化的安全管理势在必行。在工程现场施工的过程中，应该对可能发生的事故隐患和可能发生安全问题的环节进行预测，从组织管理和技术上采取有效措施，加强安全法制与企业的安全管理制度建设，控制好人的不安全行为和物的不安全状态，这也是预防事故发生的关键性因素。

一、安全管理基本方针

新修订的《安全生产法》规定：安全生产工作应当以人为本，坚持安全发展，坚持“安全第一、预防为主、综合治理”的方针，强化和落实生产经营单位的主体责任，建立生产经营单位负责、职工参与、政府监管、行业自律和社会监督的机制。

生产经营单位必须遵守本法和其他有关安全生产的法律、法规，加强安全生产管理，建立、健全安全生产责任制和安全生产规章制度，改善安全生产条件，推进安全生产标

准化建设，提高安全生产水平，确保安全生产。生产经营单位的主要负责人对本单位的安全生产工作全面负责。生产经营单位的从业人员有依法获得安全生产保障的权利，并应当依法履行安全生产方面的义务。

新《安全生产法》规定了群防群治制度。有关协会组织依照法律、行政法规和章程，为生产经营单位提供安全生产方面的信息、培训等服务，发挥自律作用，促进生产经营单位加强安全生产管理。

乡、镇人民政府以及街道办事处、开发区管理机构等地方人民政府的派出机关应当按照职责，加强对本行政区域内生产经营单位安全生产状况的监督检查，协助上级人民政府有关部门依法履行安全生产监督管理职责。

同时也强化了生产安全事故责任追究制度。依照有关法律、法规的规定，追究生产安全事故责任人员的法律责任。

二、施工安全生产许可证制度

修订的《安全生产许可证条例》规定，国家对矿山企业、建筑施工企业和危险化学品、烟花爆竹、民用爆破物品生产企业（以下统称企业）实行安全生产许可制度。企业未取得安全生产许可证的，不得从事生产活动。

1. 安全生产许可证的申请

《安全生产许可证条例》规定，省、自治区、直辖市人民政府建设主管部门负责建筑施工企业安全生产许可证的颁发和管理，并接受国务院建设主管部门的指导和监督。

省、自治区、直辖市人民政府民用爆炸物品行业主管部门负责民用爆炸物品生产企业安全生产许可证的颁发和管理，并接受国务院民用爆炸物品行业主管部门的指导和监督。

《建筑施工企业安全生产许可证管理规定》进一步明确，建筑施工企业申请安全生产许可证时，应当向建设主管部门提供下列材料：

1）建筑施工企业安全生产许可证申请表。

2）企业法人营业执照。

3）与申请安全生产许可证应当具备的安全生产条件相关的文件、材料。

建筑施工企业申请安全生产许可证，应当对申请材料实质内容的真实性负责，不得隐瞒有关情况或者提供虚假材料。

2. 安全生产许可证的政府监管

建设主管部门在审核发放施工许可证时，应当对已经确定的建筑施工企业是否有安全生产许可证进行审查，对没有取得安全生产许可证的，不得颁发施工许可证。

安全生产许可证的有效期为 3 年。安全生产许可证有效期满需要延期的，企业应当于期满前 3 个月向原安全生产许可证颁发管理机关办理延期手续。

企业取得安全生产许可证后，不得降低安全生产条件，并应当加强日常安全生产管理，接受安全生产许可证颁发管理机关的监督检查。安全生产许可证颁发管理机关发现企业不再具备安全生产条件的，应当暂扣或者吊销安全生产许可证。企业不得转让、冒用安全生产许可证或者使用伪造的安全生产许可证。

3. 违法行为应承担的法律责任

《安全生产许可证条例》规定，未取得安全生产许可证擅自进行生产的，责令停止生产，没收违法所得，并处10万元以上50万元以下的罚款；造成重大事故或者其他严重后果，构成犯罪的，依法追究刑事责任。

《建筑施工企业安全生产许可证管理规定》进一步规定，建筑施工企业未取得安全生产许可证擅自从事建筑施工活动的，责令其在建项目停止施工，没收违法所得，并处10万元以上50万元以下的罚款；造成重大安全事故或者其他严重后果，构成犯罪的，依法追究刑事责任。

三、施工安全教育与培训制度

针对一些施工单位安全生产教育培训投入不足，一线作业人员安全意识和操作技能普遍不足，往往违章作业、冒险蛮干的问题，《建筑法》明确规定，建筑施工企业应当建立健全劳动安全生产教育培训制度，加强对职工安全生产的教育培训；未经安全生产教育培训的人员，不得上岗作业。

新《安全生产法》规定：生产经营单位应当对从业人员进行安全生产教育和培训，保证从业人员具备必要的安全生产知识，熟悉有关的安全生产规章制度和安全操作规程，掌握本岗位的安全操作技能，了解事故应急处理措施，知悉自身在安全生产方面的权利和义务。未经安全生产教育和培训合格的从业人员，不得上岗作业。

1. 施工单位三类管理人员与特种作业人员的培训考核

（1）三类管理人员的培训考核

《建设工程安全生产管理条例》规定，施工单位的主要负责人、项目负责人、专职安全生产管理人员应当经建设行政主管部门或者其他部门安全培训考核合格后方可任职。

施工单位的主要负责人要对本单位的安全生产工作全面负责，项目负责人对所负责的建设工程项目的安全生产工作全面负责，安全生产管理人员更要具体承担本单位日常的安全生产管理工作。这三类人员的施工安全知识水平和管理能力直接关系到本单位、本项目的安全生产管理水平。如果这三类人员缺乏基本的施工安全生产知识，施工安全生产管理和组织能力不强，甚至违章指挥，将很可能会导致施工生产安全事故的发生。因此，他们必须经安全生产知识和管理能力考核合格后方可任职。

（2）特种作业人员的培训考核

特种作业人员，因其从事直接对本人或他人及其周围设施安全有着重大危害因素的作业，必须经专门的安全作业培训，并取得特种作业操作资格证书后，方可上岗作业。

按照《建设工程安全生产管理条例》的规定，垂直运输机械作业人员、安装拆卸工、

爆破作业人员、起重信号工、登高架设作业人员等特种作业人员，必须按照国家有关规定经过专门的安全作业培训，并取得特种作业操作资格证书后，方可上岗作业。

2. 施工单位安全员的安全生产教育培训

《建设工程安全生产管理条例》规定，施工单位应当对管理人员和作业人员每年至少进行一次安全生产教育培训，其教育培训情况记入个人工作档案。安全生产教育培训考核不合格的人员，不得上岗。

施工单位应当根据实际需要，对不同岗位、不同工种的人员进行因人施教。安全教育培训可采取多种形式，包括安全形势报告会、事故案例分析会、安全法制教育、安全技术交流、安全竞赛、师傅带徒弟等。

3. 进入新岗位或者新施工现场前的安全生产教育培训

作业人员进入新的岗位或者新的施工现场前，应当接受安全生产教育培训。未经教育培训或者教育培训考核不合格的人员，不得上岗作业。

由于新岗位、新工地往往各有特殊性，施工单位须对新录用或转场的职工进行安全教育培训，包括施工安全生产法律法规、施工工地危险源识别、安全技术操作规程、机械设备电气及高处作业安全知识、防火防毒防尘防爆知识、紧急情况安全处置与安全疏散知识、安全防护用品使用知识以及发生事故时自救排险、抢救伤员、保护现场和及时上报等。要加强班组长培训，提高班组长现场安全管理水平和现场安全风险管控能力。

4. 采用新技术、新工艺、新设备、新材料前的安全生产教育培训

《建设工程安全生产管理条例》规定，施工单位在采用新技术、新工艺、新设备、新材料时，应当对作业人员进行相应的安全生产教育培训。

随着我国工程建设和科学技术的迅速发展，越来越多的新技术、新工艺、新设备、新材料被广泛应用于施工生产活动中，大大促进了施工生产效率和工程质量的提高，同时也对施工作业人员的素质提出了更高要求。如果施工单位对所采用的新技术、新工艺、新设备、新材料的了解与认识不足，对其安全技术性能掌握不充分，或是没有采取有效的安全防护措施，没有对施工作业人员进行专门的安全生产教育培训，就很可能会导致事故的发生。因此，施工单位在采用新技术、新工艺、新设备、新材料时，必须对施工作业人员进行专门的安全生产教育培训，并采取保证安全的防护措施，防止发生事故。

四、工伤保险与意外伤害保险制度

新《安全生产法》第 48 条规定：生产经营单位必须依法参加工伤保险，为从业人员缴纳保险费。《建筑法》规定，建筑施工企业应当依法为职工参加工伤保险缴纳工伤保险费。鼓励企业为从事危险作业的职工办理意外伤害保险，支付保险费。

据此，工伤保险是强制性保险。意外伤害保险则属于法定的鼓励性保险，其适用范围是施工现场从事危险作业的特殊职工群体，即在施工现场从事高处作业、深基坑作业、

爆破作业等危险性较大的施工人员，尽管这部分人员可能已参加了工伤保险，但法律鼓励建筑施工企业再为其办理意外伤害保险，使他们能够比其他职工依法获得更多的权益保障。

1. 工伤保险的规定

2010 年 12 月经修订后颁布的《工伤保险条例》规定，中华人民共和国境内的企业、事业单位、社会团体、民办非企业单位、基金会、律师事务所、会计师事务所等组织和有雇工的个体工商户（以下称用人单位）应当依照本条例规定参加工伤保险，为本单位全部职工或者雇工（以下称职工）缴纳工伤保险费。所有参险的职工均有依法享受工伤保险待遇的权利。

（1）工伤认定

按照《工伤保险条例》规定，职工有下列情形之一的，应当认定为工伤：

1）在工作时间和工作场所内，因工作原因受到事故伤害的。

2）工作时间前后在工作场所内，从事与工作有关的预备性或者收尾性工作受到事故伤害的。

3）在工作时间和工伤场所内，因履行工作职责而受到暴力等意外伤害的。

4）患职业病的。

5）因工外出期间，由于工作原因受到伤害或者发生事故下落不明的。

6）在上下班途中，受到机动车事故伤害的。

7）法律、行政法规规定应当认定为工伤的其他情形。

职工有下列情形之一的，视同工伤：

1）在工作时间和工作岗位，突发疾病死亡或者在 48 小时之内经抢救无效死亡的。

2）在抢险救灾等维护国家利益、公共利益活动中受到伤害的。

3）职工原在军队服役，因战、因公负伤致残，已取得革命伤残军人证，到用人单位后旧伤复发的。职工有上述情形的视同工伤，并按照本条例的有关规定享受工伤待遇。

（2）工伤的治疗

按照《工伤保险条例》规定，职工因工作遭受事故伤害或者患职业病进行治疗，享受工伤医疗待遇。治疗工伤应当在签订服务协议的医疗机构就医，情况紧急时可以先到就近的医疗机构急救。

治疗工伤所需费用符合工伤保险诊疗项目目录、工伤保险药品目录、工伤保险住院服务标准的，从工伤保险基金支付。工伤职工治疗非工伤引发的疾病，不享受工伤医疗待遇，按照基本医疗保险办法处理。

职工因工作遭受事故伤害或者患职业病需要暂停工作接受工伤医疗的，在停工留薪期内，原工资福利待遇不变，由所在单位按月支付。停工留薪期一般不超过 12 个月。伤情严重或者情况特殊，经市级劳动能力鉴定委员会确认，可以适当延长，但延长不得超过 12 个月。

（3）工伤职工的护理

生活不能自理的工伤职工在停工留薪期需要护理的，由所在单位负责。

工伤职工已经评定伤残等级并经劳动能力鉴定委员会确认需要生活护理的，从工伤保险基金按月支付生活护理费。生活护理费按照生活完全不能自理、生活大部分不能自理或者生活部分不能自理 3 个不同等级支付，其标准分别为统筹地区上年度职工月平均工资的 50%、40%或者 30%。

（4）职工因工致残的待遇

依据我国劳动管理法规，职工因工致残可享受支付一次性伤残补助金、按月支付伤残津贴；职工因工死亡的，其近亲属按照国家法律规定从工伤保险基金领取丧葬补助金、供养亲属抚恤金和一次性工亡补助金等。

2. 意外伤害保险制度

近年来，住房和城乡建设部大力推行建筑意外伤害保险制度。该制度的推行，维护了建筑业从业人员的合法权益，特别是保护了农民工权益、转移了企业风险，增强了企业对事故的预防和控制能力，促进了建筑业安全生产，为维护社会稳定、构建和谐社会起到了积极的作用。

（1）意外伤害保险的范围

建筑施工企业为施工现场从事施工作业和管理的人员在施工活动过程中办理的建筑意外伤害保险范围应当覆盖参加工程项目施工的全体人员。已在企业所在地参加工伤保险的人员，从事现场施工时仍可参加建筑意外伤害保险。

（2）意外伤害保险的保险期限

保险期限应涵盖工程项目开工之日到工程竣工验收合格日。提前竣工的，保险责任自行终止。因延长工期的，应当办理保险顺延手续。

（3）意外伤害保险的保险金额

各地建设行政主管部门要结合本地区实际情况，确定合理的最低保险金额。最低保险金额要能够保障施工伤亡人员得到有效的经济补偿。施工企业办理建筑意外伤害保险时，投保的保险金额不得低于此标准。保险费应当列入建筑安装工程费用。保险费由施工企业支付，施工企业不得向职工摊派。

（4）意外伤害保险的投保

施工企业应在工程项目开工前，办理完投保手续。工程项目中有分包单位的由总承包施工企业统一办理，分包单位合理承担投保费用。业主直接发包的工程项目由承包企业直接办理。

五、安全生产监督管理

1. 安全生产管理机构

国务院负责安全生产监督管理的部门依照《中华人民共和国安全生产法》的规定，

对全国安全生产工作实施综合监督管理。县级以上地方各级人民政府负责安全生产监督管理的部门，对本行政区域内安全生产工作实施综合监督管理。

乡、镇人民政府以及街道办事处、开发区管理机构等地方人民政府的派出机关应当按照职责，加强对本行政区域内生产经营单位安全生产状况的监督检查，协助上级人民政府有关部门依法履行安全生产监督管理职责。

2. 政府建设行政主管部门对安全施工监督

政府建设行政主管部门应对本行政区域内安全施工现场进行监督检查。建设行政主管部门在审核发放施工许可证时，应当对建设工程是否有安全施工措施进行审查，对没有安全施工措施的，不得颁发施工许可证。

建设行政主管部门或者其他有关部门对建设工程是否有安全施工措施进行审查时，不得收取费用。

县级以上人民政府负有建设工程安全生产监督管理职责的部门在各自的职责范围内履行安全监督检查职责时，有权采取下列措施：

1）要求被检查单位提供有关建设工程安全生产的文件和资料。

2）进入被检查单位施工现场进行检查。

3）纠正施工中违反安全生产要求的行为。

4）对检查中发现的安全事故隐患，责令立即排除，重大安全事故隐患排除前或者排除过程中无法保证安全的，责令从危险区域内撤出作业人员或者暂时停止施工。

3. 特种设备安全生产与监督管理

《特种设备安全法》规定，特种设备，是指对人身和财产安全有较大危险性的锅炉、压力容器（含气瓶）、压力管道、电梯、起重机械、客运索道、大型游乐设施、场（厂）内专用机动车辆，以及法律、行政法规规定的其他特种设备。特种设备安全工作应当坚持安全第一、预防为主、节能环保、综合治理的原则。国家对特种设备的生产、经营、使用，实施分类的、全过程的安全监督管理。

国务院负责特种设备安全监督管理的部门对全国特种设备安全实施监督管理。县级以上地方各级人民政府负责特种设备安全监督管理的部门对本行政区域内特种设备安全实施监督管理。

《特种设备安全法》规定，国家按照分类监督管理的原则对特种设备生产实行许可制度。特种设备安全管理人员、检测人员和作业人员应当按照国家有关规定取得相应资格，方可从事相关工作。

习题讲评

1. 某建筑施工企业为取得安全生产许可证进行了下列安全生产条件的准备工作，其中不符合《建筑施工企业安全生产许可证管理规定》的是（　　）。

A. 投入保证其安全生产条件所需的资金

B. 决定安全生产管理人员由工程技术人员兼任

C. 依法参加工伤保险

D. 特种作业人员按规定考核合格，取得特种作业操作资格证书

【参考答案】B。根据取得安全生产许可证条件的规定，建筑施工企业“设置安全生产管理机构，按照国家有关规定配备专职安全生产管理人员”，安全生产管理人员由技术人员兼职的做法违反了规定，因此选 B。

2. 中央管理的建筑施工企业下属的建筑施工企业，应当向（　　）申请领取安全生产许可证。

A. 国务院建设主管部门

B. 北京市人民政府建设主管部门

C. 企业注册所在地省、自治区、直辖市人民政府建设主管部门

D. 企业承建项目所在地省、自治区、直辖市人民政府安全生产监督管理部门

【参考答案】C。根据安全生产许可证的申请规定，中央管理的建筑施工企业应当向国务院建设主管部门申请领取安全生产许可证，中央管理的建筑施工企业下属的建筑施工企业应当向企业注册所在地省、自治区、直辖市人民政府建设主管部门申请领取安全生产许可证。因此选 C。

3. 甲建筑工企业在 2008 年 5 月仍在持 2005 年 1 月 1 日颁发的安全生产许可证进行施工，收到有关部门查处。有关部门对甲的正确处理方式是（　　）。

A. 允许其继续施工，限期补办延期手续

B. 允许其继续施工，但处以 50 万元罚款

C. 责令停止施工，限期补办延期手续，没收违法所得，并处以 5 万元以上 10 万元以下罚款

D. 责令停业整顿，限期补办延期手续，并处以 10 万元以上 50 万元以下罚款

【参考答案】C。《安全生产许可证条例》规定，安全生产许可证有效期为 3 年，期末未办理延期手续，继续进行生产的，责令停止生产，限期补办延期手续，没收违法所得，并处以 5 万元以上 10 万元以下罚款，因此选 C。

4. 某建筑施工企业在 2005 年 2 月 1 日办理的安全生产许可证，应在（　　）向原发证机关办理延期手续。

A. 2007 年 2 月 1 日　　B. 2008 年 1 月 31 日

C. 2008 年 2 月 1 日　　D. 2008 年 3 月 1 日

【参考答案】B。安全生产许可证的有效期为 3 年，企业应当于期满前 3 个月向原安全生产许可证颁发管理机关办理延期手续。2005 年 2 月 1 日办理的安全施工许可证的 3 年有效期至 2008 年 1 月 31 日，期满前 3 个月办理延期手续，因此 2008 年 1 月 31 日前 3 个月满足续期时间规定。因此选 B。

第二节　企业安全生产责任制度

案例导入

上海闵行区某幢13层在建商品楼整体倒塌事故案例分析

某年6月27日，上海闵行区某幢13层在建商品楼即将峻工，在场外工程土方施工时房屋一边开挖深基坑，另一边采取高堆土施工布置方案，致使土体产生侧压力致使基础发生滑移，使在建的商住楼发生倒塌事故，造成1名工人死亡，由于此楼尚未竣工交付使用，所以未造成居民伤亡事故，经审价，7号楼土建及安装造价人民币669万余元，施工公司在楼屋倒塌后赔偿购房者1276万余元。

经事故调查组调查，在施工前，项目负责人秦某，将“莲花河畔景苑”项目的地下车库分包给不具备开挖土方资质的土方开挖承包人张某进行开挖。秦某为便于土方回填及绿化用土，指使张某将其中的12号地下车库开挖出的土方堆放在7号楼北侧等处。在施工期间，项目管理人员为赶工程进度，在未进行天然地基承载力计算的情况下，仍指使张某开挖该项目0号地下车库的土方，并将土方继续堆放在7号楼北侧等处，堆高最高达10米。作为监理方，有在口头上有制止施工方指令，但出于建设方不予理睬，也没有采取任何措施。由于土体产生侧压力至使基础发生滑移而引发13层在建商品楼发生倒塌事故。

案例分析： 项目负责人秦某作为项目安全生产第一负责人，未全面履行项目经理依法应当承担的工程质量和施工安全管理责任，审查土方工程的施工方案，任由分包人张某违规进行地下车库土方开挖施工，未按照合同约定履行检查、督促职责，对违规开挖、堆积土方行为不予制止，负有主要安全管理责任。

对于此事件的发生，施工方要承担主要管理责任，监理方也有不可推卸的责任。虽然此工程的项目总监理自称在违规操作时，有在口头上制止施工方，但出于建设方不予理睬，也没有采取任何措施。作为监理方，工程的质量问题和自己直接挂钩，在出现建设方和施工单位违规操作的时候，不予签任何施工允许的证件同时，还应及时、有效制止和报告主管部门。

上述案例表明：根据我国建设法律规定，参与工程项目管理的主体有建设单位、勘察设计单位、施工单位、监理单位及相关检测与设备租赁服务单位等，依据各单位在项目实施过程中安全管理的任务、范围及职责，各管理主体应依法承担相应的安全管理责任。

一、建设单位的安全生产责任

建设单位是建设工程项目的投资主体或管理主体，在整个工程建设中居于主导地

位。但长期以来，我国对建设单位的工程项目管理行为缺乏必要的法律约束，对其安全管理责任更没有明确规定，由于建设单位的某些工程项目管理行为不规范，直接或者间接导致施工生产安全事故的发生是有着不少惨痛教训的。为此，《建设工程安全生产管理条例》中明确规定，建设单位必须遵守安全生产法律、法规的规定，保证建设工程安全生产，依法承担建设工程安全生产责任。

1. 依法办理有关施工批准手续

建设单位应当依法向有关部门申请办理施工批准手续。《建筑法》规定，有下列情形之一的，建设单位应当按照国家有关规定办理申请批准手续：

1）需要临时占用规划批准范围以外场地的。

2）可能损坏道路、管线、电力、邮电通信等公共设施的。

3）需要临时停水、停电、中断道路交通的。

4）需要进行爆破作业的。

5）法律、法规规定需要办理报批手续的其他情形。

2. 向施工单位提供真实、准确和完整的有关资料

《建筑法》规定，建设单位应当向建筑施工企业提供与施工现场相关的地下管线资料，建筑施工企业应当采取措施加以保护。

《建设工程安全生产管理条例》进一步规定，建设单位应当向施工单位提供施工现场及毗邻区域内供水、排水、供电、供气、供热、通信、广播电视等地下管线资料，气象和水文观测资料，相邻建筑物和构筑物、地下工程的有关资料，并保证资料的真实、准确、完整。

在建设工程施工前，施工单位须搞清楚施工现场及毗邻区域内地下管线，以及相邻建筑物、构筑物和地下工程的有关资料，否则很有可能会因施工而造成对其破坏，不仅导致人员伤亡和经济损失，还将影响周边地区单位和居民的工作与生活。同时，建设工程的施工周期往往比较长，又多是露天作业，受气候条件的影响较大，建设单位还应当提供有关气象和水文观测资料。建设单位须保证所提供资料的真实、准确，并能满足施工安全作业的需要。

3. 不得提出降低设计标准和随意压缩合同工期

《建设工程安全生产管理条例》规定，建设单位不得对勘察、设计、施工、工程监理等单位提出不符合建设工程安全生产法律、法规和强制性标准规定的要求，不得压缩合同约定的工期。

由于市场竞争相当激烈，一些勘察、设计、施工、工程监理单位为了承揽业务，往往对建设单位提出的各种要求尽量给予满足，这就造成某些建设单位为了追求利益最大化而提出一些降低设计标准与施工标准的非法要求，甚至明示或者暗示相关单位进行一些不符合法律、法规和强制性标准的活动。因此，建设单位也必须依法规范自身的行为。

4. 按规定支付安全施工措施所需费用

《建设工程安全生产管理条例》规定，建设单位在编制工程概算时，应当确定建设工程安全作业环境及安全施工措施所需费用。多年的实践表明，要保障施工安全生产，必须有合理的安全投入。因此，建设单位在编制工程概算时，就应当合理确定保障建设工程施工安全所需的费用，并依法足额向施工单位提供。

5. 不得要求购买、租赁和使用不符合安全施工要求的用具设备等

《建设工程安全生产管理条例》规定，建设单位不得明示或者暗示施工单位购买、租赁、使用不符合安全施工要求的安全防护用具、机械设备、施工机具及配件、消防设施和器材。

由于建设工程的投资额、投资效益以及工程质量等，其后果最终都是由建设单位承担。建设单位势必对工程建设的各个环节都非常关心，包括材料设备的采购、租赁等。这就要求建设单位与施工单位应当在合同中约定双方的权利义务，包括采用哪种供货方式等。无论施工单位购买、租赁或是使用有关安全防护用具、机械设备等，建设单位都不得采用明示或者暗示的方式，违法向施工单位提出不符合安全施工的要求。

6. 申领施工许可证应当提供有关安全施工措施的资料

按照《建筑法》的规定，申请领取施工许可证应当具备的条件之一，就是“有保证工程质量和安全的具体措施”。

《建设工程安全生产管理条例》进一步规定，建设单位在领取施工许可证时，应当提供建设工程有关安全施工措施的资料。依法批准开工报告的建设工程，建设单位应当自开工报告批准之日起 15 日内，将保证安全施工的措施报送建设工程所在地的县级以上地方人民政府建设行政主管部门或者其他有关部门备案。

7. 装修工程和拆除工程的规定

《建筑法》规定，涉及建筑主体和承重结构变动的装修工程，建设单位应当在施工前委托原设计单位或者具有相应资质条件的设计单位提出设计方案，没有设计方案的，不得施工。《建筑法》还规定，房屋拆除应当由具备保证安全条件的建筑施工单位承担。

《建设工程安全生产管理条例》进一步规定，建设单位应当将拆除工程发包给具有相应资质等级的施工单位。建设单位应当在拆除工程施工 15 日前，将下列资料报送建设工程所在地的县级以上地方人民政府建设行政主管部门或者其他有关部门备案：

1）施工单位资质等级证明。

2）拟拆除建筑物、构筑物及可能危及毗邻建筑的说明。

3）拆除施工组织方案。

4）堆放、清除废弃物的措施。

实施爆破作业的，应当遵守国家有关民用爆炸物品管理的规定。

二、施工单位安全生产责任

1. 施工单位安全生产的主体责任

《建筑法》与《安全生产法》规定，建筑施工企业是建设工程施工活动的主体，必须加强对施工安全生产活动的管理，承担施工现场安全生产主体责任。企业主要负责人、实际控制人为施工现场安全生产第一责任人，应带头执行现场带班制度，加强现场安全检查。

《建设工程安全生产管理条例》规定，施工单位应当设立安全生产管理机构，配备专职安全生产管理人员。专职安全生产管理人员负责对安全生产进行现场监督检查。发现安全事故隐患，应当及时向项目负责人和安全生产管理机构报告；对违章指挥、违章操作的，应当立即制止。

依据《建筑施工企业安全生产管理机构设置及专职安全生产管理人员配备办法》规定，专职安全生产管理人员的配备应满足下列要求，并应根据企业经营规模、设备管理和生产需要予以增加：

1）建筑施工总承包资质序列企业：特级资质不少于 6 人；一级资质不少于 4 人；二级和二级以下资质企业不少于 3 人。

2）建筑施工专业承包资质序列企业：一级资质不少于 3 人；二级和二级以下资质企业不少于 2 人。

3）建筑施工劳务分包资质序列企业：不少于 2 人。

4）建筑施工企业的分公司、区域公司等较大的分支机构应依据实际生产情况配备不少于 2 人的专职安全生产管理人员。

总承包单位配备项目专职安全生产管理人员建筑工程、装修工程按照建筑面积配备应当满足下列要求：①1 万平方米以下的工程不少于 1 人；②1 万～5 万平方米的工程不少于 2 人；③5 万平方米及以上的工程不少于 3 人，且按专业配备专职安全生产管理人员。

2. 施工项目负责人的安全生产责任

为了加强对施工现场的管理，施工单位都要对每个建设工程项目委派一名项目负责人即项目经理，由他对该项目的施工管理全面负责，是工程项目安全管理的第一责任人。

《建设工程安全生产管理条例》规定，施工单位的项目负责人应当由取得相应执业资格的人员担任，对建设工程项目的安全施工负责，落实安全生产责任制度、安全生产规章制度和操作规程，确保安全生产费用的有效使用，并根据工程的特点组织制定安全施工措施，消除安全事故隐患，及时、如实报告生产安全事故。

依据住房和城乡建设部《建筑施工项目经理质量安全责任十项规定（试行）》建质[2014]123 号规定，建筑施工项目经理的质量安全责任有：

1）必须在起重机械安装、拆卸，模板支架搭设等危险性较大分部分项工程施工期间现场带班。

2）必须将安全生产费用足额用于安全防护和安全措施，不得挪作他用。

3）必须定期组织质量安全隐患排查，及时消除质量安全隐患。

4）必须组织对施工现场作业人员进行岗前质量安全教育，未经质量安全教育和无证人员不得上岗。

5）必须按规定报告质量安全事故，立即启动应急预案，保护事故现场，开展应急救援。

住房和城乡建设主管部门应当加强对项目经理履职情况的动态监管，在检查中发现项目经理违反上述规定的，依照相关法律法规和规章实施行政处罚；同时对相应违法违规行为实行记分管理，行政处罚及记分情况应当在建筑市场监管与诚信信息发布平台上公布。

依据《建筑施工项目经理质量安全违法违规行为记分管理规定》建筑施工项目经理质量安全违法违规行为记分周期为 12 个月，满分为 12 分。自项目经理所负责的工程项目取得《建筑工程施工许可证》之日起计算。

依据项目经理质量安全违法违规行为的类别以及严重程度，一次记分的分值分为 12 分、6 分、3 分、1 分四种。项目经理有下列行为之一的，一次记 12 分：

1）超越执业范围或未取得安全生产考核合格证书担任项目经理的。

2）执业资格证书或安全生产考核合格证书过期仍担任项目经理的。

3）因未履行安全生产管理职责或未执行法律法规、工程建设强制性标准造成质量安全事故的。

4）谎报、瞒报质量安全事故的。

5）发生质量安全事故后故意破坏事故现场或未开展应急救援的。

项目经理在一个记分周期内累积记分达到 12 分的，住房和城乡建设主管部门应当依法责令该项目经理停止执业 1 年；情节严重的，吊销执业资格证书，5 年内不予注册；造成重大质量安全事故的，终身不予注册。项目经理在停止执业期间，应当接受住房和城乡建设主管部门组织的质量安全教育培训，其所属施工单位应当按规定程序更换符合条件的项目经理。

3. 施工总承包和分包单位的安全生产责任

《建筑法》规定，施工现场安全由建筑施工企业负责。实行施工总承包的，由总承包单位负责。分包单位向总承包单位负责，服从总承包单位对施工现场的安全生产管理。

（1）总承包单位应当承担的法定安全生产责任

施工总承包是由总包施工单位对建设工程施工全面负责。不仅要负责建设工程的施工质量、合同工期、成本控制，还要对施工现场组织和安全生产进行统一协调管理。

1）分包合同应当明确总分包双方的安全生产责任。《建设工程安全生产管理条例》规定，总承包单位依法将建设工程分包给其他单位的，分包合同中应当明确各自的安全生产方面的权利、义务。

施工总承包单位与分包单位的安全生产责任，可分为法定责任和约定责任。所谓法定责任，即法律法规中明确规定的总承包单位、分包单位各自的安全生产责任。所谓约定责任，即总承包单位与分包单位通过协商，在分包合同中约定各自应当承担的安全生产责任。但是，安全生产的约定责任不能与法定责任相抵触。

2）统一组织编制建设工程生产安全应急救援预案。建设工程的施工属高风险工作，极易发生安全事故。《建设工程安全生产管理条例》规定，施工单位应当根据建设工程施工的特点、范围，对施工现场易发生重大事故的部位、环节进行监控，制定施工现场生产安全事故应急救援预案。实行施工总承包的，由总承包单位统一组织编制建设工程生产安全事故应急救援预案，工程总承包单位和分包单位按照应急救援预案，各自建立应急救援组织或者配备应急救援人员，配备救援器材、设备，并定期组织演练。

3）负责上报施工生产安全事故。《建设工程安全生产管理条例》规定，实行施工总承包的建设工程，由总承包单位依法向有关主管部门报告事故的基本情况。

4）自行完成建设工程主体结构的施工。《建设工程安全生产管理条例》规定，总承包单位应当自行完成建设工程主体结构的施工。这是为了落实施工总承包单位的安全生产责任，防止因转包和违法分包等行为导致施工生产安全事故的发生。

5）承担连带责任。《建设工程安全生产管理条例》规定，总承包单位和分包单位对分包工程的安全生产承担连带责任。该项规定既强化了总承包单位和分包单位双方的安全生产责任意识，也有利于保护受损害者的合法权益。

（2）分包单位应当承担的法定安全生产责任

分包单位法定安全生产责任是就安全管理向总承包单位负责，服从总承包单位对施工现场的安全生产管理。分包单位不服从管理导致生产安全事故的，由分包单位承担主要责任。

对于专业分包的工程现场范围内的安全管理，安全技术、保障措施等由专业分包单位负责。

总承包单位依法对施工现场的安全生产负总责，这就要求分包单位必须服从总承包单位的安全生产管理。在许多工地上，往往有若干分包单位同时在施工，如果缺乏统一的组织管理，很容易发生安全事故。因此，分包单位要服从总承包单位对施工现场的安全生产规章制度、岗位操作要求等安全生产管理，进行安全教育与培训。否则，一旦发生施工安全生产事故，分包单位要承担主要责任。

【案例讲评】总分包方安全管理责任如何认定

高三学生杨某高考结束后到县正在改建的体育场散步，巧遇体育场看台网架施工，施工中切割片意外飞出，正飞到 30 米开外杨某的脸上，经送往医院医疗救治，一眼球伤残，移植假眼。

后调查得知，县体育场改造工程的建设单位是该县体委，体委将该工程整体招标发包给县建筑工程总公司，后委托该公司项目经理张某全权承包，并向公司交管理费。

在施工过程中张某又将主席台网架结构工程分包给李某施工，双方协议了承包的价格，并没有签订书面分包合同，但在预算书上盖有开封某建筑公司的公章。后调查得知在法人代表未知情的情况下偷盖的。事后还发现在开工前未按三级安全教育的要求对各级工作人员进行安全教育，没有做好施工现场的安全管理。事发后杨某将发包方（体委），承包商（县建总），张某，分包商（开封某建筑公司），李某一并告上法院，要求其承担20万元医药费及损失。

讲评：这是个非常典型的施工现场安全管理责任案例。安全管理的主体有发包方、总包与分包方等。发包方是否承担侵权责任呢？根据《建筑法》关于施工现场安全管理规定，施工现场的安全管理由施工方负责，发包方不应承担侵权责任。

总承包方与分包方是否存在分包合同关系？总分包方虽然没有书面分包协议，但分包人李某用盖有开封某建筑公司的公章预算书进行报价，就可以推定存在事实总分包合同关系，因此，法院认定总承包方与分包方开封某建筑公司存在分包合同关系。根据《建筑法》与《安全管理条例规定》，分包方的安全事故由总包与分包方共同承担连带责任。杨某的医药费及损失由总分包方企业共同赔偿，张某与李某代表各自的公司履行职务行为，不对杨某进行赔付。个人承担的责任由企业与个人协商。

值得注意的是，若分包合同法律关系不成立，则实际分包人与总包方之间是雇用关系，法律责任的认定有所不同。

4. 施工作业人员安全生产的权利和义务

（1）施工作业人员安全生产应享有的权利

《建筑法》规定，建筑施工企业和作业人员在施工过程中，应当遵守有关安全生产的法律、法规和建筑行业安全规章、规程，不得违章指挥或者违章作业。作业人员有权对影响人身健康的作业程序和作业条件提出改进意见，有权获得安全生产所需的防护用品。作业人员对危及生命安全和人身健康的行为有权提出批评、检举和控告。

按照《建筑法》《安全生产法》《建设工程安全生产管理条例》等法律、行政法规的规定，施工作业人员主要享有如下的安全生产权利：

1）施工安全生产的知情权和建议权。

2）施工安全防护用品的获得权。

3）批评、检举、控告权及拒绝违章指挥权。

4）紧急避险权。

5）获得工伤保险和意外伤害保险赔偿的权利。

6）请求民事赔偿权。

（2）施工作业人员应当履行的安全生产义务

按照《建筑法》《安全生产法》《建设工程安全生产管理条例》等法律、行政法规的规定，施工作业人员主要应当履行如下安全生产义务：

1）守法遵章和正确使用安全防护用具等的义务。

2）接受安全生产教育培训的义务。

3）施工安全事故隐患报告的义务。

5. 违法行为应承担的法律责任

（1）施工单位违法行为应承担的法律责任

《建筑法》规定，建筑施工企业违反本法规定，对建筑安全事故隐患不采取措施予以消除的，责令改正，可以处以罚款；情节严重的，责令停业整顿，降低资质等级或者吊销资质证书；构成犯罪的，依法追究刑事责任。

（2）主要责任人的法律责任

《刑法》第 137 条规定，建设单位、设计单位、施工单位、工程监理单位违反国家规定，降低工程质量标准，造成重大安全事故的，对直接责任人员，处 5 年以下有期徒刑或者拘役，并处罚金；后果特别严重的，处 5 年以上 10 年以下有期徒刑，并处罚金。

《建设工程安全生产管理条例》规定，施工单位的主要负责人、项目负责人未履行安全生产管理职责的，责令限期改正；逾期未改正的，责令施工单位停业整顿；造成重大安全事故、重大伤亡事故或者其他严重后果，构成犯罪的，依照《刑法》有关规定追究刑事责任。

施工单位的主要负责人、项目负责人有以上违法行为，尚不够刑事处罚的，处 2 万元以上 20 万元以下的罚款或者按照管理权限给予撤职处分；自刑罚执行完毕或者受处分之日起，5 年内不得担任任何施工单位的主要负责人、项目负责人。

《刑法》第 134 条第 2 款规定，强令他人违章冒险作业，而发生重大伤亡事故或者造成其他严重后果的，处 5 年以下有期徒刑或者拘役；情节特别恶劣的，处 5 年以上有期徒刑（《〈刑法〉修正案（六）》）。

《刑法》第 135 条第 1 款规定，安全生产设施或者安全生产条件不符合国家规定，因而发生重大伤亡事故或者造成其他严重后果的，对直接负责的主管人员和其他直接责任人员，处 3 年以下有期徒刑或者拘役；情节特别恶劣的，处 3 年以上 7 年以下有期徒刑（《〈刑法〉修正案（六）》）。

（3）施工作业人员违法行为应承担的法律责任

《建设工程安全生产管理条例》规定，作业人员不服管理、违反规章制度和操作规程冒险作业造成重大伤亡事故或者其他严重后果，构成犯罪的，依照《刑法》有关规定追究刑事责任。

《刑法》第 134 条第 1 款规定，在生产、作业中违反有关安全管理的规定，因而发生重大伤亡事故或者造成其他严重后果的，处 3 年以下有期徒刑或者拘役；情节特别恶劣的，处 3 年以上 7 年以下有期徒刑。

【案例讲评】如何认定重大责任事故罪

被告人顾某（杭州市某个体建筑工匠）在没有资质承建工业厂房的情况下，超越承建范围，与某制品有限公司法定代表人胡某签订协议，承建该公司的生产车间。在施工过程中，被告人顾某违反规章制度，没有按照规定要求的施工图施工，且没有采取有效的安全防范措施，冒险作业，留下事故隐患。在墙身顶部浇天沟时，由于墙身全部采用五斗一盖砌筑，且中间没有立柱或砖墩加固，天沟模板没有落地支撑，致使墙身失稳倒塌，造成1人被墙体压住而死亡、4人重伤的伤亡事故。

讲评： 所谓重大责任事故罪，是指工厂、矿山、林场、建筑企业或者其他企业、事业单位职工（包括从事生产的工人、科学技术人员和直接指挥生产的领导人员），由于不服管理，违反规章制度，或者强令工人违章冒险作业，因而发生重大伤亡事故，造成严重后果的行为。该罪具有以下法律特征：①犯罪主体是特殊主体，即企事业单位的职工及群众合作经营组织或个体经营户的从业人员。对于群众合作经营组织和个体经营户的主管负责人，在管理工作中玩忽职守，从而发生重大伤亡事故，造成严重后果的，也可按本罪追究刑事责任。②行为人必须具有不服管理，违反规章制度，或者强令工人违章冒险作业的行为。③必须因违反规章制度造成了重大伤亡事故或者其他严重后果。重大伤亡事故是指死亡1人以上或者重伤3人以上。造成其他严重后果是指直接经济损失巨大或者使生产、工作受到重大损害等。④重大事故必须发生在生产、作业活动过程中，并同有关职工及从业人员的生产、作业有不可分离的联系。⑤行为人对自己行为引起的重大事故后果主观上是出于过失，而行为人违反规章制度的行为则往往是明知故犯。根据《刑法》134条规定，依法应处3年以下有期徒刑或拘役。

最后法院审理认为，被告人顾某在无建筑资质的情况下承建工业厂房，超越承建范围，且在施工过程中违章作业，造成一起1人死亡，4人重伤事故，其行为已构成重大责任事故罪。法院同时考虑到被告人顾某在案发后认罪态度较好，且已对各受害人的经济损失做了赔偿，确有悔罪表现等情节，依法做出如下判决：被告人顾某犯重大责任事故罪，判处有期徒刑1年。

三、相关单位的安全责任制度

1. 勘察、设计单位相关的安全责任

（1）勘察单位的安全责任

工程勘察、设计作为工程建设前期管理的重要环节，勘察、设计成果的准确性是保障安全施工的前提条件。《建设工程安全生产管理条例》规定，勘察单位应当按照法律、法规和工程建设强制性标准进行勘察，提供的勘察文件应当真实、准确，满足建设工程安全生产的需要。勘察单位在勘察作业时，应当严格执行操作规程，采取措施保证各类管线、设施和周边建筑物、构筑物的安全。

工程勘察是工程建设的先行官。工程勘察成果是建设工程项目规划、选址、设计的重要依据，也是保证施工安全的重要因素和前提条件。因此，勘察单位必须按照法律、法规的规定以及工程建设强制性标准的要求进行勘察，并提供真实、准确的勘察文件，不能弄虚作假。

此外，勘察单位在进行钻孔勘察作业时，也易发生损坏地下管线安全事故。为了保证勘察作业的安全，要求勘察人员必须严格执行操作规程，了解地下设施的分布情况，并应采取措施保证各类管线、设施和周边建筑物、构筑物的安全，为保障施工作业人员和相关人员的安全提供必要条件。

（2）设计单位的安全责任

工程设计是工程建设的灵魂。在建设工程项目确定后，工程设计便成为工程建设中最重要、最关键的环节，对安全施工有着重要影响。

1）按照法律、法规和工程建设强制性标准进行设计。《建设工程安全生产管理条例》规定，设计单位应当按照法律、法规和工程建设强制性标准进行设计，防止因设计不合理导致生产安全事故的发生。

工程建设强制性标准是工程建设技术和经验的总结与积累，对保证建设工程质量和施工安全起着至关重要的作用。从一些生产安全事故的原因分析，涉及设计单位责任的，主要是没有按照强制性标准进行设计，由于设计的不合理导致施工过程中发生了安全事故。

因此，设计单位在设计过程中必须考虑施工生产安全，严格执行强制性标准。

2）提出防范生产安全事故的指导意见和措施建议。《建设工程安全生产管理条例》规定，设计单位应当考虑施工安全操作和防护的需要，对涉及施工安全的重点部位和环节在设计文件中注明，并对防范生产安全事故提出指导意见。采用新结构、新材料、新工艺的建设工程和特殊结构的建设工程，设计单位应当在设计中提出保障施工作业人员安全和预防生产安全事故的措施建议。

设计单位的工程设计文件对保证建设工程结构安全至关重要，特别是对采用新结构、新材料、新工艺的建设工程和特殊结构的建设工程，设计单位应当在设计中提出保障施工作业人员安全和预防生产安全事故的措施建议。在施工单位作业前，设计单位还应当就设计意图、设计文件向施工单位做出说明和技术交底，并对防范生产安全事故提出指导意见。

3）对设计成果承担责任。《建设工程安全生产管理条例》规定，设计单位和注册建筑师等注册执业人员应当对其设计成果负责。如果由于设计责任造成事故，设计单位就要依法承担法律责任，还应当对造成的损失进行赔偿。设计方技术负责人、建筑师、结构工程师等注册执业人员应当在设计文件上签字盖章，并承担相应的法律责任。

2. 工程监理、检验检测单位相关的安全责任

（1）工程监理单位的安全责任

工程监理是监理单位受建设单位的委托，依照法律、法规和建设工程监理规范的规定，对工程建设实施的监督管理。但在实践中，一些监理单位只注重对施工质量、进度和投资的监控，不重视对施工安全的监督管理，这就使得施工现场因违章指挥、违章作业而发生的伤亡事故局面未能得到有效控制。因此，须依法加强施工安全监理工作，进一步提高建设工程监理水平。作为监理单位安全管理责任如下：

1）对安全技术措施或专项施工方案有审查义务。《建设工程安全生产管理条例》规定，工程监理单位应当审查施工组织设计中的安全技术措施或者专项施工方案是否符合工程建设强制性标准。

深基坑支护与降水工程、土方开挖工程、模板工程、起重吊装工程、脚手架工程、拆除、爆破工程等达到一定规模的危险性较大的分部分项工程，应编制专项施工方案，工程监理单位要对这些安全技术措施和专项施工方案进行审查，重点审查是否符合工程建设强制性标准；对于达不到强制性标准的，应当要求施工单位进行补充和完善。

2）对安全施工有巡视检查义务，对存在的安全事故隐患进行处理。作为工程监理单位现场工作人员，应对施工过程进行全过程全方位的安全监督与检查。在实施监理过程中，发现存在安全事故隐患的，应当要求施工单位整改；情况严重的，应当要求施工单位暂时停止施工，并及时报告建设单位。

3）对施工单位拒不整改的有依法向主管部门报告的义务。工程监理单位受建设单位的委托，有权要求施工单位对存在的安全事故隐患进行整改；有权要求施工单位暂时停止施工；施工单位拒不整改或者不停止施工的，工程监理单位应当及时依法向有关主管部门报告，不能借此推卸自己的责任。

4）承担建设工程安全生产的监理责任。《建设工程安全生产管理条例》规定，工程监理单位和监理工程师应当按照法律、法规和工程建设强制性标准实施监理，并对建设工程安全生产承担监理责任。

工程监理单位有下列行为之一的，责令限期改正；逾期未改正的，责令停业整顿，并处10万元以上30万元以下的罚款；情节严重的，降低资质等级，直至吊销资质证书；造成重大安全事故，构成犯罪的，对直接责任人员，依照刑法有关规定追究刑事责任；造成损失的，依法承担赔偿责任。

① 未对施工组织设计中的安全技术措施或者专项施工方案进行审查的。

② 发现安全事故隐患未及时要求施工单位整改或者暂时停止施工的。

③ 施工单位拒不整改或者不停止施工，未及时向有关主管部门报告的。

④ 未依照法律、法规和工程建设强制性标准实施监理的。

（2）设备检验检测单位的安全责任

《建设工程安全生产管理条例》规定，检验检测机构对检测合格的施工起重机械和整体提升脚手架、模板等自升式架设设施，应当出具安全合格证明文件，并对检测结果负责。

《特种设备安全法》规定，特种设备检验、检测机构及其检验、检测人员应当客观、公正、及时地出具检验、检测报告，并对检验、检测结果和鉴定结论负责。特种设备检验、检测机构及其检验、检测人员在检验、检测中发现特种设备存在严重事故隐患时，应当及时告知相关单位，并立即向负责特种设备安全监督管理的部门报告。

3. 机械设备等单位相关的安全责任

（1）出租机械设备和施工机具及配件单位的安全责任

《建设工程安全生产管理条例》规定，出租的机械设备和施工机具及配件，应当具

有生产（制造）许可证、产品合格证。出租单位应当对出租的机械设备和施工机具及配件的安全性能进行检测，在签订租赁协议时，应当出具检测合格证明。禁止出租检测不合格的机械设备和施工机具及配件。

（2）施工起重机械和自升式架设设施安装、拆卸单位的安全责任

《建设工程安全生产管理条例》规定，在施工现场安装、拆卸施工起重机械和整体提升脚手架、模板等自升式架设设施，必须由具有相应资质的单位承担。

《建设工程安全生产管理条例》还规定，安装、拆卸施工起重机械和整体提升脚手架、模板等自升式架设设施，应当编制专项拆装方案、制定安全施工措施，并由专业技术人员现场监督。

《建筑起重机械安全监督管理规定》进一步规定，建筑起重机械使用单位和安装单位应当在签订的建筑起重机械安装、拆卸合同中明确双方的安全生产责任。

安装单位应当按照建筑起重机械安装、拆卸工程专项施工方案及安全操作规程组织安装、拆卸作业。安装单位的专业技术人员、专职安全生产管理人员应当进行现场监督，技术负责人应当定期巡查。

（3）出具自检合格证明、进行安全使用说明、办理验收手续的责任

《建设工程安全生产管理条例》规定，施工起重机械和整体提升脚手架、模板等自升式架设设施安装完毕后，安装单位应当自检，出具自检合格证明，并向施工单位进行安全使用说明，办理验收手续并签字。

《建筑起重机械安全监督管理规定》进一步规定，建筑起重机械安装完毕后，使用单位应当组织出租、安装、监理等有关单位进行验收，或者委托具有相应资质的检验检测机构进行验收。建筑起重机械经验收合格后方可投入使用，未经验收或者验收不合格的不得使用。实行施工总承包的，由施工总承包单位组织验收。

习题讲评

1. 建设单位应当将拆除工程发包给具有相应资质等级的施工单位，并将下列除（　　）以外的资料报送建设工程所在地的县级以上地方人民政府建设行政主管部门备案。

A. 施工单位资质等级证明

B. 拟拆除工程可能危及毗邻建筑的说明

C. 拆除工程的施工组织方案

D. 废弃物利用措施

【参考答案】D。《建设工程安全生产管理条例》规定：建设单位应当将拆除工程发包给具有相应资质等级的施工单位。并应当在拆除工程施工 15 日前，将下列资料报送建设工程所在地的县级以上地方人民政府建设行政主管部门或者其他有关部门备案：①施工单位资质等级证明；②拟拆除工程可能危及毗邻建筑的说明；③拆除工程的施工组织方案；④堆放、清除废弃物的措施。因此选 D。

2. 工程监理单位在实施监理过程中，发现存在安全施工隐患，且情况严重的，应当（　　）。

A. 要求施工单位整改

B. 要求施工单位采取有效措施保证生产安全

C. 要求施工单位暂时停止施工，并及时报告建设单位

D. 直接向有关主管部门报告

【参考答案】C。根据《建设工程安全生产管理条例》规定：工程监理单位在实施监理过程中，发现存在安全事故隐患的，应当要求施工单位整改；情况严重的，应当要求施工单位暂时停止施工，并及时报告建设单位。施工单位拒不整改或者不停止施工的，工程监理单位应当及时向有关部门报告。因此选C。

3. 工程监理单位负有审查施工方案等的责任，按照《建设工程安全生产管理条例》规定，工程监理单位重点是审查（　　）。

A. 安全生产投入是否充足

B. 安全技术措施及专项施工方案是否符合工程建设强制性标准

C. 施工现场人员的安全生产管理能力

D. 安全技术措施是否得到落实

【参考答案】B。根据《建设工程安全生产管理条例》规定：工程监理要对审查施工组织设计中的安全技术措施或者专项施工方案进行审查，重点审查是否符合工程建设强制性标准。因此选B。

4. 某建筑施工企业在2005年2月1日办理的安全施工许可证，应在（　　）向原发证机关办理延期手续。

A. 2008年2月~2008年4月

B. 2007年11月~2008年1月

C. 2007年7月~2008年1月

D. 2008年2月~2008年7月

【参考答案】B。根据《建设工程安全生产管理条例》规定，不需要重新审查的企业需要在安全生产许可证有效期满前3个月办理延期。安全生产许可证的有效期为3年。

第三节　施工现场安全生产管理制度

上海市静安区胶州路教师公寓特别重大火灾事故分析

某年11月15日，上海市静安区胶州路728号公寓大楼发生一起因施工企业违反消防安全管理造成的特别重大火灾事故，电焊工吴某和工人王某在加固胶州路728号

公寓大楼10层脚手架的悬挑支架过程中，违规进行电焊作业引发火灾，造成58人死亡、71人受伤，建筑物过火面积12000平方米，直接经济损失1.58亿元。调查认定，这是一起因施工企业施工现场安全管理违规造成的特别重大安全生产责任事故。经查明事故的原因如下：

直接原因是在胶州路728号公寓大楼节能综合改造项目施工过程中，施工单位施工现场安全管理制度不健全，没有进行明火作业的安全技术交底，施工人员违规在10层电梯前室北窗外进行电焊作业，电焊溅落的金属熔融物引燃下方9层位置脚手架防护平台上堆积的聚氨酯保温材料碎块、碎屑引发火灾。

间接原因：一是建设单位、投标企业、招标代理机构相互串通、虚假招标和转包、违法分包。二是工程项目施工组织管理混乱。三是设计企业、监理机构工作失职。四是上海市、静安区两级建设主管部门对工程项目监督管理缺失。五是静安区公安消防机构对工程项目监督检查不到位。六是静安区政府对工程项目组织实施工作领导不力。

案例分析：根据国务院批复的意见，依照有关规定，对54名事故责任人做出严肃处理，其中26名责任人被移送司法机关依法追究刑事责任，28名责任人受到党纪、政纪处分。同时，责成上海市人民政府和市长分别向国务院做出深刻检查。由上海市安全生产监督管理局对事故相关单位按法律规定的上限给予经济处罚。

建筑施工企业安全生产管理的落脚点在施工现场，施工现场建立与健全各项安全生产防护制度是贯彻执行"安全第一、预防为主、综合治理"的方针重要保障。目前建筑施工企业施工现场重大安全生产管理制度有：安全技术交底制度、安全专项施工方案管理制度、施工现场安全防护制度、安全生产费用保障制度、施工现场消防安全管理制度等。

一、施工前安全技术交底制度

安全技术交底制度是我国最基本的安全生产管理制度。《建设工程安全生产管理条例》规定，建设工程施工前，施工单位负责项目管理的技术人员应当对有关安全施工的技术要求向施工作业班组、作业人员做出详细说明，并由双方签字确认。

施工前对有关安全施工的技术要求做出详细说明，就是通常说的安全技术交底。它有助于作业班组和作业人员尽快了解工程概况、施工方法、安全技术措施等情况，掌握操作方法和注意事项，以保护作业人员的人身安全。安全技术交底，通常有施工工种安全技术交底、分部分项工程施工安全技术交底、大型特殊工程单项安全技术交底、设备安装工程技术交底以及采用新工艺、新技术、新材料施工的安全技术交底等。

二、安全专项施工方案管理制度

《建筑法》规定，建筑施工企业在编制施工组织设计时，应当根据建筑工程的特点制定相应的安全技术措施；对专业性较强、复杂、技术难度大的分项工程施工项目，应当编制安全专项施工方案。

1. 安全专项施工方案的编制

《建设工程安全生产管理条例》规定，对下列达到一定规模的危险性较大的分部分项工程应编制专项施工方案，并附具安全验算结果，经施工单位技术负责人、总监理工程师签字后实施，由专职安全生产管理人员进行现场监督。

1）基坑支护与降水工程。

2）土方开挖工程。

3）模板工程。

4）起重吊装工程。

5）脚手架工程。

6）拆除、爆破工程。

7）国务院建设行政主管部门或者其他有关部门规定的其他危险性较大的工程。

对以上所列工程中涉及深基坑、地下暗挖工程、高大模板工程的专项施工方案，施工单位还应当组织专家进行论证、审查。

所谓危险性较大的分部分项工程，是指建筑工程在施工过程中存在的、可能导致作业人员群死群伤或造成重大不良社会影响的分部分项工程。危险性较大的分部分项工程安全专项施工方案，是指施工单位在编制施工组织（总）设计的基础上，针对危险性较大的分部分项工程单独编制的安全技术措施文件。

住房和城乡建设部发布的《危险性较大的分部分项工程安全管理办法》中规定，施工单位应当在危险性较大的分部分项工程施工前编制专项方案；对于超过一定规模的危险性较大的分部分项工程，施工单位应当组织专家对专项方案进行讨论论证。

建筑工程实行施工总承包的，专项方案应当由施工总承包单位组织编制。其中，起重机械安装拆卸工程、深基坑工程、附着式升降脚手架等专业工程实行分包的，其专项方案可由专业承包单位组织编制。

2. 安全专项施工方案的审核

专项方案应当由施工单位技术部门组织本单位施工技术、安全、质量等部门的专业技术人员进行审核。经审核合格的，由施工单位技术负责人签字。实行施工总承包的，专项方案应当由总承包单位技术负责人及相关专业承包单位技术负责人签字。不需专家论证的专项方案，经施工单位审核合格后报监理单位，由项目总监理工程师审核签字。

超过一定规模的危险性较大的分部分项工程专项方案应当由施工单位组织召开专家论证会。实行施工总承包的，由施工总承包单位组织召开专家论证会。

专项方案经论证后需做重大修改的，施工单位应当按照论证报告修改，并重新组织专家进行论证。

3. 安全专项施工方案的实施

施工单位应当严格按照专项方案组织施工，不得擅自修改、调整专项方案。如因设

计、结构、外部环境等因素发生变化确需修改的，修改后的专项方案应当按规定重新审核。对于超过一定规模的危险性较大工程的专项方案，施工单位应当重新组织专家进行论证与签字。

施工单位应当指定专人对专项方案实施情况进行现场监督和按规定进行监测。发现不按照专项方案施工的，应当要求其立即整改；发现有危及人身安全紧急情况的，应当立即组织作业人员撤离危险区域。施工单位技术负责人应当定期巡查专项方案实施情况。

对于按规定需要验收的危险性较大的分部分项工程，施工单位、监理单位应当组织有关人员进行验收。验收合格的，经施工单位项目技术负责人及项目总监理工程师签字后，方可进入下一道工序。

三、施工现场安全防护制度

《建筑法》规定，建筑施工企业应当在施工现场采取维护安全、防范危险、预防火灾等措施；有条件的，应当对施工现场实行封闭管理。施工现场对毗邻的建筑物、构筑物和特殊作业环境可能造成损害的，建筑施工企业应当采取安全防护措施。

1. 危险部位设置安全警示标志

《建设工程安全生产管理条例》规定，施工单位应当在施工现场入口处、施工起重机械、临时用电设施、脚手架、出入通道口、楼梯口、电梯井口、孔洞口、桥梁口、隧道口、基坑边沿、爆破物及有害危险气体和液体存放处等危险部位，设置明显的安全警示标志。安全警示标志必须符合国家标准。

2. 不同施工阶段和暂停施工应采取的安全施工措施

施工单位应当根据不同施工阶段和周围环境及季节、气候的变化，在施工现场采取相应的安全施工措施。例如，夏季要防暑降温，在特别高温的天下要调整施工时间、改变施工方式等；冬季要防寒防冻，防止煤气中毒，还应专门制定保证施工安全的安全技术措施；夜间施工应有足够的照明，在深坑、陡坡等危险地段应增设红灯标志；雨季和冬季施工时，应对道路采取防滑措施等。

3. 现场临时设施的安全卫生要求

《建设工程安全生产管理条例》规定，施工单位应当将施工现场的办公、生活区与作业区分开设置，并保持安全距离；办公、生活区的选址应当符合安全性要求。职工的膳食、饮水、休息场所等应当符合卫生标准。施工单位不得在尚未竣工的建筑物内设置员工集体宿舍。施工现场使用的装配式活动房屋应当具有产品合格证。

4. 现场周边的安全防护措施

《建设工程安全生产管理条例》规定，施工单位对因建设工程施工可能造成损害的毗邻建筑物、构筑物和地下管线等，应当采取专项防护措施。在城市市区内的建设工程，施工单位应当对施工现场实行封闭围挡。有责任、有义务采取相应的安全防护措施，确保毗邻的建筑物、构筑物和地下管线等不受损坏。

5. 作业的施工现场安全管理

《安全生产法》规定，生产经营单位进行爆破、吊装等危险作业，应当安排专门人员进行现场安全管理，确保操作规程的遵守和安全措施的落实。

爆破、吊装等作业具有较大危险性，很容易发生事故；施工作业人员必须严格按照操作规程进行操作，施工单位也应当会同有关单位采取必要的防范措施，安排专门人员进行作业现场的安全管理。

四、安全生产费用保障制度

施工单位安全生产费用（以下简称安全费用）是指施工单位按照规定标准提取在成本中列支，专门用于完善和改进企业或者施工项目安全生产条件的资金。安全费用按照“企业提取、政府监管、确保需要、规范使用”的原则进行管理。

《安全生产法》规定：生产经营单位应当具备的安全生产条件所必需的资金投入，由生产经营单位的决策机构、主要负责人或者个人经营的投资人予以保证，并对由于安全生产所必需的资金投入不足导致的后果承担责任。有关生产经营单位应当按照规定提取和使用安全生产费用，专门用于改善安全生产条件。安全生产费用在成本中据实列支。

《建设工程安全生产管理条例》规定，施工单位对列入建设工程概算的安全作业环境及安全施工措施所需费用，应当用于施工安全防护用具及设施的采购和更新、安全施工措施的落实、安全生产条件的改善，不得挪作他用。

1. 施工单位安全费用的保障

根据《建设工程工程量清单计价规范》规定，建设工程施工企业提取的安全生产、文明施工费用列入工程造价，在竞标时，为不可竞争的费用。

建设单位、设计单位在编制工程概（预）算时，应当依据工程所在地工程造价管理机构测定的相应费率，合理确定工程安全防护、文明施工措施费。依法进行工程招投标的项目，招标方或具有资质的中介机构编制招标文件时，应当按照有关规定并结合工程实际单独列出安全防护、文明施工措施项目清单。投标方应当根据现行标准规范，结合工程特点、工期进度和作业环境要求，在施工组织设计文件中制定相应的安全防护、文明施工措施，并按照招标文件要求结合自身的施工技术水平、管理水平对工程安全防护、文明施工措施项目单独报价。

2. 施工单位安全费用的使用管理

《建筑工程安全防护、文明施工措施费用及使用管理规定》中规定，实行工程总承包的，总承包单位依法将建筑工程分包给其他单位的，总承包单位与分包单位应当在分

包合同中明确安全防护、文明施工措施费用由总承包单位统一管理。安全防护、文明施工措施由分包单位实施的，由分包单位提出专项安全防护措施及施工方案，经总承包单位批准后及时支付所需费用。应当确保安全防护、文明施工措施费专款专用。

工程监理单位应当对施工单位落实安全防护、文明施工措施情况进行现场监理。对施工单位已经落实的安全防护、文明施工措施，总监理工程师或者造价工程师应当及时审查并签认所发生的费用。

工程总承包单位对建筑工程安全防护、文明施工措施费用的使用负总责。总承包单位应当按照本规定及合同约定及时向分包单位支付安全防护、文明施工措施费用。总承包单位不按本规定和合同约定支付费用，造成分包单位不能及时落实安全防护措施导致发生事故的，由总承包单位负主要责任。

五、施工现场消防安全管理制度

近年来，施工现场的火灾时有发生，甚至出现了特大恶性火灾事故。因此，施工单位必须建立健全消防安全责任制，加强消防安全教育培训，严格消防安全管理，确保施工现场消防安全。

1. 编制消防安全技术措施

施工现场消防安全管理制度规定，施工单位在施工组织设计中应编制消防安全技术措施和专项施工方案，并由专职安全管理人员进行现场监督与落实。

2. 确保消防通道畅通

建筑施工工地要满足消防车通行、停靠和作业要求，并确保施工现场消防通道畅通。在建建筑物内应有楼梯间和出入口的临时与照明醒目指示标志，及时清理通道内建筑垃圾和障碍物，规范材料堆放，保证发生火灾时，现场施工人员疏散和消防人员扑救快捷畅通。

3. 配备必要的消防设施和灭火器材

施工现场要按有关规定设置消防水源。应当按照总平面设计设置室外消火栓系统，并保持充足的管网压力和流量。根据在建工程施工进度，同步安装室内消火栓系统或设置临时消火栓，配备水枪水带和移动灭火器材，消防干管设置水泵接合器，满足施工现场火灾扑救的消防供水要求。

4. 严格规范施工使用明火

动用明火必须实行严格的消防安全管理，动火施工人员应当遵守消防安全规定，并落实相应的消防安全措施；电焊、气焊、电工等特殊工种人员必须持证上岗；禁止在具有火灾、爆炸危险的场所使用明火；需要进行明火作业的，动火部门和人员应当按照用火管理制度办理审批手续，落实现场监护人，在确认无火灾、爆炸危险后方可动火施工；

易燃易爆危险物品和场所应有具体防火防爆措施；将容易发生火灾、一旦发生火灾后果严重的部位确定为重点防火部位，实行严格管理。

施工现场的办公、生活区与作业区应当分开设置，并保持安全距离；施工单位不得在尚未竣工的建筑物内设置员工集体宿舍。

5. 加强日常防火检查

施工单位日常防火检查的内容包括：火灾隐患的整改情况以及防范措施的落实情况，疏散通道、消防车通道、消防水源情况，灭火器材配置及有效情况，用火、用电有无违章情况，重点工种人员及其他施工人员消防知识掌握情况，消防安全重点部位管理情况，易燃易爆危险物品和场所防火防爆措施落实情况，防火巡查制度落实情况等。

习题讲评

1.《危险性较大的分部分项工程安全管理办法》规定，超过一定规模的危险性较大的分部分项工程专项方案，应当由（　　）组织召开专家论证会。

A. 建设单位　　B. 设计单位　　C. 施工单位　　D. 第三方单位

【参考答案】C。《危险性较大的分部分项工程安全管理办法》规定，超过一定规模的危险性较大的分部分项工程专项方案应当由施工单位组织召开专家论证会。因此选C。

2. 下列职责中，不属于施工单位消防安全职责的是（　　）。

A. 制定施工现场的消防安全责任制度　　B. 向有关部门报审消防设计图纸

C. 制定灭火和应急疏散预案　　D. 设置消防安全标志

【参考答案】B。机关、团体、企业、事业等单位应当履行下列消防安全职责的规定，由建设单位向有关部门报审消防设计图纸。因此选B。

3.《工伤保险条例》规定，用人单位未在规定时限内提交工伤认定申请的，在此期间发生的工伤待遇等有关费用由（　　）负担。

A. 工伤职工　　B. 用人单位

C. 工伤职工和用人单位　　D. 社会保险部门

【参考答案】B。根据《工伤保险条例》规定：用人单位未在规定的时限内提交工伤认定申请，在此期间发生符合本条例规定的工伤待遇等有关费用由该用人单位负担。因此选B。

4. 《建设工程安全生产管理条例》规定，施工单位应当为（　　）办理意外伤害保险。

A. 本单位职工　　B. 施工现场人员

C. 施工现场从事特种作业的人员　　D. 施工现场从事危险作业的人员

【参考答案】D。根据《建设工程安全生产管理条例》施工单位应当给施工现场从事危险作业的人员办理意外伤害保险。因此选D。

第四节　安全事故的应急救援与调查处理制度

案例导入

武汉市欢乐大道某工地施工电梯高空坠落重大伤亡事故调查处理

2012 年 9 月 13 日 13 时 26 分，武汉市欢乐大道某工地。刚刚吃完午饭的 19 名粉刷工搭上施工电梯（升降机）。一分多钟后，电梯突然失控，直冲到 100 米高程后，在顶层失去约束，呈自由落体状直坠地面。19 个工人随笼坠下，全部当场死亡。

事故发生后，施工企业紧急开展了现场伤亡人员的救援工作，并立即向主管部门报告。湖北省政府高度重视，立即启动重大建筑施工安全生产事故应急预案，根据国务院《生产安全事故报告和调查处理条例》等有关法律法规规定，9 月 14 日，省政府成立武汉市“9.13”重大建筑施工事故调查组，认真开展了事故调查工作，聘请了 7 名专家参与现场勘察取证、技术分析等工作，并委托武汉理工大学和湖北省特种设备检验检测研究院对事故施工升降机进行技术分析和鉴定。

通过现场勘察、调查取证、综合分析，这是一起重大安全事故。查明“9.13”重大建筑施工事故发生的直接原因是：事故发生时，事故施工升降机导轨架第 66 和 67 节标准节连接处的 4 个连接螺栓只有左侧两个螺栓有效连接，而右侧（受力边）两个螺栓的螺母脱落，无法受力。在此工况下，事故升降机左侧吊笼超过备案额定承载人数（12 人），承载 19 人和约 245 公斤物件，上升到第 66 节标准节上部（33 楼顶部）接近平台位置时，产生的倾翻力矩大于对重体、导轨架等固有的平衡力矩，造成事故施工升降机左侧吊笼顷刻倾翻，并连同 67-70 节标准节坠落地面。

经调查认定，在该起事故中，施工单位、监理单位、电梯出租等多家单位与负责人负有安全管理责任，武汉市城乡建设委员会等多名事故责任人员受到严肃处理，给予相应的党纪、政纪处分，其中 11 人被移送司法机关。该案有关责任人移送司法后，东湖高新区法院于 2014 年 8 月底做出一审判决：工程总负责人、工地施工负责人、电梯出租公司法人、施工现场安全员、监理公司现场总监、粉刷工程包工头、电梯维修工等 7 人分别被判处 4 年至 5 年有期徒刑不等。

案例分析：上述案例表明，施工现场一旦发生生产安全事故，应当立即实施抢险救援，特别是抢救遇险人员，迅速控制事态，防止伤亡事故进一步扩大，并依法向政府有关部门报告事故。事故调查处理应当坚持实事求是、尊重科学的原则，依据管理权限成立调查小组，及时准确地查清事故经过、事故原因和事故损失，查明事故性质，认定事故责任，总结事故教训，提出整改措施，并对事故责任者依法追究责任。

一、生产安全事故的等级划分标准

依据 2007 年 6 月颁布的《生产安全事故报告和调查处理条例》规定，按照生产安全事故（以下简称事故）造成的人员伤亡或者直接经济损失，事故一般分为以下等级：

1）特别重大事故，是指造成 30 人以上死亡，或者 100 人以上重伤（包括急性工业中毒，下同），或者 1 亿元以上直接经济损失的事故。

2）重大事故，是指造成 10 人以上 30 人以下死亡，或者 50 人以上 100 人以下重伤，或者 5000 万元以上 1 亿元以下直接经济损失的事故。

3）较大事故，是指造成 3 人以上 10 人以下死亡，或者 10 人以上 50 人以下重伤，或者 1000 万元以上 5000 万元以下直接经济损失的事故。

4）一般事故，是指造成 3 人以下死亡，或者 10 人以下重伤，或者 1000 万元以下直接经济损失的事故。

所称的“以上”包括本数，所称的“以下”不包括本数。

二、编制施工生产安全事故应急救援预案

目前施工现场安全事故频发，如果施工单位事先做好充分的应急救援准备工作，采用预防技术和管理手段，就可以降低事故发生的可能性，而且一旦发生事故时，还可以在短时间内就组织有效抢救，防止事故扩大，减少人员伤亡和财产损失。

《安全生产法》规定，生产经营单位的主要负责人具有组织制定并实施本单位的生产安全事故应急救援预案的职责。《建设工程安全生产管理条例》进一步规定，施工单位应当制定本单位生产安全事故应急救援预案，建立应急救援组织或者配备应急救援人员，配备必要的应急救援器材、设备，并定期组织演练。

1. 施工生产安全事故应急救援预案的内容

《中华人民共和国突发事件应对法》规定，应急预案应针对突发事件的性质、特点和可能造成的社会危害，具体规定突发事件应急管理工作的组织指挥体系与职责和突发事件的预防与预警机制、处置程序、应急保障措施以及事后恢复与重建措施等内容。

《建设工程安全生产管理条例》规定，施工单位应当根据建设工程施工的特点、范围，对施工现场易发生重大事故的部位、环节进行监控，制定施工现场生产安全事故应急救援预案。

2. 施工生产安全事故应急救援预案的评审

《生产安全事故应急预案管理办法》规定，建筑施工单位应当组织专家对本单位编制的应急预案进行评审。评审应当形成书面纪要并附有专家名单。应急预案的评审应当注重应急预案的实用性、基本要素的完整性、预防措施的针对性、组织体系的科学性、响应程序的操作性、应急保障措施的可行性、应急预案的衔接性等内容。施工单位的应急预案经评审后，由施工单位主要负责人签署公布。

3. 施工总分包单位的职责分工

《建设工程安全生产管理条例》规定，实行施工总承包的，由总承包单位统一组织编制建设工程生产安全事故应急救援预案，工程总承包单位和分包单位按照应急救援预案，各自建立应急救援组织或者配备应急救援人员，配备救援器材、设备，并定期组织演练。

三、施工生产安全事故报告

1. 及时报告施工生产安全事故

（1）事故报告的时间要求

《生产安全事故报告和调查处理条例》规定，事故发生后，事故现场有关人员应当立即向本单位负责人报告；单位负责人接到报告后，应当于1小时内向事故发生地县级以上人民政府安全生产监督管理部门和负有安全生产监督管理职责的有关部门报告。情况紧急时，事故现场有关人员可以直接向事故发生地县级以上人民政府安全生产监督管理部门和负有安全生产监督管理职责的有关部门报告。

（2）事故报告的内容要求

《生产安全事故报告和调查处理条例》规定，报告事故应当包括下列内容：

1）事故发生单位概况。

2）事故发生的时间、地点以及事故现场情况。

3）事故的简要经过。

4）事故已经造成或者可能造成的伤亡人数（包括下落不明的人数）和初步估计的直接经济损失。

5）已经采取的措施。

6）其他应当报告的情况。

其他应当报告的情况，则应根据实际情况而定。如较大以上事故，还应当报告事故所造成的社会影响、政府有关领导和部门现场指挥等有关情况。

（3）事故补报的要求

《生产安全事故报告和调查处理条例》规定，事故报告后出现新情况的，应当及时补报。自事故发生之日起30日内，事故造成的伤亡人数发生变化的，应当及时补报。道路交通事故、火灾事故自发生之日起7日内，事故造成的伤亡人数发生变化的，应当及时补报。

2. 发生施工生产安全事故后应采取的相应措施

《建设工程安全生产管理条例》规定，发生生产安全事故后，施工单位应当采取措施防止事故扩大，保护事故现场。需要移动现场物品时，应当做出标记和书面记录，妥善保管有关证物。

（1）组织应急抢救工作

《生产安全事故报告和调查处理条例》规定，事故发生单位负责人接到事故报告后，应当立即启动事故相应应急预案，或者采取有效措施，组织抢救，防止事故扩大，减少人员伤亡和财产损失。

（2）妥善保护事故现场

事故发生后，有关单位和人员应当妥善保护事故现场以及相关证据，任何单位和个人不得破坏事故现场、毁灭相关证据。因抢救人员、防止事故扩大以及疏通交通等原因，需要移动事故现场物件的，应当做出标志，绘制现场简图并做出书面记录，妥善保存现场重要痕迹、物证。

3. 不履行安全事故报告的法律责任

《安全生产法》规定，生产经营单位主要负责人在本单位发生重大生产安全事故时，不立即组织抢救或者在事故调查处理期间擅离职守或者逃匿的，给予降职、撤职的处分，对逃匿的处 15 日以下拘留；构成犯罪的，依照刑法有关规定追究刑事责任。生产经营单位主要负责人对生产安全事故隐瞒不报、谎报或者拖延不报的，依照以上规定处罚。

《生产安全事故报告和调查处理条例》规定，事故发生单位主要负责人有下列行为之一的，处上一年年收入 40%～80%的罚款；属于国家工作人员的，并依法给予处分；构成犯罪的，依法追究刑事责任。

1）不立即组织事故抢救的。

2）迟报或者漏报事故的。

3）在事故调查处理期间擅离职守的。

四、施工生产安全事故的调查处理

《安全生产法》规定，事故调查处理应当按照实事求是、尊重科学的原则，及时、准确地查清事故原因，查明事故性质和责任，总结事故教训，提出整改措施，并对事故责任者提出处理意见。

1. 安全事故调查的管辖

（1）特别重大事故的调查

《生产安全事故报告和调查处理条例》规定，特别重大事故由国务院或者国务院授权有关部门组织事故调查组进行调查。

（2）特别重大事故以下的调查

重大事故、较大事故、一般事故分别由事故发生地省级人民政府、设区的市级人民政府、县级人民政府负责调查。

未造成人员伤亡的一般事故，县级人民政府也可以委托事故发生单位组织事故调查组进行调查。

2. 施工生产安全事故的处理

（1）事故处理时限

《生产安全事故报告和调查处理条例》规定，重大事故、较大事故、一般事故，负责事故调查的人民政府应当自收到事故调查报告之日起 15 日内做出批复；特别重大事故，30 日内做出批复，特殊情况下，批复时间可以适当延长，但延长的时间最长不超过 30 日。

（2）对事故发生单位与相关责任人的处理

有关机关应当按照人民政府的批复，依照法律、行政法规规定的权限和程序，对事故发生单位和有关人员进行行政处罚，对负有事故责任的国家工作人员进行处分。事故发生单位应当按照负责事故调查的人民政府的批复，对本单位负有事故责任的人员进行处理。负有事故责任的人员涉嫌犯罪的，依法追究刑事责任。

《生产安全事故报告和调查处理条例》规定，事故发生单位对事故发生负有责任的，依法对责任单位处以一定数额罚款。

习题讲评

1. 某施工工地起重机倒塌，造成 3 人死亡 7 人受伤，根据《安全生产事故报告和调查处理条例》规定，该事故的等级属于（　　）。

A. 特别重大事故　　B. 重大事故　　C. 较大事故　　D. 一般事故

【参考答案】C。根据《安全生产事故报告和调查处理条例》规定：较大事故是指造成 3 人以上 10 人以下死亡，或者 10 人以上 50 人以下重伤，或者 1000 万元以上 5000 万元以下直接经济损失的事故。这里的以上包含本数。因此选 C。

2.《安全生产事故应急预案管理办法》规定，生产经营单位应当制定本单位的应急预案演练计划，根据本单位的事故预防重点，（　　）至少组织一次综合应急预案演练或者专项应急预案演练。

A. 每两年　　B. 每年　　C. 每半年　　D. 每季度

【参考答案】B。《安全生产事故应急预案管理办法》规定，生产经营单位应当制定本单位的应急预案演练计划，根据本单位的事故预防重点，每年至少组织一次综合应急预案演练或者专项应急预案演练，因此选 B。

3. 某多层建筑施工过程中，于 2014 年 5 月 1 日发生结构局部坍塌事故，造成人员死伤事故，施工单位将该事故在第一时间向有关部门做了汇报。次日在救援中找到 7 具尸体，另外有 2 人下落不明，根据《安全生产事故报告和调查处理条例》，事故造成的伤亡人数发生变化的，应当及时补报，该时间最迟的补报日期应为（　　）。

A. 2014 年 5 月 6 日　　B. 2014 年 5 月 8 日

C. 2014 年 5 月 15 日　　D. 2014 年 5 月 31 日

【参考答案】D。《安全生产事故报告和调查处理条例》规定，自事故发生之日起 30 日内，事故造成的伤亡人数发生变化的，应当及时补报。本事故发生于 2014 年 5 月 1

日，因此应于30天后的2014年5月31日之前补报死亡人数。因此选D。

4. 甲建设单位与乙施工单位签订了施工总承包合同，乙施工单位将其中的一部分工程分包给丙施工单位。在丙负责的施工县城由于升降机失控，造成5人死亡事故。根据《建设工程安全生产管理条例》，负责将该事故向有关政府部门上报的单位是（　　）。

A. 甲建设单位　　B. 乙施工单位　　C. 丙施工单位　　D. 项目经理部

【参考答案】B。《建设工程安全生产管理条例》规定，施工单位发生安全生产事故，应当按照国家有关伤亡事故报告和调查处理的规定，及时、如实地向负责安全生产监督管理的部门、建设行政主管部门或者其他有关部门报告。实行施工总承包的建设工程，由总承包单位负责上报事故。因此选B。

【案例讨论】单位应承担法律责任与负责人应承担的法律责任

11月3日，衡阳市消防支队指挥中心接到报警电话，称衡阳市一幢8层商住楼发生火灾。衡阳市消防支队消防官兵立即赶往衡阳火灾现场组织指挥灭火抢险工作。经过3个多小时的救援工作，火势基本得到控制。此时，楼房突然坍塌，衡阳市消防支队政委及特勤中队等20名战士当场壮烈牺牲。

据调查，坍塌的大厦开发商为衡阳市某集团有限公司，董事长李某委托自己的集团下建筑公司施工，在社会上聘请的临时施工员管理。当年在没有取得施工许可证和工程规划许可证的情况下，没有通过正规设计单位，擅自施工和雇请设计人员，设计了两套设计施工图纸，一套用于实际施工，一套用于报建，报建图纸和实际施工图纸不一样；私自更改了规划平面布置图，将原来三栋平行建筑楼改为“回”字形的建筑楼，并且将设计的7层楼增至8层，局部增至9层。此外，李某还采取了少报多建，逃避规费的手段，擅自扩大建筑面积；企业没有建筑施工资质，私自雇请人员组织施工，没有经过质量监督部门的工程监理，并在补办手续过程中编造虚假合同和许可证件。大厦竣工以后，没有组织验收便投入使用。在使用过程中，物业管理公司又私自改变大厦底层的使用性质，没有办理报批程序。企业消防安全管理混乱，制度不健全。

讨论：业主方与相关人员有哪些违法行为？哪些管理与技术人员要负刑事责任？

本章小结

1. 建筑企业安全生产工作应当以人为本，坚持安全发展，坚持“安全第一、预防为主、综合治理”的方针，实行安全生产许可制度。

2. 施工单位的主要负责人与安全生产管理人员应当经安全培训考核合格后方可任职；特种作业人员取得特种作业操作资格证书后，方可上岗作业。

3. 建筑施工企业应当依法为职工参加工伤保险缴纳工伤保险费。鼓励企业为从事危险作业的职工办理意外伤害保险，支付保险费。

4. 建设单位是建设工程项目的投资主体或管理主体，为安全管理提供最基础的保障条件；施工企业是建设工程施工活动的主体，承担施工现场安全生产主体责任。工程勘察、设计单位对勘察、设计成果的准确性负责，并承担安全技术设计责任。工程监理单位有对安全方案审查、施工现场安全检查、处理与拒不执行进行上报等安全责任。

5. 建筑起重机械安装完毕后，使用单位应当组织出租、安装、监理等有关单位进行验收，验收合格后方可投入使用。

6. 施工现场重大安全生产管理制度有：安全技术交底制度、安全专项施工方案管理制度、施工现场安全防护制度、安全生产费用保障制度、施工现场消防安全管理制度等。

7. 施工生产企业编制安全事故应急救援预案；及时报告施工生产安全事故；组织应急抢救工作，对事故发生单位与相关责任人的依法进行处理。

本章练习题

一、单项选择题

1. 王某被任命为一大型工程的施工项目经理，关于其安全职责的表述错误的是（　　）。

A. 应当制定安全生产规章制度

B. 落实安全生产责任制、安全生产规章制度和操作规程

C. 确保安全生产费用的有效使用

D. 制定安全施工措施，清除安全事故隐患

2. 作业人员李某在脚手架上施工时，发现部分扣架松动而可能倒塌，故停止了作业，这属于李某在行使（　　）。

A. 拒绝权　　B. 知情权　　C. 紧急避险权　　D. 检举权

3. 某高层建筑在地下桩基施工中，基坑发生坍塌，造成 10 人死亡，直接经济损失 900 余万元；本次事故属于（　　）。

A. 重大事故　　B. 特别重大事故　　C. 较大事故　　D. 一般事故

4. 下列选项中（　　）不属于建设单位的安全责任。

A. 对安全技术措施或专项施工方案进行审查

B. 需要进行爆破作业时办理相关批准手续

C. 编制工程概算时确定建设工程安全费用

D. 申领施工许可证

5. 监理单位审查安全技术措施和专项施工方案的重点是（　　）。

A. 符合建设单位的要求　　B. 符合合同约定

C. 符合工程建设强制性标准　　D. 符合监理要求

二、多项选择题

1. 施工单位应当对（　　）进行安全生产教育培训。

A. 转场的作业员　　B. 新录用的作业人员

C. 使用新设备时的作业人员　　D. 使用新材料时的作业人员

E. 重要岗位的作业人员

2. 某施工现场需要进行基坑支护工程，施工单位编制的专项施工方案因经（　　）签字后实施。

A. 施工单位项目经理　　B. 施工单位技术负责人

C. 现场监理工程师　　D. 安全生产管理人员

E. 总监理工程师

3. 超过一定规模的危险性较大的分部分项工程，应当编制专项施工方案和应急救援预案，（　　），采取监测预警技术进行全过程监控。

A. 组织技术论证

B. 履行审核、审批手续

C. 上报主管部门

D. 对安全技术方案内容进行技术交底

E. 组织验收

4. 高大模板支撑系统专项施工方案，应先由施工单位技术部门组织本单位施工技术、安全、质量等部门的专业技术员进行审核，经施工单位技术负责人签字后，再按照相关规定组织专家论证。下列人员应参加专家论证会：（　　）。

A. 专家组成员

B. 建设单位项目负责人或技术负责人

C. 监理单位项目总监理工程师及相关人员

D. 施工单位分管安全的负责人、技术负责人、项目负责人、项目技术负责人、专项方案编制人员、项目专职安全管理人员

E. 勘察、设计单位项目技术负责人及相关人员

5. 施工单位应当在（　　）设置明显的安全警示标志。

A. 施工现场入口处　　B. 项目管理人员办公室内

C. 员工宿舍内　　D. 施工起重机械处

E. 电梯井口

第七章

环境保护与节约能源法律制度

学习导航 环境保护与节约能源是国家的基本国策。环境保护与节约能源法律制度是工程建设法规的拓展学习内容。本章主要介绍环境保护法、施工现场环境保护法律规定与民用建筑节能法律规定等。

学习目标

1. 熟悉我国环境保护基本制度。
2. 掌握施工现场噪声污染防治，废气、废水污染防治，固体废物污染防治等环境保护法律规定；民用建筑节能法律规定等。
3. 了解违反环境保护与民用建筑节能法规应承担的法律责任等。

知识链接 《中华人民共和国环境保护法》《中华人民共和国环境噪声污染防治法》《中华人民共和国水污染防治法》《中华人民共和国固体废物污染环境防治法》《中华人民共和国节约能源法》《城镇排水与污水处理条例》《民用建筑节能条例》等。

第一节　环境保护法概述

案例导入

受到污染环境的损害赔偿谁举证

某市郊四个村委会（以下称原告）起诉位于该市郊的水泥厂（以下称被告）。原告称，被告在生产水泥过程中超标排放粉尘，污染环境，影响农作物生长和人畜健康，给原告造成了污染环境损害，因而向水泥厂提出请求赔偿 20 年的经济损失共约 611 万元，并要求水泥厂停产或搬迁。被告辩称，水泥厂因建于 20 世纪 90 年代中期，初期的确有超标排污问题，但 10 年前经过治理，排尘已经达标，成分性能与一般尘土相同，因此不应承担因排尘污染环境发生的侵权损害赔偿责任。

案例分析：该市中院审理此案，经法庭调查，原告起诉依据是以硅酸盐水泥粉尘为研究对象的试验对人体身体确实有害，而调查化验发现被告排放粉尘主要为未经煅烧的生料粉尘。从目前技术分析看，生料粉尘的危害尚无确切研究结果和定论。从本案关键看法院判决是否存在环境污染的事实？受到污染环境的损害赔偿谁承担举证责任？按我国“谁举张权益，谁举证”一般原则，往往受到污染环境的损害赔偿主体的无法提供确切证据，如何保护原告方“四周的村委会”合法的权益不受侵害？认识这些问题必须了解学习 2015 年 1 月 11 日起施行的《中华人民共和国环境保护法》。

环境是指影响人类生存和发展的各种天然的和经过人工改造的自然因素的总体。从目前情况看，由于我国经济高速发展，环境污染的现象日趋严重。保护我国日益脆弱的生态自然环境越来越急迫。一切单位和个人都有保护环境的义务。公民应当增强环境保护意识，采取低碳、节俭的生活方式，自觉履行环境保护义务。任何企业事业单位和其他生产经营者都应当防止、减少环境污染和生态破坏，对所造成的损害依法承担责任。

一、《环境保护法》的立法原则

2014 年修订的《中华人民共和国环境保护法》（以下简称《环境保护法》）是环保领域的综合性、基础性的法律。新的《环境保护法》在保护和改善生态环境，防治污染和其他公害，保障公众健康，推进生态文明建设，促进经济社会可持续发展方面，处处体现了标本兼治、综合施策、全面参与、人人行动的重要思想。

新《环境保护法》规定：保护环境是国家的基本国策，每年 6 月 5 日为环境日。

国家采取有利于节约和循环利用资源、保护和改善环境、促进人与自然和谐的经济、技术政策和措施，使经济社会发展与环境保护相协调。将“保护优先，预防为主、综合

治理、公众参与、损害担责”列为环保工作要坚持的第一基本原则。

《环境保护法》规定：国务院环境保护主管部门，对全国环境保护工作实施统一监督管理；县级以上地方人民政府环境保护主管部门，对本行政区域环境保护工作实施统一监督管理。

地方各级人民政府应当对本行政区域的环境质量负责。加大保护和改善环境、防治污染和其他公害的财政投入，提高财政资金的使用效益。加强环境保护宣传和普及工作，鼓励基层群众性自治组织、社会组织、环境保护志愿者开展环境保护法律法规和环境保护知识的宣传，教育行政部门、学校应当将环境保护知识纳入学校教育内容，培养学生的环境保护意识。新闻媒体也应当开展环境保护法律法规和环境保护知识的宣传，对环境违法行为进行舆论监督，营造保护环境的良好风气。对保护和改善环境有显著成绩的单位和个人，由人民政府给予奖励。

二、我国环境保护基本制度

新修订的《环境保护法》建立健全了一系列新的环境管理基本制度。如提出要建立健全环境监测制度、划定生态保护红线制度、生态保护补偿制度、环保目标责任制和考核评价制度、污染物排放总量控制制度、排污许可管理制度、信息公开和公众参与制度等。

1. 环境监测制度

《环境保护法》规定：国家建立、健全环境监测制度。国务院环境保护主管部门制定监测规范，会同有关部门组织监测网络，统一规划国家环境质量监测站（点）的设置，建立监测数据共享机制，加强对环境监测的管理。

有关行业、专业等各类环境质量监测站（点）的设置应当符合法律法规规定和监测规范的要求。监测机构应当使用符合国家标准的监测设备，遵守监测规范。监测机构及其负责人对监测数据的真实性和准确性负责。省级以上人民政府应当组织有关部门或者委托专业机构，对环境状况进行调查、评价，建立环境资源承载能力监测预警机制。

2. 环境保护目标责任制和考核评价制度

《环境保护法》规定：国家实行环境保护目标责任制和考核评价制度。县级以上人民政府应当将环境保护目标完成情况纳入对本级人民政府负有环境保护监督管理职责的部门及其负责人和下级人民政府及其负责人的考核内容，作为对其考核评价的重要依据。考核结果应当向社会公开。

地方各级人民政府应当根据环境保护目标和治理任务，采取有效措施，改善环境质量。未达到国家环境质量标准的重点区域、流域的有关地方人民政府，应当制定限期达标规划，并采取措施按期达标。

3. 划定生态保护红线制度

《环境保护法》规定：国家在重点生态功能区、生态环境敏感区和脆弱区等区域划定生态保护红线，实行严格保护。各级人民政府对具有代表性的各种类型的自然生态系统区域，珍稀、濒危的野生动植物自然分布区域，重要的水源涵养区域，具有重大科学文化价值的地质构造、著名溶洞和化石分布区、冰川、火山、温泉等自然遗迹，以及人文遗迹、古树名木，应当采取措施予以保护，严禁破坏。

各级人民政府开发利用自然资源，应当合理开发，保护生物多样性，保障生态安全，依法制定有关生态保护和恢复治理方案并予以实施。

4. 生态环境保护补偿制度

《环境保护法》规定：国家建立、健全生态保护补偿制度。加强对大气、水、土壤等的保护，建立和完善相应的调查、监测、评估和修复制度。加大对生态保护地区的财政转移支付力度。有关地方人民政府应当落实生态保护补偿资金，确保其用于生态保护补偿。国家指导受益地区和生态保护地区人民政府通过协商或者按照市场规则进行生态保护补偿。

企业事业单位和其他生产经营者，在污染物排放符合法定要求的基础上，进一步减少污染物排放的，人民政府应当依法采取财政、税收、价格、政府采购等方面的政策和措施予以鼓励和支持。

5. 重点污染物排放总量控制制度

《环境保护法》规定：国家实行重点污染物排放总量控制制度。重点污染物排放总量控制指标由国务院下达，省、自治区、直辖市人民政府分解落实。企业事业单位在执行国家和地方污染物排放标准的同时，应当遵守分解落实到本单位的重点污染物排放总量控制指标。

对超过国家重点污染物排放总量控制指标或者未完成国家确定的环境质量目标的地区，省级以上人民政府环境保护主管部门应当暂停审批其新增重点污染物排放总量的建设项目环境影响评价文件。

6. 排污许可管理制度

《环境保护法》规定：国家依照法律规定实行排污许可管理制度。实行排污许可管理的企业事业单位和其他生产经营者应当按照排污许可证的要求排放污染物；未取得排污许可证的，不得排放污染物。

排放污染物的企业事业单位，应当建立环境保护责任制度，明确单位负责人和相关人员的责任。应采取措施，防治在生产建设或者其他活动中产生的废气、废水、废渣、医疗废物、粉尘、恶臭气体、放射性物质以及噪声、振动、光辐射、电磁辐射等对环境的污染和危害。严禁通过暗管、渗井、渗坑、灌注或者篡改、伪造监测数据，或者不正常运行防治污染设施等逃避监管的方式违法排放污染物。

7. 环境信息公开和公众参与监督制度

《环境保护法》规定：公民、法人和其他组织依法享有获取环境信息、参与和监督

环境保护的权利。各级人民政府环境保护主管部门和其他负有环境保护监督管理职责的部门，应当依法公开环境信息、完善公众参与程序，为公民、法人和其他组织参与和监督环境保护提供便利。

8. 建设项目环境影响评价制度

经修订的《建设项目环境保护管理条例》还规定，国家实行建设项目环境影响评价制度。国家根据建设项目对环境的影响程度，按照下列规定对建设项目的环境保护实行分类管理：

1）建设项目对环境可能造成重大影响的，应当编制环境影响报告书，对建设项目产生的污染和对环境的影响进行全面、详细的评价。

2）建设项目对环境可能造成轻度影响的，应当编制环境影响报告表，对建设项目产生的污染和对环境的影响进行分析或者专项评价。

3）建设项目对环境影响很小，不需要进行环境影响评价的，应当填报环境影响登记表。

建设项目环境影响评价分类管理名录，由国务院环境保护行政主管部门在组织专家进行论证和征求有关部门、行业协会、企事业单位、公众等意见的基础上制定并公布。

依法应当编制环境影响报告书、环境影响报告表的建设项目，建设单位应当在开工建设前将环境影响报告书、环境影响报告表报有审批权的环境保护行政主管部门审批；建设项目的环境影响评价文件未依法经审批部门审查或者审查后未予批准的，建设单位不得开工建设。

依法应当填报环境影响登记表的建设项目，建设单位应当按照国务院环境保护行政主管部门的规定将环境影响登记表报建设项目所在地县级环境保护行政主管部门备案。

三、违反《环境保护法》的法律责任

1. 违法排放污染物的法律责任

新《环境保护法》进一步明确强化了处罚的措施。比如说，对违法排放污染物企业，且可能造成严重污染的，政府相关部门可以查封、扣押设施设备。在经济处罚方面，罚款可按日处罚，上不封顶。

《环境保护法》第59条规定：企业事业单位和其他生产经营者违法排放污染物，受到罚款处罚，被责令改正，拒不改正的，依法做出处罚决定的行政机关可以自责令改正之日的次日起，按照原处罚数额按日连续处罚。罚款数额依照有关法律法规按照防治污染设施的运行成本、违法行为造成的直接损失或者违法所得等因素确定。

【案例讲评】对生产经营单位违法排放污染物拒不整改的，如何处罚

山西省吕梁市某煤业有限公司120万吨矿井兼并重组整合工程配套环保设施工程经环保部门验收不合格，生活污水处理厂擅自停运，将未处理的生活污水通过管道经雨水排口排放，逃避监管方式排放污染物。另外还存在未按要求规范处置煤矸石，原料长期露天堆放，未采取三防措施。

讲评：2014 年 8 月 20 日吕梁市环保局下达工程配套环保设施整改通知书。2015 年 4 月 27 日，复查发现该企业存在问题仍未进行整改。吕梁市环保局下达行政处罚决定书，责令企业停止生产，罚款 33 万元。2015 年 5 月 8 日，吕梁市环保局下达按日连续处罚决定书，对其实施按日连续计罚，计罚 13 天，共计 130 万元。累计共处罚金 163 万元。

2. 建设单位未办理建设项目环境影响评价文件擅自开工建设的法律责任

《环境保护法》第 61 条规定：建设单位未依法提交建设项目环境影响评价文件或者环境影响评价文件未经批准，擅自开工建设的，由负有环境保护监督管理职责的部门责令停止建设，处以罚款，并可以责令恢复原状。

3. 对直接责任人的法律责任

新《环境保护法》规定：企业事业单位和其他生产经营者有下列行为之一，对于违规企业的相关责任人可以进行行政拘留；构成犯罪的，可以追究刑事责任。

1）建设项目未依法进行环境影响评价，被责令停止建设，拒不执行的。

2）违反法律规定，未取得排污许可证排放污染物，被责令停止排污，拒不执行的。

3）通过暗管、渗井、渗坑、灌注或者篡改、伪造监测数据，或者不正常运行防治污染设施等逃避监管的方式违法排放污染物的。

4）生产、使用国家明令禁止生产、使用的农药，被责令改正，拒不改正的。

4. 因污染环境和破坏生态造成损害责任

新《环境保护法》进一步加大了对因污染环境和破坏生态造成损害责任处罚的措施，明确规定按侵权损害赔偿，除了赔偿全部经济损失外还应有精神损害赔偿责任。同时，对于一些负有连带责任的第三方机构，包括环境监测服务、环境影响评价、治污设施运行维护等第三方机构，可以追究他们的连带责任，并明确规定了提起环境损害赔偿诉讼的时效期间为三年。并遵行侵权损害赔偿举证责任倒置的原则。

《环境保护法》第 60 条规定：因污染环境和破坏生态造成损害的，应当依照《中华人民共和国侵权责任法》的有关规定承担侵权责任。

《环境保护法》第 66 条规定：提起环境损害赔偿诉讼的时效期间为三年，从当事人知道或者应当知道其受到损害时起计算。

习题讲评

1. 我国的环境保护法规定，生产经营者排放污染物应依据（　　）。

A. 排污许可证　　B. 政府规定　　C. 环保标准　　D. 环保局要求

【参考答案】A。《环境保护法》规定：国家依照法律规定实行排污许可管理制度。

实行排污许可管理的企业事业单位和其他生产经营者应当按照排污许可证的要求排放污染物；未取得排污许可证的，不得排放污染物。

2. 本节案例中四个村委会起诉位于该市郊的水泥厂超标排放粉尘，污染环境，影响农作物生长和人畜健康，提起的民事诉讼时效期为（　　）年。

A. 1　　B. 2　　C. 3　　D. 20

【参考答案】C。《环境保护法》第 66 条规定：提起环境损害赔偿诉讼的时效期间为三年，从当事人知道或者应当知道其受到损害时起计算。

3. 环境保护法“三同时”制度是指同时设计、同时施工和（　　）。

A. 同时验收　　B. 同时结算　　C. 同时使用　　D. 同时报批

【参考答案】C。依据《环境保护法》条文规定，“三同时”是指同时设计、同时施工和同时使用。

第二节　施工现场环境保护制度

案例导入

工程项目夜间机械施工噪声扰民如何处理？

某城区夜间 23 时，某市城管执法部门接到居民投诉，称某项目工地有夜间打桩机械施工噪声扰民情况，严重影响了周围居民的休息。执法人立刻赶赴施工现场，并在施工场界进行了噪声检测。经现场核验勘查：施工噪声主要是打桩机等设备的施工作业噪声，施工场界噪声经测试为 75dB（A）。通过调查，执法人员核实了此次夜间施工作业不属于抢修、抢险作业，施工单位也未办理夜间施工手续并公告周围居民。接到投诉的环保部门对施工单位的夜间施工作业行为应如何处理呢？施工单位的夜间打桩施工作业行为是否构成了环境噪声污染违法行为？ 这是本节要学习的法律问题。

我国建筑与安全生产法规规定：建筑施工企业应当遵守有关环境保护法律、法规的规定，在施工现场采取措施，防止或者减少粉尘、废气、废水、固体废物、噪声、振动和施工照明对人和环境的危害和污染。

一、施工噪声污染防治的规定

施工噪声是指在建设工程施工过程中产生的干扰周围生活环境的声音。随着城市化进程的不断加快及工程建设的大规模开展，施工噪声污染问题日益突出，尤其是在城市人口稠密地区的建设工程施工中产生的噪声污染，不仅影响周围居民的正常生活，而且损害城市的环境形象。施工单位与周围居民因噪声而引发的纠纷也时有发生，群众投诉日渐增多。因此，应当依法加强施工现场噪声管理，采取有效措施防治施工噪声污染。

1. 排放建筑施工噪声应当符合建筑施工场界环境噪声排放标准

《中华人民共和国环境噪声污染防治法》（以下简称《环境噪声污染防治法》）规定，在城市市区范围内向周围生活环境排放建筑施工噪声的，应当符合国家规定的建筑施工环境噪声排放标准。

所谓噪声排放，是指噪声源向周围生活环境辐射噪声。《建筑施工场界环境噪声排放标准》规定，建筑施工过程中场界环境噪声不得超过规定的排放限值。建筑施工场界环境噪声排放限值，昼间 70dB（A），夜间 55dB（A）。夜间噪声最大声级超过限值的幅度不得高于 15dB（A）。dB 是英文 Decibel 的缩写，是噪声分贝单位。“昼间”是指 6:00 至 22:00 之间的时段；“夜间”是指 22:00 至次日 6:00 之间的时段。

2. 施工中可能产生环境噪声污染必须申报

《环境噪声污染防治法》规定，在城市市区范围内，建筑施工过程中使用机械设备，可能产生环境噪声污染的，施工单位必须在工程开工 15 日以前向工程所在地县级以上地方人民政府环境保护行政主管部门申报该工程的项目名称、施工场所和期限、可能产生的环境噪声值以及所采取的环境噪声污染防治措施的情况。

国家对环境噪声污染严重的落后设备实行淘汰制度。国务院经济综合主管部门应当会同国务院有关部门公布限期禁止生产、禁止销售、禁止进口的环境噪声污染严重的设备名录。

3. 在噪声敏感建筑物集中区域禁止夜间施工作业

《环境噪声污染防治法》规定，在城市市区噪声敏感建筑物集中区域内，禁止夜间进行产生环境噪声污染的建筑施工作业，但抢修、抢险作业和因生产工艺上要求或者特殊需要必须连续作业的除外。因特殊需要必须连续作业的，必须有县级以上人民政府或者其有关主管部门的证明。以上规定的夜间作业，必须公告附近居民。

所谓噪声敏感建筑物集中区域，是指医疗区、文教科研区和以机关或者居民住宅为主的区域。所谓噪声敏感建筑物，是指医院、学校、机关、科研单位、住宅等需要保持安静的建筑物。

《环境噪声污染防治法》规定，县级以上人民政府环境保护行政主管部门和其他环境噪声污染防治工作的监督管理部门、机构，有权依据各自的职责对管辖范围内排放环境噪声的单位进行现场检查。

被检查的单位必须如实反映情况，并提供必要的资料。检查部门、机构应当为被检查的单位保守技术秘密和业务秘密。检查人员进行现场检查，应当出示证件。

二、建设项目环境噪声污染防治

《环境噪声污染防治法》规定，新建、改建、扩建的建设项目，可能产生环境噪声污染的，建设单位必须提出环境影响报告书，规定环境噪声污染的防治措施，并按照国家规定的程序报环境保护行政主管部门批准。环境影响报告书中，应当有该建设项目所在地单位和居民的意见，并将环境影响报告书对外公布。

建设项目的环境噪声污染防治设施必须与主体工程同时设计、同时施工、同时投产使用，并符合经批准的环境影响评价文件的要求，不得擅自拆除或者闲置。例如城市的高架桥建设中经过住宅生活区时应同时建设隔声屏障等设施。

建设项目在投入生产或者使用之前，其环境噪声污染防治设施必须经原审批环境影响报告书的环境保护行政主管部门验收；达不到国家规定要求的，该建设项目不得投入生产或者使用。

三、施工现场废气、废水污染防治的规定

大气污染通常是指由于人类活动或自然过程引起粉尘、有害气体进入大气中，呈现了足够的浓度，并危害了人类的身体健康现象。因此必须对大气污染物的排放总量加强有效控制和防治。

1. 施工现场大气污染的防治

《中华人民共和国大气污染防治法》（以下简称《大气污染防治法》）规定，城市人民政府应当采取绿化责任制、加强建设施工管理、扩大地面铺装面积、控制渣土堆放和清洁运输等措施，提高人均占有绿地面积，减少市区裸露地面和地面尘土，防治城市扬尘污染。

在城市市区进行建设施工或者从事其他产生扬尘污染活动的单位，必须按照当地环境保护的规定，采取防治扬尘污染的措施。运输、装卸、储存能够散发有毒有害气体或者粉尘物质的，必须采取密闭措施或者其他防护措施。

在人口集中地区存放煤炭、煤矸石、煤渣、煤灰、砂石、灰土等物料，须采取防燃、防尘措施，防止污染大气。严格限制向大气排放含有毒物质的废气和粉尘确需排放的，必须经过净化处理，不超过规定的排放标准。

施工现场大气污染的防治，重点是防治扬尘污染。原建设部颁发的《绿色施工导则》规定：

1）运送土方、垃圾、设备及建筑材料等，不得污损场外道路。运输容易散落、飞扬、流漏的物料的车辆，必须采取措施封闭严密，保证车辆清洁。施工现场入口应设置洗车槽。

2）土方作业阶段，采取洒水、覆盖等措施，达到作业区目测扬尘高度小于 1.5 米，不扩散到场区外。

3）结构施工、安装装饰装修阶段，作业区目测扬尘高度小于 0.5 米。对易产生扬尘的堆放材料应采取覆盖措施；对粉末状材料应封闭存放；场区内可能引起扬尘的材料及

建筑垃圾搬运应有降尘措施，如覆盖、洒水等；浇筑混凝土前清理灰尘和垃圾时尽量使用吸尘器等。

4）施工现场非作业区达到目测无扬尘的要求。对现场易飞扬物质采取有效措施，如洒水、地面硬化、围档、密网覆盖、封闭等，防止扬尘产生。

5）构筑物机械拆除与爆破前，做好扬尘控制计划等。

2. 施工现场水污染的防治

目前，在我国由于经济高速发展，各地江河、湖泊、地下水等水体资源被污染的现象非常严重，水污染防治工作面临严峻考验。

根据我国水污染防治相关法律规定，水污染防治应当以坚持“预防为主，防治结合，综合治理”的原则，优先保护饮用水水源，严格控制工业污染、减少城镇生活污染，预防农业水源污染，积极推进生态治理工程建设，预防、控制和减少水环境污染和生态破坏。

（1）施工现场达标排放水污染物申报的规定

《中华人民共和国水污染防治法》（以下简称《水污染防治法》）规定：直接或者间接向水体排放污染物的企业事业单位和个体工商户，应当按照国务院环境保护主管部门的规定，向县级以上地方人民政府环境保护主管部门申报登记拥有的水污染物排放设施、处理设施和在正常作业条件下排放水污染物的种类、数量和浓度，并提供防治水污染方面的有关技术资料。

排放水污染物，不得超过国家或地方规定的水污染物排放标准和重点水污染物排放总量控制指标。

（2）禁止排放的水污染物规定

1）禁止向水中排放油类、酸液、碱液或者剧毒废液。禁止在水体清洗装贮过油类或者有毒污染物的车辆和容器。禁止向水体排放、倾倒放射性固体废物或者含有高放射性和中放射性物质的废水。

2）禁止向水体排放、倾倒工业废渣、城镇垃圾和其他废弃物。禁止将含有汞、镉、砷、铬、铅、氰化物、黄磷等的可溶性剧毒废渣向水体排放、倾倒或者直接埋入地下。存放可溶性剧毒废渣的场所，应当采取防水、防渗漏、防流失的措施。禁止在江河、湖泊、运河、渠道、水库最高水位线以下的滩地和岸坡堆放、存贮固体废弃物和其他污染物。

3）在饮用水水源保护区内，禁止设置排污口。在风景名胜区水体、重要渔业水体和其他具有特殊经济文化价值的水体的保护区内，不得新建排污口。在保护区附近新建排污口，应当保证保护区水体不受污染。

4）禁止利用渗井、渗坑、裂隙和溶洞排放、倾倒含有毒污染物的废水、含病原体的污水和其他废弃物。禁止利用无防渗漏措施的沟渠、坑塘等输送或者存贮含有毒污染物的废水、含病原体的污水和其他废弃物。

（3）施工过程对城市地下排水与污水处理设施的保护

建设工程开工前，建设单位应当查明工程建设范围内地下排水与污水处理设施的相关情况。《城镇排水与污水处理条例》规定，有关单位从事爆破、钻探、打桩、顶进、挖掘、取土等可能影响城镇排水与污水处理设施安全的活动的，建设单位应当与施工单位、设施维护运营单位共同制定设施保护方案，并采取相应的安全保护措施。因工程建设需要拆除、改动城镇排水与污水处理设施的，建设单位应当制定拆除、改动方案，报城镇排水主管部门审核，并承担重建、改建和采取临时措施的费用。

（4）建设项目的水污染防治设施配套建设

建设项目的水污染防治设施，应当与主体工程同时设计、同时施工、同时投入使用。项目的水污染防治设施，应当经过环境保护部门的验收，验收不合格的，不得投入使用。

四、施工现场固体废物污染防治的规定

固体废物污染环境，是指固体废物在产生、收集、贮存、运输、利用、处置的过程中产生的危害环境的现象。2013 年修订的《中华人民共和国固体废物污染环境防治法》（以下简称《固体废物污染环境防治法》）规定，国家对固体废物污染环境的防治，实行减少固体废物的产生量和危害性、充分合理利用固体废物和无害化处置固体废物的原则，促进清洁生产和循环经济发展。

施工现场的固体废物主要是建筑垃圾和生活垃圾。固体废物又分为一般固体废物和危险废物。所谓危险废物，是指列入国家危险废物名录或者根据国家规定的危险废物鉴别标准和鉴别方法认定的具有危险特性的固体废物。

1. 对一般固体废物处理规定

《固体废物污染环境防治法》规定，产生固体废物的单位和个人，应当采取措施，防止或者减少固体废物对环境的污染。

收集、贮存、运输、利用、处置固体废物的单位和个人，必须采取防扬散、防流失、防渗漏或者其他防止污染环境的措施；不得擅自倾倒、堆放、丢弃、遗撒固体废物。禁止任何单位或者个人向江河、湖泊、运河、渠道、水库及其最高水位线以下的滩地和岸坡等法律、法规规定禁止倾倒、堆放废弃物的地点倾倒、堆放固体废物。

转移固体废物出省、自治区、直辖市行政区域贮存、处置的，应当向环境保护行政主管部门提出申请，未经批准的，不得转移。

第十二届全国人民代表大会常务委员会第三次会议决定对《中华人民共和国固体废物污染环境防治法》第四十四条修改为："禁止擅自关闭、闲置或者拆除生活垃圾处置的设施、场所；确有必要关闭、闲置或者拆除的，必须经所在地的市、县人民政府环境卫生行政主管部门和环境保护行政主管部门核准，并采取措施，防止污染环境。"

2. 施工现场固体废物处理

工程施工单位应当及时清运工程施工过程中产生的固体废物，并按照环境卫生行政

主管部门的规定进行利用或者处置。

根据修订后的《城市市容和环境卫生管理条例》规定：任何单位和个人都不得在街道两侧和公共场地堆放物料，搭建建筑物、构筑物或者其他设施。因建设等特殊需要，在街道两侧和公共场地临时堆放物料，搭建非永久性建筑物、构筑物或者其他设施的，必须征得城市人民政府市容环境卫生行政主管部门同意后，按照有关规定办理审批手续。

城市的工程施工现场的材料、机具应当堆放整齐，渣土应当及时清运；临街工地应当设置护栏或者围布遮挡；停工场地应当及时整理并做必要的覆盖；竣工后，应当及时清理和平整场地。

《绿色施工导则》规定，对施工现场固体废物应采取减量化处理和回收再利用的措施，并制定建筑垃圾减量化处理与回收再利用计划，如住宅建筑，每万平方米的建筑垃圾不宜超过 400 吨。对于碎石类、土石方类建筑垃圾，可采用地基填埋、铺路等方式提高再利用率，力争再利用率大于 50%。

施工现场生活区设置封闭式垃圾容器，施工场地生活垃圾实行袋装化，及时清运。对建筑垃圾进行分类，并收集到现场封闭式垃圾站，集中运出。

【案例讲评】城区施工现场建筑垃圾如何清运

某施工工地将施工中形成的建筑垃圾直接倾倒在某市大街的道路两侧，导致城区道路污染面积达 75 平方米，被该市环保局执法人员当场查获。经查，该工地施工方已依法办理渣土消纳许可证，施工单位与某运输公司达成建筑垃圾清运协议，约定由该运输公司按照渣土消纳许可证的要求，负责该工地的建筑垃圾渣土清运处置，在垃圾渣土清运过程中出现的问题由运输公司全权负责。但是，该运输公司没有取得从事建筑垃圾运输的核准证件。如何确定该建筑垃圾污染事件的责任主体？运输公司与施工单位分别应受到何种处罚？

讲评：

1）建设部颁布的《城市建筑垃圾管理规定》规定，“处置建筑垃圾的单位在运输建筑垃圾时，应当随车携带建筑垃圾处置核准文件，按照城市人民政府有关部门规定的运输路线、时间运行，不得丢弃、遗撒建筑垃圾，不得超出核准范围承运建筑垃圾。”

本案中，施工单位作为建筑垃圾的产生单位，已经依法办理了渣土消纳许可证，并要求运输公司按照渣土消纳许可证的要求，负责工地产生的建筑垃圾渣土的清运处置。运输公司违法建筑垃圾倾倒在道路两侧，应当为建筑垃圾污染事件的责任主体。

2）《固体废物污染环境防治法》规定，“违反本法有关城市生活垃圾污染环境防治的规定，有在运输过程中沿途丢弃、遗撒生活垃圾的，由县级以上地方人民政府环境卫生行政主管部门责令停止违法行为，限期改正，处以罚款。

《城市建筑垃圾管理规定》规定，“施工单位将建筑垃圾交给个人或者未经核准从事建筑垃圾运输的单位处置的，由城市人民政府市容环境卫生主管部门责令限期改正，给予警告，处 1 万元以上 10 万元以下罚款。”

据此，市环保局应当责令运输公司停止违法行为，限期改正，并可处 5000 元以上 5 万元以下的罚款；市容环境卫生主管部门责令施工单位限期改正，给予警告，处 1 万元以上 10 万元以下罚款。

3. 危险废物污染环境防治的特别规定

对危险废物的容器和包装物以及收集、贮存、运输、处置危险废物的设施、场所，必须设置危险废物识别标志。以填埋方式处置危险废物不符合国务院环境保护行政主管部门规定的，应当缴纳危险废物排污费。危险废物排污费用于污染环境的防治，不得挪作他用。

禁止将危险废物提供或者委托给无经营许可证的单位从事收集、贮存、利用、处置的经营活动。运输危险废物，必须采取防止污染环境的措施，并遵守国家有关危险货物运输管理的规定。禁止将危险废物与旅客在同一运输工具上载运。

收集、贮存、运输、处置危险废物的场所、设施、设备和容器、包装物及其他物品转作他用时，必须经过消除污染的处理，方可使用。

产生、收集、贮存、运输、利用、处置危险废物的单位，应当制定意外事故的防范措施和应急预案，并向所在地县级以上地方人民政府环境保护行政主管部门备案；环境保护行政主管部门应当进行检查。因发生事故或者其他突发性事，造成危险废物严重污染环境的单位，必须立即采取措施消除或者减轻对环境的污染危害，及时通报可能受到污染危害的单位和居民，并向所在地县级以上地方人民政府环境保护行政主管部门和有关部门报告，接受调查处理。

习题讲评

1. 下列不属于噪声敏感建筑物的是（　　）。

A. 医疗区　　B. 住宅区

C. 文教科研区　　D. 工业区

【参考答案】D。噪声敏感建筑物，是指医院、学校、机关、科研单位、住宅等需要保持安静的建筑物。

2. 我国《水污染防治法》规定，省级以上人民政府对实现水污染达标排放仍不能达到国家规定的水环境质量标准的水体，可以实施重点污染物排放的（　　）。

A. 限期治理制度　　B. 排污许可制度

C. 浓度控制制度　　D. 总量控制制度

【参考答案】D。排放水污染物不得超过国家或地方规定的水污染物排放标准和重点水污染物排放总量控制指标。

第三节 施工节约能源制度

案例导入

未履行建筑节能规定处罚案

目前施工单位违反建筑节能强制性标准的情况还时有发生。按照建筑节能规范及强制性标准施工的意识不够强，施工随意性比较大，施工过程中不按节能图施工、降低标准、偷工减料的情况还时有发生。如以下 2 家施工单位在工程外墙节能施工中，原外墙保温材料设计厚度为 35mm 的胶粉聚苯颗粒外墙保温层，而施工单位在实际施工中却将其擅自减少外墙保温材料厚度，受到了处罚。

1）某建工集团有限公司承建的某高级职业中学图书信息大楼工程，外墙保温材料设计厚度为 35mm 的胶粉聚苯颗粒。在实际施工中，施工单位为了降低成本，擅自减少外墙保温材料厚度。经建管部门节能验收检查发现墙体保温隔热材料厚度不足，不符合《建筑节能工程施工质量验收规范》（GB 50411—2007）的规定，设计外墙胶粉聚苯颗粒厚度 35mm，施工方案和监理细则按 20mm 施工。经抽查发现东西墙厚度不足 35mm，南北墙节能保温还未施工，违反了《民用建筑节能条例》第十五条和第十六条规定，对施工单位处罚款 20 万元，并责令依法整改。

2）武汉市某建筑安装公司承包的某大学教学楼工程，质量检查部门在外墙保温分项工程验收中发现：①外墙保温厚度不符合设计图纸要求。②未见墙体保温材料复试报告。③未见节能专项施工方案及监理审批文件。上述行为违反了《建筑节能工程施工质量验收规范》（GB 50411—2007）强制性标准的规定，当地质检部门对施工单位处罚 30 万元。

案例分析：以上项目由于监理单位把关不严，部分监理人员素质偏低且缺乏责任心，没有针对建筑节能要求编制相应的监理实施细则，不能督促施工单位严格按照施工图纸进行节能施工。对施工单位违规进行节能设计变更的行为，未发出监理通知书或停工通知。建管部门做出了对监理单位罚款 10 万元，并责令上述责任单位依法整改。

能源是指煤炭、石油、天然气、生物质能和电力、热力以及其他直接或者通过加工、转换而取得有用能的各种资源。国家完善节约能源法律制度是为了推动全社会节约能源，提高能源利用效率，保护和改善环境，促进经济社会全面协调可持续发展。加强用能管理，采取技术上可行、经济上合理以及环境和社会可以承受的措施，从能源生产到消费的各个环节，降低消耗、减少损失和污染物排放、制止浪费，有效、合理地利用能源。

《中华人民共和国节约能源法》（以下简称《节约能源法》）规定：节约资源是我国的基本国策。国家实施节约与开发并举、把节约放在首位的能源发展战略。

一、节约资源政策扶持和经济激励措施

《节约能源法》规定：用能单位应当按照合理用能的原则，加强节能管理，制定并实施节能计划和节能技术措施，降低能源消耗。建立节能目标责任制，对节能工作取得成绩的集体、个人给予奖励。

在工程建设领域，节约能源主要包括建筑节能和施工节能两个方面。

建筑节能是解决建设项目建成后使用过程中的节能问题。2008 年 8 月颁布的《民用建筑节能条例》规定，“民用建筑节能，是指在保证民用建筑使用功能和室内热环境质量的前提下，降低其使用过程中能源消耗的活动。”施工节能则是要解决施工过程中的节约能源问题，如《绿色施工导则》规定，绿色施工是指工程建设中，在保证质量、安全等基本要求的前提下，通过科学管理和技术进步，最大限度地节约资源与减少对环境负面影响的施工活动，实现“四节一环保”（节能、节地、节水、节材和环境保护）。

《民用建筑节能条例》规定的政策扶持和经济激励措施体现为三个方面：

1. 资金支持

有关政府应当安排民用建筑节能资金，用于支持民用建筑节能的科学技术研究和标准制定、既有建筑围护结构和供热系统的节能改造、可再生能源的应用，以及民用建筑节能示范工程、节能项目的推广。

2. 金融扶持

政府应当引导金融机构对既有建筑节能改造、可再生能源的应用，以及民用建筑节能示范工程等项目提供资金支持。

3. 税收优惠

明确民用建筑节能项目依法享受税收优惠。

二、既有建筑节能改造的规定

1. 既有建筑节能改造的原则

既有建筑节能改造，是指对不符合民用建筑节能强制性标准既有建筑的围护结构、供热系统、采暖制冷系统、照明设备和热水供应设施等实施节能改造的活动。《民用建筑节能条例》规定，既有建筑节能改造应当根据当地经济、社会发展水平和地理气候条件等实际情况，有计划、分步骤地实施分类改造。

2. 对既有建筑节能改造的管理

《民用建筑节能条例》规定，县级以上地方人民政府建设主管部门应当对本行政区

域内既有建筑的建设年代等组织调查统计和分析，并制定既有建筑节能改造计划，报本级人民政府批准后组织实施。

3. 既有建筑节能改造的标准和要求

《民用建筑节能条例》规定，实施既有建筑节能改造，应当符合民用建筑节能强制性标准，优先采用遮阳、改善通风等低成本改造措施。

4. 既有建筑节能改造费用的负担方式

《民用建筑节能条例》规定，居住建筑和公益事业使用的公共建筑的节能改造费用由政府、建筑所有权人共同负担。

三、新建项目建筑节能的规定

《节约能源法》规定，国家实行固定资产投资项目节能评估和审查制度。不符合强制性节能标准的项目，依法负责项目审批或者核准的机关不得批准或者核准建设，建设单位不得开工建设；已经建成的，不得投入生产、使用。

目前存在施工单位不按照民用建筑节能强制性标准施工，建设单位擅自变更设计等问题；部分设计单位还存在未按标准进行节能设计，如设计深度不够：采用的节能材料未标明设计参数、技术指标，少数墙体保温设计未绘制大样图。门窗四周、飘窗板、大尺寸的节能门窗未进行专门设计，无法指导施工。有的工程设计单位和设计人员为承揽工程，迎合建设单位意图，随意对原节能设计方案和标准进行调整，并且对调整后的节能设计文件不报图纸审查备案，也不跟踪督促实施等违法行为。

针对上述违法行为，《民用建筑节能条例》规定了对新建建筑节能实施全过程的监管，建设、设计、施工和监理单位应当遵守建筑节能标准，设计单位、施工单位、工程监理单位及其注册执业人员，应当按照民用建筑节能强制性标准进行设计、施工、监理。我国对新建项目的节能实施下列节能管理制度。

1. 新建项目规划许可

城乡规划主管部门在规划许可阶段对新建项目进行规划审查时，需就规划设计方案征求同级建设主管部门的意见，对不符合建筑节能标准的建设项目不予颁发建设工程规划许可证。

2. 施工图审查机构的节能审查

施工图设计文件审查机构应当按照民用建筑节能强制性标准对施工图设计文件进行审查；经审查不符合民用建筑节能强制性标准的，县级以上地方人民政府建设主管部门不得颁发施工许可证。

3. 建设单位的节能义务

建设单位不得明示或者暗示设计单位、施工单位违反民用建筑节能强制性标准进行

设计、施工，不得明示或者暗示施工单位使用不符合施工图设计文件要求的墙体材料、保温材料、门窗、采暖制冷系统和照明设备。

按照合同约定由建设单位采购墙体材料、保温材料、门窗、采暖制冷系统和照明设备的，建设单位应当保证其符合施工图设计文件要求。

建设单位组织竣工验收，应当对民用建筑是否符合民用建筑节能强制性标准进行查验；对不符合民用建筑节能强制性标准的，不得出具竣工验收合格报告。

4. 设计单位、施工单位、工程监理单位的节能义务

设计单位、施工单位、工程监理单位及其注册执业人员，应当按照民用建筑节能强制性标准进行设计、施工、监理。

施工单位应当对进入施工现场的墙体材料、保温材料、门窗、采暖制冷系统和照明设备进行查验；不符合施工图设计文件要求的，不得使用。

工程监理单位发现施工单位不按照民用建筑节能强制性标准施工的，应当要求施工单位改正；施工单位拒不改正的，工程监理单位应当及时报告建设单位，并向有关主管部门报告。墙体、屋面的保温工程施工时，监理工程师应当按照工程监理规范的要求，采取旁站、巡视和平行检验等形式实施监理。未经监理工程师签字，墙体材料、保温材料、门窗、采暖制冷系统和照明设备不得在建筑上使用或者安装，施工单位不得进行下一道工序的施工。

5. 竣工验收阶段节能工程验收

竣工验收阶段建设单位等各验收单位应将民用建筑节能施工是否符合节能设计标准作为查验的重要内容；各地建设行政主管部门应对新建项目的建筑节能施工进行专项验收，对不符合节能设计标准的项目不出具竣工验收合格报告。

6. 节能工程保修义务

在使用保修阶段，施工单位在保修范围和保修期内，对发生质量问题的节能保温工程负有保修义务，并对造成的损失依法承担赔偿责任。在商品房销售阶段，房地产开发企业向购买人明示所售商品房的能源消耗指标、节能措施和保护要求、保温工程保修期等信息，并写入合同，承担节能保修义务。

四、施工节能的规定

《循环经济促进法》规定，建筑设计、建设、施工等单位应当按照国家有关规定和标准，对其设计、建设、施工的建筑物及构筑物采用节能、节水、节地、节材的技术工艺和小型、轻型、再生产品。有条件的地区，应当充分利用太阳能、地热能、风能等可再生能源。

1. 节材与材料资源利用

《循环经济促进法》规定，国家鼓励利用无毒无害的固体废物生产建筑材料，鼓励使用散装水泥，推广使用预拌混凝土和预拌砂浆。禁止损毁耕地烧砖。在国务院或者省、自治区、直辖市人民政府规定的期限和区域内，禁止生产、销售和使用黏土砖。

《绿色施工导则》进一步规定：①推广使用预拌混凝土和商品砂浆，结构工程施工使用散装水泥。②推广使用高强钢筋和高性能混凝土，减少资源消耗。③推广钢筋专业化加工和配送。④优化钢筋配料和钢构件下料方案。钢筋及钢结构制作前应对下料单及样品进行复核，无误后方可批量下料。⑤优化钢结构制作和安装方法。大型钢结构宜采用工厂制作，现场拼装；宜采用分段吊装、整体提升、滑移、顶升等安装方法，减少方案的措施用材量。⑥采取数字化技术，对大体积混凝土、大跨度结构等专项施工方案进行优化。

2. 节水与水资源利用

《循环经济促进法》规定，国家鼓励和支持使用再生水。企业应当发展串联用水系统和循环用水系统，提高水的重复利用率。企业应当采用先进技术、工艺和设备，对生产过程中产生的废水进行再生利用。

《绿色施工导则》进一步对提高用水效率做出规定：如施工现场喷洒路面、绿化浇灌不宜使用市政自来水；现场机设备、车辆冲洗用水必须设立循环用水装置；施工现场建立雨水、中水或可再利用水的搜集利用系统等。

3. 节能与能源利用

《绿色施工导则》对节能措施，机械设备与机具，生产、生活及办公临时设施，施工用电及照明分别做出规定：优先使用国家、行业推荐的节能、高效、环保的施工设备和机具，如选用变频技术的节能施工设备等；生产、生活及办公临时设施要利用场地自然条件，使其获得良好的日照、通风和采光，南方地区可根据需要在其外墙窗设遮阳设施；临时设施宜采用节能材料，墙体、屋面使用隔热性能好的材料，减少夏天空调、冬天取暖设备的使用时间及耗能量。在施工用电及照明方面：临时用电优先选用节能电线和节能灯具，采用声控、光控等节能照明灯具等。

五、违反建筑节能标准违法行为应承担的法律责任

《节约能源法》规定，设计单位、施工单位、监理单位违反建筑节能标准的，由建设主管部门责令改正，处10万元以上50万元以下罚款；情节严重的，由颁发资质证书的部门降低资质等级或者吊销资质证书；造成损失的，依法承担赔偿责任。

《民用建筑节能条例》规定，施工单位未按照民用建筑节能强制性标准进行施工的，由县级以上地方人民政府建设主管部门责令改正，处民用建筑项目合同价款2%以上4%以下的罚款；情节严重的，由颁发资质证书的部门责令停业整顿，降低资质等级或者吊

销资质证书；造成损失的，依法承担赔偿责任。

注册执业人员未执行民用建筑节能强制性标准的，由县级以上人民政府建设主管部门责令停止执业3个月以上1年以下；情节严重的，由颁发资格证书的部门吊销执业资格证书，5年内不予注册。

习题讲评

1. 某项目造价3000万，施工单位未使用双层中空玻璃，由县级以上地方人民政府建设主管部门责令改正，可处（　　）万元的罚款。

A. 1　　B. 10　　C. 100　　D. 1000

【参考答案】C。施工单位未按照民用建筑节能强制性标准进行施工的，由县级以上地方人民政府建设主管部门责令改正，处民用建筑项目合同价款2%以上4%以下的罚款。

2. 节约资源是我国的基本国策。国家实施（　　）的能源发展战略。

A. 开发为主，合理利用

B. 利用为主，加强开发

C. 开发与节约并举，把开发放在首位

D. 节约与开发并举，把节约放在首位

【参考答案】D。《节约能源法》规定：节约资源是我国的基本国策。国家实施节约与开发并举、把节约放在首位的能源发展战略。

3. 关于建筑节能主体的节能义务，说法正确的是（　　）。

A. 施工图设计文件经审查不符合民用建筑节能强制性标准的，施工图审查机构不得颁发施工许可证

B. 建设单位对不符合民用建筑节能强制性标准的，不得组织竣工验收

C. 施工图审查机构按照节能强制性标准对设计文件进行审查

D. 未经总监理工程师签字，保温材料不得在建筑上使用

【参考答案】C。施工图审查机构没有颁发施工许可证资格；建设单位对不符合民用建筑节能强制性标准的不得颁发竣工验收合格报告；未经监理工程师签字，保温材料不得在建筑上使用。

【案例讨论】环境损害赔偿当事人如何提起民事赔偿诉讼

杨某住在二楼，一楼是一家餐厅。该餐厅每天排放大量的油烟，致使杨某家在炎热的夏天也无法开窗通风。更为严重的是，杨某安装在二楼外墙的空调散热机，由于长期被油烟熏，已无法正常使用。杨某多次找餐厅协商，没有结果，于是向环保局投诉，要求其进行处理。经环保局监测，该餐厅油烟排放未超过国家标准。经杨某要求，环保局对餐厅造成杨某空调无法正常使用一事进行调解。餐厅认为其排放的油烟未超过国家标准，不存在违法行为，不应承担杨某的经济损失。调解不成，环保局做出餐

厅赔偿杨某 30000 元经济损失的处理决定。餐厅不服，认为环保局处理不当，于是以环保局为被告向法院提起行政诉讼，要求撤销环保局的处理决定。

讨论： 餐厅不予赔偿的理由是否成立？法院是否受理此案呢？

本 章 小 结

1. 保护我们生活的自然环境是我国的基本国策。新《环境保护法》建立了环境监测制度、确定生态保护红线制度、生态保护补偿制度、环保目标责任制和考核评价制度、污染物排放总量控制制度、排污许可管理制度、信息公开和公众参与制度等。

2. 在城市市区范围内向周围生活环境排放建筑施工噪声的，应当符合国家规定的建筑施工环境噪声排放标准。可能产生环境噪声污染的，开工前施工单位必须向环境保护行政主管部门申报。在城市市区噪声敏感建筑物集中区域内，原则上禁止夜间进行产生环境噪声污染的建筑施工作业。

3. 施工单位禁止向水体、地下排放、倾倒各类污染环境的废弃物。建设项目的水污染防治设施，应当与主体工程同时设计、同时施工、同时投入使用。

4. 产生固体废物的单位和个人，应当采取措施，防止或者减少固体废物对环境的污染。工程施工单位应当及时清运工程施工过程中产生的固体废物，并按照环境卫生行政主管部门的规定进行利用或者处置。

5. 节约资源是我国的基本国策。我国节能相关法律规定，新建项目在立项阶段实行严格的项目节能评估制度；在设计阶段执行节能专项设计与审查；在施工阶段执行严格节能设计强制性标准，使用节能材料；在竣工验收阶段进行专项节能验收工作，节能验收不合格，不得投入使用。

本章练习题

一、单项选择题

1. 建设单位编制的环境影响报告书，应当依照有关法律的规定，征求建设项目（　　）。

A. 所在地环境保护行政主管部门的意见

B. 所在地建设行政主管部门的意见

C. 所在行政区域公众的意见

D. 所在地有关单位和居民的意见

2. 建设项目需要配套建设的环境保护设施，主体工程“三同时”制度中不包括（　　）。

A. 立项　　B. 投产使用　　C. 设计　　D. 施工

3. 下列建筑施工场界环境噪声排放不符合限值标准是（　　）。

A. 昼间 80dB（A）

B. 夜间 45dB（A）

C. 昼间 60dB（A）

D. 夜间噪声最大声级超过限值的幅度不得高于 10dB（A）

4. 建筑施工“夜间”时段是指（　　）。

A. 20:00 至次日 8:00 之间的时段　　B. 22:00 至次日 6:00 之间的时段

C. 20:00 至次日 6:00 之间的时段　　D. 22:00 至次日 8:00 之间的时段

5. 某村办皮革厂的职工历来有节俭的传统，常常将厂里的边角料皮革带回家做燃料，废物利用，致使村里经常弥漫着一种怪味。该行为违反了（　　）。

A. 环境噪声污染防治法　　B.大气污染防治法

C. 水污染防治法　　D. 固体废物污染环境防治法

6.《民用建筑节能条例》规定，民用建筑节能的监督管理部门为（　　）。

A. 设计主管部门　　B. 能源主管部门

C. 消防主管部门　　D. 建设主管部门

7. 某施工企业在混凝土搅拌场所私设排污口，将废水直接排沟，致使村里的十几亩水稻受损严重。对此有权做出行政罚款的主管部门是（　　）。

A. 该村的村民委员会　　B. 建设行政主管部门

C. 环境行政主管部门　　D. 规划行政主管部门

8. 某建筑工程在城市住宅区内，主体结构施工阶段建筑公司拟进行混凝土浇筑，使用的机械设备可能产生噪声污染，建筑公司需向相关部门申报的资料中不包括（　　）。

A. 项目名称　　B. 施工场所和期限

C. 施工单位资质　　D. 可能产生的环境噪声值

9. 在城市市区范围内，施工过程中使用机械设备，可能产生环境噪声污染的，施工单位必须在工程开工（　　）日前向工程所在地县及以上人员政府环境保护行政主管部门申报。

A. 10　　B. 15　　C. 20　　D. 30

10. 以下关于建筑节能的说法，错误的是（　　）。

A. 企业可以制定严于国家标准的企业节能标准

B. 国家实行固定资产项目节能评估和审查制度

C. 不符合强制性节能标准的项目不得开工建设

D. 省级人民政府建设主管部门可以制定低于行业标准的地方建筑节能标准

11. 禁止在饮用水水源二级保护区内新建、改建、扩建的项目是（　　）。

A. 与供水设施无关的项目　　B. 与保护水源无关的项目

C. 排放污染物的项目　　D. 与水土保持无关的项目

12. 工程施工单位应当及时清运工程施工过程中产生的固体废物，并按照（　　）的规定进行利用或者处置。

A. 建设主管部门　　B. 卫生主管部门

C. 城管部门　　D. 市政主管部门

13.《节约能源法》所称能源，是指（　　）和电力、热力以及其他直接或者通过加工、转换而取得有用能的各种资源。

A. 煤炭、石油、天然气、生物质能　　B. 太阳能、风能

C. 煤炭、水电、核能　　D. 可再生能源和新能源

14. 用能单位应当按照合理用能的原则，建立（　　），对节能工作取得成绩的集体、个人给予奖励。

A. 节能目标责任制

B. 节能考核评价制度

C. 节能管理责任制

D. 节能目标责任制和节能考核评价制度

15. 最大限度地节约资源与减少对环境负面影响的施工活动，实现“四节一环保”是指（　　）。

A. 节能、节地、节水、节材和环境保护

B. 节电、节地、节水、节材和环境保护

C. 节电、节气、节水、节材和环境保护

D. 节能、节气、节水、节材和环境保护

二、讨论题

依据本章第三节【案例讨论】例举案例，讨论环境损害赔偿当事人如何提起民事赔偿诉讼？

第八章

建设工程相关法规

学习导航 本章主要介绍建设工程法规中规划、设计、劳动合同、文物保护等其他建设法律与制度，共五节，属于拓展学习内容。重点介绍城市规划法与勘察设计法、劳动合同法与文物保护法。

学习目标

1. 了解勘察设计法律法规。
2. 熟悉消防法和城市规划法。
3. 掌握劳动合同法和文物保护法。

知识链接 《建设工程勘察设计管理条例》《中华人民共和国消防法》《中华人民共和国劳动法》《中华人民共和国劳动合同法》《中华人民共和国劳动合同法实施条例》《中华人民共和国文物保护法》《中华人民共和国文物保护法实施条例》《中华人民共和国文物保护法实施细则》《历史文化名城名镇名村保护条例》《中华人民共和国水下文物保护管理条例》。

第一节　勘察设计法

案例导入

设计合同带来的风险

甲工厂与乙勘察设计单位签订了《厂房建设设计合同》，委托乙完成厂房建设初步设计，约定设计期限为付定金后 60 天，设计费用按国家标准计算。另约定，若甲要求增加工作内容，则费用增加 10%，合同并未对设计基础资料的提供进行约定。甲付定金后，只提供了设计任务书，没有其他资料。乙收集相关资料，于第 77 天交付设计成果，要求甲按约定，增加设计费用。甲以合同没有约定提供资料为由，拒绝增加设计费用，并要求乙就完成合同逾期进行违约赔偿。双方协商不成，乙方起诉甲方。法院判定甲方按国家标准支付设计费用给乙方，乙方违约存在，按合同规定支付甲方违约金。

案例分析：本案的设计合同缺乏一个主要条款，即基础资料的提供。根据《建设工程勘察设计合同条例》之规定“委托方应向承包方提供开展勘察设计工作所需的有关基础资料，并对提供的时间、进度与资料的可靠性负责”，甲方应该向乙方提供基础材料。并且《合同法》规定“因发包人变更计划，提供的资料不准确，或者未按照期限提供必需的勘察、设计工作条件而造成勘察、设计的返工、停工或者修改设计，发包人应当按照勘察人、设计人实际消耗的工作量增付费用”，虽然本案例由于没有并未对基础资料的提供进行约定，造成乙方工作增加，但增加的工作内容并不属于设计范畴，乙方要求增加设计费用并不合理。

根据《合同法》，“勘察、设计的质量不符合要求或者未按照期限提交勘察、设计文件拖延工期，造成发包人损失的，勘察人、设计人应当继续完善勘察、设计，减收或者免收勘察、设计费并赔偿损失”，“当事人一方不履行合同义务或者履行合同义务不符合约定的，应当承担继续履行、采取补救措施或者赔偿损失等违约责任”，乙方于第 77 天交付设计成果，超过了约定的设计期限，违约属实，应该对甲方进行赔偿。

2015 年修订后的《建设工程勘察设计管理条例》规定：建设工程勘察、设计单位应当在其资质等级许可的范围内承揽建设工程勘察、设计业务。禁止建设工程勘察、设计单位超越其资质等级许可的范围或者以其他建设工程勘察、设计单位的名义承揽建设工程勘察、设计业务。禁止建设工程勘察、设计单位允许其他单位或者个人以本单位的名义承揽建设工程勘察、设计业务。

国家对从事建设工程勘察、设计活动的专业技术人员，实行执业资格注册管理制度。未经注册的建设工程勘察、设计人员，不得以注册执业人员的名义从事建设工程勘察、

设计活动。

建设工程勘察、设计注册执业人员和其他专业技术人员只能受聘于一个建设工程勘察、设计单位；未受聘于建设工程勘察、设计单位的，不得从事建设工程的勘察、设计活动。

一、建设工程勘察设计任务的发包

1. 发包的方式

建设工程勘察、设计发包依法实行招标发包或者直接发包。原则上，勘察设计任务的委托应该依据《招标投标法》进行招标发包，但是，《建设工程勘察设计管理条例》第16条规定，下列建设工程的勘察、设计，经有关主管部门批准，可以直接发包：

1）采用特定的专利或者专有技术的。

2）建筑艺术造型有特殊要求的。

3）国务院规定的其他建设工程的勘察、设计。

《工程建设项目勘察设计招标投标办法》规定，“依法必须进行勘察设计招标的工程建设项目，在招标时应当具备下列条件：

1）按照国家有关规定需要履行项目审批手续的，已履行审批手续，取得批准。

2）勘察设计所需资金已经落实。

3）所必需的勘察设计基础资料已经收集完成。

4）法律法规规定的其他条件。

2. 勘察设计任务委托的模式

《建设工程勘察设计管理条例》规定，发包方可以将整个建设工程的勘察、设计发包给一个勘察、设计单位；也可以将建设工程的勘察、设计分别发包给几个勘察、设计单位。除建设工程主体部分的勘察、设计外，经发包方书面同意，承包方可以将建设工程其他部分的勘察、设计再分包给其他具有相应资质等级的建设工程勘察、设计单位。

对此，《建设工程勘察设计市场管理规定》也有更具体的规定：“委托方原则上应将整个建设工程项目的设计业务委托给一个承接方，也可以在保证整个建设项目完整性和统一性的前提下，将设计业务按技术要求，分别委托给几个承接方。委托方将整个建设工程项目的设计业务分别委托几个承接方时，必须选定其中一个承接方作为主体承接方，负责对整个建设工程项目设计的总体协调。实施工程项目总承包的建设工程项目按有关规定执行。”

除有特殊要求的一些项目在经有关主管部门批准后可以直接发包外，工程建设勘察、设计任务都必须依照《中华人民共和国招标投标法》的规定，采用招标发包方式进行。

二、建设工程勘察设计任务的承包

1. 对承包方的资质要求

具有乙级以上勘察设计资质的承接方可以在全国范围内承接勘察设计业务；在异地

承接勘察设计业务时，须到项目所在地的建设行政主管部门备案。

2. 建设工程勘察设计投标文件编制依据

勘察、设计文件的编制有：
1）项目批准文件；
2）城市规划；
3）工程建设强制性标准；
4）国家规定的建设工程勘察、设计深度要求。
铁路、交通、水利等专业建设工程，还应当以专业规划的要求为依据。

3. 建设工程勘察、设计投标文件编制的主要内容

1）建设项目勘察、设计的特点、技术问题和主要技术标准等分析，勘察设计思路规划。
2）总体设计和主要单项工程设计方案、工艺与设备设计方案等说明。
3）工程总体建设规划与工期控制方案。
4）工程投资估算和经济分析。
5）主要项目设计方案的图纸与效果图（或建筑模型）。
6）勘察设计工作规划大纲，包括初拟的勘察设计大纲、工作进度、质量保证等。
7）证明勘察设计资质的文件，以及组成勘察设计工作的主要人员资历文件。
8）建设项目勘察设计工作投标报价。
9）投标人的承诺函、投标人的资质与业绩、设计人员的资格与业绩等辅助材料。
投标文件中的勘察设计收费报价，应当符合国务院价格主管部门制定的工程勘察设计收费标准。

4. 对投标保证金的要求

《工程建设项目勘察设计招标投标办法》第 24 条规定：“招标文件要求投标人提交投标保证金的，保证金数额一般不超过勘察设计费投标报价的 2%，最多不超过 10 万元人民币。”

5. 确定中标人的依据

由于勘察设计的特殊性，其确定中标人的依据也与施工、材料采购等招标方式不同。《建设工程勘察设计管理条例》规定：“建设工程勘察、设计方案评标，应当以投标人的业绩、信誉和勘察、设计人员的能力以及勘察、设计方案的优劣为依据，进行综合评定。”

建设工程勘察、设计的招标人应当在评标委员会推荐的候选方案中确定中标方案。但是，建设工程勘察、设计的招标人认为评标委员会推荐的候选方案不能最大限度满足招标文件规定的要求的，应当依法重新招标。

三、勘察设计任务的分包与转包

《建设工程勘察设计管理条例》规定，工程勘察设计业务的委托方与承接方必须依法签订合同，明确双方的权利和义务。委托方和承接方应全面履行合同约定的义务。不按合同约定履行义务的，依法承担违约责任。

签订勘察设计合同文本，应当采用书面形式，使用或参照使用国家制定的《建设工程勘察合同》和《建设工程设计合同》文本。合同内容应符合国家有关建设工程合同的规定和要求。

勘察设计费用应当依据国家的有关规定由委托方和承接方在合同中约定。合同双方不得违反国家有关最低收费标准的规定，任意压低勘察设计费用。委托方应当按照合同约定，及时拨付勘察设计费。

签订勘察设计合同的双方，须将合同文本送交项目所在地的县级以上人民政府建设行政主管部门或其委托机构备案。

四、建设工程勘察设计文件的编制与实施

1. 建设工程勘察设计文件的编制

根据修订后的《建设工程勘察设计管理条例》规定，编制建设工程勘察、设计文件，应当以下列规定为依据。

1）项目批准文件。

2）城乡规划。

3）工程建设强制性标准。

4）国家规定的建设工程勘察、设计深度要求。

铁路、交通、水利等专业建设工程，还应当以专业规划的要求为依据。

2. 建设工程施工图设计文件的审查

根据《建设工程勘察设计管理条例》的规定，县级以下人民政府建设行政主管部门或者交通、水利等有关部门应当对施工图设计文件中涉及公共利益、公众安全、工程建设强制性标准的内容进行审查。施工图设计文件未经审查批准的，不得使用。

3. 建设工程勘察、设计文件的交底

根据《建设工程勘察设计管理条例》的规定，建设工程勘察、设计单位应当在建设工程施工前，向施工单位和监理单位说明建设工程勘察、设计意图，解释建设工程勘察、设计文件。建设文件勘察、设计单位应当及时解决施工中出现的勘察、设计问题。

4. 建设工程勘察、设计文件的修改

根据《建设工程勘察设计管理条例》的规定，建设单位、施工单位、监理单位不得

修改建设工程勘察、设计文件；确需修改建设工程勘察、设计文件的，应当由原建设工程勘察、设计单位修改。经原建设工程勘察、设计单位书面同意，建设单位也可以委托其他具有相应资质的建设工程勘察、设计单位修改。修改单位对修改的勘察、设计文件承担相应责任。施工单位、监理单位发现建设工程勘察、设计文件不符合工程建设强制性标准、合同约定的质量要求的，应当报告建设单位，建设单位有权要求建设单位工程勘察、设计单位对建设工程勘察、设计文件进行补充、修改。建设工程勘察、设计文件内容需要做重大修改的，建设单位应当报经原审批机关批准后，方可修改。

五、建设工程勘察设计工作的监督管理

国务院建设行政主管部门对全国的建设工程勘察、设计活动实施统一监督管理。国务院铁路、交通、水利等有关部门按照国务院规定的职责分工，负责对全国的有关专业建设工程勘察、设计活动的监督管理。县级以上地方人民政府建设行政主管部门对本行政区域内的建设工程勘察、设计活动实施监督管理。县级以上地方人民政府建设行政主管部门对本行政区域内的建设工程勘察、设计活动实施监督管理。县级以上地方人民政府交通、水利等有关部门在各自的职责范围内，负责对本行政区域内的有关建设工程勘察、设计活动的监督管理。建设工程勘察、设计单位在建设工程勘察、设计资质证书规定的业务范围内跨部门、跨地区承揽勘察、设计业务的，有关地方人民政府及其所属部门不得设置屏障，不得违反国家规定收取任何费用。

县级以上人民政府建设主管部门或者交通、水利等有关部门应当对施工图设计文件中涉及公共利益，公众安全、工程建设强制性标准的内容进行审查。施工图设计文件未经审查批准的，不得使用。

任何单位和个人对建设工程勘察、设计活动中的违法行为有权检举、控告、投诉。

六、违反建设工程勘察设计条例的处罚

根据修订后的《建设工程勘察设计管理条例》规定，超越资质许可范围承接设计业务，责令停止违法行为，处合同约定的勘察费、设计费 1 倍以上 2 倍以下的罚款，有违法所得的，予以没收，可以责令停业整顿，降低资质等级；情节严重的，吊销资质证书。

未经注册，擅自以注册建设工程勘察、设计人员的名义从事建设工程勘察、设计活动的，责令停止违法行为，没收违法所得，处违法所得 2 倍以上 5 倍以下罚款；给他人造成损失的，依法承担赔偿责任。

建设工程勘察、设计注册执业人员和其他专业技术人员未受聘于一个建设工程勘察、设计单位或者同时受聘于两个以上建设工程勘察、设计单位，从事建设工程勘察、设计活动的，责令停止违法行为，没收违法所得，处违法所得 2 倍以上 5 倍以下的罚款；情节严重的，可以责令停止执行业务或者吊销资格证书；给他人造成损失的，依法承担赔偿责任。

发包方将建设工程勘察、设计业务发包给不具有相应资质等级的建设工程勘察、设计单位的，责令改正，处50万元以上100万元以下的罚款。

建设工程勘察、设计单位将所承揽的建设工程勘察、设计转包的，责令改正，没收违法所得，处合同约定的勘察费、设计费25%以上50%以下的罚款，可以责令停业整顿，降低资质等级；情节严重的，吊销资质证书。

勘察、设计单位未依据项目批准文件，城乡规划及专业规划，国家规定的建设工程勘察、设计深度要求编制建设工程勘察、设计文件的，责令限期改正，逾期不改正的，处10万元以上30万元以下的罚款；造成工程质量事故或者环境污染和生态破坏的，责令停业整顿，降低资质等级；情节严重的，吊销资质证书造成损失的，依法承担赔偿责任。

习题讲评

1.《建设工程勘察设计管理条例》规定，(　　)未经县级以上建设行政主管部门或者交通、水利等有关部门审查批准的，不得使用。

A. 勘察文件　　B. 方案设计文件

C. 施工图设计文件　　D. 施工组织设计文件

【参考答案】C。县级以上人民政府建设行政主管部门或者交通、水利等有关部门应当对施工图设计文件中涉及公共利益、公众安全、工程建设强制性标准的内容进行审查。施工图设计文件未经审查批准的，不得使用。因此选C。

2. 根据国务院颁发的《建设工程勘察设计管理条例》规定，可以直接发包的工程建设勘察、设计的项目有(　　)。

A. 采用特定的专利或专有技术的

B. 建筑艺术造型有特定要求的

C. 特殊专业的勘察设计项目

D. 国务院批准的勘察设计项目

E. 国务院规定的其他工程建设的勘察设计

【参考答案】ABCE。原则上，勘察设计任务的委托应该依据《招标投标法》进行招标发包，但《建设工程勘察设计管理条例》第16条规定，下列建设工程的勘察、设计，经有关主管部门批准，可以直接发包：采用特定的专利或者专有技术的；建筑艺术造型有特殊要求的；国务院规定的其他建设工程的勘察、设计。

【案例讨论】工程设计图纸没有任何设计院图章能施工吗

某建设单位委托某设计院进行一个建设工程项目的设计工作，合同中没有约定工程设计图的知识产权的保护。设计院委派工程设计师张某等完成了这一设计任务。该项目完成后，建设单位没有经过设计院同意，为了节约设计费用，私自委托工程师张某将该设计图纸修改后用于另一类似项目。工程设计图纸没有任何设计院图章与技术负责人的签字。由于地质条件的差别，工程出现质量问题，给建设单位造成了一定的损失。

讨论： 建设单位未经设计院同意，能否将该设计图纸用于另一类似项目，为什么？建设单位损失谁负责，如何处理？

第二节　消　防　法

消防安全，人人有责

2010 年 11 月底，东都大厦在装修时已经将地下一层大厅中间通往地下二层的楼梯通道用钢板焊封，但在楼梯两侧扶手穿过钢板处留有两个小方孔。2010 年 12 月 25 日 20 时许，为封闭两个小方孔，东都分店负责人王某某（台商）指使该店员工王某某和宋某、丁某某将一小型电焊机从东都商厦四层抬到地下一层大厅，并安排王某某（无焊工资质证）进行电焊作业，未作任何安全防护方面的交代。王某某施焊中也没有采取任何防护措施，电焊火花从方孔溅入地下二层可燃物上，引燃地下二层的绒布、海绵床垫、沙发和木制家具等可燃物品。王某某等人发现后，用室内消火栓的水枪从方孔向地下二层射水灭火，在不能扑灭的情况下，既未报警也没有通知楼上人员便逃离现场，并订立攻守同盟。正在商厦办公的东都大厦总经理李某某以及为开业准备商品的东都分店员工见势迅速撤离，也未及时报警和通知四层娱乐城人员逃生。随后，火势迅速蔓延，产生的大量一氧化碳、二氧化碳、含氰化合物等有毒烟雾，顺着东北、西北角楼梯间向上蔓延（地下二层大厅东南角楼梯间的门关闭，西南、东北、西北角楼梯间为铁栅栏门，着火后，西南角的铁栅栏门进风，东北、西北角的铁栅栏门过烟不过人）。由于地下一层至三层东北、西北角楼梯与商场采用防火门、防火墙分隔，楼梯间形成烟囱效应，大量有毒高温烟雾通过楼梯间迅速扩散到四层娱乐城。着火后，东北角的楼梯被烟雾封堵，其余的 3 部楼梯被上锁的铁栅栏堵住，人员无法通行，仅有少数人员逃到靠外墙的窗户处获救，其余 309 人中毒窒息死亡，其中男 135 人，女 174 人。

案例分析： 东都大厦管理者没按《消防法》规定和《机关、团体、企业、事业单位消防安全管理规定》（公安部令第 61 号）要求，认真落实自身消防安全责任制。消防安全法律责任主体意识不强，没有依法履行消防安全管理职责和《消防法》第十四条明确的组织防火检查、及时消除火灾隐患等消防安全职责。对于当地公安消防部门查出的违章搭建仓房等火灾隐患，没有按要求拆除。《消防法》进一步规定，认真组织开展对从业人员的消防安全宣传教育和培训，组织开展灭火和应急疏散演练。

《消防法》的立法目的在于预防火灾和减少火灾危害，保护公民人身、公告财产和公民财产的安全，维护公共安全，保障社会主义现代化建设的顺利进行。

一、消防设计的审核与验收

1. 消防设计的审核

根据《消防法》规定，按照国家工程建筑消防技术标准需要进行消防设计的建筑工程，建设工程的消防设计、施工必须符合国家工程建设消防技术标准。建设、设计、施工、工程监理等单位依法对建设工程的消防设计、施工质量负责。

对于一般性需要进行消防设计的建设工程，建设单位应当自依法取得施工许可之日起七个工作日内，将消防设计文件报公安机关消防机构备案，公安机关消防机构应当进行抽查。

对于特别重大的有消防要求的工程建设项目，根据《消防法》规定，国务院公安部门规定的大型的人员密集场所和其他特殊建设工程，建设单位应当将消防设计文件报送公安机关消防机构审核。公安机关消防机构依法对审核的结果负责。

依法应当经公安机关消防机构进行消防设计审核的建设工程，未经依法审核或者审核不合格的，负责审批该工程施工许可的部门不得给予施工许可，建设单位、施工单位不得施工；其他建设工程取得施工许可后经依法抽查不合格的，应当停止施工。

经公安消防机关审核的建筑工程消防设计需要变更的，应当报经原审核的公安消防机构核准；未经核准的，任何单位和个人不得变更。

同时，根据《消防法》规定，建筑构件和建筑材料的防火性能必须符合国家标准或者行业标准。公共场所室内装修、装饰根据国家工程建设消防技术标准的规定，应当使用不燃、难燃材料的，必须选用依照《中华人民共和国产品质量法》等法律、法规确定的检验机构检验合格的材料。

2. 消防设计的验收

根据《消防法》规定，按照国家工程建设消防技术标准需要进行消防设计的建设工程竣工，依照下列规定进行消防验收、备案。

1）对于特别重大的有消防要求的工程建设项目，根据《消防法》规定，国务院公安部门规定的大型的人员密集场所和其他特殊建设工程，按照国家工程建筑消防技术标准进行消防设计的建筑工程竣工时，建设单位应当向公安机关消防机构申请消防验收。

2）对于其他建设工程，建设单位在验收后应当报公安机关消防机构备案，公安机关消防机构应当进行抽查。

依法应当进行消防验收的建设工程，未经消防验收或者消防验收不合格的，禁止投入使用；其他建设工程经依法抽查不合格的，应当停止使用。

公众聚集场所在投入使用、营业前，建设单位或者使用单位应当向场所所在地的县级以上地方人民政府公安机关消防机构申请消防安全检查。公安机关消防机构应当自受理申请之日起十个工作日内，根据消防技术标准和管理规定，对该场所进行消防安全检查。未经消防安全检查或者经检查不符合消防安全要求的，不得投入使用、营业。

二、工程建设中采取的消防安全措施

1. 机关、团体、企事业单位应当履行的消防安全职责

根据《消防法》规定，机关、团体、企业、事业单位应当履行下列消防安全职责。

1）制定消防安全制度、消防安全操作规程。

2）实行防火安全责任制，确定本单位和所属部门、岗位的消防安全责任人。

3）针对本单位的特点对职工进行消防宣传教育。

4）组织防火检查，及时消除火灾隐患。

5）按照国家有关规定配置消防设施和器材、设置消防安全标志，并定期组织检验、维修，确保消防设施和器材完好、有效。

6）保障疏散通道、安全出口通畅，并设置符合国家规定的消防安全疏散标志。

居民住宅区的管理单位，应当按照有关规定，履行消防安全职责，做好住宅区的消防安全工作。

2. 工程建设中应当采取的消防安全措施

1）在设有车间或者仓库的建筑物内，不得设置员工集体宿舍。在设有车间或者仓库的建筑物内，已经设置员工集体宿舍的，应当限期加以解决。对于暂时确有困难的，应当采取必要的消防安全措施，经公安消防机构批准后，可以继续使用。

2）生产、储存、运输、销售或者使用、销毁易燃易爆危险物品的单位、个人，必须执行国家有关消防安全的规定。进入生产、储存易燃易爆危险物品的场所，必须执行国家有关消防安全的规定。禁止携带火种进入生产、储存易燃易爆危险物品的场所。储存可燃物资仓库的管理，必须执行国家有关消防安全的规定。

3）禁止在具有火灾、爆炸危险的场所使用明火；因特殊情况需要使用明火作业的，应当按照规定事先办理审批手续。作业人员应当遵守消防安全规定，并采取相应的消防安全措施。进行电焊、气焊等具有火灾危险的作业人员和自动消防系统的操作人员，必须持证上岗并严格遵守消防安全操作规程。

4）公安消防机构及其工作人员不得利用职务为用户指定消防产品的销售单位和品牌。

5）电器产品、燃气用具的质量必须符合国家标准或者行业标准。

6）任何单位、个人不得损坏或者擅自挪用、拆除、停用消防设施、器材，不得埋压、圈占消火栓，不得占用防火间距，不得堵塞消防通道。公用和城建等单位在修建道路以及停电、停水、截断通信线路时有可能影响消防队灭火救援的，必须事先通知当地公安消防机构。

习题讲评

1. 按照《国家工程建筑消防技术标准》需要进行消防设计的建筑工程，设计单位应当按照《国家工程建筑消防技术标准》进行设计，（　　）应当将建筑工程的消防设计图纸及资料报送公安消防机构审核。

A. 设计单位　　B. 建设单位　　C. 施工企业　　D. 承包单位

【参考答案】B。按照国家工程建筑消防技术标准进行消防设计的建筑工程，设计单位应当按照国家工程建筑消防技术标准进行设计，建设单位应当将建筑工程的消防设计图纸及有关资料报送公安消防机构审核；未经审核或者经审核不合格的，建设行政主管部门不得发给施工许可证，建设单位不得施工。因此选 B。

2. 建筑工程的建筑构件和建筑材料的防火性能必须符合（　　）。

A. 国家标准　　B. 行业标准

C. 国家标准或行业标准　　D. 企业标准

【参考答案】C。建筑构件和建筑材料的防火性能必须符合国家标准或者行业标准。公共场所室内装修、装饰根据国家工程建设消防技术标准的规定，应当使用不燃、难燃材料的，必须选用依照《中华人民共和国产品质量法》等法律、法规确定的检验机构检验合格的材料。因此选 C。

3. 根据《消防法》，按照国家工程建筑工程消防技术标准进行消防设计的建筑工程竣工时，必须经（　　）进行消防验收；未经验收或者经验收不合格的，不得投入使用。

A. 公安消防机构　　B. 安全监督管理部门

C. 县级以上人民政府　　D. 建设行政主管部门

【参考答案】A。根据《消防法》，按照国家工程建筑消防技术标准进行消防设计的建筑工程竣工时，必须经公安消防机构进行消防验收；未经验收或者验收不合格的，不得投入使用。因此选 A。

4.《消防法》未做禁止性规定的是（　　）。

A. 携带火种进人生产、储存易燃易爆危险物品的场所

B. 使用明火作业

C. 销售未经合法检验机构检验的消防产品

D. 使用不符合标准的消防器材

【参考答案】B。根据《消防法》：①在设有车间或者仓库的建筑物内，不得设置员工集体宿舍。②禁止携带火种进入生产、储存易燃易爆危险物品的场所。③禁止在具有火灾、爆炸危险的场所使用明火。④公安消防机构及其工作人员不得利用职务为用户指定消防产品的销售单位和品牌。⑤电器产品、燃气用具的质量必须符合国家标准或者行业标准。⑥任何单位、个人不得损坏或者擅自挪用、拆除、停用消防设施、器材，不得埋压、圈占消火栓，不得占用防火间距，不得堵塞消防通道。公用和城建等单位在修建道路以及停电、停水、截断通信线路时有可能影响消防队灭火救援的，必须事先通知当地公安消防机构。对于使用明火作业，是指在具有火灾、爆炸危险的特定场所。因此选 B。

5.《消防法》未作持证上岗要求的人员是（　　）。

A. 电焊作业人员　　B. 气焊作业人员

C. 消防器材经销人员　　D. 自动消防系统操作人员

【参考答案】C。根据《消防法》，进行电焊、气焊等具有火灾危险的作业人员和自动消防系统的操作人员，必须持证上岗，并严格遵守消防安全操作章程。因此选 C。

【案例讨论】如何实施高层建筑的防火

讨论：当今社会高层建筑越来越多，高层建筑防火如何实施？

第三节　劳动合同法

无固定期限的劳动合同能否解除劳动关系

在某石化公司工作已满 12 年的高级工程师裴某与公司签订的劳动合同到期，续订劳动合同时，裴某听朋友说无固定期劳动合同对劳动者更有利，遂与公司签订了无固定期限的劳动合同，公司并没有附加解除劳动合同的条款。2014 年 9 月，裴某因在工作中严重失职导致事故，给公司生产造成了 75 万元的重大经济损失。2014 年 11 月，事故基本查清后，公司决定与裴某解除劳动合同。裴某对公司解除其劳动合同的决定不服，认为自己与公司签订的是无固定期限的劳动合同，并且没有附加解除条款，是不能解除的，而且公司也没有提前 30 天通知他解除劳动合同，遂向其所在地的劳动争议仲裁委员会提出申诉，请求撤销公司与其解除劳动合同的决定。

案例分析：劳动者在同一用人单位连续工作满 10 年，双方同意延续劳动合同的，如果劳动者本人提出要签订无固定期限的劳动合同，这时用人单位是不能坚持与其签订固定期限或以工作为期限的劳动合同的，而只能签订无固定期限的劳动合同。裴某在石化公司工作已经有 12 年了，要求公司与其签订了无固定期限的法律合同是符合法律规定的。案例中裴某存在重大失职的过错属于劳动者严重失职，徇私舞弊，给用人单位利益造成重大损害的法定解除情形，单位未提前 30 日通知裴某便与其解除劳动关系的做法并不违反法律规定。

劳动合同是在市场经济体制下，用人单位与劳动者进行双向选择、确定劳动关系、明确双方权利与义务的协议，是保护劳动者合法权益的基本依据。

所谓劳动关系，是指劳动者与用人单位在实现劳动过程中建立的社会经济关系。由于存在着劳动关系，劳动者和用人单位都要受到劳动法律的约束与规范。

一、劳动关系的建立与劳动合同的订立

1. 劳动关系的建立

（1）确认建立劳动关系的时间

用人单位自用工之日起即与劳动者建立劳动关系，用人单位与劳动者在用工前订立劳动合同的，劳动关系自用工之日起建立。用人单位应当建立职工名册备查。职工名册应当包括劳动者姓名、性别、公民身份证号码、户籍地址及现住址、联系方式、用工形式、用工起始时间、劳动合同期限等内容。

（2）建立劳动关系时当事人的权利和义务

用人单位招用劳动者时，应当如实告知工作内容、工作条件、工作地点、职业危害、安全生产状况、劳动报酬以及劳动者要求了解的其他情况；用人单位有权了解劳动者与劳动合同直接相关的基本情况，劳动者应当如实说明。

用人单位招用劳动者，不得扣押劳动者的居民身份证和其他证件，不得要求劳动者提供担保或者以其他名义向劳动者收取财物。

2. 劳动合同的订立

（1）劳动合同当事人

劳动合同当事人为用人单位和劳动者。《中华人民共和国劳动合同法实施条例》进一步规定了，《劳动合同法》规定的用人单位设立的分支机构，依法取得营业执照或者登记证书的，可以作为用人单位与劳动者订立劳动合同；未依法取得营业执照或者登记证书的，受用人单位委托可以与劳动者订立者订立劳动合同。

（2）订立劳动合同的时间限制

已建立劳动关系，未同时订立书面劳动合同的，应当自用工之日起一个月内订立书面劳动合同。

1）因劳动者的原因未能订立劳动合同的法律后果。自用工之日起一个月内，经用人单位书面通知后，劳动者不与用人单位订立书面劳动合同的，用人单位应当书面通知劳动者终止劳动关系，无需向劳动者支付经济补偿，但是应当依法向劳动者支付其实际工作时间的劳动报酬。

2）用人单位的原因未能订立劳动合同的法律后果。用人单位自用工之日起超过一个月不满一年未与劳动者订立书面劳动合同的，应当按照劳动合同法第 82 条的规定向劳动者每月支付两倍工资，并与劳动者补订书面劳动合同；劳动者不与用人单位签订书面劳动合同的，用人单位应当书面通知劳动者终止劳动关系，并依照劳动合法第 47 条的规定支付经济补偿。

用人单位自用工之日起满一年未与劳动者订立书面劳动合同的，自用工之日起满一个月的次日至满一年的前一日应当依照劳动合同法的规定向劳动者每月支付两倍的工资，并视为自用工之日起满一年的当日已与劳动者订立无固定期限劳动合同，应当立即与劳动者补订书面劳动合同。

3）劳动合同的生效。劳动合同由用人单位与劳动者协商一致，并经用人单位与劳动者在劳动合同文本上签字或者盖章生效。劳动合同文本由用人单位和劳动者各执一份。

二、劳动合同的类型

劳动合同分为固定期限劳动合同、无固定期限劳动合同和以完成一定工作任务为期限的劳动合同。

1. 固定期限劳动合同

固定期限劳动合同是指用人单位与劳动者约定合同终止时间的劳动合同。具体是指劳动合同双方当事人在劳动合同中明确规定了合同效力的起始和终止的时间。劳动合同期限届满，劳动关系即告终止。如果双方协商一致，还可以续订劳动合同，延长期限。固定期限的劳动合同可以是较短时间的，如半年、一年、二年，也可以是较长时间的，如五年、十年，甚至更长时间。

2. 无固定期限劳动合同

无固定期限劳动合同是指用人单位与劳动者约定无确定终止时间的劳动合同。订立无固定期限劳动合同有两种情形。

1）用人单位与劳动者协商一致，可以订立无固定期限劳动合同。根据法律规定，订立劳动合同应当遵循平等自愿、协商一致的原则。只要用人单位与劳动者协商一致，没有采取胁迫、欺诈、隐瞒事实等非法手段，符合法律的有关规定，就可以订立无固定期限劳动合同。

2）在法律规定的情形出现时，如劳动者已经连续在该单位工作 10 年以上的，劳动者提出或者同意续订劳动合同的，应当订立无固定期限劳动合同。无固定期限合同一经签订，双方就建立了一种相对稳固和长远的劳动关系，只要不出现法律规定的条件或者双方约定的条件，劳动合同就不能解除。

3. 以完成一定工作任务为期限的劳动合同

以完成一定工作任务为期限的劳动合同，是指用人单位与劳动者约定以某项工作的完成为合同期限的劳动合同。用人单位与劳动者协商一致，可以订立以完成一定工作任务为期限的劳动合同。

三、劳动合同的内容

劳动合同的内容具体表现劳动合同的条款，一般分为必备条款和可备条款。

（1）必备条款

必备条款是法律规定劳动合同应当具备的条款，主要包括：

1）劳动合同期限。

2）工作内容。

3）劳动保护和劳动条件。

4）劳动报酬。

5）劳动纪律。

6）劳动合同终止的条件。

7）违反劳动合同的责任。

（2）可备条款

可备条款是法律规定的生效劳动合同可以具备的条款，当事人可以协商约定可备条款，缺少可备条款不影响劳动合同的成立。根据我国《劳动法》的规定，可备条款主要包括以下两种。

1）试用期条款。《劳动法》规定："劳动合同可以约定试用期。试用期最长不得超过 6 个月。"

2）保守商业秘密条款。

四、劳动报酬与试用期

劳动合同对劳动报酬和劳动条件等标准约定不明确，引发争议的，用人单位与劳动者可以重新协商；协商不成的，适用集体合同规定；没有集体合同或者集体合同未规定劳动报酬的，可以实行同工同酬；没有集体合同或者集体合同未规定劳动条件等标准的，适用国家有关规定。

劳动合同期限 3 个月以上不满 1 年的，试用期不得超过 1 个月；劳动合同期限 1 年以上不满 3 年的，试用期不得超过 2 个月；3 年以上固定期限和无固定期限的劳动合同，适用不得超过 6 个月。

劳动者在试用期的工资不得低于本单位相同岗位最低档工资或者劳动合同约定工资的 80%，并不得低于用人单位所在地最低的工资标准。

五、劳动合同的解除

劳动合同的解除，是指当事人双方提前终止劳动合同的法律效力，解除双方的权利义务关系，分为协商解除、法定解除和约定解除三种情况。

1. 劳动者可以单方解除劳动合同的规定

劳动者单方解除劳动合同即具备法律规定的条件时，劳动者享有单方解除权，无须双方协商达成一致意见，也无须征得用人单位的同意。《劳动合同法》规定，用人单位有下列情形之一的，劳动者可以解除劳动合同，用人单位应当向劳动者支付经济补偿。

1）未按照劳动合同约定提供劳动保护或者劳动条件的。

2）未及时足额支付劳动报酬的。

3）未依法为劳动者缴纳社会保险费的。

4）用人单位的规章制度违反法律、法规的规定，损害劳动者权益的。

5）以欺诈、胁迫的手段或者乘人之危，使对方在违背真实意思的情况下订立或者变更劳动合同的情形致使劳动合同无效。

6）法律、行政法规规定劳动者可以解除劳动合同的其他情形。

用人单位以暴力、威胁或者非法限制人身自由的手段强迫劳动者劳动的，或者用人单位违章指挥、强令冒险作业危及劳动者人身安全的，劳动者可以立即解除劳动合同，不需事先告知用人单位。这种属于即时解除中可以立即解除且不用事先告知用人单位的情形。

同时，《劳动合同法实施条例》进一步规定，具备下列情形之一的，劳动者可以与用人单位解除固定期限劳动合同、无固定期限劳动合同或者以完成一定工作任务为期限的劳动合同。

1）劳动者与用人单位协商一致的。

2）劳动者提前 30 日以书面形式通知用人单位的。

3）劳动者在试用期内提前 3 日通知用人单位的。

4）用人单位在劳动合同中免除自己的法定责任、排除劳动者权利的。

5）用人单位违反法律、行政法规强制性规定的。

2. 用人单位可以单方解除劳动合同的规定

《劳动合同法》在赋予劳动者单方解除权的同时，也赋予用人单位对劳动合同的单方解除权，以保障用人单位的用工自主权。

1）随时解除。劳动者有下列情形之一的，用人单位可以解除劳动合同。

① 在试用期间被证明不符合录用条件的。

② 严重违反劳动纪律或者用人规章制度的。

③ 严重失职，营私舞弊，对用人单位利益造成重大损害的。

④ 被依法追究刑事责任的。

2）预告解除。有下列情形之一的，用人单位提前 30 日以书面形式通知劳动者本人或者额外支付劳动者 1 个月工资后，可以解除劳动合同，用人单位应当向劳动者支付经济补偿。

① 劳动者患病或者非因工负伤的，在规定的医疗期满后不能从事原工作，也不能从事由用人单位另行安排的工作的。

② 劳动者不能胜任工作，经过培训或者调整工作岗位，仍不能胜任工作的。

③ 劳动合同订立时所依据的客观情况发生重大变化，致使劳动合同无法履行，经用人单位与劳动者协商，未能就变更劳动合同内容达成协议的。

用人单位按照此规定，选择额外支付劳动者 1 个月工资解除劳动合同的，其额外支付的工资应当按照该劳动者 1 个月的工资标准确定。

3）经济性裁员。经济性裁员是指用人单位为降低劳动成本，改善经营管理，因经济或技术等原因一次裁减 20 人以上或者不足 20 人以上但占企业职工总数 10%以上的劳

动者。经济性裁员具有严格的条件和程序限制，用人单位裁员时必须遵守规定。经济性裁员，用人单位应当支付劳动者经济补偿金。

用人单位依法裁减人员时，在6个月内重新招用人员的，应当通知被裁减的人员，并在同等条件下优先招用被裁减的人员。

4）用人单位不得解除劳动合同的规定。用人单位有以下情形之一的，不得单方解除劳动合同：

① 从事接触职业病危害作业的劳动者未进行离岗前职业健康检查，或者疑似职业病病人在诊断或者医学观察期间的。

② 在本单位患职业病或者因工负伤并被确认丧失或者部分丧失劳动能力的。

③ 患病或者非因工负伤，在规定的医疗期内的。

④ 女职工在孕期、产期、哺乳期的。

⑤ 在本单位连续工作满15年，且距法定退休年龄不足5年的。

⑥ 法律、行政法规规定的其他情形。

六、合法用工方式与违法用工的相关规定

据有关资料，我国建筑业的农民工占建筑业从业总人数的80%以上，约占农民工总人数的25%。因此，实施合法用工方式不仅有利于保证建设工程质量安全，还可以更好地保障农民工的合法权益。

1. 劳务派遣

劳务派遣又称为劳动力派遣、劳动派遣或人才租赁，是指依法设立的劳务派遣单位与劳动者订立劳动合同，依据与接受劳务派遣单位（即实际用工单位）订立的劳务派遣协议，将劳动者派遣到实际用工单位工作，由派遣单位向劳动者支付工资、福利及社会保险费用，实际用工单位提供劳动条件并按照劳务派遣协议支付用工费用的新型用工方式。其显著特征是劳动者的聘用与使用分离。

（1）劳务派遣单位

《劳动合同法》规定，劳务单位经营劳务派遣业务应当具备下列条件：

1）注册资本不得少于人民币200万元。

2）有与开展业务相适应的固定的经营场所和设施。

3）有符合法律、行政法规规定的劳务派遣管理制度。

4）法律、行政法规规定的其他条件。

经营劳务派遣业务，应当向劳动行政部门依法申请行政许可；经许可的，依法办理相应公司登记。未经许可，任何单位和个人不得经营劳务派遣业务。劳务派遣单位是《劳动合同法》中所称的用人单位，应当依法履行用人单位对劳动者的义务。

（2）劳务派遣的岗位范围

劳务派遣只能在临时性、辅助性或者替代性的工作岗位上实施。劳动合同法实施以来，劳务派遣用工数量快速增长，部分企业突破“三性”岗位范围，在主营业务岗位和

一般工作岗位长期大量使用被派遣劳动者。

为严格限制劳务派遣用工，对“三性”岗位做了进一步界定：临时性工作岗位是指存续时间不超过六个月的岗位；辅助性岗位是指为了主营业务岗位提供服务的非主营业务岗位；替代性工作岗位是指用工单位的劳动者因脱产学习、休假等原因无法工作的一定期间内，可以其他劳动者代替工作的岗位。

为了防止滥用劳务派遣用工，新法也进一步规定，用工单位应当严格控制劳务派遣用工数量，不得超过其用工总量的一定比例，具体比例由国务院劳动行政部门规定。

（3）劳务派遣的报酬

《劳动合同法》规定，被派遣劳动者享有与用工单位的劳动者同工同酬的权利。用工单位无同类岗位劳动者的，参照用工单位所在地相同或者相近岗位劳动者的劳动报酬确定。

（4）劳务派遣违法的规定

为了进一步严格规范劳务派遣用工，对未经许可擅自经营劳务派遣业务的，由劳动行政部门责令停止违法行为，没收违所得并处以罚款。劳动行政部门可吊销劳务派遣单位经营劳务派遣业务的行政许可。

2. “包工头”用工模式

我国建筑业属于劳动密集型行业。随着建设规模不断扩大，建筑业的发展需要大量务工人员，而农村富余劳动力又迫切要求适当工作，“包工头”用工模式就产生了。可以说“包工头”用工模式是在特殊历史条件下的特殊产物。“包工头”非法人的用工模式，容易导致大量农民工未经安全和执业技能培训就进入建筑工地，给工程质量和安全带来隐患；非法用工现象较为严重，损害农民工合法权益事件时有发生，特别是违法合同无效的规定，极易造成清欠农民工工资债务链的法律关系断层，严重扰乱了建筑市场的正常秩序。

一方面确实解决了农村富余劳动力的就业问题，另一方面也损害了农民工的切身利益，在建设领域和劳动领域产生了很大的负面影响。许多“包工头”原有身份就是农民工，凭借灵活的头脑和较广的人际慢慢演变成“包工头”。他们所管辖带领的务工人员也由最初的亲戚变成了老乡或者老乡的老乡。当这个用工的范围越来越宽，却又没有任何契约凭据，并且大量的农民工从未接受过安全教育和职业技能的培训，给工程质量及安全带来了极大的隐患。

《关于建立和完善劳务分包制度发展建筑劳务企业的意见》，要求逐步在全国建立基本规范的建筑劳务分包制度，农民工基本被劳务企业或其他用工企业直接吸纳，“包工头：承揽业务基本被禁止。

七、劳动争议的处理

劳动争议是指用人单位和劳动者之间，因实现劳动权利和履行义务而发生的纠纷。

根据《劳动法》的规定：用人单位与劳动者发生劳动争议，当事人可以依法申请调

解、仲裁、提起诉讼，也可以协商解决。调解原则适用于仲裁和诉讼程序。这就是我国法律关于劳动争议发生后可供选择的四种典型解决方式。

《劳动法》还规定：劳动争议发生后，当事人可以向本单位劳动争议调解委员会申请调解；调解不成，当事人一方要求仲裁的，可以向劳动争议仲裁委员会申请仲裁。当事人一方也可以直接向劳动争议仲裁委员会申请仲裁。对仲裁裁决不服的可以向人民法院提起诉讼。这条规定明确了劳动争议处理的顺序与过程。

【案例讲评】劳动法规定中的劳动者的工资必须坚持同工同酬原则

湖北省某工业集团总公司培训中心有19名具有中级职称的教师被聘请为中心的合同制教师，聘用期五年，月工资1200元。2013年9月3日，培训中心一名法律教师在上课时突发心脏病死亡，当时正值国家资格考试前夕，学员的复习任务十分繁重，不能耽误课时。为此，培训中心紧急从该集团位于河北省的培训中心调了另一名法律教师席某继续辅导学员。由于事情匆忙，培训中心没有与席某约定工资标准，只是安排了其课程。2013年10月25日，中心发放工资，培训中心按照其他18名教师的标准给席某发了1200元，但是席某提出自己在河北培训中心时的工资是每月1600元，于是双方发生劳动争议。随后培训中心向劳动争议仲裁委员会提出了仲裁申请。劳动争议仲裁委员会审查后裁定：培训中心发放给席某的工资应该参照本单位其他同期、同工种、同岗位的老师的工资标准，即每月1200元。

讲评：根据《劳动法》的规定，工资分配应当遵循按劳分配原则，实行同工同酬。按劳分配，要求按照劳动者劳动的数量和质量来进行工资分配，多劳多得，少劳少得；同工同酬，是指用人单位对于从事相同工作，付出等量劳动且取得相同劳动成绩的劳动者，应支付同等的劳动报酬。

在本案例中，席某与培训中心其他18名教师无论是在工作性质、工作时间还是工作要求上都是同等的，他并没有明显优于其他教师的地方，并且席某的前任教师领取的也是同样的工资，因此，根据同工同酬的原则，培训中心支付同等的工资是合情合理的。

习题讲评

1. 根据《劳动合同法》，劳动者在试用期内的工资最低为劳动合同工资的（　　），并不得低于用人单位所在地的最低工资标准。

A. 60%　　B. 75%　　C. 80%　　D. 90%

【参考答案】C。根据《劳动合同法》，劳动者在试用期的工资不得低于本单位相同岗位最低档工资或者劳动合同约定工资的百分之八十，并不得低于用人单位所在地的最低工资标准。因此选C。

2. 建造师王某与某建筑公司签订了一个三年期的劳动合同，合同中约定的生效时间为2006年2月20日。为了考察王某是否具备相应的工作能力，合同中约定了试用期，则试用期最长截止于（　　）。

A. 2006 年 3 月 20 日　　B. 2006 年 5 月 20 日

C. 2006 年 8 月 20 日　　D. 2007 年 2 月 20 日

【参考答案】C。根据《劳动合同法》，劳动合同期限 3 个月以上不满 1 年的，试用期不得超过 1 个月；劳动合同期限 1 年以上不满 3 年的，试用期不得超过 2 个月；3 年以上固定期限和无固定期限的劳动合同，试用期不得超过 6 个月。王某与建筑公司签订的合同为 3 年的期限，试用期不得超过 6 个月，因此选 C。

3. 根据《劳动合同法》，用人单位自用工之日起超过 1 个月不满 1 年未与劳动者订立书面劳动合同的，应当向劳动者每月支付（　　）倍的工资。

A. 1.5　　B. 2　　C. 3　　D. 4

【参考答案】B。根据《劳动合同法》，用人单位自用工之日起超过一个月不满一年未与劳动者订立书面劳动合同的，应当向劳动者每月支付两倍的工资。因此选 B。

4. 根据《劳动合同法》，用人单位在与劳动者签订合同时采取的正当行为有（　　）。

A. 扣押居民身份证

B. 扣押职业资格证

C. 要求提供担保

D. 约定专业技术培训服务违约金

E. 签订竞业限制协议书

【参考答案】DE。根据《劳动合同法》，用人单位招用劳动者，不得扣押劳动者的居民身份证和其他证件，不得要求劳动者提供担保或者以其他名义向劳动者收取财物。用人单位为劳动者提供专项培训费用，对其进行专业技术培训的，可以与该劳动者订立协议，约定服务期。劳动者违反服务期约定的，应当按照约定向用人单位支付违约金。违约金的数额不得超过用人单位提供的培训费用。用人单位与劳动者可以在劳动合同中约定保守用人单位的商业秘密和与知识产权相关的保密事项。对负有保密义务的劳动者，用人单位可以在劳动合同或者保密协议中与劳动者约定竞业限制条款，并约定在解除或者终止劳动合同后，竞业限制期限内按月给予劳动者经济补偿。劳动者违反竞业限制约定的，应当按照约定向用人单位支付违约金。因此选 DE。

5. 用人单位不得解除劳动合同的情形包括（　　）。

A. 校长患病，在规定的医疗期满后不能从事原工作，也不能从事由用人单位另行安排的工作

B. 工人小刘重病住院，仍在治疗期

C. 女职工小王怀孕 8 个月

D. 女职工小江 100 天前产下一子

E. 小李患有职业病，被确诊丧失劳动能力

【参考答案】BCDE。根据《劳动合同法》用人单位有以下情形之一的，不得单方解除劳动合同：从事接触职业病危害作业的劳动者未进行离岗前职业健康检查，或者疑似职业病病人在诊断或者医学观察期间的；在本单位患职业病或者因工负伤并被确认丧失

或者部分丧失劳动能力的；患病或者非因工负伤，在规定的医疗期内的；女职工在孕期、产期、哺乳期的；在本单位连续工作满 15 年，且距法定退休年龄不足 5 年的；法律、行政法规规定的其他情形。因此选 BCDE。

【案例讨论】劳动者应该如何保障自己的合法权益

2012 年 5 月，李琦大学毕业后通过人才市场被一家装饰公司聘用，李琦所从事的工作技术含量比较高，经过一段时间的实践仍不能胜任，于是公司决定解除与李琦的劳动合同。但是，李琦不同意解除合同。公司便不再给李琦安排任何工作，也不再给李琦发工资，单方解除了与李琦的劳动合同。

讨论： 该安装公司是否违反了《劳动合同法》的有关规定？作为劳动者，应该如何保障自己的合法权益？

第四节 文物保护法

在施工过程中发现文物应当立即报告

在某市的火车站南广场地下车库工程施工中，挖掘机司机挖到一个古墓，非但没有及时的上报，而是将其重新掩埋，在晚上带人将古墓里的文物盗走，后经公安部门的努力，追回玉带 18 片，但其他出土文物不知去向。文保专家表示，该处工地发现的是明朝某位皇亲的墓。

案例分析： 根据《文物保护法》规定，“在进行建设工程或者农业生产中任何单位或者个人发现文物，应当保护文物现场，立即报告当地文物行政部门。”“任何单位或者个人不得哄抢、私分、藏匿。”本案中，挖掘司机发现古墓后，不仅没有依法及时报告还伙同他人将古墓里的文物盗走，违反了《文物保护法》的上述规定。根据《文物保护法》规定和《文物保护法实施细则》规定，在施工过程中发现文物时，施工单位应当保护现场停止施工，立即报告当地文物行政部门，并应当配合考古发掘单位，保护出土文物或者遗迹的安全，在发掘未结束前不得继续施工。依据《文物保护法》规定，对于盗窃、哄抢、私分或者非法占有国有文物的，构成犯罪的，依法追究刑事责任；造成文物灭失、损毁的，依法承担民事责任；构成违法治安管理行为的，由公安机关依法给予治安管理处罚。

我国地域辽阔，历史悠久，是世界上文化传统从未中断的多民族国家。历史遗存至今的大量文物古迹，形象地记载着中华民族形成发展的进程，不但是认识历史的证据，也是增强民族凝聚力、促进民族文化可持续发展的基础。中国优秀的文物古迹，不但是中国各族人民的，也是全人类共同的财富。切实加强对文物的保护、有效管理和合理利用对于传承和弘扬优秀传统文件，满足广大人民群众精神文化需求，增强民族自尊心和自豪感，对于巩固民族团结，维护祖国统一，捍卫国家主权和领土完整，都具有十分重要的意义。

为此，我国相继颁布了《文物保护法》《水下文物保护管理条例》《文物保护法实施条例》《文物保护法实施细则》《历史文化名城名镇名村保护条例》等法律、行政法规，并参照《国际古迹保护与修复宪章》为代表的国际原则，制定了《中国文物古迹保护准则》。

一、受国家保护的文物范围

1. 国家保护文物的范围

《文物保护法》规定，在中华人民共和国境内，下列文物受国家保护。

1）具有历史、艺术、科学价值的古文化遗址、古墓葬、古建筑、石窟寺和石刻、壁画。

2）与重大历史事件、革命运动或者著名人物有关的以及具有重要纪念意义、教育意义或者史料价值的近代现代重要史迹、实物、代表性建筑。

3）历史上各时代珍贵的艺术品、工艺美术品。

4）历史上各时代重要的文献资料以及具有历史、艺术、科学价值的手稿和图书资料等。

5）反映历史上各时代、各民族社会制度、社会生产、社会生活的代表性实物。

6）具有科学价值的古脊椎动物化石和古人类化石同文物一样受国家保护。

2. 水下文物的保护范围

《水下文物保护管理条例》规定，水下文物是指遗存于下列水域的具有历史、艺术和科学价值的人类文化遗产。

1）遗存于中国内水、领海内的一切起源于中国的、起源国不明的和起源于外国的文物。

2）遗存于中国领海以外依照中国法律由中国管辖的其他海域内的起源于中国的和起源国不明的文物。

3）遗存于外国领海以外的其他管辖海域以及公海区域内的起源于中国的文物。

以上规定内容不包括 1911 年以后的与重大历史事件、革命运动以及著名人物无关的水下遗存。

3. 文物保护单位和文物的分级

《文物保护法》规定，古文化遗址、古墓葬、古建筑、石窟寺、石刻、壁画、近代现代重要史迹和代表性建筑等不可移动文物，根据它们的历史、艺术、科学价值，可以

分别确定为全国重点文物保护单位，省级文物保护单位，市、县级文物保护单位。

历史上各时代重要实物、艺术品、文献、手稿、图书资料、代表性实物等可移动文物，分为珍贵文物和一般文物；珍贵文物分为一级文物、二级文物、三级文物。

二、在文物保护单位保护范围和建设控制地带施工的规定

1. 文物保护单位的保护范围

《文物保护法实施条例》规定，文物保护单位的保护范围，是指对文物保护单位本体及周围一定范围实施重点保护的区域。文物保护单位的保护范围，应当根据文物保护单位的类别、规模、内容以及周围环境的历史和现实情况合理规定，并在文物保护单位本体之外保持一定的安全距离，确保文物保护单位的真实性和完整性。

全国重点文物保护单位和省级文物保护单位自核定公布之日起1年内，由省、自治区、直辖市人民政府划定必要的保护范围，做出标志说明，建立记录档案，设置专门机构或者指定专人负责管理。

设区的市、自治州级和县级文物保护单位自核定公布之日起1年内，由核定公布该文物保护单位的人民政府划定保护范围，做出标志说明，建立记录档案，设置专门机构或者指定专人负责管理。

文物保护单位的标志说明，应当包括文物保护单位的级别、名称、公布机关、公布日期、立标机关、立标日期等内容。民族自治地区的文物保护单位的标志说明，应当同时用规范汉字和当地通用的少数民族文字书写。

2. 文物保护单位的建设控制地带

《文物保护法实施条例》规定，文物保护单位的建设控制地带，是指在文物保护单位的保护范围外，为保护文物保护单位的安全、环境、历史风貌对建设项目加以限制的区域。文物保护单位的建设控制地带，应当根据文物保护单位的类别、规模、内容以及周期环境的历史和现实情况合理划定。

全国重点文物保护单位的建设控制地带，经省、自治区、直辖市人民政府批准，由省、自治区、直辖市人民政府的文物行政主管部门会同城乡规划行政主管部门划定并公布。

省级、设区的市、自治州级和县级文物保护单位的建设控制地带，经省、自治区、直辖市人民政府批准，由核定公布该文物保护单位的人民政府的文物行政主管部门会同城乡规划行政主管部门划定并公布。

3. 历史文化名城名镇名村的保护

《文物保护法》规定，保存文物特别丰富并且具有重大历史价值或者革命纪念意义的城市，由国务院核定公布为历史文化名城。

保存文物特别丰富并且具有重大历史价值或者革命纪念意义的城镇、街道、村庄，由省、自治区、直辖市人民政府核定公布为历史文化街区、村镇，并报国务院备案。

《历史文化名城名镇名村保护条例》进一步规定，具备下列条件的城市、镇、村庄，可以申报历史文化名城、名镇、名村：①保存文物特别丰富；②历史建筑集中成片；③保留着传统格局和历史风貌；④历史上曾经作为政治、经济、文化、交通中心或者军事要地，或者发生过重要历史事件，或者其传统产业、历史上建设的重大工程对本地区的发展产生过重要影响，或者能够集中反映本地区建筑的文化特色、民族特色。

4. 在文物保护单位保护范围和建设控制地带施工的规定

《文物保护法》规定，在文物保护单位的保护范围和建设控制地带内，不得建设污染文物保护单位及其环境的设施，不得进行可能影响文物保护单位安全及其环境的活动。对已有的污染文物保护单位及其环境的设施，应当限期治理。

1）承担文物保护单位的修缮、迁移、重建工程的单位应当具有相应的资质证书。

2）在历史文化名城名镇名村保护范围内从事建设活动的相关规定。

《历史文化名城名镇名村保护条例》规定，在历史文化名城、名镇、名村保护范围内禁止进行下列活动。

① 开山、采石、开矿等破坏传统格局和历史风貌的活动。

② 占用保护规划确定保留的园林绿地、河湖水系、道路等。

③ 修建生产、储存爆炸性、易燃性、放射性、毒害性、腐蚀性物品的工厂、仓库等。

④ 在历史建筑上刻划、涂污。

3）在文物保护单位保护范围和建设控制地带内从事建设活动的相关规定。《文物保护法》规定，在文物保护单位的保护范围内不得进行其他建设工程或者爆破、钻探、挖掘等作业。但是，因特殊情况需要在文物保护单位的保护范围内进行其他建设工程或者爆破、钻探、挖掘等作业的，必须保证文物保护单位的安全，并经核定公布该文物保护单位的人民政府批准，在批准前应当征得上一级人民政府文物行政部门同意；在全国重点文物保护单位的保护范围内进行其他建设工程或者爆破、钻探、挖掘等作业的，必须经省、自治区、直辖市人民政府批准，在批准前应当征得国务院文物行政部门同意。

4）文物修缮保护工程的设计施工管理。《文物保护法实施细则》规定，全国重点文物保护单位和国家文物局认为有必要由其审查批准的省、自治区、直辖市级文物保护单位的修缮计划和设计施工方案，由国家文物局审查批准。省、自治区、直辖市级和县、自治县、市级文物保护单位的修缮计划和设计施工方案，由省、自治区、直辖市人民政府文物行政管理部门审查批准。文物修缮保护工程应当接受审批机关的监督和指导。工程竣工时，应当报审批机关验收。

三、施工发现文物报告和保护的规定

1. 配合建设工程进行考古发掘工作的规定

进行大型基本建设工程，建设单位应当事先报请省、自治区、直辖市人民政府文物

行政部门组织从事考古发掘的单位在工程范围内有可能埋藏文物的地方进行考古调查、勘探。确因建设工期紧迫或者有自然破坏危险，对古文化遗址、古墓葬急需进行抢救发掘的，由省、自治区、直辖市人民政府文物行政部门组织发掘，并同时补办审批手续。

2. 施工发现文物的报告和保护

《文物保护法》规定，在进行建设工程或者在农业生产中，任何单位或者个人发现文物，应当保护现场，立即报告当地文物行政部门、文物行政部门接到报告后，如无特殊情况，应当在 24 小时内赶赴现场，并在 7 日内提出处理意见。

3. 水下文物的报告和保护

《水下文物保护管理条例》规定，任何单位或者个人以任何方式发现遗存于中国内水、领海内的一切起源于中国的、起源国不明的和起源于外国的文物，以及遗存于中国领海以外依照中国法律由中国管辖的其他海域内的起源于中国的和起源国不明的文物，应当及时报告国家文物局或者地方文物行政管理部门；已打捞出水的，应当及时上缴国家文物局或者地方文物行政管理部门处理。

任何单位或者个人以任何当时发现存遗于外国领海以外的其他管辖海域以及公海区域内的起源于中国的文物，应当及时报告国家文物局或者地方文物行政管理部门；已打捞出水的，应当及时提供国家文物局或者地方文物行政管理部门辨认、鉴定。

【案例讲评】文物保护单位用地不容侵犯

某市的市区北部有一段古城墙，为省级文物保护单位，并划定古城墙内外各 100 米为保护区，只准绿化，不许建设，由园林绿化队管理。有一投资者看中这块风水宝地，以每年支付 100 万元的租金在离古城墙 50 米处投资建设五栋二层青瓦灰砖小别墅，在与绿化队签订了协议之后，随即组织施工。此时，被该市城市规划行政主管部门规划监督检查执法队发现，责令立即停工。

讲评：该工程未取得建设用地规划许可证和建设工程规划许可证，属于违法建设。同时该工程侵占文物保护用地，违反了《城市规划法》和《文物保护法》，严重影响城市规划和文物保护，性质十分严重。投资者必须立即拆除违法建筑，恢复地形地貌。

习题讲评

1. 根据《文物保护法》规定，以下不属于国家文物保护范围的是（　　）。

A. 现代代表性建筑　　B. 近代建筑

C. 古墓葬　　D. 古文化遗址

【参考答案】B。《文物保护法》规定在中华人民共和国境内，下列文物受国家保护：具有历史、艺术、科学价值的古文化遗址、古墓葬、古建筑、石窟寺和石刻、壁画；与重大历史事件、革命运动或者著名人物有关的以及具有重要纪念意义、教育意义或者史料价值的近代现代重要史迹、实物、代表性建筑；历史上各时代珍贵的艺术品、工艺美术品；历史上各时代重要的文献资料以及具有历史、艺术、科学价值的手稿和图书资料等；反映历史上各时代、各民族社会制度、社会生产、社会生活的代表性实物。具有科学价值的古脊椎动物化石和古人类化石同文物一样受国家保护。因此选 B。

2. 某建筑公司在建设项目施工过程中，发现地下古墓葬，于是立即报告当地文物行政部门，文物行政部门接到报告后，应当在（　　）小时内赶到工地现场。

A. 12　　B. 24　　C. 48　　D. 36

【参考答案】B。《文物保护法》规定，在进行建设工程或者在农业生产中，任何单位或者个人发现文物，应当保护现场，立即报告当地文物行政部门，文物行政部门接到报告后，如无特殊情况应在 24 小时内赶到现场，并在 7 日内提出处理意见。因此选 B。

3. 某市文化管理部门拟对部分文物建筑进行修缮，则承揽项目的施工单位须具备（　　）。

A. 建设行政主管部门颁发的相应资质的等级证书

B. 文物行政主管部门颁发的相应等级文物保护工程资质证书

C. A 和 B 满足其一即可

D. A 和 B 必须同时具备

【参考答案】D。《文物保护法实施条例》规定，承担文物保护单位的修缮、迁移、重建工程的单位，应当同时取得文物行政主管部门发给的相应等级的文物保护工程资质证书和建设行政主管部门发给的相应等级的资质证书。因此选 D。

4. 施工人员在施工中发现文物隐匿不报或者拒不上交，或者未按照规定移交拣选文物，情节严重但尚不构成犯罪的，可以处（　　）罚款。

A. 1 千元以上 1 万元以下　　B. 5 千元以上 5 万元以下

C. 1 万元以上 10 万元以下　　D. 5 万元以上 50 万元以下

【参考答案】B。依据《文物保护法》，有下列行为之一，尚不构成犯罪的，由县级以上人民政府文物主管部门会同公安机关追缴文物；情节严重的，处五千元以上五万元以下的罚款：①发现文物隐匿不报或者拒不上交的；②未按照规定移交拣选文物的。因此选 B。

【案例讨论】如何避免文物的盗取

在不久前召开的 APEC 第 22 次领导人非正式会议上，习近平主席提出的“建设丝绸之路经济带和 21 世纪海上丝绸之路”的倡议，受到 APEC 各经济体的广泛认同和赞誉。散落在我国辽阔海域的众多水下文物，不仅记录和见证了那些风起云涌的岁月，也对弘扬中华民族优秀文化、推动海洋强国战略实施、促进“21 世纪海上丝绸之路”建设具有重要价值。2014 年 11 月 19 日，来自海洋界、文物界的专家和学者 40 多人齐聚厦门，就水下文化遗产保护技术与海上丝绸之路考古进行研讨。2013 年 2 月，水下文物探测、保护技术体系研究与示范项目正式启动。这一项目综合运用现代海洋探测、监测多种技术手段，开展水下文物的探测和保护监测技术研究，逐步构建起有关技术方法和体系。我国水下文物盗采、盗捞问题严重，对水下文物原地保护构成了巨大威胁。因此，构建起水下文物赋存环境综合调查与评估方法，不仅对科学制订水下文物挖掘方案具有决定性的作用，还能为其迁地保护的新环境构建提供有力的科学支撑。目前，该项目科研人员正在尝试开展水下文物保存状态的环境调查与评估。世界各国的海洋资源综合开发利用政策法规，基本未能同时考虑水下文物保护，这使得海洋大开发背景下的水下文物保护工作面临巨大压力。项目科研人员分析了国内外水下文物保护有关政策法规、水下文物保护有关案例、国内外海域开发利用相关政策法规，研究提出水下文物保护和海域开发利用协调对策，并开展应用示范，为水下文物保护、涉海规划和海域使用协调提供决策支持。

讨论: 我国现行《文物保护法》为何对盗取文物的的组织和个人仍然缺少制约呢？

本 章 小 结

1. 城市规划是指为了实现一定时期内城市的经济和社会发展目标，确定城市性质、规模和发展方向，合理利用城市土地，协调城市空间布局和各项建设的综合部署和具体安排。

2. 编制建设工程勘察设计文件，应当真实、准确，满足建设工程规划、选址、设计、岩土治理和施工的需要。

3. 按照国家工程建筑消防技术标准需要进行消防设计的建筑工程，设计单位应当按照国家工程建筑消防技术标准进行设计，建设单位应当将建筑工程的消防设计图纸及有关资料报送公安消防机构审核；未经审核或者经审核不合格的，建设行政主管部门不得发给施工许可证，建设单位不得施工。

4. 劳动合同是在市场经济体制下，用人单位与劳动者进行双向选择、确定劳动关系、明确双方权利与义务的协议，是保护劳动者合法权益的基本依据。劳动合同分为固定期限劳动合同、无固定期限劳动合同和以完成一定工作任务为期限的劳动合同。

5. 历史文化名城和文物保护就是经过规划管理，维护修缮，使文化遗产保存下来、延续下去，造福人类。

本章练习题

一、单项选择题

1. 某用人单位招聘一名员工，由于工作疏忽一直未与其签订劳动合同，一年后，用人单位决定辞退该员工，在用人单位应承担的法律后果中错误的是（　　）。

A. 可提前 30 日书面通知，并额外支付一个月工资后解除劳动关系

B. 如果该员工被追究刑事责任，用人单位可以解除劳动关系

C. 应视为用人单位已与该员工订立无固定期限劳动合同

D. 用人单位应自满一个月后按每月 2 倍的工资向该员工支付

2. 某矿山企业的如下工作安排中，不违反《劳动法》中关于劳动保护规定的是（　　）。

A. 安排怀孕 4 个月的李某夜班看护仪表

B. 未对未成年工进行定期健康检查

C. 安排女职工王某从事井下作业

D. 安排未成年工进行井下作业

3. 甲某与某建筑施工企业签订了劳动合同，其劳动合同期限为 6 个月，则甲的试用期应在（　　）的期间范围内确定。

A. 15 日　　B. 1 个月　　C. 2 个月　　D. 3 个月

4. 建造师王某与某建筑公司签订了一个三年期的劳动合同，合同中约定的生效时间为 2006 年 2 月 20 日。为了考察王某是否具备相应的工作能力，合同中约定了试用期，则试用期最长截止于（　　）。

A. 2006 年 3 月 20 日　　B. 2006 年 5 月 20 日

C. 2006 年 8 月 20 日　　D. 2007 年 2 月 20 日

5. 建设单位应将建设工程项目的消防设计图纸和有关资料报送（　　）审核，未经审核或经审核不合格的，不得发放施工许可证，建设单位不得开工。

A. 建设行政主管部门　　B. 公安消防机构

C. 安全生产监管部门　　D. 规划行政主管部门

二、多项选择题

1. 根据《劳动合同法》规定，下列属于用人单位不得解除劳动合同的情形是（　　）。

A. 在本单位患职业病被确认部分丧失劳动能力的

B. 在本单位连续工作 15 年，且距法定退休年龄不足 5 年的

C. 劳动者家庭无其他就业人员，有需要抚养的家属的

D. 女职工在产期的

E. 因工负伤被确认丧失劳动能力的

2. 某施工单位拟在文物保护单位的保护范围内进行挖掘作业，应经（　　）。

A. 文物保护单位的同意

B. 同级建设行政部门的批准

C. 同级环保部门的批准

D. 核定公布该文物保护单位的人民政府批准

E. 征得上一级人民政府文物行政部门同意

3. 根据《工程建设国家标准管理办法》，工程建设强制性标准是指直接涉及（　　）等方面的工程建设标准强制性条文。

A. 质量　　B. 安全　　C. 卫生

D. 环境保护　　E. 市容市貌

4. 关于修改建设工程设计文件的说法，正确的有（　　）。

A. 经原设计单位书面同意，建设单位可委托其他具有相应资质的单位修改设计文件

B. 设计文件不符合建设工程强制性标准时，施工单位有权要求设计单位修改

C. 建设单位可以任意委托其他设计单位修改设计文件

D. 设计文件需要做重大修改的，建设单位应当先报原审批机关批准

E. 设计文件不符合合同约定时，监理单位有权修改设计

5. 关于消防审核和验收的说法正确的有（　　）。

A. 建设单位应当将建筑工程消防设计文件报送公安机关消防机构审核

B. 建筑工程消防设计图纸不合格的，建设行政主管部门不得发给施工许可证

C. 经审核的建筑工程消防设计需要变更的，应经监理单位同意进行

D. 公共场所室内装修、装饰应当使用经法定检验机构检验合格的不燃、难燃材料

E. 依法应当进行消防设计审核的工程竣工时，必须经公安消防机构进行消防验收

第九章

建设工程纠纷处理法律制度

学习导航 建设工程纠纷处理法律制度是建筑法规拓展学习内容。本章有三节学习内容，主要介绍民事纠纷的处理办法，如：民事诉讼制度、仲裁制度、和解与调解的基本程序。

学习目标 1. 熟悉民事诉讼和仲裁制度的基本原则和特性。
2. 掌握民事诉讼制度和仲裁制度的要点和基本程序。
3. 了解建筑工程纠纷处理方法。

知识链接 《中华人民共和国民事诉讼法》《中华人民共和国仲裁法》《最高人民法院关于适用〈中华人民共和国民事诉讼法〉若干问题的意见》《人民法院诉讼收费办法》《最高人民法院设立巡回法庭试点方案》《设立跨行政区划人民法院人民检察院试点方案》等。

第一节　民事纠纷的处理方法

人民法院能否同意原告不公开审理的要求

甲公司在进行一项重大项目的洽谈工作，小张是洽谈的主要负责人。乙公司为了利用小张掌握的商业机密，将其“挖角”到乙公司，甲公司因此损失严重。甲公司向人民法院起诉小张和乙公司，请求小张和乙公司承担连带赔偿责任，同时申请不公开审理，以避免商业秘密泄露于第三人。那么，人民法院能否同意不公开审理的要求。

案例分析：公开审理是审判民事案件的基本制度，人民法院审理民事案件一般应公开审判，应当选期公布当事人姓名、案由和开庭时间、地点，以便群众旁听，记者采访和报道。但涉及国家秘密或隐私的案件，不能公开审理。离婚案件或涉及商业机密的案件，当事人申请不公开审理的，可以不公开。本案商业机密对甲公司来说关系重大，一旦公开，损失可能会进一步扩大。因此，甲公司申请不公开审理时合情合理的，也符合民事诉讼法的规定，法院应当同意原告不公开审理的要求。

民事纠纷，又称民事争议，是指平等主体之间发生的以民事权利义务法律关系为内容的争议。民事纠纷分为两大内容：一类是财产关系方面的民事纠纷，如合同纠纷、损害赔偿纠纷等；另一类是人身关系的民事纠纷，如名誉权纠纷、继承权纠纷等。而建筑工程民事纠纷，顾名思义是在建筑工程活动中平等主义之间发生的有关人身、财产权的纠纷。

民事纠纷特点有三点：①民事纠纷主体之间法律地位平等。②民事纠纷的内容是对民事权利义务的争议。③民事纠纷的可处分性。这点主要针对有关财产关系的民事纠纷，而有关人身关系的民事纠纷多具有不可处分性。在建设工程领域，较为普遍和重要的民事纠纷主要是合同纠纷和侵权纠纷。

当民事纠纷发生后，法律解决途径主要有四种，即民事诉讼、仲裁、和解与调解。我国《合同法》规定，当事人可以通过和解或者调解解决合同争议。当事人不愿和解、调解或者和解、调解不成的，可以根据仲裁协议向仲裁机构申请仲裁。涉外合同的当事人可以根据仲裁协议向中国仲裁机构或者其他仲裁机构申请仲裁。当事人没有订立仲裁协议或者仲裁协议无效的，可以向人民法院起诉。当事人应当履行发生法律效力的判决、仲裁裁决、调解书。拒不履行的，对方可以请求人民法院执行。

一、民事诉讼

民事诉讼是指人民法院、当事人和其他诉讼参与人，以审理、裁判、执行等方式解决民事纠纷活动，以及由此产生的各种诉讼关系的总和。诉讼参与人包括原告、被告、第三人、证人、鉴定人、勘验人、翻译人员等。

民事诉讼作为依法审理和解决民事纠纷的活动，其基本特性有以下几点。

（1）公权性

民事诉讼是以司法方式解决平等主体之间的纠纷，是由人民法院代表国家行使审判权解决民事争议。它既不同于群众自治组织性质的人民调解委员会以调解方式解决纠纷，也不同于由民间性质的仲裁委员会以仲裁方式解决纠纷。民事诉讼是在法院主导下，诉讼参与人围绕民事纠纷的解决，进行着能产生法律后果的活动。

（2）强制性

强制性是公权力的重要属性。民事诉讼的强制性既表现在案件的受理上，又反映在裁判的执行上。调解、仲裁均建立在当事人自愿的基础上，只要有一方不愿意进行调解、仲裁，则其就不会发生；但民事诉讼则不同，只要原告起诉符合民事诉讼法规定的条件，无论被告是否愿意，诉讼均会发生。和解、调解协议的履行依赖于当事人的自觉，不具有强制力；但法院裁判则不同，当事人未自动履行生效裁判所确定的义务，另一方当事人可以申请法院依法强制执行。

（3）程序性

民事诉讼是依照法定程序进行的诉讼活动，无论是法院还是当事人和其他诉讼参与人，都需要按照民事诉讼法设定的程序实施诉讼行为，违反诉讼程序常常会引起一定的法律后果或者达不到诉讼目的。如法院的裁判被上级法院撤销，当事人失去为某种诉讼行为的权利等。诉讼外解决民事纠纷的方式程序性较弱，人民调解没有严格的程序规则，仲裁虽然也需要按预先设定的程序进行，但其程序相当灵活，当事人对程序的选择权也较大。

二、仲裁

仲裁是当事人根据在纠纷发生之前或发生之后达成的书面协议，自愿将纠纷提交双方所同意的第三方（仲裁机构）予以裁决，纠纷各方都有义务执行该裁决的一种解决纠纷的方式。纠纷发生之前和发生之后签订的仲裁协议，其法律效力是相同的。

仲裁机构和法院不同。法院行使国家所赋予的审判权，向法院起诉不需要双方当事人在诉讼前达成协议，只要一方当事人向有审判管辖权的法院起诉，经法院受理后，另一方必须应诉。仲裁机构通常是民间团体的性质，其受理案件的管辖权来自双方协议，没有协议就无权受理仲裁。

《仲裁法》的第 2 条规定："平等主体的公民，法人和其他组织之间发生的合同纠纷和其他财产权益纠纷，可以仲裁"。《仲裁法》这里明确了三点：一是发生纠纷的双方当事人必须是民事主体，包括国内外法人、自然人和其他合法的具有独立主体资格的组织；二是仲裁的争议事项应当是当事人有权处分的；三是仲裁范围必须是合同纠纷和其他财产权益纠纷，婚姻、收养、监护、抚养、继承纠纷和行政争议是不能通过仲裁的方式解决的。

仲裁基本特性如下：

1. 自愿性

当事人的自愿性是仲裁最突出的特点。仲裁以双方当事人的自愿为前提，即当事人之间的纠纷是否提交仲裁，交予谁仲裁，仲裁庭如何组成，由谁组成，以及仲裁的审理方式、开庭形式等都是在当事人自愿的基础上，由双方当事人协商确定的。

2. 专业性

民商事纠纷往往涉及不同行业的专业知识和行业领域的法律规范，故专家裁判更能体现专业权威性。因此，由具有一定专业水平和能力的专家担任仲裁员对当事人之间的纠纷进行裁决是仲裁公正性的重要保障。专家仲裁由此成为民商事仲裁的重要特点之一。

3. 独立性

《仲裁法》规定，仲裁机构独立于行政机构，与行政机关没有隶属关系，仲裁机构之间也无隶属关系。在仲裁过程中，仲裁庭独立进行仲裁，不受任何机关、社会团体和个人的干涉，亦不受仲裁机构的干涉，显示出最大的独立性。

4. 灵活性

由于仲裁充分体现当事人的意思自治，仲裁中的诸多具体程序都是由当事人协商确定与选择的，因此，与诉讼相比，仲裁程序更加灵活，更具有弹性。

5. 保密性

仲裁以不公开审理为原则。当事人、证人、仲裁员及有关工作人员等，都要遵守仲裁法律和仲裁规则规定的保密义务。因此当事人的商业秘密和贸易活动不会因仲裁活动而泄露。仲裁表现出极强的保密性。

6. 快捷性

仲裁实行一裁终局制，仲裁裁决一经仲裁庭作出即发生法律效力。仲裁裁决不能上诉，这使得当事人之间的纠纷能够迅速得以解决。

7. 国际性

随着现代经济的国际化，当事人进行跨国仲裁已屡见不鲜。根据《纽约公约》规定，仲裁案件的仲裁结果可以在缔约国得到承认和执行。

【案例讲评】对仲裁结果不认可，是否可以向法院提起诉讼

李先生和王先生因房屋买卖问题起了纠纷。按照仲裁程序，他们向当地仲裁机构申请仲裁。王先生对仲裁结果不服，向当地人民法院提起诉讼申请。法院应如何处理？

讲评：《中华人民共和国仲裁法》规定：“仲裁实行一裁终局的制度。裁决作出后，当事人就同一纠纷再申请仲裁或者向人民法院起诉的，仲裁委员会或者人民法院不予受理。裁决被人民法院依法裁定撤销或者不予执行的，当事人就该纠纷可以根据双方重新达成的仲裁协议申请仲裁，也可以向人民法院起诉。”而李先生和王先生属于双方自愿协商申请仲裁，按照法定仲裁程序进行的。如果王先生无法提供有效证据证明仲裁结果有问题，并且人民法院未判定仲裁结果不予执行或者撤销，当事人不得向法院起诉。此案例中，法院可不予受理。

三、和解与调解

1. 和解

和解在法律上，是指诉讼当事人之间为处理和结束诉讼而达成的解决争议问题的妥协或协议。也指当事人在自愿互谅的基础上，就已经发生的争议进行协商并达成协议，自行解决争议的一种方式。

和解可以在民事纠纷的任何阶段进行，无论是否已经进入诉讼或仲裁程序。双方可以在发生诉讼前，互相协商，达成和解协议，解决双方争执。和解一经成立，当事人不得任意反悔撤销。双发也可在诉讼进行中或诉讼外互相协商达成和解协议，这种和解无论诉讼程序进行得如何，只要在法院做出判决前都可进行，可以对诉讼的全部内容达成协议，也可就个别问题达成协议。诉讼中的和解协议经法院审查批准，当事人签名盖章，即发生效力，结束诉讼程序的全部或一部分。如结束全部程序，即视为当事人撤销诉讼。

值得注意的是，和解协议不具有强制执行力，其属于当事人之间的约定。如一方当事人不按照和解协议执行，另一方当事人不可以请求法院强制执行，但可以要求对方就不执行该协议承担违约责任。

2. 调解

与和解不同，和解是无第三方参与劝说，自行解决争议的一种方式。而调解则是指双方当事人以外的第三方应纠纷当事人的请求，以法律和政策或合同约定等为依据，对纠纷双方进行疏导、劝说，促使他们互相谅解，进行协商，自愿达成协议，解决纠纷的活动。

在我国，调解的方式很多。因调解的主体不同，调解方式有人民调解、法院调解、行政调解、仲裁调解以及行业调解等。人民调解是人民调解委员会主持进行的调解；法院调解是人民法院主持下进行的调解；行政调解是基层人民政府或者国家行政机关主持下进行的调解；仲裁调解是在仲裁机构主持下进行的调解。在这几种调解中，法院调解属于诉内调解，其他都属于诉外调解。

习题讲评

1. 某建设工程项目的发包方和承包商之间发生工程款结算的纠纷，双方最终依据施

工合同中约定的仲裁条款通过仲裁的方式解决了纠纷，上述纠纷属于（　　）。

A. 民事纠纷　　B. 行政纠纷

C. 刑事附带民事纠纷　　D. 程序纠纷

【参考答案】A。民事纠纷是平等主体间的有关人身、财产权的纠纷，建设方和施工方的合同纠纷属于两个平等主体之间的纠纷。

2. 有关人身关系的民事纠纷多具有（　　）。

A. 可处分性　　B. 不可处分性　　C. 争议性　　D. 不可争议性

【参考答案】B。有关财产关系的民事纠纷，而有关人身关系的民事纠纷多具有不可处分性。

3. 以下不属于民事纠纷处理方式的是（　　）。

A. 当事人自行和解　　B. 行政复议

C. 人民法院调解　　D. 商事仲裁

【参考答案】B。民事诉讼的法律解决途径主要有四种：和解、调解、仲裁、诉讼，而行政复议属于纠纷的救济措施。

4. 纠纷双方当事人在（　　）达成和解协议。

A. 仲裁、诉讼之前　　B. 诉讼进行中

C. 仲裁进行中　　D. 以上均可

【参考答案】D。和解可以在民事纠纷的任何阶段进行，无论是否已经进入诉讼或仲裁程序，只要在法院做出判决前都可进行。和解一经成立，当事人不得任意反悔撤销。

第二节　民事诉讼法

拖欠农民工工资，发包方、分包方应该起诉谁

甲公司开发某商业地产项目，乙建筑公司经过邀请招标程序中标，并签订了施工总承包合同。施工中，乙公司将水电安装工程分包给丙水电设备建筑安装公司。丙公司又将部分水电安装的施工劳务作业违法分包给包工头刘某。施工中，因甲公司拖欠乙公司工程款，继而乙公司拖欠丙公司工程款，丙公司拖欠刘某的劳务费。当刘某知道这个情况后，在起诉丙公司的同时，将甲公司也起诉到法院，要求支付被拖欠的劳务费。甲公司认为自己与刘某没有合同关系，遂提出诉讼主体异议；丙公司认为刘某没有劳务施工资质，不具备签约能力，合同无效，也不能成为原告。刘某可否在起诉丙公司的同时，也起诉甲公司即发包方？

案例分析： 根据《民事诉讼法》及《最高人民法院关于审理建设工程施工合同纠纷案件适用法律问题的解释》第 26 条规定，实际施工人以转包人、违法分包人为被告起诉的，人民法院应当依法受理。实际施工人以发包人为被告主张权利的，人民法院可以追加转包人或者违法分包人为本案当事人。发包人只在欠付工程价款范围内对实际施工人承担责任。据此，本案中刘某作为实际施工人，不仅可以起诉违法分包的丙公司，也可以起诉作为发包人的甲公司。但甲公司只在欠付工程价款范围内对实际施工人刘某承担责任。

《中华人民共和国民事诉讼法》（简称《民事诉讼法》）是以宪法为根据，结合我国民事审判工作的经验和实际情况制定的一部程序法。《民事诉讼法》规定，人民法院受理公民之间、法人之间、其他组织之间以及他们相互之间因财产关系和人身关系提起的民事诉讼，适用本法的规定。

一、诉讼管辖与回避制度

1. 诉讼管辖

民事诉讼中的管辖，是指各级法院之间和同级法院之间受理第一审民事案件的分工和权限。它是在法院内部具体确定特定的民事案件由指定法院行使民事审判权的一项制度。

（1）级别管辖

级别管辖是指按照一定的标准，划分上下级法院之间受理第一审民事案件的分工和权限。我国有基层人民法院、中级人民法院、高级人民法院和最高人民法院四级法院，都可以受理第一审民事案件，但受理案件的范围不同。

1）基层人民法院。基层人民法院是在县、县级市、自治县、市辖区设立，负责管辖第一审民事案件，法律另有规定的除外。这就是说，除了法律规定由中级法院、高级法院、最高法院管辖的第一审民事案件外，其余一切民事案件都由基层法院管辖。

2）中级人民法院。主要负责审理法律、法令规定由它管辖的第一审案件、基层人民法院移送审判的第一审案件。如在本辖区有较大影响的案件，涉外案件等（包括涉港、澳、台地区的案件）。

3）高级人民法院。高级人民法院也管辖少量的第一审民事案件，即管辖在本辖区内有重大影响的民事案件。

4）最高人民法院。最高人民审理法律规定由它管辖的和它认为应当由自己审判的第一审案件。由最高人民法院作为第一审管辖的民事案件实行一审终审，不能上诉。

（2）地域管辖

地域管辖是指按照各法院的辖区和民事案件的隶属关系，划分同级法院受理第一审民事案件的分工和权限。根据《民事诉讼法》的规定，地域管辖主要包括一般地域管辖、特殊地域管辖和专属管辖。

1）一般地域管辖。一般地域管辖是指以当事人所在地与人民法院的隶属关系来确定诉讼管辖。当事人有原告和被告之分，一般地域管辖的通常实行“原告”就“被告”原则，即以被告所在地作为确定管辖的标准。根据《民事诉讼法》第 21 条规定：对公民提起的民事诉讼，由被告住所地人民法院管辖；被告住所地与经常居住地不一致的，由经常居住地人民法院管辖。其中，公民的所住地是指公民的户籍所在地。经常居住地是指公民离开住所至起诉时已连续居住满一年的地方，但公民住院就医的地方除外；对法人或者其他组织提起的民事诉讼，由被告住所地人民法院管辖。被告住所地指法人或者其他组织主要办事机构所在地或者主要营业地。

2）特殊地域管辖。特殊地域管辖又称特别地域管辖，是指以被告住所地、诉讼标的所在地、法律事实所在地为标准确定的管辖。我国《民事诉讼法》规定了九种特殊地域管辖的诉讼，其中与工程建设领域关系最为密切的是因合同纠纷提起的诉讼。《民事诉讼法》第 23 条规定：“因合同纠纷提起的诉讼，由被告住所地或者合同履行地人民法院管辖。”合同履行地是指合同约定的履行义务的地点，主要是指合同标的的交付地点。2005 年 1 月施行的《最高人民法院关于审理建筑工程施工合同纠纷案件适用法律问题的解释》第 24 条规定：“建设工程施工合同纠纷以施工行为地为合同履行地。”

3）专属管辖。专属管辖是指法律规定某些类型的案件专门由特定的法院管辖，其他法院无管辖权，当事人也不得以协议改变法律确定的管辖。与其他法定管辖相比，专属管辖具有优先性、排他性与强制性。

《民事诉讼法》第 33 条规定了 3 种适用专属管辖的案件：因不动产纠纷提起的诉讼，由不动产所在地人民法院管辖，如房屋买卖纠纷、土地使用权转让纠纷等；因港口作业中发生纠纷提起的诉讼，由港口所在地人民法院管辖；因继承遗产纠纷提起的诉讼，由被继承人死亡时住所地或者主要遗产所在地人民法院管辖。

应当注意的是，按照《最高人民法院关于审理建筑工程施工合同纠纷案件适用法律问题的解释》，建设工程施工合同纠纷不适用专属管辖，而应当依照《民事诉讼法》第 23 条规定，适用合同纠纷的地域管辖原则，即由被告住所地或合同履行地人民法院管辖。也可根据《民事诉讼法》的规定，在发包人或承包人住所地、合同签订地、工程所在地的范围内，通过协议确定管辖法院。

（3）管辖权异议

管辖权异议是指当事人认为受诉法院或受诉法院移送后的法院对案件无管辖权时，向受诉法院提出的不服管辖的意见和主张。

（4）移送管辖和指定管辖

1）移送管辖。移送管辖是指地方人民法院受理某一案件后，发现对该案无管辖权，为保证该案件的审理，依照法律相关规定，将该案件移送给有管辖权的人民法院。受移送的人民法院如果认为受移送的案件依照规定不属于本院管辖的，应当报上级法院指定管辖，不得再自行移送。

移送管辖是对管辖发生错误所采用的一种纠正措施。移送管辖通常发生在同级人民法院之间，但也不排除在上、下级人民法院之间移送。

2）指定管辖。指定管辖是指上级人民法院以裁定方式，指定下级人民法院对某一案件行使管辖权。《民事诉讼法》第 37 条规定："有管辖权的人民法院由于特殊原因，不能行使管辖权的，由上级人民法院指定管辖。人民法院之间因管辖权发生争议，由争议双方协商解决；协商解决不了的，报请它们的共同上级人民法院指定管辖。"

（5）巡回法庭管辖

2014 年 10 月 20 日至 23 日，中国共产党第十八届中央委员会第四次全体会议全会审议通过了《中共中央关于全面推进依法治国若干重大问题的决定》。全会提出，优化司法职权配置，推动实行审判权和执行权相分离的体制改革试点，最高人民法院设立巡回法庭，探索设立跨行政区划的人民法院和人民检察院，探索建立检察机关提起公益诉讼制度。2014 年 12 月 2 日，中央全面深化改革领导小组第七次会议审议通过了《最高人民法院设立巡回法庭试点方案》和《设立跨行政区划人民法院、人民检察院试点方案》。

地方法院的审判尤其是基层法院存在着审判专业能力与审判经验不足的问题，最高法院设立巡回法庭可以对地方审判进行有效指导，并对地方的疑难案件直接审判，促进地方重大疑难案件审理的公正性和专业性。同时，也可以防止一些行政案件被"地方保护"。优化司法职权配置，推动实行审判权和执行权相分离的体制改革试点，最高人民法院设立巡回法庭，探索设立跨行政区划的人民法院和人民检察院，探索建立检察机关提起公益诉讼制度践行依法治国。巡回法庭在巡回区域内将主要受理以下几种案件。

1）全国范围内重大、复杂的第一审行政案件。

2）在全国有重大影响的第一审民商事案件。

3）不服高级法院做出的第一审行政或者民商事判决裁定提起上诉的案件。

4）对高级法院做出的已经发生法律效力的行政或者民商事判决、裁定、调解书申请再审的案件，刑事申诉案件，依法定职权提起再审的案件等。

同时，巡回法庭还将依法办理巡回区内向最高法院提出的来信来访事项。知识产权、涉外商事、海事海商、死刑复核、国家赔偿、执行案件和最高检察院抗诉案件暂由最高法院本部审理。

2. 回避制度

根据《民事诉讼法》第 44 条规定，审判人员、书记员、翻译人员、鉴定人、勘验人有下列情形之一的，应当自行回避，当事人有权用口头或者书面方式申请他们回避。

1）是本案当事人或者当事人、诉讼代理人近亲属的。

2）与本案有利害关系的。

3）与本案当事人、诉讼代理人有其他关系，可能影响对案件公正审理的。

4）审判人员接受当事人、诉讼代理人请客送礼，或者违反规定会见当事人、诉讼代理人的，当事人有权要求他们回避，并依法追究其法律责任。

【案例讲评】不动产争议由哪个法院管辖

甲、乙兄弟二人，早先曾共同出资在原籍A市修建住宅一幢，共同居住。以后兄弟二人先后来到B市工作。甲的家属也调到B市工作。乙的家属仍在A市工作，并住在原房中。多年后，甲先退休回A市养老，要乙腾出一部分房屋，乙不同意腾房，只愿补偿房屋价款。兄弟二人因此发生了争议，甲准备诉请法院解决。那么，本案应该由哪个法院管辖？

讲评： 本案中，原告与被告的争议的房屋为不动产。根据《民事诉讼法》第33条规定，因不动产纠纷提起的诉讼，由不动产所在地人民法院管辖。本案争议的房屋属不动产在A市，故应由A市法院管辖。即使原告、被告双方均在B市工作，B市法院对本案也无管辖权。

二、诉讼参与人的规定

1. 当事人

民事诉讼中的当事人，是指因民事权利和义务发生争议，以自己的名义进行诉讼，请求人民法院进行裁判的公民、法人或其他组织。民事诉讼当事人有狭义和广义之分，狭义当事人仅包括原告和被告。广义当事人包括原告、被告、共同诉讼人和第三人。

（1）原告和被告

原告是指维护自己的权益或自己所管理的他人权益，以自己的名义起诉，从而引起民事诉讼程序的当事人。

被告是指原告诉称侵犯原告民事权益而由法院通知其应诉的当事人。

根据《民事诉讼法》第48条规定："公民、法人和其他组织可以作为民事诉讼的当事人。法人由其法定代表人进行诉讼。其他组织由其主要负责人进行诉讼。"也就是说，公民、法人和其他组织都可以成为民事诉讼中的原告或者被告，但在实践中，情况比较复杂，需要进一步结合《最高人民法院关于适用〈中华人民共和国民事诉讼法〉若干问题的意见》及相关规定进行正确认定。

（2）共同诉讼人

共同诉讼人指当事人一方或双方为二人（含二人）以上，诉讼标的是共同的，或者诉讼标的是同一种类、人民法院认为可以合并审理并经当事人同意，一同在人民法院进行诉讼的人。

值得注意的是，当事人一方或双方一定是两个及两个以上的公民、法人或者其他组织，当事人诉讼标的相一或者同类，诉讼主张一致，并且案件属同一人民法院管辖。

（3）第三人

民事诉讼中的第三人是指对他人争议的诉讼标的有独立的请求权，或者虽无独立请求权，但案件的处理结果与其有法律上的利害关系，而参加到原告、被告已经开始的诉讼中进行诉讼的人。

2. 诉讼代理人

诉讼代理人是指根据法律规定或者当事人的委托，代理当事人进行民事诉讼活动的人。

民事诉讼代理人是指以当事人的名义，在一定权限范围内，为当事人的利益进行诉讼活动的人。因代理权的不同可分为法定诉讼代理人、委托诉讼代理人和指定诉讼代理人。在建筑工程领域，最常见的是委托诉讼代理人。

根据《民事诉讼法》第 58 条规定，当事人、法定代理人可以委托一至二人作为诉讼代理人。下列人员可以被委托为诉讼代理人。

1）律师、基层法律服务工作者。

2）当事人的近亲属或者工作人员。

3）当事人所在社区、单位以及有关社会团体推荐的公民。

《民事诉讼法》第 59 条规定："委托他人代为诉讼，必须向人民法院提交由委托人签名或者盖章的授权委托书。授权委托书必须记明委托事项和权限。诉讼代理人代为承认、放弃、变更诉讼请求，进行和解，提起反诉或者上诉，必须有委托人的特别授权。"针对实践中经常出现的授权委托书仅写"全权代理"而无具体授权的情形，最高人民法院还特别规定，在这种情况下，不能认定为诉讼代理人已获得特别授权，即诉讼代理人无权代为承认、放弃、变更诉讼请求，进行和解、提起反诉或者上诉。

【案例讲评】纠纷中出现了第三方，权利如何界定

王某将四间房屋卖给了刘某，但刘某迟迟不付款。为此，王某诉请法院要求刘某付款并付违约金。在诉讼中，王某之弟得知此事，向法院说明这四间房屋中有二间是他的，要求确认并请求返还房屋。如何确定本案诉讼参加人的地位？

讲评：本案中，王某与刘某因房屋买卖发生纠纷，王某向法院提起诉讼，因此，王某是原告，刘某是被告。在诉讼中，王某之弟对王某、刘某争议的房屋主张部分的独立请求权，认为二间房屋是他的，因而是有独立请求权的第三人。在王某之弟参加之诉讼中，王某之弟是原告，王某和刘某是被告。就整个案件来说，王某之弟是有独立请求权的第三人。

三、财产保全及先予执行的规定

1. 财产保全

财产保全是指人民法院在受理案件之后、做出判决之前，对当事人的财产或者争执标的物采取限制当事人处分的强制措施。财产保全是当可能发生有关财产被一方当事人转移、隐匿、损毁等情形，导致法院将来的判决不能执行或难以执行，进而另一方当事人（或利害关系人）的合法利益受到损害的，根据当事人或者利害关系人的申请或人民

法院的裁定，由人民法院对有关财产采取保护措施的诉讼法律制度。

（1）财产保全的种类

根据《民事诉讼法》第 100 条、第 101 条的规定，财产保全分为诉中财产保全和诉前财产保全。

1）诉中财产保全。诉讼中财产保全是指人民法院在受理案件之后、做出判决之前，对当事人的财产或者争执标的物采取限制当事人处分的强制措施。

采用诉讼中财产保全应当具备如下条件：

① 需要对争议的财产采取诉讼中财产保全的案件必须是给付之诉，即该案的诉讼请求具有财产给付内容。

② 将来的生效判决因为主观或者客观的因素导致不能执行或者难以执行。主观因素是当事人有转移、毁损、隐匿财物的行为或者可能采取这种行为。客观因素主要是诉讼标的物是容易变质、腐烂的物品，如果不及时采取保全措施将会造成更大损失。

③ 诉讼中财产保全发生在民事案件受理后、法院尚未做出生效判决前。在一审或二审程序中，如果案件尚未审结，就可以申请财产保全。如果法院的判决已经生效，当事人可以申请强制执行，但是不得申请财产保全。

④ 诉讼中财产保全一般应当由当事人提出书面申请。当事人没有提出申请的，人民法院在必要时也可以裁定采取财产保全措施。但是，人民法院一般很少以职权裁定财产保全，因为根据国家赔偿法的规定，人民法院依职权采取财产保全或者先予执行错误的，应当由人民法院依法承担赔偿责任。

⑤ 人民法院可以责令当事人提供担保。人民法院依据申请人的申请，在采取诉讼中财产保全措施前，可以责令申请人提供担保。提供担保的数额应当相当于请求保全的数额。申请人不提供担保的，人民法院可以驳回申请。在发生诉讼中财产保全错误给申请人造成损失的情况下，被申请人可以直接从申请人提供担保的财产中得到赔偿。

2）诉前财产保全。诉前财产保全是指在诉讼发生前，利害关系人因情况紧急，法院不立即采取财产保全措施，利害关系人的合法权利会受到难以弥补的损害，因此法律赋予利害关系人在起诉前有权申请人民法院采取财产保全措施。

根据《民事诉讼法》第 101 条的规定，诉前财产保全的适用条件有以下几条。

① 需要采取诉前财产保全的申请必须具有给付内容，即申请人将来提起案件的诉讼请求具有财产给付内容。

② 情况紧急，不立即采取相应的保全措施，可能使申请人的合法权益受到难以弥补的损失。

③ 由利害关系人提出诉前财产保全申请。利害关系人即与被申请人发生争议，或者认为权利受到被申请人侵犯的人。

④ 诉前财产保全申请人必须提供担保。申请人如不提供担保，人民法院驳回申请人在起诉前提出的财产保全申请。

根据《民事诉讼法》第 101 条规定，人民法院接受申请后，必须在四十八小时内做出裁定。裁定采取保全措施的，应当立即开始执行。申请人在人民法院采取保全措施后三十日内不依法提起诉讼或者申请仲裁的，人民法院应当解除保全。

（2）财产保全的费用

根据《民事诉讼法》和《最高人民法院关于适用〈中华人民共和国民事诉讼法〉若干问题的意见》的规定，诉前财产保全和诉讼中财产保全都必须交纳保全费用，并依照《人民法院诉讼收费办法》执行。

目前，申请保全措施的，根据实际保全的财产数额按照下列标准交纳。

1）财产数额不超过1000元或者不涉及财产数额的，每件交纳30元。

2）超过1000元至10万元的部分，按照1%交纳。

3）超过10万元的部分，按照0.5%交纳。

需要注意的是，当事人申请保全措施交纳的费用最多不超过5000元。申请财产保全需要提交保全担保，额度与诉讼请求的额度相当。

（3）财产保全的实施

财产保全的措施包括查封、扣押、冻结以及法律规定的其他方法。

被申请人提供担保的，人民法院应当解除财产保全。申请有错误的，申请人应当赔偿被申请人因财产保全所遭受的损失。

2. 先予执行

先予执行是指人民法院在终结判决之前，为解决权利人生活或生产经营的急需，根据当事人申请，依法裁定义务人预先履行义务的诉讼法律制度。

根据《民事诉讼法》106条的规定，先予执行适用的案件范围如下：

1）追索赡养费、扶养费、抚育费、抚恤金、医疗费用的案件。

2）追索劳动报酬的案件。

3）因情况紧急需要先予执行的案件。

其中，根据最高人民法院的有关司法解释，所谓的情况紧急，主要是：需要立即停止侵害，排除妨碍的案件；需要立即制止某项行为的；需要立即返还用于购置生产原料、生产工具款的案件；追索恢复生产、经营急需的保险理赔费的案件。

【案例讲评】财产保全如何保证当事人的利益

甲公司因建设需要与乙公司订立了一份水泥供销合同。乙公司依约履行了合同，甲公司尚欠乙公司40万元的货款。数月后，甲公司仍未偿还货款，并着手准备分立为两个公司。为此，乙公司以甲公司即将分立会直接导致货款难以偿还为由，向具有管辖权的人民法院申请诉前财产保全，要求冻结甲公司银行存款40万元，同时提供了同等数额的资金担保。本案中，乙公司能否在诉前申请财产保全？

讲评：乙公司可以在诉前申请诉讼保全。《民事诉讼法》第101条规定了诉前财产保全的条件。本案中乙公司符合诉前财产保全的申请条件，争议的财产存在着现实危险。本案争议的财产为40万元的货款，甲公司着手准备分立的行为又会使将来的判决难以执行。符合诉前保全的实质要件，即情况紧急。如果等到起诉后申请财产保

全，由于相对人的主观原因会导致乙公司利益受损，同时会影响将来判决的执行。作为利害关系人乙公司提供了与保全财产相应的担保，故乙公司有权向具有管辖权的人民法院申请诉前财产保全。

四、审判程序

审判程序是指人民法院审理案件适用的程序，可分为一审程序、二审程序和审判监督程序。

1. 一审程序

一审程序包括普通程序和简易程序。其中，普通程序是《民事诉讼法》规定的民事诉讼当事人进行第一审民事诉讼和人民法院审理第一审民事案件所通常使用的诉讼程序。

根据《民事诉讼法》第 149 条规定："人民法院适用普通程序审理的案件，应当在立案之日起六个月内审结。有特殊情况需要延长的，由本院院长批准，可以延长六个月；还需要延长的，报请上级人民法院批准。"

（1）起诉和受理

1）起诉。纠纷发生后，如需要通过诉讼解决纠纷，则首先应当向人民法院起诉。根据《民事诉讼法》第 119 条规定，起诉必须符合下列条件。

① 原告是与本案有直接利害关系的公民、法人和其他组织。

② 有明确的被告。

③ 有具体的诉讼请求、事由和理由。

④ 属于人民法院受理民事诉讼的范围和受诉人民法院管辖。

起诉方式应当以书面起诉为原则、口头起诉为例外。在工程建设领域，基本采用书面起诉的方式。

2）受理。根据《民事诉讼法》第 123 条规定，人民法院对符合规定的起诉，必须受理。符合起诉条件的，应当在七日内立案，并通知当事人。不符合起诉条件的，应当在七日内做出裁定书，不予受理。原告对裁定不服的，可以提起上诉。

（2）被告答辩

根据《民事诉讼法》第 125 条规定："人民法院应当在立案之日起五日内将起诉状副本发送被告，被告应当在收到之日起十五日内提出答辩状。答辩状应当记明被告的姓名、性别、年龄、民族、职业、工作单位、住所、联系方式；法人或者其他组织的名称、住所和法定代表人或者主要负责人的姓名、职务、联系方式。人民法院应当在收到答辩状之日起五日内将答辩状副本发送原告。被告不提出答辩状的，不影响人民法院审理。"

此外，当事人对管辖权有异议的，应当在提交答辩状期间提出。

（3）开庭审理

1）法庭调查。法庭调查是在法庭上出示与案件有关的全部证据，对案件事实进行全面调查并有当事人进行质证的程序。其的主要任务是，审判人员在法庭上全面调查案件事实，审查和核实各种证据，为正确认定案件事实和适用法律奠定基础。

法庭调查的按照下列程序进行：①当事人陈述；②告知证人的权利义务，证人作证，宣读未到庭证人证言；③出示书证、物证和视听资料；④宣读鉴定结论；⑤宣读勘验笔录。

2）法庭辩论。法庭辩论是当事人及其诉讼代理人在合议庭的主持下，根据法庭调查阶段查明的事实和证据行使辩论权，针对有争议的事实和法律问题进行辩论的程序。

法庭辩论的目的，是通过当事人及其诉讼代理人的辩论，对有争议的问题逐一进行审查和核实，借此查明案件的真实情况和正确使用法律。

3）法庭笔录。根据《民事诉讼法》第 147 条规定，书记员应当将法庭审理的全部活动记入笔录，由审判人员和书记员签名。法庭笔录应当当庭宣读，也可以告知当事人和其他诉讼参与人当庭或者在五日内阅读。当事人和其他诉讼参与人认为对自己的陈述记录有遗漏或者差错的，有权申请补正。如果不予补正，应当将申请记录在案。法庭笔录由当事人和其他诉讼参与人签名或者盖章。拒绝签名盖章的，记明情况附卷。

4）宣判。法庭辩论终结，应当依法做出判决。根据《民事诉讼法》143 条、144 条的规定，原告经传票传唤，无正当理由拒不到庭的，或者未经法庭许可中途退庭的，可以按撤诉处理；被告反诉的，可以缺席判决。被告经传票传唤，无正当理由拒不到庭的，或者未经法庭许可中途退庭的，可以缺席判决。

法院一律公开宣告判决，同时必须告知当事人上诉的权利、上诉期限和上诉法院。最高人民法院的判决、裁定，以及超过上诉期间没有上诉的判决、裁定，是发生法律效力的判决、裁定。

2. 第二审程序

第二审程序又称上诉审程序，是指由于民事诉讼的当事人不服第一审法院未生效的第一审裁判而在法定期间内向上一级人民法院提起上诉而引起的诉讼程序，是第二审级的人民法院审理上诉案件所适用的程序。

（1）提起上诉

当事人不服地方人民法院第一审判决的，有权在判决书送达之日起 15 日内向上一级人民法院提起上诉。不服地方人民法院第一审裁定的，有权在裁定书送达之日起 10 日内向上一级人民法院提起上诉。第二审人民法院应当对上诉请求的有关事实和适用法律进行审查。

（2）审理要求

第二审人民法院对上诉案件，应当组成合议庭，开庭审理。经过阅卷和调查，询问当事人，在事实核对清楚后，合议庭认为不需要开庭审理的，也可以进行判决、裁定。第二审人民法院审理上诉案件，可以在本院进行，也可以到案件发生地或原审人民法院所在地进行。

（3）二审处理

根据《民事诉讼法》第 170 条规定，第二审人民法院对上诉案件，经过审理，按照下列情形，分别处理。

1）原判决、裁定认定事实清楚，适用法律正确的，以判决、裁定方式驳回上诉，维持原判决、裁定。

2）原判决、裁定认定事实错误或者适用法律错误的，以判决、裁定方式依法改判、撤销或者变更。

3）原判决认定基本事实不清的，裁定撤销原判决，发回原审人民法院重审，或者查清事实后改判。

4）原判决遗漏当事人或者违法缺席判决等严重违反法定程序的，裁定撤销原判决，发回原审人民法院重审。

对于发回原审法院重审的案件，原审法院仍将按照一审程序进行审理。因此，当事人对重审案件的判决、裁定，仍然可以上诉。第二审人民法院不得再次发回重审。

人民法院审理对原审判决的上诉案件，应当在第二审立案之日 3 个月内结审。由于我国实行两审终审制，上诉案件经二审法院审理后做出的判决、裁定为终身的判决、裁定、诉讼程序即告终结。

3. 审判监督程序

审判监督程序是指由有审判监督权的法定机关和人员提起，或由当事人申请，由人民法院对发生法律效力的判决、裁定、调解书再次审理的程序。它并不是每个案件必经的程序。

根据《民事诉讼法》198 条、199 条规定，各级人民法院院长对本院已经发生法律效力的判决、裁定、调解书，发现确有错误，认为需要再审的，应当提交审判委员会讨论决定。最高人民法院对地方各级人民法院已经发生法律效力的判决、裁定、调解书，上级人民法院对下级人民法院已经发生法律效力的判决、裁定、调解书，发现确有错误的，有权提审或者指令下级人民法院再审。当事人对已经发生法律效力的判决、裁定，认为有错误的，可以向上一级人民法院申请再审。当事人一方人数众多或者当事人双方为公民的案件，也可以向原审人民法院申请再审。当事人申请再审的，不停止判决、裁定的执行。

【案例讲评】教你算算上诉有效期

徐某于 4 月 16 日收到人民法院的一审民事判决书，未表示上诉。后于 5 月 2 日将上诉申请通过邮局寄往原审人民法院，法院于 5 月 4 日收到，认为徐某已越过上诉的期限，不予受理。本案中，人民法院对此案的处理是否正确？

讲评：人民法院的处理是不正确的。根据《民事诉讼法》164 条规定，当事人对民事判决不服，可于收到判决书后 15 日向人民法院提起上诉。该上诉期应从收到判决书的第二天开始计算。本案应从 4 月 17 日算起，故第 15 天是 5 月 1 日，而当天是法定节假日，依照规定期限最后是节假日时，以节假日后的第一日为期间届满的日期。因此，该案上诉期间的届满日期应为 5 月 2 日。当事人于 5 月 2 日通过邮局发出上诉状不能算过期。故法院应予受理。

五、执行程序

执行程序是指人民法院的执行机构运用国家强制力，强制义务人履行生效的法律文书所确定的义务程序。

1. 执行的申请

（1）当事人申请执行

人民法院做出的判决、裁定等法律文书，当事人必须履行。如果无故不履行，另一方当事人可以向有管辖权的人民法院申请强制执行。申请强制执行应提交申请强制执行书，并附作为执行根据的法律文书。申请强制执行，还须遵守申请执行期限。申请执行的期间为两年。申请执行时效的中止、中断，适用法律有关诉讼时效中止、中断的规定。这里的期间，从法律文书规定履行期间的最后 1 日计算；法律文书规定分期履行的，从规定的每次履行期间的最后 1 日计算；法律文书未规定履行期间的，从法律文书生效之日起计算。

（2）直接移交执行

对于具有执行内容的生效裁判文书，由审判该案的审判人员将案件直接交付执行人员，随即开始执行程序。提交执行案件有三类。

1）具有给付或者履行内容生效民事判决、裁定（包括先予执行的抚恤金、医疗费用等）。

2）具有财产执行内容的形式判决书、裁定书。

3）审判人员认为涉及国家、集体或公民重大利益的案件。

（3）向上一级人民法院申请执行

根据《民事诉讼法》226 条规定："人民法院自收到申请执行书之日起超过六个月未执行的，申请执行人可以向上一级人民法院申请执行。上一级人民法院经审查，可以责令原人民法院在一定期限内执行，也可以决定由本院执行或者指令其他人民法院执行。"

2. 执行措施

执行措施是指人民法院的执行组织，依照法定的程序，行使民事执行权，采取强制性的执行措施，迫使义务人履行义务，实现生效法律文书内容的活动。根据法律规定，执行措施包括查封、扣押、冻结、变卖、划拨等方式。

1）向银行、信用合作社和其他有储蓄业务的单位，查询被执行人的存款情况，冻结、划拨被执行人应当履行义务部分的收入。

2）查封、扣押、冻结并依照规定拍卖变卖被执行人应当履行义务部分的财产。

3）对隐瞒财产的被执行人及其住所或者财产隐匿地进行搜查。

4）被执行人加倍支付迟延还债期间的债务利息。

5）强制交付法律文书指定教务的财务或者票证。

6）强制迁出房屋或退出土地。

7）强制执行法律文书指定的行为。

8）划拨或转交企业、事业单位、机关、团体的存款等。

3. 执行中止和终结

（1）执行的中止

执行中止是指执行过程中，因为某种特殊情况的发生而使执行程序暂时停止，待这种情况消失后，再行恢复执行程序。

依据法律规定，申请人认为可以延期执行的，即可以向人民法院提出申请中止执行，法院应当裁定许可。若有以下几种情况，法院应当自行或依当事人申请裁定中止执行。

1）案外人对执行标的提出确有理由的异议的。

2）作为一方当事人的公民死亡，需要等待继承人继承权利或者承担义务的。

3）作为一方当事人的法人或者其他组织终止，尚未确定权利义务承受人的。

4）人民法院认为应当中止执行的其他情形。

（2）执行终结

执行终结是指人民法院在执行过程中，由于出现了某种特殊情况，使执行程序无法或无需继续进行，从而结束执行程序。

根据《民事诉讼法》及《最高人民法院司法解释》的相关规定，执行终结有以下几种情形。

1）申请执行人撤销申请。

2）据以执行的法律文书被撤销。

3）作为被执行人的公民死亡，无遗产可供执行，又无义务承担人的。

4）追索赡养费、扶养费、抚养费案件的权利人死亡。

5）作为被执行人的公民因生活困难无力偿还借款，无收入来源，又丧失劳动能力的。

6）执行中，被执行人被人民法院裁定宣告破产的。

7）人民法院认为应当终结执行的其他情形。

【案例讲评】强制执行这个武器要如何运用

甲建筑公司诉乙开发公司施工合同纠纷一案，法院终审判决乙公司应在 2013 年 11 月 12 日前一次性支付所欠的 200 万元工程款，甲公司胜诉。但乙公司没有在规定的履行期限内支付欠款。2015 年 9 月，甲公司让某员工向法院申请强制执行，员工汇报说，公司现在才申请强制执行，已超过规定的 6 个月的申请强制执行期限，法院不会在受理了，只能与乙公司协商。甲公司的这名员工的说法是否正确，甲公司还能否对乙公司的欠款向法院申请强制执行？

讲评：甲公司依然可以向法院申请强制执行。根据目前《民事诉讼法》规定，申请执行的期间为两年。两年执行期间，从法律文书规定履行期间的最后 1 日起计算。法律文书规定分期履行的，从规定的每次履行期间的最后 1 日起计算。如果本案没有

《民事诉讼法》规定的申请执行时效中止、中断的情形，甲公司申请强制执行的两年期间应于2015年11月11日截止，即甲公司应当在此前向法院提出强制执行申请即可。

习题讲评

1. 当事人不得在合同中协议选择由（　　）的人民法院管辖。

A. 原告住所地　　B. 合同签订地

C. 仲裁机构所在地　　D. 标的物所在地

【参考答案】A。在民事诉讼法中通常实行的是“原告就被告”原则。

2. 关于民事诉讼回避制度的说法，正确的是（　　）。

A. 当事人必须在案件开始审理前提出回避申请

B. 当事人提出回避申请，可以在法庭辩论终结前提出

C. 案件诉讼代理人的近亲属仅担任翻译人员的，无须回避

D. 人民法院的回避决定，必须用书面形式做出申请

【参考答案】B。当事人提出回避申请在法庭辩论终结前均可提出。对于翻译人员，如果有影响公平的事宜，也应该予以回避。人民法院的回避决定，可以口头或者书面的形式做出。

3. 人民法院2月1日做出第一审民事裁决，判决书2月5日送达原告，2月10日送达被告，当事人双方均未提出上诉，该判决书生效之日是（　　）。

A. 2月1日　　B. 2月26日　　C. 2月5日　　D. 2月10日

【参考答案】B。如果当事人在一审过程中达成调解协议或者在上诉期内未提起上诉，一审法院的裁决就发生法律效力。对判决不服的，提起上诉的时间为15天。从送达之日2月10日之后算起15天内，即2月25日之前提起上诉，2月26日判决书生效。

4. 甲公司诉乙公司违约，人民法院判决乙公司向甲公司支付货款和违约金共143万元。在执行过程中，甲公司与乙公司达成和解协议，由乙公司向甲公司支付110万元，甲公司放弃其他债权。为此，人民法院停止了执行程序。乙公司支付了10万元后，拒绝支付。甲公司申请人民法院回复执行原判决。对此，人民法院应当（　　）。

A. 驳回甲公司的申请，不予恢复执行

B. 恢复执行，要求乙公司再支付110万元

C. 恢复执行，要求乙公司再支付143万元

D. 恢复执行，要求乙公司再支付133万元

【参考答案】D。乙公司并未按照和解协议向甲公司支付110万元，则乙公司违反协议在先，法院及甲公司可要求乙公司赔付143万元，由于已经支付了10万元，故法院应当要求在支付133万元。

【案例讨论】法院如何处理法院上诉权

被告甲因损害赔偿一案经某市人民法院一审判决后，当场表示不服，提出要上诉。可是判决书送达甲后，过了 15 日，甲并没有递交上诉状，法院开始执行判决。被告甲阻扰判决，并说上诉的问题还没有解决。

讨论：被告有无上诉权？法院应如何处理？

第三节 仲 裁 法

签订了仲裁协议，但是条款不明确，该如何执行

湖北 A 公司和广东 B 公司签订的一份《设备购销合同》，其中有关仲裁条款为："在本合同下或与本合同相关的任何以及所有无法友好解决的争议应通过仲裁解决。仲裁应根据中国国际经济贸易仲裁委员会调解和仲裁规则进行。仲裁应在北京进行。仲裁结果应为终局性的，对双方均有约束力。" 在合同履行期间，双方就有关事项发生争议。A 公司向中国国际经济贸易仲裁委员会申请仲裁。仲裁委员会受理本案后，向双方当事人发出仲裁通知。B 公司收到仲裁通知后，向仲裁委员会提出管辖异议称：A 公司和 B 公司签订的本案合同中虽然涉及了仲裁约定，但对具体仲裁机构的约定不明确。本案合同中只是约定了争议可以通过仲裁解决及仲裁适用的规则，并且明确了"仲裁应在北京进行"，却没有明确具体的仲裁机构。根据相关法律的规定，如果要仲裁的话，必须双方明确约定并选择特定的仲裁机构，但本案合同双方却未能予以明确。因此，该纠纷应当移送被告所在地或合同履行地法院管辖。A 公司认为 B 公司的抗辩理由不能成立。因为，根据合同中的仲裁条款，申请人和被申请人均明确表达了其通过仲裁的方式解决双方争议的意愿。本案合同项下的争议应当提交中国国际经济贸易仲裁委员会仲裁解决，B 公司所谓的双方就仲裁机构约定不明确的主张缺乏合同和法律依据。中国国际经济贸易仲裁委员会对此案是否具有管辖权？

案例分析：《仲裁法》第 16 条规定，当事人在仲裁协议中应当有选定的仲裁委员会。在该合同中，虽没有写明具体的仲裁机构，但是根据该合同的约定："仲裁应根据中国国际经济贸易仲裁委员会调解和仲裁规则进行"，双方约定了仲裁适用的仲裁规则。根据《关于适用〈中华人民共和国仲裁法〉若干问题的解释》第 4 条的规定："仲裁协议仅约定纠纷适用的仲裁规则的，视为未约定仲裁机构，但当事人达成补充协议或者按照约定的仲裁规则能够确定仲裁机构的除外。"中国国际经济贸易仲裁委员会 2012 年 5 月 1 日施行的《仲裁规则》第四条第 4 款规定："凡当事人约定按照本规则进行仲裁但未约定仲裁机构的，均视为同意将争议仲裁委员会仲裁。”综上所述，本案中能够根据该合同约定的仲裁规则确定仲裁机构。因此，中国国际经济贸易仲裁委会对本案具有管辖权。

《中华人民共和国仲裁法》（后简称《仲裁法》）由中华人民共和国第八届全国人民代表大会常务委员会第九次会议于 1994 年 8 月 31 日通过，自 1995 年 9 月 1 日起开始施行。2006 年 8 月最高人民法院又发布了《关于适用〈中华人民共和国仲裁法〉若干问题的解释》。

一、仲裁协议

仲裁协议是指当事人自愿将已经发生或者可能发生的争议通过仲裁解决的书面协议。

1. 仲裁协议注意事项

仲裁协议是当事人仲裁自愿的体现，当事人申请仲裁，仲裁委员会受理仲裁、仲裁庭对仲裁案件的审理和裁决，都必须以当事人依法订立的仲裁协议为前提。根据《仲裁法》第 4 条规定：“没有仲裁协议，一方申请仲裁的，仲裁委员会不予理会。”

同时，《仲裁法》第 5 条规定：“当事人达成仲裁协议，一方向人民法院起诉的，人民法院不予受理，但仲裁协议无效的除外。”

仲裁实行一裁终局的制度。裁决作出后，当事人就同一纠纷再申请仲裁或者向人民法院起诉的，仲裁委员会或者人民法院不予受理。

仲裁协议应当采用书面形式，口头方式达成的仲裁意思表示无效。《仲裁法》第 16 条规定：“仲裁协议包括合同中订立的仲裁条款和其他以书面形式在纠纷发生前或者纠纷发生后达成的请求仲裁的协议。”

2. 仲裁协议的内容

关于仲裁协议的内容，包括请求仲裁的意思表示、仲裁事项、选定的仲裁委员会。这三项内容必须同时具备，仲裁协议才能有效。

（1）请求仲裁的意思表示

请求仲裁的意思表示是指条款中应该“仲裁”两字，表明当事人的仲裁意愿。该意愿应当是确定的，而不是模棱两可的。有的当事人在合同中约定发生争议可以提交仲裁，也可以提交诉讼，根据这种约定就无法判定当事人有明确的仲裁意愿。因此，《关于适用〈中华人民共和国仲裁法〉若干问题的解释》规定，这样的仲裁协议无效。

（2）仲裁事项

仲裁事项可以是当事人之间合同履行过程中的或与合同有关的一切争议，也可以是合同中某一特定问题的争议。既可以是事实问题的争议，也可以是法律问题的争议，其范围取决于当事人的约定。

（3）选定的仲裁委员会

选定的仲裁委员会是指仲裁委员会的名称应该准确。《关于适用〈中华人民共和国仲裁法〉若干问题的解释》规定，仲裁协议约定的仲裁机构名称不准确，但能够确定具体的仲裁机构的，应当认定选定了仲裁机构。仲裁协议约定两个以上仲裁机构的，当事人可以协议选择其中的一个仲裁机构申请仲裁。当事人不能就仲裁机构选择达成一致的，仲裁协议无效。仲裁协议约定由某地的仲裁机构仲裁且该地仅有一个仲裁机构的，该仲裁机构视为约定的仲裁机构。该地有两个以上仲裁机构的，当事人可以协议选择其中的一个仲裁机构申请仲裁。当事人不能就仲裁机构选择达成一致的，仲裁协议无效。

【案例讲评】没有约定仲裁机构的仲裁协议是否有效

甲公司与乙公司订立了一份技术开发合同，双方约定共同进行技术开发。合同规定了争议解决条款：凡因执行本合同发生的一切争议，均应由双方协商解决。协商解决不了的应由有关仲裁机构进行仲裁。一年后，双方在履行合同的过程中发生争议，甲公司向仲裁委员会提交了仲裁申请书，申请仲裁。

讲评：合同中规定的仲裁条款是无效的。原来合同中规定的仲裁条款没有明确约定仲裁机构，内容不具体，无法履行，因此是无效的。

二、仲裁程序

仲裁程序是指双方当事人将所发生的争议根据仲裁协议的规定提交仲裁时应办理的各项手续。

1. 提出仲裁申请

当事人申请仲裁，应当向仲裁委员会递交仲裁协议、仲裁申请书及副本。其中，仲裁申请书应当载明下列事项。

1）当事人的姓名、性别、年龄、职业、工作单位和住所，法人或者其他组织的名称、住所和法定代表人或者主要负责人的姓名、职务。

2）仲裁请求和所依据的事实、理由。

3）证据和证据来源、证人姓名和住所。

对于申请仲裁的具体文件内容，各仲裁机构在《仲裁法》规定的范围内，会有不同的要求和审查标准，一般可以登录其网站进行查询。

当事人申请仲裁时，应当有仲裁协议，有具体的仲裁请求和事实理由，并且属于仲裁委员会的受理范围。

2. 审查与受理

仲裁委员会收到仲裁申请书之日起 5 日内，认为符合受理条件的应当受理，并通知当事人。认为不符合受理条件的，应当书面通知当事人不予受理，并说明理由。

仲裁委员会受理仲裁申请后，应当在仲裁规则规定的期限内将仲裁规则和仲裁员名册送达申请人，并将仲裁申请书副本和仲裁规则、仲裁员名册送达被申请人。被申请人收到仲裁申请书副本后，应当在仲裁规则规定的期限内向仲裁委员会提交答辩书。仲裁委员会收到答辩书后，应当在仲裁规则规定的期限内将答辩书副本送达申请人。被申请人未提交答辩书的，不影响仲裁程序的进行。被申请人有权提出反请求。

3. 仲裁庭的组成

仲裁庭的组成形式包括合议仲裁庭和独任仲裁庭两种。

合议仲裁庭是根据仲裁规则的规定或者当事人约定由三名仲裁员组成仲裁庭的，应当各自选定或者各自委托仲裁委员会主任指定一名仲裁员，第三名仲裁员由当事人共同选定或者共同委托仲裁委员会主任指定。第三名仲裁员是首席仲裁员。

独任仲裁庭是根据仲裁规则的规定或者当事人约定一名仲裁员成立仲裁庭的，应当由当事人共同选定或者共同委托仲裁委员会主任指定仲裁员。但是，当事人没有在仲裁规定的期限内约定仲裁庭的组成方式或者选定仲裁员的，由仲裁委员会主任指定。

仲裁员有下列情形之一的，必须回避，当事人也有权提出回避申请。

1）是本案当事人或者当事人、代理人的近亲属。

2）与本案有利害关系。

3）与本案当事人、代理人有其他关系，可能影响公正仲裁的。

4）私自会见当事人、代理人，或者接受当事人、代理人的请客送礼的。

当事人提出回避申请，应当说明理由，在首次开庭前提出。回避事由在首次开庭后知道的，可以在最后一次开庭结束前提出。

4. 仲裁审理

仲裁审理的方式分为开庭审理和书面审理两种。仲裁应当开庭审理做出裁决，这是仲裁审理的主要方式。但是，当事人协议不开庭的，仲裁庭可以根据仲裁申请书、答辩书以及其他材料做出裁决，即书面审理方式。

为了保护当事人的商业秘密和商业信誉，仲裁不公开进行；当事人协议公开的，可以公开进行，但涉及国家秘密的除外。

当事人应当对自己的主张提供证据。仲裁庭认为有必要收集的证据，可以自行收集。证据应当在开庭时出示，当事人可以质证。当事人在仲裁过程中有权进行辩论。

5. 仲裁裁决

仲裁裁决是由仲裁庭做出的具有强制执行效力的法律文书。独任仲裁庭审理的案件由独任仲裁员做出仲裁裁决，合议仲裁庭审理的案件由三名仲裁员集体做出仲裁裁决。裁决应当按照多数仲裁员的意见做出，少数仲裁员的不同意见可以记入笔录。仲裁庭无法形成多数意见时，按照首席仲裁员的意见做出。仲裁裁决书由仲裁员签名，加盖仲裁委员会的印章。对裁决持不同意见的仲裁员可以签名，也可以不签名。裁决书自做出之日起发生法律效力。

【案例讲评】仲裁委员会如何组建

甲公司与乙公司签订了一份设备买卖合同。双方在合同中约定：如果发生纠纷，应提交仲裁委员会仲裁。后来乙公司作为买方提货时发现甲公司提供的货有严重的质量问题，于是向甲公司提出赔偿损失的要求，甲公司不允，双方协商未果。乙公司遂向仲裁委员会申请仲裁，提出申请的时间为 8 月 18 日，仲裁委员会于 8 月 28 日受理此案，并决定由 3 名仲裁员组成仲裁庭。甲、乙公司分别选定了一名仲裁员。乙公司作为申请方又委托仲裁委员会主任指定了首席仲裁员。乙公司所选的仲裁员恰好是乙公司上级单位的常年法律顾问。此三名仲裁员公开对此案进行了审理。当事人当庭达成了和解协议，仲裁庭依和解协议制作了仲裁调解书，此案圆满结束。仲裁委员会在程序上有无不当之处？

讲评：①本案中仲裁委员会从收到申请书到受理申请之间间隔的时间，违反程序。《仲裁法》第 24 条规定，仲裁委员会应在收到仲裁申请书之日起 5 日内做出受理或不受理的决定。本案的间隔时间已经有 10 天了，显然不合法。②选定仲裁员的方法是错误的。《仲裁法》第 31 条规定，当事人应当各自选定或者各自委托仲裁委员会主任指定 1 名仲裁员。第三名仲裁员由当事人共同选定或共同委托仲裁委员会主任指定。本案中乙公司独自委托仲裁委员会主任指定首席仲裁员的做法是违背程序的。③仲裁员没有申请回避。《仲裁法》第 34 条第 3 项规定，与本案当事人有其他关系，可能影响公正仲裁的仲裁员，应当申请回避。而本案中乙公司选定的仲裁员是自己上级单位的常年法律顾问，属于这一情形，当事人虽然没有申请回避，仲裁员也应自行回避。④仲裁不应公开进行。《仲裁法》第 40 条规定，仲裁不公开进行。当事人协议公开的，可以公开进行，但涉及国家秘密的除外。本案中，当事人没有协议公开审理，但仲裁庭却将该案公开审理，这一做法显然违反法律规定。⑤此处不能制作调解书的。《仲裁法》第 49 条规定，当事人申请仲裁后，可以自行和解。达成和解协议的，可以请求仲裁庭根据和解协议做出裁决书，也可以撤回仲裁申请。而本案中，当事人既未提出申请，仲裁庭又出具了调解书，显然是违反程序的。

三、仲裁裁决的撤销与执行

1. 仲裁裁决的撤销

根据《仲裁法》第 58 条规定，当事人提出证据证明裁决有下列情形之一的，可以向仲裁委员会所在地的中级人民法院申请撤销裁决。

1）没有仲裁协议的。

2）裁决的事项不属于仲裁协议的范围或者仲裁委员会无权仲裁的。

3）仲裁庭的组成或者仲裁的程序违反法定程序的。

4）裁决所根据的证据是伪造的。

5）对方当事人隐瞒了足以影响公正裁决的证据的。

6）仲裁员在仲裁该案时有索贿受贿，徇私舞弊，枉法裁决行为的。

人民法院经组成合议庭审查核实裁决有前款规定情形之一的，应当裁定撤销。人民法院认定该裁决违背社会公共利益的，应当裁定撤销。

当事人申请撤销裁决的，应当在收到裁决书之日起 6 个月内提出。人民法院应当在受理撤销裁决申请之日起 2 个月内做出撤销裁决或者驳回申请的裁定。

仲裁裁决被人民法院依法撤销后，当事人之间的纠纷并未解决。根据《仲裁法》的规定，当事人就该纠纷可以根据双方重新达成的仲裁协议申请仲裁，也可以向人民法院起诉。

2. 仲裁裁决的执行

根据《仲裁法》第 63 条规定，当事人应当履行裁决。一方当事人不履行的，另一方当事人可以依照民事诉讼法的有关规定向人民法院申请执行。受申请的人民法院应当执行。

依据我国最高人民法院的相关司法解释，当事人申请执行仲裁裁决案件，由被执行人所在地或者被执行财产所在地的中级人民法院管辖。

申请仲裁裁决强制执行必须在法律规定的期限内提出。《民事诉讼法》规定，申请执行的期间为二年。申请执行时效的中止、中断，适用法律有关诉讼时效中止、中断的规定。申请仲裁裁决强制执行的期限，自仲裁裁决书规定履行期限或仲裁机构的仲裁规则规定履行期间的最后 1 日起计算。仲裁裁决书规定分期履行的，依规定的每次履行期间的最后 1 日起计算。仲裁裁决书未规定履行期间的，从仲裁裁决书生效之日起计算。

习题讲评

1. 甲、乙、丙三人组成仲裁庭，甲为首席仲裁员，甲认为应该支持申请人的主张，乙、丙认为不应支持申请人的主张，则关于仲裁裁决的说法，正确的是（　　）。

A. 应按乙、丙的意见做出仲裁书

B. 乙、丙应服从甲的意见做出仲裁裁决

C. 应将甲、乙、丙各自的意见全部列出提交仲裁委员会做出决定

D. 应按甲的意见做出仲裁裁决，同时必须在笔录中如实记载乙、丙的意见

【参考答案】A。仲裁庭按照少数服从多数的原则做出裁决，不能形成多数意见时，应按首席仲裁员的意见做出。本题已形成多数意见，故选 A。

2. 仲裁机构做出的裁决生效后，一方不执行的，另一方可向（　　）申请强制执行。

A. 人民法院　　B. 司法行政机关　　C. 仲裁机构　　D. 公安机关

【参考答案】A。仲裁裁决作出后，当事人应当履行裁决。一方当事人不履行的，另一方当事人可以依照民事诉讼法的规定，向人民法院申请执行。

【案例讨论】跨国合作的问题解决途径

中国某公司曾与美国某商人签订一项买卖机械设备零件的合同，合同背面载有仲裁条款，条款约定如发生争议，在中国某仲裁机构进行仲裁。后在履约过程中，双方发生争议，美国商人遂向美国法院起诉中方公司。该法院受理此案后，即向中方公司发出传票，中方公司以合同背面载明的仲裁条款为证，提出抗辩，要求美国法院不予受理。

讨论：本案中，美国法院有无管辖权？本案可通过什么途径解决？

本章小结

1. 民事纠纷分为两大内容，包括财产关系方面和人身关系的民事纠纷。

2. 仲裁基本特性有：自愿性、专业性、独立性、灵活性、保密性、快捷性、国际性。

3. 和解可以在民事纠纷的任何阶段进行，无论是否已经进入诉讼或仲裁程序。

4. 诉讼管辖分为级别管辖和地域管辖。级别管辖是按照法院权限高低划分，级别管辖是在同级别法院中按照地域不同来划分。

5. 民事诉讼当事人广义上包括原告、被告、共同诉讼人和第三人。

6. 财产保全分为诉中财产保全和诉前财产保全。

7. 审判程序可分为一审程序、二审程序和审判监督程序。

8. 当事人不服地方人民法院第一审判决的，有权在判决书送达之日起 15 日内向上一级人民法院提起上诉。

9. 人民法院做出的判决、裁定等法律文书，当事人必须履行。如果无故不履行，另一方当事人可以在二年内向有管辖权的人民法院申请强制执行。

10. 仲裁协议是双方当事人仲裁自愿的体现，没有仲裁协议，一方申请仲裁的，仲裁委员会不予理会。

11. 当事人申请撤销裁决的，应当在收到裁决书之日起 6 个月内提出。

12. 当事人申请执行仲裁裁决案件，由被执行人所在地或者被执行财产所在地的中级人民法院管辖。

本章练习题

多项选择题

1. 根据民事诉讼法及相关规定，下列关于公开审判制度的说法哪些是正确的？（　　）。

A. 公开审判制度是民事诉讼的基本制度，所有民事案件一律公开审理

B. 涉及国家秘密、个人隐私的民事案件，不应该公开审理

C. 涉及商业秘密的民事案件，当事人申请不公开审理的，可以不公开审理

D. 离婚案件，当事人申请不公开审理的，可以不公开审理

2. 根据民事诉讼法对第一审普通程序的规定，起诉必须符合（　　）。

A. 原告是本案有直接利害关系的公民、法人和其他组织

B. 有明确的被告

C. 有具体的诉讼请求和事实、理由

D. 属于人民法院受理民事诉讼的范围和受诉人民法院管辖

3. 根据民事诉讼及相关规定，下列关于财产保全的说法正确的是（　　）。

A. 诉讼期间，当事人没有提出申请的，人民法院不得裁定采取财产保全措施

B. 诉讼期间，当事人申请财产保全的，人民法院可以责令其提供担保

C. 对作为抵押物、留置物的财产不得采取财产保全措施

D. 利害关系人在起诉前向人民法院申请采取财产保全措施的，应当提供担保

4. 根据民事诉讼及相关规定，下列关于第二审人民法院审理上诉案件的说法正确的是（　　）。

A. 第二审人民法院对上诉案件应当组成合议庭审理

B. 第二审人民法院仅对第一审判决或者裁定适用法律是否正确的进行审查

C. 在第二审程序中，经过阅卷和调查，询问当事人，在事实核对清楚后，合议庭认为不需要开庭审理的，可以进行判决、裁定

D. 第二审人民法院审理上诉案件，可以到案件发生地或者原审人民法院所在地进行

5. 根据民事诉讼及相关规定，在执行中出现下列哪种情形，人民法院裁定终结执行（　　）。

A. 作为被执行人的公民因生活困难无力偿还借款，无收入来源，有丧失劳动能力的

B. 追索抚育费案件的权利人死亡的

C. 申请人撤销执行申请的

D. 据以执行的法律文书被撤销的

6. 根据《仲裁法》，在下列纠纷中，当事人可以申请仲裁的有（　　）。

A. 孙某与某建设集体公司之间的劳务争议

B. 张某与村民委员会之间土地承包经营合同纠纷
C. 王某的房屋被李某倒车时撞坏的侵权纠纷
D. 王某与其家人的遗产纠纷
E. 甲乙之间的运输合同纠纷

7. 仲裁协议中必不可少的内容有（　　）。
A. 仲裁事项
B. 选定的仲裁委员会名称
C. 服从仲裁的意思表示
D. 请求仲裁的意思表示
E. 自觉履行仲裁裁决的意思表示

8. 仲裁案件当事人申请仲裁后自行达成和解协议的，可以（　　）。
A. 请求仲裁庭根据和解协议制作调解书
B. 请求仲裁庭根据和解协议制作裁决书
C. 撤回仲裁申请书
D. 请求强制执行
E. 请求法院判决

主要参考文献

何柏洲．2014．工程建设法规教程．北京：中国建筑工业出版社．

黄莆婧琪．2014．建设工程法规．北京：北京大学出版社．

住房和城乡建设部．2002．建设法规教程．北京：中国建筑工业出版社．

李志．2009．建设工程法规．北京：中国电力出版社．

全国二级建造师执业资格考试用书编写委员会．2014．建设工程法规及相关知识．北京：中国建筑工业出版社．

全国人大常委会法制工作委员会．2013．中华人民共和国合同法释义．